邱鸿钟——

著

国学经典中的
心理学札记

广东高等教育出版社
Guangdong Higher Education Press

·广州·

图书在版编目（CIP）数据

国学经典中的心理学札记/邱鸿钟著.—广州：广东高等教育出版社，2024.8
（2025.5 重印）

ISBN 978 - 7 - 5361 - 7677 - 5

Ⅰ．①国… Ⅱ．①邱… Ⅲ．①心理学 Ⅳ．①B84

中国国家版本馆 CIP 数据核字（2024）第 106131 号

出版发行	广东高等教育出版社
	地址：广州市天河区林和西横路
	邮政编码：510500 电话：(020) 87553335
	http://www.gdgjs.com.cn
印　　刷	广东信源文化科技有限公司
开　　本	787 毫米×1 092 毫米 1/16
印　　张	23.75
字　　数	450 千
版　　次	2024 年 8 月第 1 版
印　　次	2025 年 5 月第 2 次印刷
定　　价	68.00 元

序：文化自信与心理自强

中华文化是世界上最古老和稳定的文明类型之一。一个民族的强盛不仅需要发达的物质文明和科学技术，还需要文化自信和心理自强，而文化自信并不是因为豪言壮语、优美的诗文和书法，而是源自内心对本民族文化的认同、信仰与依从的心理行为。中华文化自信和心理自强的思想蕴含在几千年的文化典籍、神话传说、诗词歌赋、戏剧绘画以及活生生的历史故事之中，如果你不认真地阅读，不静心地聆听，不沉浸其中去体认感受，那么文化自信从何而来？如果说文化自信是一个国家、一个民族的旗帜，那么，心理自强则是高举这面旗帜的力量。

回顾历史，近一百年来，随着西学东渐，科学主义兴盛，崇洋媚外的心态一时成为世风。毛泽东主席在《新民主主义论》（1940）中清晰地分析了当时的这种国情和民情，指出："中国应该大量吸收外国的进步文化，作为自己文化食粮的原料。……但是一切外国的东西，如同我们对于食物一样，必须经过自己的口腔咀嚼和胃肠运动，送进唾液、胃液肠液，把它分解为精华和糟粕两部分，然后排泄其糟粕，吸收其精华，才能对我们的身体有益。决不能生吞活剥地毫无批判地吸收。所谓'全盘西化'的主张，乃是一种错误的观点。形式主义地吸收外国的东西，在中国过去是吃过大亏的。"① 仅以心理学而言，以儒道释和中医心理学为核心的中国本土心理学也被强势的西方心理学的声音所湮没。照此下去，随着文化自信的丢失，中国人不只是换上了西服，恐怕连自己的民族心理也可能被逐渐西化。习近平总书记指出："历史和现实都表

---

① 金炳镐. 民族纲领政策文献选编：第一编 [M]. 北京：中央民族大学出版社，2006：256.

明，一个抛弃了或者背叛了自己历史文化的民族，不仅不可能发展起来，而且可能上演一幕幕历史悲剧。文化自信，是更基础、更广泛、更深厚的自信，是更基本、更深沉、更持久的力量。坚定文化自信，是事关国运兴衰、事关文化安全、事关民族精神独立性的大问题。"[①]

事实上，西方心理学根植于西方文化，渗透了西方人的哲学、信仰、价值观和人文科学基础，西方心理学以物理学为模式，试图把心理学建设成为一门精确、客观的自然科学，具有长于实验、逻辑论证、数理统计的优势与特点，而把一切传统的、民族的、社会的、体验的、日常生活的心理现象都视为非实验科学的而加以排除，从而使它不仅对现实复杂的人性和社会生活中的心理现象的解释不完善，对于解决别国和其他民族的实际心理问题也显得软弱无力。西方心理学流派众多，各流派观点特立独行，常常相互矛盾，例如在结构心理学与意动心理学、精神分析与人本主义、意识心理学与行为主义等学派之间对人性的看法就存在着无法调和的鸿沟，以及支离破碎的"不统一危机"。相比而言，中国国学经典中的心理学思想与方法历史悠久，内容丰富，取向积极平和，强调知行合一，好用有效，即使在今天看来，中国传统文化中的心理学思想与方法都具有极强的现代价值和实际意义。

文化自信并不是凭空产生的，而是奠基于传统文化在长期的历史长河中形成的自强的民族认同感和民族情感之上的。文化自信也不是来自于博物馆收藏了多少古董文物，而是建立在传统文化彰显出的当代价值和为时代创新提供的丰富资源。像中国四大发明对推动世界文明发展所发挥的巨大作用一样，《易经》八卦组合数学对莱布尼茨发明二进位制，禅学和道家内观技术对荣格分析心理学和积极想象技术的发展，儒家道家的许多观点为人本主义心理学、森田疗法等现代心理学理论和临床技术所借鉴等，都显示出中华优秀传统文化的现代价值。那些曾经被西方科学无法理解的中医学的许多理论，如"脾主思"这种将消化系统与神经系统连接在一起的命题如今也变成了可以与现代医学"肠—脑轴"相关研究对话的议题。

《左传·僖公十五年》中讲述了一个有寓意的故事。晋国三次战败，谋臣庆郑向晋侯建议：打仗一定要用本国的马驾车，因为本国的马"生其水土而知其人心，安其教训而服习其道，唯所纳之，无不如志"。如果用外国出产的马来驾车参战，它可能会因为感到害怕而失去常态，甚至与人意相去甚远，到那时"进退不可，周旋不能，君必悔之"。

可以类推的是，用全盘西化的心理学体系能培养出具有民族文化自信的中国战士

---

① 习近平. 习近平谈治国理政：第二卷［M］. 北京：外文出版社，2017：349.

吗？社会化（socialization）是个体从自然的人通过学习和社会影响而成长为社会人的过程，而人格就是社会化的产物。人格是个体所表现出来的整体的、具有独特性的、一贯持久的心理面貌或动力组织。不同的民族有不同的社会化规则，因而会造就不同的人格。从这种意义上说，一方水土养一方人，用什么文化教育人，就有什么样的心理，中国人的心理应该用中华民族的心理学思想来塑造。十年树木，百年树人。我们相信，深厚的中华传统文化的精气神可以为中国现代化发展培养优秀的人才提供丰富的养料。中华传统优秀文化是一条波澜壮阔的长江，既有悠久的历史，也有当代的洪流，既发源于民族本土，也将流入世界文化大洋中交融。中国传统文化中的心理学和中医学并不是西方文化的替代品，而是一种可以相互学习、相互借鉴、相互竞争、相互媲美的文化模式。

所谓文化心理是指一定的民族在历史长河中逐渐形成的民族意识、民族感情、人生态度、伦理道德、思维模式、审美情趣、价值取向和民族文化习惯的稳定的心理定势。中国先哲早就指出："非我族类，其心必异。"（《左传·成公四年》）基于客观存在的文化心理的差异，深入挖掘中国本土的德育心理学、人格心理学、教育心理学和中医心理学资源，对内观正念等心性修养技术进行创新性转化，建设具有中国文化特色的心理学和教育学学科体系、学术体系、话语体系，推动中国心理健康教育、心理咨询和临床服务规范的本土化已经成为我们这个新时代的强烈呼声。

中国本土心理学与中华传统文化的世界观、人生观、社会观、价值观和道德观的主流，以及与民族生活经验之间具有内在的一致性和合理的明见性。如果只是凭借西方心理学的逻辑、实验和统计学标准来判定中国本土心理学的合理性和有效性，当然得不出正确的结论。事实上，心理学不仅是科学，更是人学，割裂了心理学与历史、社会、生活境遇、人的存在的关系，心理学就会变成空中楼阁。

"落其实者思其树，饮其流者怀其源。"（南北朝庾信《征调曲》）每一部千古传诵的中国传统文化经典的诞生及其杰出思想凝练的背后都有许许多多的圣贤经历磨难的故事。中国本土心理学思想、技术和诊治成功的案例散见于浩瀚的中华传统文化典籍之中，是我们今天建构现代中华本土心理学的宝贵资源，亟待学者们的系统梳理和解读。但在今天知识全球化发展的背景下，我们研究古籍和古人的思想，尤其要注意对中外文化的比较，善于提炼容易为国际社会所理解和接受的中国心理学的概念、命题和观点，实现中国本土心理学知识形态的现代化转变，赋予那些收藏在博物馆的文物、陈列在大地上的遗产、书写在古籍里的思想和方法以新的生命活力，发挥其在现代社会的应用价值。

写作本书缘起于我父亲在 1999 年（时年 79 岁）给子女和媳妇所写的一封家书。

在这封信里，父亲说他年幼时在私塾里读过《四书》，其中有些章句至今仍能够背诵，对他的思想行为有着一定的影响。父亲退休后，又重新阅读了一遍《四书》，他写道："读《四书》感到其中有关修身、齐家、治国等人伦道德的论述好亲切，很感人，有利于人们树立正确的世界观、人生观和价值观，它和我国当前进行的社会主义、爱国主义、集体主义与反腐倡廉的教育是一致的。我希望我的儿孙辈在努力学好现代科学技术的同时，一定要挤点时间用来阅读《四书》，并以真正正确的理论来指导自己的思想行动。"父亲还用工整清秀的小楷书法摘录了《四书》中的部分章句，并交代我们要复印20份，分发给各家儿孙阅读。父亲活到98岁无疾而终，他的健康长寿无不与他的心态平和，为人处世笃实淳厚，克己顾家的人格和起居有常、饮食有节的生活习惯有关。父亲经历过跌宕起伏的世道人生，而他在79岁高龄时重读《四书》，并为之感到亲切和感动，还认真抄写，推荐给儿孙们阅读，我想这一定是一种发自肺腑的心声。惭愧的是，我们几个儿孙苦于卷入这红尘世界的旋涡中，未能静心阅读《四书》。从2003年开始，我给研究生开设了"文化心理学文献选读"这门课，在教学中逐渐感觉到除了讲授西方文化心理学理论之外，还很有必要引导学生多读一些国学经典，以弥补文化心理学教学中重西轻中、厚今薄古的不足。于是，我带领研究生们每个假期自学一篇指定的国学经典，并在新学期举办读书会，交流学习体会。一晃就过去了20年，我也留下了这些自学国学经典的读书札记。俗话说，"铁打的营盘，流水的兵"，一届一届的学生毕业飞走了，留下我这位退休后还在怀念那些时光的老人在书房里一遍又一遍地重读这些国学经典，爱不释手，欲罢不能。我也终于体会到当年父亲讲述的那种亲切感和感动。虽然与出版社的合约签了很久，但交稿时间一推再推，因为我觉得国学经典浩如烟海，寓意深刻，恐怕一辈子也读不完，对其的理解也没有到底的。但这里只得暂时告一段落了，也算是交给父亲的一份答卷。我希望以后有时间还能续写新的体会，虽然视力早已模糊，记忆力严重下降，但向往与圣贤同心同理的光明仍如赤子初心不灭。

邱鸿钟
农历癸卯年九月于广州杏林书斋

诗歌是人类情绪情感的一种艺术表达方式。中国古代所谓诗言志、诗缘情之说，皆发端于《诗经》。"窈窕淑女，君子好逑。""桃之夭夭，灼灼其华。""执子之手，与子偕老。"《诗经》不仅率真地表白了男女之间的性爱，也讴歌了人类爱情中蕴含的大美和责任心。孔子说："《诗》三百，一言以蔽之，曰思无邪。"如果就爱情、婚姻和家庭的情感教育而言，《诗经》的作用和地位是独特的，诗教的美学方式是不可替代的，其爱情心理学亦是丰富多彩的。

道德与心理关系密切，道德意识、道德认知、道德情感、道德判断和道德行为都与个体的心理发展和社会心理密切相关。立德树人，心理健康是道德健全的基础，而道德则是制约心理健康发展的指南针。《尚书》是中国最早的一部讲述上古时期道德心理行为的典籍，提出了全面和充分发展的"九德"积极人格，以及从政者提升自己的五种心理素养的途径与方法。

颜渊感叹孔子学说"仰之弥高,钻之弥坚"。子贡称仲尼之说,好比日月光辉灿烂。这种高洁与弥坚都是意指人格心理健康而言的,如果说半部《论语》治天下的话,那么,另外半部就是如何培养君子人格的教科书。孔子不仅提出了"君子义以为质,礼以行之,孙以出之,信以成之","君子惠而不费,劳而不怨,欲而不贪,泰而不骄,威而不猛"等君子儒的理想人格原型,还具体阐述了"君子求诸己"等培养这种理想人格的途径和方法,这与西方的人本主义自我实现人格特质理论具有跨文化的同一性。

庄子是一个最具有诗意的哲学家和浪漫的心理学家。老庄学说的异彩之处正在于他开辟了一种超越自我心理学的新视野。

他以自然为大宗师,倡导齐物我、齐是非、齐生死、齐贵贱和做心空物我两忘的"真人"和"至人",逍遥自得的处世哲学与西方人本主义心理学家马斯洛等人提出的超个人心理学的旨趣有着惊人的相似。庄子提倡至人应具有原天地之美而达万物之理的真诚特质,以及努力达到"至人无己,神人无功,圣人无名","知不可奈何而安之若命"的超个人主义境界的观点,有助于当下那些以自我为中心的人从狭隘的眼界下解放出来。

孟子说:"仁也者,人也。合而言之,道也。"可见,孔孟之学其实就是人道主义心理学。"尽其心者,知其性也。知其性,则知天矣。"人道主义坚持人的本质特性,反对将人性还原为动物性。人道主义坚持人的平等性,孟子发出了"圣人与我同类""人皆可以为尧舜"这样响亮的人本主义口号。"万物皆备于我矣。反身而诚,乐莫大焉。"孟子人本主义更强调主体内在的价值观在人的行为和幸福感中的主导作用。在孟子看来,人的快乐并不来自于别人,人对美德本身的追求就是一种自我奖赏,它能获得一种更深刻的幸福感和生活的丰富感。

《大学》者，即大人之学，此书为儒学之道的门径。《大学》的目的是："大学之道，在明明德，在亲民，在止于至善。"心性修养的程序是："知止而后有定，定而后能静，静而后能安，安而后能虑，虑而后能得。"儒家基于主体意识从"小我"到"大我"的心理发展规律，正确把握了正心、修身、齐家、治国之间递进的辩证发展关系，要求君子以修身为本，"如切如磋，如琢如磨"地培植积极的人格，认为君子先自新，然后才能践行亲民之善。

"尚中"，行中正之道，中则不过，正则不邪，这是中国传统文化中关于做人处世的核心思想，认为中庸之道不仅是天下和谐运行和社会治理的天理，也应该是人生修养和理想人格特质的范式，所谓"君子中庸，小人反中庸"。将是否践行中庸之道作为区别君子与小人的重要标准。中庸之道被认为是一种让人生走向阳光的通达之道，故"中也者，天下之大本也；和也者，天下之达道也。致中和，天地位焉，万物育焉"。其实，中庸之道就是一种看待和处置事物的灵活态度和避免言行走极端的方法论。中庸之道不远人，就渗透和体现在日常生活的细微之处，践行中庸之道需要以诚心实意的态度和良好的共情能力为前提，应该从处理好夫妻等家庭内的各种人际关系开始，切记不要只说不做。

"夫孝，德之本也，教之所由生也。"童年的社会化过程对一个人的心理健康具有终生的影响，而如何看待和处理人与人之间的关系的社会化是儿童社会化的重要内容。一个人的生命源于父母的给予，孝道必始于对父母给予自己在这个世界上存在的生命形体的感恩之心，孝道教育的意义在于为个体培养了未来在社会的人际交往态度和能力，所谓"夫孝，始于事亲，中于事君，终于立身"。孝道是人之为人最基本的德行。修习《孝经》既可以预防品行障碍，又有助于提升处事圆融的能力。

　　"凡人之所以为人者，礼义也。""礼义也者，人之大端也。"《礼记》可以称为中国古代社会生活的一部人伦法典或心理行为词典，它论述了礼仪文化对于人性的提升和人格培养所具有的重要意义。如果说人的本质是一切社会关系的总和，那么，礼就是调节各种社会人际关系的经验规则。礼不仅是人与动物的分界点，也用来调节"人情"，推行"人义"，维持"人利"，摒弃"人患"，还具有预防社会矛盾和维持社会稳定和谐的重要作用。"人有礼则安，无礼则危。"礼的作用就是保持人行为的适度适中，使人和事得到治理。人情就好比人的田地，修礼就是耕作，阐述义理就是播种，学习就是除草，可见，礼是指导人类生活行为的工具，是一种治理人情和耕种道德的劳动过程。

　　音乐是人类创造的独特文化形式。《乐记》在全世界最早发现了人声与情感之间的对应心理效应，即："其哀心感者，其声噍以杀。其乐心感者，其声啴以缓。其喜心感者，其声发以散。其怒心感者，其声粗以厉。其敬心感者，其声直以廉。其爱心感者，其声和以柔。六者，非性也，感于物而后动。"《乐记》还在世界上最先认识到个体对音乐选择的偏好与人格有关，认识到不同的乐器所演奏出的声音具有不同的心理效应，最早将音乐视为一种教育方式。所谓"乐者，德之华也"。儒家认为乐教与政道相通，与礼教相辅。"致乐以治心"，"音乐者，所以动荡血脉，通畅精神而和正心也"，这是世界上最早对音乐治疗的精辟概括。音乐教化的特点是言说方式的温文尔雅，对人的影响潜移默化，述说伦理而没有说教之弊，令人欢欣鼓舞而又不至于使人玩物丧志。

　　《心经》是在中国历史上流行最广，影响最深，翻译次数最多，译成文种最丰富，并最常被念诵的重要佛教经典。简而言之，此经是讲述如何用思维之智慧使自己超脱一切烦恼痛苦的修行指南。世人问："神是什么？"恩格斯的回答是："神是人，人只须认识自身，使自己成为衡量一切生活关系的尺度，按照自己的本质去评价这些关系，根据人的本性的要求，真正依照人的方式来安排世界，这样，他就会解开现代的谜语了。不应当到彼岸的太虚幻境，不是超越时间和空间，不是到存在于世界之中或与世界对立的什么'神'那里去寻找真理，而应当到最近处，到人的心胸中去寻找真理。"世间万物只有人才有自我意识，心既生万法，也生烦恼，这也许正是《心经》教人"观自在菩萨"的缘由。

人对身外的任何东西都不难认知，唯有人的本性难以自明。一字不识的慧能为何能成为与孔子、老子并称的"东方三圣"？他独具慧眼，能把准"本性是佛，离性无别佛"，"学道常于自性观"这个能"除千年暗，能灭万年愚"的智慧枢纽，将学佛转而变为对自性的认识过程。慧能对人之自性的认识和以定慧为本的明心见性的方法与西方完形心理学、荣格自性心理学殊途同归。

心学源于孔孟，开端于北宋"二程"和南宋陆九渊，由明代陈献章传承，湛若水和王阳明集之大成。所谓心学，就是成就圣人之学，就是反躬自问的自我意识心理学，即"君子之学，惟求得其心"，心学就是强调主体自我、自信、自强、自律、自为，追求自我实现的新儒学。"万物有备于我心"，心学深刻洞察了在认识过程中意向性的决定性作用，敢于"悬搁"一切信念和理论，回到事物本身的直观自得。中国心学与西方现象学及存在主义在许多基本命题上具有跨文化的同一性，心学与现象学都是关于认识批判的学说，也是关于理解人的存在的方法论。两者在关于通过摒除语言假象来揭示现象本质，如何在时间筹划中把握人的存在等方面具有高度的一致性。

不平凡的人生经历和人生挫折，更加坚定了岭南大儒陈献章放弃仕途，追求复兴圣学的志向，促进了他从理学向心学的转向。他以道鸣天下，不著书，独好为诗，诗富有哲理，其道亦因诗教而益彰。陈献章留有哲理诗作 1 977 首，涉及楚辞、古体、近体、绝句、律诗等各种体裁，数量超过历代任何一个心学家所写的诗歌，经门人整理有《白沙诗教解》传世。

湛若水既是一个克勤克俭、完节全名的中兴大臣，也是一个学问宏深、蜚声翰苑的心学大儒，他与王阳明是推心置腹的至交，也是志同道要守正圣贤心学宗旨的盟友。他认为："夫心广矣，大矣，古之训皆以明乎此而矣。明之至，至广至大，皆谓之尽心。"他坚持"大其心"的心学才是圣学正宗。在他眼中，"心、身、家、国、天下，何莫非意？"他坚持"随处体认天理而涵养之"的心学实践路线，主张敬天、敬民和正心修身之说。

正因为王阳明经历了从佛、道再到儒学的曲折的求学和成长经历，他要比那些径直从孔门出来的儒家弟子有更宽阔的哲学视野。他大胆汲取了慧能自性之学的思想，并找到了一条为儒家本体论和认识论注入新解释的思路，重新阐释了儒家经典中有关心、性、理等若干核心概念和命题，创新了在新的历史背景下儒家思想的表述方式，为新儒学发展做出了不朽的贡献。王阳明的四句教——"无善无恶心之体，有善有恶意之动，知善知恶是良知，为善去恶是格物"是其心学集大成的结晶。

在《黄帝内经》中可以找到世界上最早的生理心理学、情绪心理学、体质人格心理学、认知心理学、音乐心理学、心理治疗学等多种心理学的思想要素，中医心理学是世界上最早建立综合运用心理学知识和技术治疗人类心身疾病的临床服务模式。中医认为，人是心身统一互动的整体，不仅心动则五脏六腑皆摇，七情变化也直接影响生理气机，如"怒则气上，喜则气缓，悲则气消，恐则气下，惊则气乱，劳则气耗，思则气结"，而且脏腑功能异常也会反过来影响情志，即"血有余则怒，不足则恐"，"心气虚则悲，实则笑不休"，"肝气虚则恐，实则怒"。中医很早就懂得运用认知疗法，如"人之情，莫不恶死而乐生，告之以其败，语之以其善，导之以其所便，开之以其所苦"。中医也是最早使用冲击疗法、暗示疗法、情志疗法、内观方法的传统医学。

第二十一章　道家内丹术的象征主义心理学思想　/　341

　　无论在中国本土心理学中，还是在世界心理学史上，道家都以其解决神形关系或身心关系的思想与方法独具特色。如果我们基于道家典籍《老子河上公章句》《周易参同契》《太平经》《黄庭经》《悟真篇》《慧命经》的现代阐释，结合禅学的正念之术和荣格分析心理学的跨文化比较，就能透过内丹术的象征主义心理学话语理解其本质，领会其方法在修身养性训练中的应用价值。

第一章 《诗经》的爱情心理学思想

诗歌是人类情绪情感的一种艺术表达方式。中国古代所谓诗言志、诗缘情之说，皆发端于《诗经》。"窈窕淑女，君子好逑。""桃之夭夭，灼灼其华。""执子之手，与子偕老。"《诗经》不仅率真地表白了男女之间的性爱，也讴歌了人类爱情中蕴含的大美和责任心。孔子说："《诗》三百，一言以蔽之，曰思无邪。"如果就爱情、婚姻和家庭的情感教育而言，《诗经》的作用和地位是独特的，诗教的美学方式是不可替代的，其爱情心理学亦是丰富多彩的。

死生契阔，与子成说。

执子之手，与子偕老。

——《诗经·邶风·击鼓》

2008 年，笔者出版了《性心理学》一书，同年在广州举办的中国（广州）性文化节的学术研讨会上，有一位来自台湾的老教授提问："请问作为一门学问，性心理学何以存在？"笔者因他具有挑战性的提问脑洞顿开，回答："正像现实世界中并没有平面几何里讲的点和线一样，世界上也没有超越男女的'普通人'和'普通心理学'，事实上，人类生活中的真实心理只有男性和女性的心理学！"读《诗经》就很容易感受到这样一个事实：在人类历史上，最早起源、最具有普遍性和根本性的人性问题都与男女性心理有关。

男女关系是人类社会中最自然、最普遍、最深远、最根本的人际关系，充分理解和正确处理这种关系，不仅是衡量和评价一个社会文明进步的标志，也是每一个人心理健康的基础。从男女之间爱与性的自然关系出发，对青少年进行伦理道德教育本是中国优秀传统文化的有机组成部分，而且这种人格教育的切入方式不仅符合人道主义精神，听者容易入耳，心理阻抗最小，同时也是中国传统儒家教育的精妙之处。

许多人以为儒家思想保守，回避谈论爱情，或谈性色变。殊不知，孔子最早选编了《诗经》这本充满浓情蜜意爱情的诗集作为礼教的启蒙教材，并且还常常吟唱。如《史记·孔子世家》中说："古者《诗》三千余篇，及至孔子，去其重，取可施于礼义，上采契后稷，中述殷周之盛，至幽厉之缺，始于衽席，故曰'《关雎》之乱以为《风》始，《鹿鸣》为《小雅》始，《文王》为《大雅》始，《清庙》为《颂》始。'三百五篇孔子皆弦歌之，以求合《韶》《武》《雅》《颂》之音。礼乐自此可得而述，以备王道，成六艺。"汉武帝时采纳董仲舒的建议,尊"诗"为经,以体现"文以载道"的诗教精神,故称为《诗经》,被儒家奉为《六经》之一。① 从心理学的角度重新阐释《诗经》中的爱情人本主义思想,揭示华夏多民族男女两性心理的特点,以及中国传统文化关于爱情和婚姻中的生态现象,对于丰富中国现代性健康教育的内涵,以及开展现代爱情婚姻的心理辅导都具有很强的现实意义。

如何理解诗与心理的关系?孔子认为:"志之所至,诗亦至焉。诗之所至,礼亦至焉。"(《礼记·孔子闲居》)可见,诗的创作源于"志",而诗的作用是表达伦理之礼。如何解读《诗经》中的文辞与情志的关系?孟子提出了一种阐释学原则:"说诗者,不以文害辞,不以辞害志。以意逆志,是为得之。"(《孟子·万章上》)这就是说,读诗不要因为拘泥文辞而妨碍了对作者原意的领会,用自己的体验与作者的诗意共情才是最要紧的。本章基于对《诗经》中的性心理学思想的梳理,阐述其重要观点的现代意义与应用价值。

一、"《诗》三百,一言以蔽之,曰思无邪"

《诗经》是中国从西周初期到春秋中叶约 500 年间的民歌和朝庙乐章的总汇。《诗经》所录诗歌多来自黄河以北和江汉流域的民间。据说,周朝设有专门的采诗官,采集民歌民谣,以体察民俗风情和社会治理之效果。

根据诗歌的来源、内容和使用场所的不同,《诗经》编辑者将其分为风、雅、颂三种类型。风、雅、颂都得名于音乐,其中"风"又称"国风",本是乐曲的统称,包括周南、召南、邶、鄘、卫、王、郑、桧、齐、魏、唐、秦、豳、陈、曹 15 个古国流行的带有地方色彩的山夫村姑的抒情民歌之类,共计 160 篇。"雅"是指周代时朝廷各种典礼或宴会上所表演的与地方音乐有区别的"正声"音乐,包括《大雅》31篇和《小雅》74 篇。"颂"则是指用于宗庙祭祀鬼神、赞美统治者功德、多配以舞蹈的乐曲,包括《周颂》《鲁颂》和《商颂》,共计 40 篇。历代解注《诗经》的学者众多,其中以汉朝毛亨和毛苌注释的版本影响较大,故后人又称《毛诗》。

诗歌是人类情绪情感的一种艺术表达方式。中国古代所谓诗言志、诗缘情之说,皆发端于《诗经》。郑樵在《通志·乐略·正声序论》中说:"凡律其辞,则谓之诗,声其诗,则谓之歌,作诗未有不歌者也。"就整体而言,《诗经》所表现的情绪情感的基调是庙堂肃穆古乐与桑野上村姑野夫的激情表达,阳春白雪与下里巴人共赏的和谐古风,几乎所有的诗歌都直面社会的现实生活,倾听人内心的声音,其中饮食男女的

---

① 六经包括《诗》《书》《礼》《乐》《易》《春秋》。

欢歌悲吟，对爱的渴望和表白，质朴直率。《诗经》标志着中国古代民俗文化从对神的崇拜走向以人为本，民谣从原生态向四言体诗歌形态的转型变化。

从心理健康教育的角度来看，如何看待《诗经》的基本性质这一点很重要，诗中有许多男女情感纠结、苦闷、思念、缠绵情节的刻画，这不仅是古人情感自然质朴的表达，也是那时的一种人类学田野采风的记录。如孔子所说："《诗》三百，一言以蔽之，曰思无邪。"（《论语·为政》）"思无邪"，原出自《诗经·鲁颂·駉》中的一句："思无邪，思马斯徂。"杨伯峻认为，"思"本来是没有意义的语音词，孔子在此却引申为"思想"之解。孔子认为，整部《诗经》的情绪情感的基调就是真诚，不做作，不掩饰，不虚伪，质朴大方，是古人真性情的流露。程颐注释："思无邪者，诚也。"就内容而言，《诗经》中多涉及男女爱情和婚姻等性心理的原生态描写，为何孔子要将其纳入启蒙的教材呢？他是这样解释的："小子！何莫学夫诗？诗，可以兴，可以观，可以群，可以怨。迩之事父，远之事君。多识于鸟兽草木之名。"（《论语·阳货》）也就是说学习《诗经》可以培养想象力，提高观察力，学习人际沟通，调节情绪，学习孝顺父母和君臣忠诚之伦理，还可以增长有关鸟兽草木的知识。诗教的作用与学习礼仪具有互补的功能。所谓"不学诗，无以言……不学礼，无以立"（《论语·季氏》）；"兴于诗，立于礼，成于乐"（《论语·泰伯》）。《论语集解》引包咸注曰："兴，起也。言修身必先学诗。"朱熹在《四书章句集注》中解释道："兴，起也。诗本性情，有邪有正，其为言既易知，而吟咏之间，抑扬反复，其感人又易入。故学者之初，所以兴起其好善恶恶之心，而不能自已者，必于此而得之。"儒家认为，教育必须符合人的心理发展规律，《礼记·内则》中记载了中国古时教育儿童学习内容的顺序："六年，教数与方名。七年，男女不同席，不共食。八年，出入门户及即席饮食，必后长者，始教之让。九年，教之数日。十年，出就外傅，居宿于外，学书计，衣不帛襦裤，礼帅初，朝夕学幼仪，请肄简谅。十有三年，学《乐》、诵《诗》，舞《勺》；成童，舞《象》，学射御；二十而冠，始学礼，可以衣裘帛，舞《大夏》，惇行孝悌，博学不教，内而不出。"可见儒学不仅充分肯定了诗教具有温文尔雅、潜移默化的特点，如："子所雅言，诗、书、执礼，皆雅言也。"（《论语·述而》）"温柔敦厚，诗教也。"（《礼记·经解》）而且将男女有别的礼仪培养放在学龄期的开始阶段。简而言之，诗教让人将话语讲得文雅好听，将行为规范得文明礼貌。儒家一直主张将艺术作为道德教育的手段，孔子说："志于道，据于德，依于仁，游于艺。"（《论语·述而》）古代对儿童的人文素质教育是非常全面的，其中吟诗、音乐、舞蹈对于培养人的真性情的"高贵"精神尤其不可缺少。如果就爱情、婚姻和家庭的情感教育而言，《诗经》所开创的诗教爱情心理学是非常独特的，也被看成启蒙教育的逻辑起点。

二、"窈窕淑女，君子好逑"，爱为人伦之始

肯定和赞赏男女之间的自然情感，这是性心理健康教育的起码态度。《关雎》是《诗经》之首篇，诗中描述了一个青年男子追求女子的心理过程。第一段唱道："关关雎鸠，在河之洲。窈窕淑女，君子好逑。"从鸟类的求偶，联想到人类男女求偶之情，表述了人类性心理成熟萌发的自然属性。《诗经》为何以"雎鸠"这种鸟来"兴"起全诗，这是因为雎鸠是一种终身只找一个伴侣的鱼鹰，故被古人赞誉为王雎。《诗经》借这种王雎来阐述男女爱情应该具有的相互忠诚之义，并以此凸显这是人类爱情的最核心要素。第二段，"窈窕淑女，寤寐求之。求之不得，寤寐思服。悠哉悠哉，辗转反侧。"表达了一个急于见到所爱慕女子的男青年的心情，从性心理学来看，这是"力比多"驱动的爱情中的生理心理的反应。第三段，"窈窕淑女，琴瑟友之。……窈窕淑女，钟鼓乐之。"描述了青年男子运用音乐形式向女子表达爱慕追求之情的文雅行为。简而言之，《关雎》表达了人类爱情中的几个基本要素：爱情首先需要有心仪的异性意指对象，爱是有强烈性吸引力的和排他的，爱情需要用文明的方式进行表达。

为何《诗经》会将这篇关于爱情的诗歌《关雎》放在三百篇之首？这应该有某种特别的寓意。《史记·外戚世家》认为："《易》基乾坤，《诗》始《关雎》……夫妇之际，人道之大伦也。礼之用，唯婚姻为兢兢。"《汉书·匡衡传》亦有疏云："匹配之际，生民之始，万福之原。婚姻之礼正，然后品物遂而天命全。"认为孔子论《诗》以《关雎》为始，实则是将其作为人伦教育纲纪之首、王教之端。孔子虽然在《论语》中多次提到《诗》，但对其作出具体评价的作品却只有《关雎》一篇。他认为《关雎》"乐而不淫，哀而不伤"（《论语·八佾》），在这里"淫"字应作"过度"解释，例如"淫雨"就是指雨下得太多成涝了。在儒家看来，成年人关于伦理规则的学习是从男女相爱的性心理开始的，而《关雎》则是表现中庸之德的典范。如《毛诗序》所说："《风》之始也，所以风天下而正夫妇也。故用之乡人焉，用之邦国焉。"后来，司马迁在《屈原列传》中评价道："《国风》好色而不淫，《小雅》怨诽而不乱。"儒家认为："饮食男女，人之大欲存焉。"（《礼记·礼运》）《关雎》既承认男女之爱是自然而正常的人之常情，又表达了应该有符合礼文化的践行过程，因此，《关雎》表达了一种符合社会美德的行为模式。所谓"发乎情，止乎礼"，对于人类来说，性爱既是满足生理的需要，也是情绪情感的表达方式，但在行为上必须用礼来约束规范，这就是孔子所说的《关雎》乐而不淫的诗教之寓意。一部《诗经》，开卷的几篇几乎都是写爱情、婚姻和家庭情感的，这绝非随意安排，而是中国古代人本主义精神的具体体现。

《诗经》中的许多诗篇表达了男女之间性爱的强大张力。如《诗经·王风·采葛》中就用"一日不见，如三月兮，……如三秋兮，……如三岁兮"的主观时间感表达了男子渴望见到心仪女子的强烈情绪。《诗经·小雅·菁菁者莪》中则生动描写了两个男女青年在莪蒿茂盛的山坳里、水中沙洲上和阳光明媚的山丘等不同的地方邂逅的故事及其心理变化的过程："菁菁者莪，在彼中阿。既见君子，乐且有仪。菁菁者莪，在彼中沚。既见君子，我心则喜。菁菁者莪，在彼中陵。既见君子，锡我百朋。泛泛杨舟，载沉载浮。既见君子，我心则休。"诗中描写了怀春少女与少男一见钟情，复见欢喜，三遇更是惊喜，最后心甘情愿以身相许的故事。

与中国贤人一样，西方心理学大师弗洛伊德将性心理发展视为人格发展的基础，主张"一开始就要从容地或自然地对待性的问题，使之像儿童应该知道的其他一些问题一样，得到正常的理解和探索"。[①] 他认为应该让个体获得与年龄增长相一致的有关性心理的发展水平，满足正常的性心理需求，而不是压抑或禁欲，否则可能会引发不必要的焦虑与恐慌。他还说："人与人之间的性格之所以强弱悬殊，大抵与他们压抑性冲动的程度有关。……禁欲不可能造就强大、自负和勇于行动的人，更不可造就天才的思想家和大无畏的开拓者及改革者；通常情况下它只能造就一些'善良的'弱者，他们日后总归要淹没在俗众里，非常痛苦地跟在那些具有坚强性格的开创者后面跑。"[②] 由此看来，将性心理教育置于人格培养之初是非常重要的。

三、"桃之夭夭，灼灼其华"，爱美为人类性爱心理的重要内涵

区别于动物的人类性爱心理最典型的表现莫过于赋予所爱对象以美的欣赏。所谓人之好色，应当理解为对审美的追求，而不是指动物之性的"力比多"。清代学者姚际恒在《诗经通论》中评论《诗经》为"开千古词赋咏美人之祖"。然而，人类的审美有多种角度，不仅有面容身材之美，还有情景之美、气质之美、行为之美等。如《诗经·陈风·月出》中描写的月光下美人："月出照兮，佼人燎兮。"《诗经·周南·桃夭》中将少女的面容比喻为灿烂夺目的桃花："桃之夭夭，灼灼其华"，还用多汁的桃子隐喻孕育生命的强大活力，用茂盛的桃叶寓意开枝散叶的家族繁衍。全诗描写桃树开花、结果、叶茂的过程，象征着新娘的美丽和其生育的重要社会功能。在赞美新娘的美丽之后，诗中还反复吟诵："之子于归，宜其室家。""之子于归，宜其家室。""之子于归，宜其家人。"三句语义看似相近，但含义层层递进，强调新娘要有"宜

①② 弗洛依德. 性学与爱情心理学 [M]. 罗生，译. 南昌：百花洲文艺出版社，1996：17，207.

室""宜家""宜人"的身体美和内在美，会处理夫妻关系、婆媳关系、姑嫂关系等家庭人伦问题，即使是从今天心理咨询的角度来看，《诗经》中提到的这些问题也是很常见的。家庭是社会的基本单位，而且是每个人社会化的最早的学校，是学习人伦之开始。《礼记·大学》引《诗经·周南·桃夭》这首诗说："宜其家人，而后可以教国人。"可谓一语道破儒家推崇《诗经》，将男女之情放在卷首的深刻用意。儒家主张的君为臣纲、父为子纲、夫为妻纲的"三纲"和君臣、父子、夫妇、兄弟、朋友的"五常"都以良好夫妇关系的建立为基础，而其他的人际关系都是由此派生出来的，如宋代理学家朱熹所概括的那样："有天地，然后有万物；有万物，然后有男女；有男女，然后有夫妇；有夫妇，然后有父子；有父子，然后有君臣；有君臣，然后有上下；有上下，然后礼义有所错。男女者，三纲之本，万事之先也。"（《诗集传》卷三）在儒家看来，修身、齐家、治国、平天下四者的关系是一种递进的社会化关系，其实这是符合人的社会化规律的。"宜家"的最终目的是就为了"宜国"。据学者对风情民俗的观察，即使是在近现代一些乡村举行婚礼的时候，仍要歌《诗经·周南·桃夭》这三章作为新婚的祝词，其诗教寓意十分明显。

人类的爱情旅途常常是从男子的主动追求开始发动的，而这种对性爱的追求又必然是从美的欣赏开始，那么，在诗人眼中，何为美人呢？《诗经·邶风·静女》中这样写道："静女其姝，俟我于城隅。爱而不见，搔首踟蹰。静女其娈，贻我彤管。彤管有炜，说怿女美。自牧归荑，洵美且异。匪女之为美，美人之贻。"美女不仅是红润美丽、娴雅安详和矜持的，而且有一种激起男子急迫想见到和追求之热情的吸引力。美女不仅是身材、肤色、面貌姣好，更重要的是在"爱而不见"的含蓄矜持和顽皮可爱之间透露出的一种灵性气质，如《诗经·卫风·硕人》中描述的那样："硕人其颀，衣锦褧衣。……手如柔荑，肤如凝脂，领如蝤蛴，齿如瓠犀，螓首蛾眉，巧笑倩兮，美目盼兮。"当然，美还激发相应的情绪情感，所谓情人眼里出西施，女为悦己者容。《诗经·卫风·伯兮》就描述了一位自从情哥出征后就不梳头、不美容打扮的思夫女子："自伯之东，首如飞蓬。岂无膏沐？谁适为容！"可见，"爱美"一词可以拆开来解：有爱才美。

俗语多赞美美女，而《诗经》中也赞颂男子，如《国风·魏风·汾沮洳》中就有"美无度""美如英"和"美如玉"等赞语。

美还和善有关。楚国的伍举就"何为美"的问题和楚灵王发生过争论。伍举说："夫美也者，上下、内外、小大、远近皆无害焉，故曰美。若于目观则美，缩于财用则匮，是聚民利以自封而瘠民也，胡美之为？"（《国语·楚语》）在伍举看来，美至少在各方面是无害的，美虽然并不一定带来财富，但至少不应该导致劳民伤财。孔子在评价音乐的时候也说到善和美的关系："子谓《韶》，'尽美矣，又尽善也'；谓《武》，'尽美矣，未尽善也'。"（《论语·八佾》）可见，在儒家眼中，只有达到真、善、美的统一，才是真正的美。人格的美才是最内在的美，《诗经·秦风·小戎》中就有妻子对安静柔和、温暖、彬彬有礼、人品好的夫君的点赞："言念君子，温其如玉。""言念君子，温其在邑。""言念君子，载寝载兴。"

四、"未见君子，忧心忡忡。亦既见止，亦既觏止，我心则降"

《诗经·召南·草虫》这首诗刻画了情侣从未见到相见其心理变化的过程。诗中分别用"忧心忡忡""忧心惙惙""我心伤悲"三层心理的变化刻画了情侣未见之前受煎熬的那种极具张力的思念，只有见到了对方，满足了身心的需求，激情的强度方才得以降低，可见，两性相悦的心理具有非理性的特点，这是两性关系中不可违逆的"天理"。情侣之间求之不能相见的复合情绪最为折磨人，《诗经·陈风·泽陂》中描述了一个男子相思难眠的心境："寤寐无为，中心悁悁"，"寤寐无为，辗转伏枕"。《诗经·陈风·月出》中生动形象地描写了一个男子望月兴叹，无比思念心上人的情境："月出皎兮，佼人僚兮。舒窈纠兮，劳心悄兮！月出皓兮，佼人懰兮。舒忧受兮，劳心慅兮！月出照兮，佼人燎兮。舒夭绍兮，劳心惨兮！"《诗经·小雅·都人士》中也有"我不见兮，我心不悦"，"我不见兮，我心苑结"的刻画。

性需求的张力必须得到相应的实际满足才能缓解，而不是吟诗就能解决的，《诗经·小雅·蓼萧》就描述了一个女子在水边高大茂密的艾蒿丛中幽会情哥之后的愉悦："既见君子，我心写兮。""既见君子，为龙为光。"有人将诗中的君子解释为天子或诸侯，显然与诗开头交代的野外情境不相符合。本诗与《诗经·小雅·菁菁者莪》描述的"菁菁者莪，在彼中沚。既见君子，我心则喜"，"泛泛杨舟，载沉载浮。既见君子，我心则休"，以及《诗经·小雅·车舝》中描写的"鲜我觏尔，我心写兮"的意境相似，都是描写女子与心上人喜相逢的情景与心态变化。

《诗经》中早就注意到男女情绪情感，以及男女交往中的心理行为差异。《诗经·卫风·氓》中说："无与士耽。士之耽兮，犹可说也。女之耽兮，不可说也。"这就是说男子相对较为容易从爱恋的情感中解脱出来，而恋上男子的女子则较难挣脱情感的羁绊。《诗经·秦风·晨风》中就描写了这样一个女子的体验："未见君子，忧心如醉。如何如何，忘我实多！"说明男女情感的持续性和稳定性是有差异的。又如《诗经·召南·野有死麕》中就描述了男子主动投入和女子小心翼翼、心理逐渐放开的微妙变化，曰："有女怀春，吉士诱之。""白茅纯束，有女如玉。""舒而脱脱兮，无感我帨兮，无使尨也吠。"诗中将两性心理的区别和调情过程刻画得生动具象。

在《诗经·陈风·衡门》这首诗里描写了那些处于性饥渴的男女在幽会之后发出的感叹："衡门之下，可以栖迟。泌之洋洋，可以乐饥。岂其食鱼，必河之鲂？岂其取妻，必齐之姜？岂其食鱼，必河之鲤？岂其取妻，必宋之子？"吃鱼何必一定要黄河中的鲂鲤，娶妻又何必非齐姜、宋子不可？只要是两情相悦，谁人不可以共度美好韶光？这首爱情诗提出了一个关于爱情与婚姻标准的问题。爱情的核心应该是自由、纯朴的真情实意，而不是地位钱财的交换，相爱的人有情饮水饱，无情吃肉也难受。

五、"执子之手，与子偕老"

人类之爱的特殊性还在于其有语言参与的心理承诺等情感交流，《诗经·邶风·击鼓》中喊出"死生契阔，与子成说。执子之手，与子偕老"，这种爱的誓言千百年来一直为人传诵。

性爱是维护爱情与婚姻的核心要素，性爱令人向往，当然应该珍惜，不能虚度光阴，但也不能沉迷其中，否则，玩性丧志："今我不乐，日月其除。无已大康，职思其居。好乐无荒，良士瞿瞿。"(《诗经·唐风·蟋蟀》)据《毛诗序》解释，这篇诗文创作的用意是劝诫晋僖公的，希望主公能以礼自律。笔者以为这首诗表达了古人性爱的中庸观，即一个贤良之士应该时刻保持警觉，做到正业不废也有娱乐，既要珍惜性爱欢愉的享受，也不可行乐过度，还要"职思其忧"。

人类的性爱如何会成为一种心理问题，全在于人类有语言，进而有了复杂的心理活动。现象学认为，人类的思维是一种"意动"，都是有意向性和意指对象的思维，自从人类有了语言，美就成为一种思考的对象，而且愈是求不得，就愈加思念，甚至成为一种使人苦思冥想、睡卧不安的"强迫症"。《诗经》中有多篇诗歌描述了这种求爱不得的"类神经症"。如《诗经·周南·关雎》："窈窕淑女，寤寐求之。求之不得，寤寐思服。悠哉悠哉，辗转反侧。"《诗经·陈风·月出》中描写了月光下的一个身姿窈窕舞步优美的美女让诗人劳心悄兮，劳心慅兮，劳心惨兮。《诗经·陈风·泽陂》中也描写了一个身材姣好的美人，让男子"寤寐无为，中心悁悁"，"涕泗滂沱"和"辗转伏枕"。这种缠绵的排念几乎是催化所有情诗创作的内驱力。

人类与许多动物一样，获得爱情是需要付出艰苦追求的，因为在相爱的男女之间往往有许多阻隔和困难，如诗中所描述的那样："悠悠我思，道之云远，曷云能来"(《诗经·邶风·雄雉》)，"道阻且长""道阻且跻"和"道阻且右"(《诗经·秦风·蒹葭》)。于是诗人只得用美好的想象来替代这种未能获得的需求：所谓伊人，"在水一方""在水之湄""在水之涘"和"宛在水中沚"，来表达那种距离美。《诗经·周南·汉广》中说："汉有游女，不可求思。……江之永矣，不可方思。"可遇不可求的忧伤正是人类爱情的凄美之处，这也许是导致人类情志疾病的主要渊源。

真情恩爱的夫妻即使一方不在人世，另一方也会念念不忘对方的好处，如《诗经·邶风·绿衣》就是一个男子对已故爱妻的怀念，他穿着妻子缝制的衣裳，唱道："我思古人，俾无訧兮。……我思古人，实获我心。"在诗人看来，贤妻除了平时很体贴丈夫之外，还能提醒让丈夫平时少有过失。在《诗经·唐风·葛生》中有一个失去爱妻的男子对着亡妻的坟墓感慨万千，发出了痛心悲伤的呼号："予美亡此，谁与独处？……谁与独息？……谁与独旦？"他决意"百岁之后，归于其室"，要与爱妻再相会在那碧落黄泉！此真情能令读者动容。

六、性的象征与隐喻

弗洛伊德发现，人类的文明发展与性的压抑几乎是成正比的，口头表述中关于性欲的词汇被逐渐禁止，最后被打压到梦的潜意识中，于是，诗歌等艺术和梦就成了性欲发泄的出口，《诗经》中就有这样的诗句。《诗经·小雅·无羊》中唱道："牧人乃梦，众维鱼矣。旐维旟矣，大人占之。众维鱼矣，实维丰年。旐维旟矣，室家溱溱。"这就是说牧人做了一个关于蝗虫化作鱼、龟蛇变为鹰的梦。根据当时请来的民间占梦大师的分析，蝗虫化鱼是吉兆，预示来年有丰收；龟蛇变鹰也是佳征，预示家庭要添人丁。《诗经·小雅·斯干》中的诗句语义更为直白："下莞上簟，乃安斯寝。乃寝乃兴，乃占我梦。吉梦维何？维熊维罴，维虺维蛇。大人占之：维熊维罴，男子之祥；维虺维蛇，女子之祥。"这是一个关于男女性别端兆的释梦，就是说如果一个人梦到了壮实的黑熊罴，那隐喻着有生儿子的好运；而如果梦到了细长的花虺蛇，则是生女儿的吉兆。

对比梦的分析和心理原型理论可知，鱼是繁殖力最强的动物，而龟和蛇则是男性生殖器的象征，阴阳鱼图形（后演化成八卦太极图）和卍字符都是两性关系的原型，蛇则是《圣经》伊甸园中性诱惑的象征。《诗经·小雅·鹤鸣》中一边描述水中的鱼深潜和浮游的动态，一边描述园林中人的快乐，当是一种令人可以联想的隐喻："鱼在于渚，或潜在渊。乐彼之园，爰有树檀，其下维谷。他山之石，可以攻玉。"按照近代爱国主义诗人闻一多先生在《诗经通义》中的说法："《国风》中凡言鱼者，皆两性间互称其对方之虞语（隐语），无一实指鱼者。"古今诗歌中以捕鱼、钓鱼喻男女求偶之事的例句亦有很多可以为证。《诗经》中关于梦的记录及其分析与弗洛伊德精神分析学说具有跨文化的通约性，这更证明原型是集体无意识的一个具有世界普遍意义的心理结构。

《诗经·卫风》中有一首以"木瓜"命名的诗歌，诗中唱道："投我以木瓜，报之以琼琚。匪报也，永以为好也！投我以木桃，报之以琼瑶。匪报也，永以为好也！投我以木李，报之以琼玖。匪报也，永以为好也！"这首出自先秦时卫国（今河南鹤壁市）的民歌千年来一直被广为传诵，但如何解读这首诗歌所表达的意蕴，古往今来却有许多不同的意见，这足以说明理解诗意的困难和有多种解释的可能性。第一种解释见于先秦的《毛诗序》，书中将此诗解释为国与国之间的一种感恩行为，曰："《木瓜》，美齐桓公也。卫国有狄人之败，出处于漕，齐桓公救而封之，遗之车马器物焉。卫人思之，欲厚报之，而作是诗也。"第二种解释见于南宋时朱熹《诗集传》中的"男女相互赠答说"，云："言人有赠我以微物，我当报之以重宝，而犹未足以为报也，但欲其长以为好而不忘耳。疑亦男女相赠答之词，如《静女》之类。"第三种解释见于清代陈寿祺、陈乔枞《鲁诗遗说考》等书，持"臣下思报君恩"之说，曰："以此篇为臣下思报礼而作。"第四种解释见于清代姚际恒在《诗经通论》等书中的"朋友赠答之说"，曰："以为朋友相赠答亦奚不可，何必定是男女耶！"笔者以为以上几种解释都没有给出充足的理由说明为何普通的木瓜可以交换得到珍贵的琼瑶这种现象。如果从诗中所描述的木瓜、桃、李的心理原型象征对《木瓜》的诗意进行分析，也许就可以获得对这首诗意的领会。本诗语义通俗易懂，是一首描述两个男女之间通过互赠水果与玉饰，以实现情感交流，表达爱意和期待建立永以为好的婚姻关系的情诗。为何这是发生在情侣之间的事，而不是君臣或普通朋友之间的关系呢？因为从中国古代社会礼文化的规则来看，难以想象在君臣之间会发生进贡木瓜、木桃和木李这样一类常见水果的事情；如果发生在普通朋友之间，那么，一方送水果，一方回赠玉佩也不符合礼尚往来的礼节，在上述两种情况下即使发生了互赠礼物的事情，也绝不会是为了表达"永以为好"之类的终生期待。按常理，送木瓜、木桃和木李的应为女子，因为这些水果在无数诗歌和文化传说里常常是女性的原型意象，而琼琚、琼玖和琼瑶等佩玉则为男子随身的佩戴之物，亦是财富和身份的象征，如《曲礼下》中就有"君无故玉不去身"之说。我们先看木瓜的属性与象征，木瓜果似小瓜，古代就有以瓜果之类为信物的风俗。如果将女子投我以木瓜之"投"解释为赠送之意是欠妥的，因为"投"有心甘情愿、主动和温暖之含义，暗喻女子甘愿投入男子怀抱，这样才能合乎情理地解释下一句男子为何会将象征自己身份和财富的佩玉回赠给女子，而且还表示这不是为了回报，而只是期待"永以为好"的爱。至于木桃，又名狭叶木瓜、毛叶木瓜，桃花鲜艳，果实丰硕，汁多清甜，形似女子乳房和女阴，伊人美貌，如《诗经·国风》里就有以桃喻新娘的"桃夭"之说："桃之夭夭，灼灼其华。之子于归，宜其室家。"《本草纲目》中解释："桃性早花，易植而子繁，故字从木、兆。十亿曰兆，言其多也。"可见，桃被认为是生殖能力旺盛的象征。此外，"桃靥""桃颊""桃腮"

"桃娇""桃媚"都是专指女子的娇媚之态;"樱桃小嘴"和"樱桃乳房"甚至被视为美女魅力的符号;"含桃"之俗语,以喻容纳,隐藏深处之貌;还有"桃花运"和"桃色新闻"等暗喻有色彩的两性关系;等等。木李,《埤雅》曰:"圆而小如木瓜,食之酢涩而木者为木桃;大于木桃,似木瓜而无鼻者为木李。"《诗经》中提到"李"这一水果的诗篇有不少,如《诗经·召南·何彼秾矣》中以"华如桃李"并举以形容锦绣车衣,《诗经·大雅·抑》中则以桃李互赠作为懂礼节的象征,曰:"投我以桃,报之以李。"《诗经·王风·丘中有麻》还有关于情人约会的诗歌:"丘中有李,彼留之子。"诗意是指高坡地上有李树林,那正是与情人相会、喜结良缘的好地方,可见"李"同样是两情相悦的一种象征。在古籍中,以"李"比喻温润之玉和"恰如李实"之味的君子之质的诗文非常多,如汉代典籍《春秋运斗枢》里就有"玉衡星散为李。众星成李,嘉善嘉善"之说,唐代典籍《艺文类聚》里则有"昆仑山有玉李,形如世间者,但光明洞澈而坚"之说。以上只是从典籍语言文本的角度进行的论证,其实在文学之前早有更为原始的基于水果外形、内部构造和色泽等感知觉而形成的原型意象。以木瓜为例,笔者在自家楼顶的花盆里种植了几棵木瓜树,常举头细细地观察它们,十几个木瓜紧紧地围成一簇,大约要经过大半年的时间才成熟,等到其外皮开始微微泛黄就可以摘取了。无论是生吃还是煲汤,其味道清甜而不腻,但以生吃的味道更为爽口。如果将木瓜从中纵向剖开,就会蓦然发现,这简直就是一个充满青春生命力的"玄牝之门"!老子在《道德经》中说:"玄牝之门,是谓天地根。绵绵若存,用之不勤。"可见,原来这正是木瓜和桃李的原型意象,以及诗歌中"永以为好"的期盼的深刻意蕴。《毛诗序》中说:"诗者,志之所之也。在心为志,发言为诗。"经此分析,《木瓜》者,志之所指明矣。

《诗经·唐风·椒聊》中还有一些借物比兴表现生殖崇拜的诗歌,如"椒聊之实,蕃衍盈匊。彼其之子,硕大且笃。椒聊且,远条且"。可以认为是女性以椒喻男子之特征,比兴合一,人椒互化,赞美强健高大的男子繁衍的子孙像花椒树上结满的果实那样众多。

七、"取妻如之何,必告父母","取妻如之何,匪媒不得"

男大当婚,女大当嫁,这是人生成长的规律,而且在人类社会的长期演化中,人类的婚姻形式从野蛮的抢婚,到礼聘的说媒是一种历史性的进步。经验表明,婚前保持贞洁,依据父母之命的婚前说媒,对于保障女子的利益和幸福是具有重要现实意义的。《诗经》虽然有对男女之间邂逅一见钟情的赞美,但也特别强调通过媒约的方法实现夫妻之间匹配的重要性。如《诗经·豳风·伐柯》中说:"伐柯如何?匪斧不克。

取妻如何？匪媒不得。伐柯伐柯，其则不远。我觏之子，笾豆有践。"这就是说如果没有一个合适的斧柄，再好的斧子也发挥不了作用。同理，如果没有媒人，又怎么能迎娶到合适的妻子？找到合适的斧柄，就像丈夫找到适合自己的妻子一样，两者相匹配的规则竟是如此相似。从这种意义上说，《诗经》不只是有爱情的浪漫，也有关于婚姻理性的观点。现代有研究认为，经媒人介绍而缔结婚姻的男女关系要比那些盲目自由恋爱的男女关系更加合理和更加稳定。可现实中总有一些逆反心理很强的男女青年以反封建为由，不愿意遵循这一文化规则，结果往往自食其苦果。《诗经·鄘风·蝃蝀》讲述了一个彩虹之恋的悲剧："蝃蝀在东，莫之敢指。女子有行，远父母兄弟。朝隮于西，崇朝其雨。女子有行，远兄弟父母。乃如之人也，怀昏姻也。大无信也，不知命也。"诗中讲述的这个故事发生在周代的一个诸侯国，简称鄘，在今河南省卫辉市以北。所谓"鄘风"是指在鄘地流行的乐调，为《诗经》中十五国风之一，现仅存十篇。蝃蝀是古人对彩虹的别称，因其形如半圆七色彩带，故又称美人虹。虹由雨水之气被太阳返照而形成，出现在天空中的时间一般不长，而且它的出现具有很大的随机性，故古人借以隐喻那些短暂的不幸婚姻，并认为虹是由于阴阳不和，婚姻错乱之淫邪之气而生，东汉训诂学家刘熙《释名》解释道："淫风流行，男美于女，女美于男，互相奔随之时，则此气盛。"朱熹在《诗集传》中也解释道："虹也，日与雨交，倏然成，质似有血气之类，乃阴阳之气不当交而交者，盖天地之淫气也。"这些解释都基于彩虹的拟人化或心理投射进行解读。古人认为暮虹出现在东方、朝虹出现在西方是一种反常现象，自然也是一件"莫之敢指"而忌讳的事件。《蝃蝀》兴中兼比，比兴合一，借虚幻的彩虹来比喻一个私奔烈女不按传统婚配习俗盲目行事的行为。《毛诗序》这样评论这首诗的创作意图："《蝃蝀》，止奔也。卫文公能以道化其民，淫奔之耻，国人不齿也。"《后汉书·杨赐传》中也认为《蝃蝀》一诗意在"刺奔女也"。朱熹在《诗集传》中对该诗教化功能的界定是："此刺淫奔之诗。"因为在周代社会的婚姻规范中，"取妻如之何，必告父母"，"取妻如之何，匪媒不得"（《齐风·南山》）。在当时看来，女子想远走高飞，远离父母兄弟，不顾贞信，不遵循父母之命的说媒之俗，私奔去找心上人是一种反主流文化的异常行为，所以，就好比虚幻的彩虹一样，这种违反文化常规的恋情注定是不会长久的，即所谓"乃如之人也，怀昏姻也"。然而，如果按照现代人推崇的自由恋爱的标准来看，《蝃蝀》中这个不服从传统习俗的私奔女子就可能被歌颂为敢于反抗礼教制度、争取婚姻自由的勇士了。但如果我们回到心理咨询的案例来看，就会发现那些处于感情危机或是婚姻破裂的对象中，当年不听父母的意见而执意要与萍水相逢的意中人结婚的人占有相当大的比例，也许婚姻的实践才让这些对象懂得了传统习俗经验的重要。私奔在古今中外都存在，而且私奔者的豪言壮语往往惊天动地，例如《诗经·王风·大车》就描述了一个男子想与心上人私奔的心情与誓言："谷则异室，死则同穴。谓予不信，有如皎日。"这也许是一个规律，逆反传统就需要某种勇气，但这种勇气总是难以抵抗传统习俗强大而持久的力量，就像彩虹短暂的壮丽终究在太阳出来后就会消逝一样。事实上，传统文化是帮助个体更好地适应社会环境的工具，背弃传统文化习俗的人常会因此付出很大的牺牲，切记！切记！

《蝃蝀》一诗中以众人"莫之敢指"一语，讥讽这种大逆不道的行为为千夫所指。本诗揭示的彩虹之恋是一个古老的文化心理的原型意象。在大多数情况下，成语和俗语就是实践经验的凝结，所谓"千夫所指，无病而死"，违反主流文化之道，其悲惨的结局是不难想象的。文化传统是一个民族千万人生活经验和教训的沉淀，切记不要轻视文化传统对于家庭幸福、维护社会稳定和心态平和所具有的积极作用。读一读弗洛伊德关于《图腾与禁忌》等文化心理学的著作就会知道许多原始的禁忌其实是有助于人们避讳某些灾难的警告，我们切记不要将因为自己无知而不理解的风俗习惯臆断为"糟粕"，尽管那些信仰或习俗很原始。

八、"墙有茨，不可埽也。中冓之言，不可道也"

《诗经·邶风·新台》和《诗经·鄘风·墙有茨》两篇诗歌讲述了中国周代诸侯国之一卫国第15任国君卫宣公的故事。《诗经·邶风·新台》中这样写道："新台有泚，河水弥弥。燕婉之求，蘧篨不鲜。新台有洒，河水浼浼。燕婉之求，蘧篨不殄。鱼网之设，鸿则离之。燕婉之求，得此戚施。"其实卫宣公建筑这样一座高大壮丽辉煌的新台只是为了豪夺自己儿子的新娘。卫宣公是一个好色之徒，当年就与自己的父亲卫庄公的姬妾夷姜私通，生下儿子公子伋，后来他当上了国君，就立公子伋为太子。当太子伋长大了正准备迎娶齐国女子宣姜为妻时，卫宣公见色起心，竟夺其子所爱，据为己有，强占为妾。从此，夷姜失宠，上吊自杀。其实，当初被迫扭曲初心的宣姜也十分沮丧，心想嫁个如意郎，不料却成了一个丑得像蛤蟆样的糟老头的手中玩物，高台前的河水漫漫东流隐喻了她无可奈何的悲伤。后来宣姜生下公子寿和公子朔，司马贞在《史记索隐》中写道"宣纵淫嬖，衃生伋、朔"，记载的就是这段史实。既木已成舟，生米煮成熟饭，宣姜上位后就一心想辅佐自己的第二个儿子继承王位，于是他们一同诽谤太子伋，经过一系列谋划，最后如愿得逞。《墙有茨》与《新台》的故事相承接，继续评述了上述这段宫墙内的丑闻："墙有茨，不可埽也。中冓之言，不可道也。所可道也，言之丑也。墙有茨，不可襄也。中冓之言，不可详也。所可详也，言之长也。墙有茨，不可束也。中冓之言，不可读也。所可读也，言之辱也。"诗人认为，上述这种宫中的隐私真的不好意思说出口，若要说出来，污秽不可听；若要细细讲，说来话又长；若要说出去，言语都觉得蒙羞。茨，可泛指盖屋顶的芦苇和茅草，如"环堵之室，茨以生草"。（《庄子·让王》）也可专指蒺藜，如《诗经·小雅·楚茨》中写道："楚楚者茨，言抽其棘。"古时的围墙多由泥砖或竹泥建筑，墙头极易长出野草，所以诗里连用"不可埽也""不可道也""不可襄也"三句叠加之语，以借喻宫内无法清除，也无法约束的混乱的男女关系。据《毛诗序》所说，《墙有茨》是卫人讽刺公子顽（即昭伯）与当时已成为惠公之母的宣姜私通之丑闻。此事在《左传·闵公二年》中也有记载："初，惠公之即位也少，齐人使昭伯烝于宣姜。不可，强之。"可见当时惠公即位时年幼，齐国人想通过齐与卫之间的婚姻关系来巩固惠公的君位，便强迫昭伯与后母乱伦，演绎出宫墙内匪夷所思的男女生态。

为何诗中运用了蒺藜这一植物作为刻画男女媾和的喻体呢？因为蒺藜亦药亦毒，具有与性爱类似的双重属性。蒺藜，又名白蒺藜、屈人等，为一年生草本植物，茎平卧，偶数羽状复叶，5～8月开花，6～9月结果。蒺藜适应性很广，对土壤要求不严，生长于田野、路旁沙地、荒地、河边草丛及居民点附近，凡全球温带地区都有分布。青鲜时可用做饲料，果可入药，具平肝解郁、活血祛风、明目、止痒、利尿的功效，常用于配方治疗头痛眩晕、胸胁胀痛、乳闭乳痈、目赤翳障、水肿、风疹瘙痒。中医古籍《圣惠方》和《儒门事亲》中早有关于蒺藜的中药组方。如果以蒺藜的这些药效作用来隐喻性爱作用的话，就可以发现两者具有太多的相似性。蒺藜不仅具有强壮性功能和心脑机能，抗衰老，保青春，以及减轻痛苦和畅通排尿等作用，而且家门口随处可见，随处可采，而且正因为不是家养栽培，所以才会有野花健硕且更香之说。当然，任何事物都有其两面性，蒺藜一方面可以舒肝解郁，促进性功能，但其果浑身带刺，极易黏附在家畜皮毛间，造成皮损，所以被列为有害植物，这亦可借喻那些拈花惹草之人；蒺藜含有微量的砷，长期食用可能导致中毒，故孕妇禁用，这也如性爱一样，缺少不行，太多太滥总会劳神耗精成害。

诗中所说的"墙"也是一种宫廷或家室边界的借喻，墙上有蒺藜，意味着野花已经来到了家室的门口。蒺藜不仅诱惑着围墙里心理压抑的男男女女，而且带有一丝侵犯在即的意味，记住诗中那三个反复吟诵的句子"不可埽也""不可道也""不可襄也"所刻画的那种无法清除、无法约束、不可言说、欲盖弥彰，甚至无法抗拒的滥性现象。正如围城里的人总想出来逛逛，而围城外的人又总想进去瞧瞧的那种猎奇又贪心的人欲。

在《诗经》特定的语境中，由"墙有茨"之喻体就可以直接领会到男女野合之事，是一种借喻。全诗幽默调侃，欲言又止，可令人产生许多联想。虽然这里讲述的只是一个故事，但从文化心理学和分析心理学的角度来解读这首诗，我们懂得了某些植物及其属性可以作为人类心理的一种原型意象，且具有普遍性的意义，可以帮助我们借这些外观之物象而认识人之潜意识世界的原型。

九、"子之不淑，云如之何"

人类的爱情和婚姻并非永远甜蜜和快乐，也常常带来令人肝肠断裂的痛苦和心理危机。《诗经》中还有许多篇章描写了那个时代的夫妻矛盾、男女冷战，甚至反目为仇、不守男女之道等各种各样复杂的男女关系，大致有以下几类：

一是不守妇道、品行不端的现象。如《诗经·鄘风·君子偕老》中就描述了一个服饰艳丽，头戴金钗首饰，明眸善睐，举止大方，雍容自得，如仙女般漂亮的女子，从表面上看，可能是君子期待白头偕老的理想伴侣，可事实上她却品行不端，男子也只能发出"子之不淑，云如之何"的感叹。《毛诗序》认为，《君子偕老》这篇诗是为讽刺卫夫人私通、不守妇道而创作的。结合《诗经·邶风·新台》这首诗来看，当时卫宣公为纳宣姜建造了一座明丽辉煌的新台，而本想嫁个如意郎的美女却发现自己成了一个驼背鸡胸、丑得蛤蟆样的糟老头的掌中玩物。作者一方面刻画了权贵者用"渔网之设"引诱美女的计谋，另一方面也挖苦嘲笑了美女因贪图享受而上当受骗的悲剧。

二是嫌贫爱富、移情别恋的婚变现象。《诗经·小雅·我行其野》刻画了一个心情失落在野外漫游的妇女对丈夫的抱怨，她为了与这个男子结合而留宿于男子的家，但婚后男子又有了新欢，将夫妻恩爱抛诸脑后，即"不思旧姻，求尔新特"。不过，值得点赞的是这个女子痛定思痛后决定"复我邦家"（即回娘家），与负心郎决绝，无论在当时，还是现代，女子的这一行为都是明智的选择，至少她并没有因此而自暴自弃或去轻生。在古代家庭中，冷暴力和家暴现象并非少见，如《诗经·邶风·谷风》就记述了一个家庭主妇讲述的故事，她虽为夫家生儿育女，担负了繁重的家务，还将省下来的美食留给丈夫，却遭受了丈夫"反以我为仇"等家暴现象，想当初他还曾信誓旦旦要生死不离弃呢。《诗经·邶风·日月》也讲述了一个妇人对"德音无良"、对自己漠不关心的丈夫的抱怨和困惑。《诗经·邶风·终风》中表达了一个妇人因不愿回家的丈夫而彻夜"寤言不寐"的伤心。

三是婚姻中的虚伪和骗婚现象。《诗经·卫风·氓》就是一个弃妇叙述她被男人骗婚悲剧的长诗。全诗六段，先是追叙了自己被骗陷入情网的过程，求爱初时，那男子一副敦厚老实的样子，因为当时占卜问卦，卦辞没有晦气的话，于是她就嫁给了他。但是，尽管她多年辛苦操劳，守着清贫，也未曾变心，但丈夫却心怀无良，情绪无常，三心二意猜不透，嘴上信誓旦旦，实际上却"不思其反"，被人讥笑、受尽侮辱的她终于认清了这个"婚前是羊，婚后是狼"的男人的虚伪面孔。值得点赞的是，经过"静言思之，躬自悼矣"的怨妇最后选择了和这个负心人一刀两断的新生。然而，还有许多无奈维持的婚姻，如《诗经·邶风·鹑之奔奔》中就描写了女子在婚姻中的这种无奈："人之无良，我以为兄。……人之无良，我以为君。"

四是偷情和重婚现象。《诗经·鄘风·墙有茨》中借墙上自然会长蒺藜野草的现象隐喻了在人间深宫中总难免发生那些"不可道""言之筹"和"言之辱"的男女之事。诗中用蒺藜隐喻男女媾和之事一语双关，虽然令人激动的偷情能解郁，消解、抚慰心灵之痒，但过量过分则会中毒。《诗经·召南·行露》一诗写得很隐晦，开篇介绍了故事发生的背景与事主的心情：道上露水湿漉漉，难道不想早逃去？只怕露浓难行路。显然此时此景此心就是那夜里偷情的男女，即露水夫妻，也正因为对方已有家室，才会担心带来吃官司的麻烦。诗中女子连用四个"谁谓……何以……"的语句回击了世人对她不公平的攻击，揭露了对方的虚伪和欺骗，表达了自己勇敢拒绝重婚的决心："虽速我讼，亦不女从！"笔者赞同文学史家陈子展在《诗经直解》中的见解，认为这是一个女子拒绝与一个已有妻室的男子重婚的表白。在《诗经·齐风·敝笱》中用"敝笱在梁，其鱼鲂鳏"来讥讽那些表面严肃的礼仪其实已经毫无用处，这好比破鱼笼子架设在拦鱼坝上，任由鲂鱼鳏鱼游进游出，以此借喻地位显赫尊贵的鲁国国母文姜，借回娘家探亲之机却与其兄乱伦的不良行径，诗中以随从众多"如云""如雨""如水"三词递进，借对她风光旖旎、招摇过市的国母派头与偷情行为的强烈反差的刻画表达了作者的批判态度。

十、"宛其死矣，他人是愉""宛其死矣，他人入室"

珍惜当下婚姻生活，警惕身边某些破坏婚姻的威胁，也是《诗经》告诫后人的一条生活经验。《诗经·陈风·防有鹊巢》一诗运用了喜鹊不可能搭巢在河堤上，低湿植物紫云英不可能长到高高的山坡上等这些自然现象来比喻一个男子担心自己的爱情受到第三者威胁的恐惧与烦恼，直呼自己"心焉忉忉""心焉惕惕"。《诗经·召南·鹊巢》中有"维鹊有巢，维鸠居之"之句，借鸠占鹊巢的现象表达了自己所爱之人却被有权势的人强行娶走的悲哀与无奈。

《诗经·唐风·山有枢》中更是发出了这样的警示："山有枢，隰有榆。子有衣裳，弗曳弗娄。子有车马，弗驰弗驱。宛其死矣，他人是愉。山有栲，隰有杻。子有廷内，弗洒弗扫。子有钟鼓，弗鼓弗考。宛其死矣，他人是保。山有漆，隰有栗。子有酒食，何不日鼓瑟？且以喜乐，且以永日。宛其死矣，他人入室。"诗中用对身边不同树的对比，告诉世人一个事实，那就是一个人的身边总是有一些有可能侵犯其婚姻或替代他在家中位置的小人。"宛其死矣，他人是愉""宛其死矣，他人入室"，这是振聋发聩的警示：如果你不珍惜当下时光，好好经营，一朝不幸离开人世，你的财富和家室就会被别人所占据和享受，你的家庭将换新主，想一想这是一种多么令人痛心的结局，尤其是你无比艰辛的奋斗却换来这样一种人生结局的话，你会有多么的愤怒、抑郁和悲哀！在平日咨询门诊中常见到一些罹患惊恐发作的男人，在几乎找不出明显负性刺激因素的情况下，他们有时会忽然感到坐立不安，且回避社交，惶惶不可终日的难受，也许这些正是《诗经·唐风·山有枢》这首诗中所揭示的潜意识中的情结在作怪吧。

总之，《诗经》给我们展示了华夏民族两千多年前两性复杂的情感世界，一方面是自由、浪漫、婉美、淳朴的相思相爱，几许情愁和一片痴情；另一方面是哀伤的怨妇、弃妇和担心被鸠占鹊巢的男人。无论如何，瑕不掩瑜，《诗经》所描述和表达的两性关系对于我们理解和研究人类性心理的发展历史是非常有价值的。

第二章　《尚书》的道德心理学思想

道德与心理关系密切，道德意识、道德认知、道德情感、道德判断和道德行为都与个体的心理发展和社会心理密切相关。立德树人，心理健康是道德健全的基础，而道德则是制约心理健康发展的指南针。《尚书》是中国最早的一部讲述上古时期道德心理行为的典籍，提出了全面和充分发展的"九德"积极人格，以及从政者提升自己的五种心理素养的途径与方法。

惟圣罔念作狂，

惟狂克念作圣。

——《尚书·多方》

　　"道德"在汉语中，是由"道"和"德"两字组合而成的词组，"道"意指万事万物运行变化的轨道或规律，"德"的古字形从彳（或从行）、从直，以示遵行正道之意。《韩非子·五蠹》曰："上古竞于道德，中世逐于智谋，当今争于气力。"可见，"道德"一词的本义是指合乎人伦规律的正确或合适的行为。道德的核心就是如何调解和处理家庭、组织和社会中人与人、个人与群体之间关系的规则。道德对于社会治理、百姓生活和人的心理感受影响巨大，如《后汉书·种岱传》中所说："臣闻仁义兴则道德昌，道德昌则政化明，政化明而万姓宁。"

　　道德与心理关系密切，道德意识、道德认知、道德情感、道德判断和道德行为都与个体和社会心理密切相关，道德心理学（moral psychology）就是研究道德与心理关系的学问，涉及的内容有道德产生和发展的心理过程与机制，道德的心理结构及其活动规律，道德认知、道德判断和道德行为的心理过程与机制，道德行为的心理动机，道德对心理活动和心理健康的影响，影响道德的社会心理因素，道德对心理失衡和心理障碍的调节作用，道德教育和道德修养的心理过程与机制等。研究道德心理学对于正确分析和阐述各种道德现象，正确认识和理解道德意识、道德情感和道德行为产生和发展变化的规律，科学地掌握道德教育和道德修养的方法，自觉地培养高尚的道德品质，有着重要的现实意义。

　　《尚书》是中国最早的一部讲述上古时期历史人物道德心理行为的典籍，"尚"与"上"通假，故《尚书》是一本关于自殷商以来到春秋时期的历史叙事。虽然道德关乎社会中的每一个人，但是掌握社会治理权的君臣或官员的道德尤其重要，因为他们的道德行为取向将对一个国家的前途和百姓的生活状况带来极大的影响。虽然《尚书》中所谈论的人物大多是君王或政府官员，但其道德修养的规则却是天下普适的，也是中国儒家崇尚的立德树人的标准或道德心理观。

一、"人心惟危，道心惟微，惟精惟一，允执厥中"

《尚书》记载的人物故事和传授的思想核心就是如何做一个顺应民心天意的君王。如《尚书·虞书·大禹谟》中就记载和表达了大禹的从政经验，他说："后克艰厥后，臣克艰厥臣，政乃乂，黎民敏德。"就是说，如果为君的能知道为君的道理，为臣的能知道为臣的职守，凡事能认真听取百姓的意见，能"舍己从人"，敢于放弃自己不正确的意见，听从别人正确的建议，那么，"野无遗贤"，贤才就不会被遗弃，好主意就不会被搁置不用，政事就能治理好，万邦才会太平。他呼吁：君王要时刻警诫自己，才能免于后忧。不要破坏法规制度，不要放纵玩乐，曰："戒哉！儆戒无虞，罔失法度。罔游于逸，罔淫于乐。"认为凡是顺道从善的就得福，逆道从恶的就得祸，这就像影随形、响应声一样。任用贤才不要三心二意，铲除邪恶不要犹豫不决，谋划尚有疑问就不要勉强施行。不要违反正道去求取百姓的称誉，也不要不顾百姓的意见去满足自己的欲望。"罔违道以干百姓之誉，罔咈百姓以从己之欲。"他提出了一切社会治理的根本宗旨："德惟善政，政在养民。"认为只有做到让端正品德、丰富财用、改善生活这三件事互相配合，百姓才能和谐，可谓"正德、利用、厚生、惟和"。皋陶赞舜治理社会"临下以简，御众以宽"，即对百姓要求简政宽大，刑罚不牵连子女，而奖赏却延及后世；对偶然的过失，再大也给以宥赦；对明知故犯的罪恶，再小也处以刑罚；罚罪有疑问就从轻发落，赏功有疑问却从重给奖；与其杀害无辜的人，宁可犯不执行常法的过失：这种好生的美德，已经融洽到民众的心里，这样治理社会，民众都能守规矩，不犯法纪。而舜则称赞禹具有许多执政的美德："克勤于邦，克俭于家，不自满假。""汝惟不矜，天下莫与汝争能。汝惟不伐，天下莫与汝争功。"正是基于这种对大禹人品的评价，所以舜要将君位传授给大禹，同时还传授给大禹秘诀，就是那句被传授了几千年的心法："人心惟危，道心惟微，惟精惟一，允执厥中。"君王身边少不了奸臣和溜须拍马之流，所以特别叮嘱继承者一定要记住："无稽之言勿听，弗询之谋勿庸。"即没有考核事实的言语不要听，没有征询民众意见的主意不要用。君王最容易自以为是，得意忘形，感知颠倒，要知道真正可爱的不是君，而可畏的是君失其道，谓"可爱非君？可畏非民？"提醒继任者"慎乃有位，敬修其可愿"。"惟口出好兴戎"，舜提醒继任者要珍惜自己拥有的地位，做好每一件想要做的事，因为人这张嘴最易惹是生非，所以讲话要慎重。简而言之，《尚书·虞书·大禹谟》告诫后人的道理就是：人心叵测，心猿意马，但作为执政的君王一定要记住舍己为民，正德勤政，任人唯贤，周听不蔽，牢记目标不动摇，行动不走极端。如果当今的各级官员能记住这些关于执政做人的道德心理之古训的话，是否能避免许多人生的悲剧和社会的损失呢？

二、"惟圣罔念作狂，惟狂克念作圣"

一国兴旺或衰败，并不取决于天的意志，而取决于人的德行，德正则国兴，德坏则国败。在《尚书·多方》一文中记载，周公反复给其他大臣和庶民讲述同一个道理，即夏朝由兴到衰，商朝由强大到腐败，都不是外因，不是上天要舍弃夏国，也不是上天要舍弃殷国，而是因为君王等执政者行为过度放肆，罔顾上天的警告和轻视百姓的怨恨而招致的灾难。周公认为，在圣人与凡人之间并没有一成不变的界限，如果一个明智的人不常反省自我，那么，他也可能会变得狂妄起来；而如果一个狂妄的人懂得反思，那么他也可以变得像明哲的人一样。所谓"惟圣罔念作狂，惟狂克念作圣"。不曾料想，这一句话成为流传千古的心学金句。这与禅学思想几乎是一致的，慧能说："自性起一念恶，灭万劫善因；自性起一念善，得恒沙恶尽。……自性变化甚多，迷人不能省觉。念念起恶，常行恶道；回一念善，智慧即生。"（《坛经·忏悔品第六》）尽管那时候佛学还不为华夏民族所知，但可见儒道释殊途同归，都意识到心性修养的重要性和艰难性。

尤其难得，周公还嘱咐成王不要自作主张去干涉司法诉讼方面的事情，曰："其勿误于庶狱，惟有司之牧夫。"（《尚书·立政》）据《尚书·吕刑》记载，周穆王初年，基于刑罚滥用、政乱民怨的国情，国相吕侯提出要周穆王明德慎罚，制定刑律，当时王曰："朕敬于刑，有德惟刑。"在君臣的合力下，最终社会乱象得到治理。现在看来，这种敬畏刑法、文明执法和坚持司法独立的主张，对于防范司法腐败具有多么重要的意义。

从道德心理的角度来看，古人认为只有胸怀宽广，没有嫉妒心的人才可委以保护子民的重任，即："其心休休焉，其如有容。人之有技，若己有之。人之彦圣，其心好之，不啻若自其口出，是能容之。以保我子孙黎民，亦职有利哉！"（《尚书·秦誓》）简而言之，国家的安危关键在于用人是否得当，即"邦之杌陧（局势），曰由一人。邦之荣怀，亦尚一人之庆"。（《尚书·秦誓》）换而言之，君王及其所用人才的道德心理水平是决定国之兴衰最为关键的因素。

三、做人要克谐以孝，直而温，宽而栗，刚而无敖

无论是看待和处理人与自然的关系，还是在社会治理中处理人与人之间的关系，关键都在于有德能兼备的领头羊。《尚书·尧典》不仅讲述了尧的人格魅力，也阐述了修身齐家治国平天下之间的递进关系，曰："钦明文思安安，允恭克让，光被四表，格于上下。克明俊德，以亲九族。九族既睦，平章百姓。百姓昭明，协和万邦。""钦""明""文""思""安安"五个词概括了尧帝的人格特征，"钦"指谨敬，"明"指不隐瞒，"文"为儒雅，"思"指善于思考，"安安"指平静温和；"允恭克让，光被四表，格于上下"一句则是指尧帝推贤让能，对待臣子的执政风格；"克明俊德，以亲九族"说的是尧帝严于律己，使家族和睦融洽的行为；"九族既睦，平章百姓。百姓昭明，协和万邦"说的就是治国平天下的理想。从发展心理学的角度来看，一个明君治国平天下的能力绝不是天生的，或从外面赋予他的，而是以自己的修身养性为起点，进而将孝亲九族的爱的能力推及天下百姓。可见，尧帝应该是践行修身齐家治国平天下的第一个圣贤，也是后来曾子在《大学》里概括的修身齐家治国平天下之说的思想渊源。

作为一个帝王，检验其道德的最重要的标尺是看其以什么样的标准选择接班人。《尚书·尧典》记载，尧在位70年时，决定选择接班人，便请臣子们推选高明的有德之人，有人推荐了尧的儿子，有人则推荐治理洪水有功的鲧，都被尧帝以这两人的缺点而否定；而尧帝提出将王位禅让给四方诸侯之长，但又被众人以德不配位而拒绝。于是尧帝只得将选定接班人的范围扩大到有德行的平民百姓，即使其出身微贱。结果，诸侯们推举了虞舜这个单身的平民给尧帝。其实，舜的原生家庭并不幸运，其父亲是一个愚昧糊涂的盲人，后母则是一个放肆、强悍的妇人，其同父异母的胞弟也是一个傲慢无礼的人，舜除了要承担家庭里的大部分农活之外，还遭受到许多责骂、刁难，甚至致之于死地的伤害。尽管虞舜的家庭环境如此不好，他却能克制自己，只管履行自己的孝道，最终他的孝行美德感化了家人，使他们改恶从善。《尚书·尧典》评论舜："克谐以孝，烝烝乂（即治理、安定），不格奸。"为了考察舜的品格，尧帝特意安排了一系列的考察措施：一是将自己的两个女儿嫁给舜，以便近距离考察舜的德行。在远古时，将两女嫁给一夫是合乎礼仪的，而一个男子对待夫妻之道的态度、情绪情感和行为，也许是最能深入、透彻和真切地观察其人品的途径与方法。二是尧安排舜分别从事民众的道德教化、百官管制、宾客接待、林业管理等一系列不同的工作，前后考察了三年。最后，尧给舜的评价是：谋事周到，言行正确恰当，提出的建议切实可行，并表示要将帝位禅让给舜。初时舜谦让不受，但最终还是接受了尧委以的重任。

事实证明，舜没有辜负尧的重托，他组织统一法律和度量衡、修订五礼之法，规范刑法，定期巡视各地民生，大兴水利，疏通河道。舜共辅助尧治理国家 28 年，直至尧逝世。之后他继续贯彻尧帝的政策法度，明察四方政务，倾听四方意见，任人唯贤，公平选拔合适的贤人分别来负责农业水利、道德教化、工商管理、祭祀礼仪、音乐教育等社会事务。最有趣的是他竟然设置了一种叫"纳言"的职位，专门负责给君王下达命令，同时及时将民间下情反映给君主，这种工作尤其需要纳言之官具有直言不讳的诚信品格。

尧传位给舜的故事给我们带来几点重要启发：一是选择接班人或委以重任给某人时，先看其平时在家对待父母孝道的表现，个体在家对父母孝的行为习惯很自然会向以后担任的社会角色行为迁移。二是考察其在生活中处理两性关系的态度和情操状况。三是在不同的社会岗位上考察其实际的决策与组织能力。四是选拔人才不唯出身富贵贫贱、文化和学历高低论，只凭在实际生活和工作中的能力表现。

舜从一个普通的平民成为一代帝王的故事也给心理学带来几点启发：一是有问题的原生家庭和伤害孩子的父母并不一定必然导致孩子的心理出现障碍，个体是有能力选择自己应对负性刺激的态度、情绪情感和行为的。个体的未来不一定是由消极的童年经历决定的，将自己成年后的一切不幸归罪于原生家庭和父母的过错，其实只是找"替罪羊"和维护自尊防御心理机制的自动反应。二是舜对父母与家人过错的宽恕是仁德的最难得的表现。因为一个人能对曾经伤害过自己的人及其相关事件予以宽恕，这意味着对伤害事件发生的诸多原因，对伤害者的认知，以及对自己在事件中的某些责任都有一种新的认识，这种新的认知使个体不仅超越了曾经的痛苦，纠正了原来偏执的外归因看法，以及单一的对伤害者的愤怒。宽恕意味着受伤者转换了观察和分析事物的视角，不再沉浸在过去的阴影之中，受伤者已经成长，变得比原来伤害他的人更为强大，因为只有强大的人才有能力宽恕别人。正是在这种意义上，曾子评价孔子的仁学其实就是"忠恕而已矣"。（《论语·里仁》）三是人格是可以被社会力量改造的。在《尚书·尧典》中，舜分别讲述了刑法、五常道德教化、音乐教育对人格塑造的目标与内容，也许舜正是基于自己的成长经历，提出了理想人格的标准："直而温，宽而栗，刚而无傲"（《尚书·舜典》），以及处理家庭人际关系的标准，即"父义、母慈、兄友、弟恭"。

四、行有"九德"的人才具有全面和充分的积极人格

皋陶是辅佐舜的一个大臣和谋士，长期担任掌管刑法的"理官"一职。相传由他主持建立了华夏最早的五刑、五教的司法体系，他强调"法治"与"德政"的结合，

以正直闻名天下。因大禹治水有功，舜传位给禹，禹本意传位给皋陶，但皋陶早于禹而死，未能继位。史上将他与尧、舜、禹并称"上古四圣"，可见其对上古文明建设的贡献与影响。

在《尚书·皋陶谟》这篇佚文中，记叙了禹与皋陶的一些对话，主要介绍了他们关于修身养性、知人之道、安民之策和治国方略的观点，尤其强调了人之德性的重要性，这些观点对华夏后世的政治思想有深远影响。皋陶认为，做任何事情都要由近及远，帝王治理国家的事情要从自身做起，帝王自身的修养和践行的美德是制定高明谋略和让群臣和谐的前提。帝王要启用贤人，任命官员参与国家治理，那么就要懂得知人之道，于是，皋陶向禹提出了识人的"九德"标准，即"宽而栗，柔而立，愿而恭，乱而敬，扰而毅，直而温，简而廉，刚而塞，强而义"。不难看出，这九种优秀品德具有执中而不偏倚的特点，即宽厚而严肃，温柔而德显为立，在心情愿而在貌为恭，自在随意而尊敬，柔顺而坚韧，正直而温和，质朴平易而恭敬，刚健而充实，强力而有义，显然这是全面和充分的优秀人格特质。

五、为政者的五种心理素养，懂得民众需求，才能给民众带来幸福

殷商灭，周朝兴，周武王去拜访殷商旧臣贵族箕子（前1173—前1080，名胥余，殷商末期贵族，商王文丁的儿子，商王帝乙的弟弟，商王帝辛的叔父）。箕子佐政时，见成汤所创600年江山即将断送在纣王手中，曾多次苦心谏阻纣王，但屡谏被拒。后周武王兴兵伐纣，牧野决战，纣王兵败自焚，商朝覆灭。在商周变易之际，箕子趁乱逃往箕山（今山西东南部晋城市陵川县棋子山），隐而鼓琴以自悲。这时求贤若渴的周武王访道太行，在陵川找到了箕子，向其请教治国的道理。箕子于是将夏禹传下的《洪范九畴》陈述给武王听，史称"箕子明夷"。后来他率众东渡朝鲜，并创立了箕氏侯国。殷商末年，箕子与微子、比干齐名，《论语·微子》中有赞："微子去之，箕子为之奴，比干谏而死。孔子曰：'殷有三仁焉。'"

《尚书·洪范》，"洪"指大，"范"指"法"，"洪范"即指治国安邦之大法；"九畴"则是指治理国家必须遵守的九种根本大法或规矩，其中有些内容与道德心理问题密切相关。例如其中对从政者的心理素养就提出了五个方面的具体要求，所谓"一曰貌，二曰言，三曰视，四曰听，五曰思。貌曰恭，言曰从，视曰明，听曰聪，思曰睿。恭作肃，从作乂，明作哲，聪作谋，睿作圣"。（《尚书·洪范》）其中"貌"是指为人要有谦逊恭敬有礼的样子，"言"是指说话时要注意顺耳文雅，"视"是指要观察明白有智慧，"听"是指要有兼听则明的智谋，"思"则是指思维要有像圣贤一样的睿智。可见，这些要求关乎人感知、思维、言语、情感与智力等心理特征。

为政者要得到民众的拥护，就要懂得百姓的基本需求，避免其害怕的灾难，这五种基本需求就是："一曰寿，二曰富，三曰康宁，四曰攸好德，五曰考终命。"（《尚书·洪范》）百姓害怕而想避免的六种灾难是："一曰凶短折，二曰疾，三曰忧，四曰贫，五曰恶，六曰弱。"（《尚书·洪范》）对比一下人本主义心理学关于人需求层次的观点，就可以发现，全人类的基本需求是非常一致的。

六、"君子所，其无逸"

周公，姬姓，周氏，名旦，西周初期杰出的政治家、军事家、思想家和教育家。周公是周武王姬发之弟，姬发即位时，以姜尚为国师，以周公为辅相。武王十一年，武王灭商，周朝兴，武王灭商二年后去世，那时成王幼小，周公只得替成王代为主持处理国事。周公二次东征，从根本上解决了殷商问题，并迁都洛邑。周公旦摄政六年后，成王已经长大，于是，周公决定还政于成王，为此周公专作一篇《无逸》，表达了自己对成王的殷切期待。此文开篇就说："君子所，其无逸。"告诫成王要"先知稼穑之艰难，乃逸，则知小人之依"。然后，周公从普通人家对孩子的娇生惯养，到商纣王亡国之鉴，告诫成王切记不要纵情于声色、安逸、游玩和田猎。为了让君王时刻保持清晰的头脑，周公还特意强调在君臣之间和人与人之间要做到相互劝导、保护和教诲，而不能相互欺诈造假，所谓"古之人，犹胥训告，胥保惠，胥教诲，民无或胥诮张为幻"。用今天的话来说，就是要有批评与自我批评的民主，以及相互提醒的监督机制。

《无逸》是周公用历史的经验故事给年轻的成王准备的一课。德治的君主和官员在满足民众心理需求的同时，自己要做到谨小慎微，经常自我观察，反省自己，看看自己的行为是否符合中正的美德。在《尚书·酒诰》中，周公还总结了殷商历代君王自律的经验与不自律的教训。在成汤开始直到帝乙的时代，那时的君王都能成就王业，而官员们也能保持谦恭的敬业态度，不仅不敢，也没空闲饮酒，所谓"罔敢湎于酒。不惟不敢，亦不暇"。但到纣王时，他却"惟荒腆于酒，不惟自息乃逸，厥心疾很，不克畏死"，以致造成丧国的悲惨结局。因此，到周武王时，规定只有祭祀的时候可以用酒，无论君王和官员，还是百姓，平时都是不许"湎于酒"的。叮嘱人不仅要把水面当作镜子，而且要把民众当作自己反思检查的一面镜子，所谓"人无于水监，当于民监"，监，借指以镜反观自己。

人际关系是维持社会稳定的重要的心理问题，对于个人而言，其人际关系对其情绪情感和主观的生活质量影响很大；而对于国家而言，辅佐君王的大臣们之间的关系，以及君臣与百姓的关系对于国运的兴衰尤为重要。在《尚书·君奭》中，记载了周公与君奭精诚合作辅助成王的对话。在周公看来，"天命不易，天难谌"，而且"天不可信"，国运兴衰唯一能靠的是君王和大臣们："弗永远念天威，越我民"，"嗣前人，恭明德"，"汝克敬德，明我俊民"。简而言之，就是敬天威，顺民心，克己明德。

七、"敕天之命，惟时惟几"

在舜帝看来，作为国家官员的道德之根本，首先是要"敕天之命，惟时惟几"。（《尚书·益稷》）这是舜帝所吟诵的一首歌。所谓"几"，动之先兆也，即君王要遵循天时和天命之道行事。除农业水利要以五辰四时变化来处理事务之外，遵循君臣、父子、兄弟、夫妇、朋友之间的伦常"五礼"也是天理，对于社会的和谐稳定和国家治理非常重要。皋陶认为，并非自己有什么大智慧，一切国家治理行为都只是顺应上天民意而已，所谓"天秩有礼，自我五礼有庸哉！""天聪明，自我民聪明。天明畏，自我民明威。达于上下，敬哉有土。"（《尚书·皋陶谟》）在古人看来，敬畏天理和民意并非古圣贤谦虚，而是执政者应该遵循的道德。

尧舜时的君臣十分勤政，如大禹所说"予思日孜孜"（《尚书·益稷》），其结婚生下儿子没几天就离家上千里之外去治理洪水了。那时的君臣同心同德，能平等对话，相互提醒要恪守职责，如禹就敢于对舜帝直说："帝，慎乃在位。"（《尚书·益稷》）而舜帝则提醒作为接班人的禹：你要安于你的职责，注意事情变化的先兆呀。舜帝一方面严肃地告诫大臣们，他最讨厌那种当面顺从，背后又散布不满言论的人，对于那些顽愚和谗言之人如其不能改过自新，就要加以鞭挞。尤其对于那些懒惰游玩、戏谑作乐、纵情享受、朋淫于家的贪腐之官一定要加以严惩。另一方面，舜也夸赞大臣是他的股肱耳目，如最亲近的邻居一般，所谓"臣哉邻哉！邻哉臣哉！"（《尚书·益稷》）

事实证明，君臣是否同心同德对一个王朝的兴衰具有决定性的影响。皋陶一再提醒舜帝：君王一定要慎重自己制定的宪法，经常反省自己的作为，而且还要记得国家治理的分工与分权的教训，即："元首明哉！股肱良哉！元首丛脞哉！股肱惰哉！万事堕哉！"（《尚书·益稷》）可以说，敬天命，顺民意，善待与管制群臣，谨慎自己的行为是皋陶这个司法理官提醒君王最多的道德警示。

八、"无或敢伏小人之攸箴"

盘庚，子姓，名旬，商王祖丁之子，阳甲之弟，商朝第19位君主。史载，盘庚是商朝一位很有作为的君主，为了整顿商朝的政治，发展经济，迁都到殷（今河南安阳），即"视民利用迁"，使衰落的商朝出现复兴的局面。《尚书·禹贡》中记叙了盘庚对官员和民众的训诫言辞。

盘庚非常重视官员对待民众的态度与行为，他警告官员：要像渔民结网、农民耕种一样勤勉，付出辛勤，祛除自己的邪心杂念，给百姓施予实在的德惠，这不仅是为自己"积德"，而且可以防范在将来或现在祸及自己的灾难发生。如果谁敢自以为是，口出狂言，得罪群众，就终究会自取灭亡。如《尚书·盘庚》中所说："汝不和吉言于百姓，惟汝自生毒，乃败祸奸宄（即坏人）。"如果打一个比喻，官为船，民为水，那么，水可载舟，亦可覆舟。皋陶也曾认为官员的天职就在于听取民众的意见，并及时向上传达，采纳正确的意见来执行。盘庚训诫道："无或敢伏小人之攸箴！"即不要胆敢隐瞒民众对上司所进行的规谏，自作自受，后悔莫及，这是盘庚反复给官员的告诫。

盘庚也是一位具有承担责任气魄的君王，他说：国家治理好了是群臣的功劳，如果国家治理得不好则是他一个人的过错，所谓"邦之臧，惟汝众；邦之不臧，惟予一人有佚罚"。（《尚书·盘庚》）

高宗在《高宗肜日》[①] 这篇对下属的训诫中指出："惟天监下民，典厥义。降年有永有不永，非天夭民，民中绝命。民有不若德，不听罪。"在这篇训诫中，古圣贤将人寿命之长短与德行相联系，并且指出，有人正因为不遵循道德天理来调整自己的行为，所以会受到上天的惩罚。《高宗肜日》记叙先祖清政严纪，对有失德行为的诸王的道义训诫。

《西伯戡黎》中记载了商纣王的臣子祖伊规劝君王的对话。当时周文王欲谋灭商，诸侯多叛纣归周，祖伊听说西伯已经战胜了黎国，于是就跑去力谏纣王改变其"惟王淫戏用自绝"和横征暴敛的施政。微子为殷王纣的庶兄，见王"用沉酗于酒，用乱败厥德于下"（《微子》），也去规劝纣，但纣不听，终致殷亡。可见，国君若不洁身自好，邦国就会灭亡，君王就会被千夫所指。从这种意义上说，君王和管理国家事务的官员之德就是关乎国家存亡兴衰的大事，而不仅仅只是个人的修养问题，而这种从政道德的核心就是对待民众的态度和行为，相反，如《牧誓》所说，"暴虐于百姓"是一国灭亡的根本原因。从这种意义上说，《尚书》诸篇就是一部关于治国者道德心理学训诫的范本。

---

① "高宗"是对古代帝王的一个赞誉较高的庙号，而庙号是古代帝王死后，在太庙里立宣奉祀时追尊的名号，第一个使用此庙号的帝王是商代高宗武丁。"肜"是古代祭名，指正祭之后第二天又举行的祭祀活动。

第三章　《易经》的心学思想

　　《易经》历来被推崇为国学群经之首、大道之源，它是中国历史上第一本用自然现象的意象来隐喻人应该如何决策的行为指南。"易者，象也；象也者，像也。""八卦成列，象在其中矣。"以天道喻人道，天道即人道，天人相应，顺其自然，以思患而预防之既是《易经》的思想核心，也是人一切行为的终极准则。对于如何解读《易经》众说纷纭，而岭南心学大师湛若水的见解尤为明澈，曰："易道非他也，即人心之天理也。……盖人心之理即易也，易之理即吾心也。"《易经》是心学应用的一个范式。

易道非他也，即人心之天理也……

盖人心之理即易也，易之理即吾心也。

——湛若水

　　《易经》历代被推崇为群经之首，其对中国的哲学、史学、文学、艺术、天文、乐律、兵法、中医和算术都产生过广泛的影响，并且是在世界范围内被翻译数量最多的中国古籍。虽然易理的解释没有唯一，但应该有一些解读更贴近作者的原创精神。在诸子百家中，明代思想家湛若水从心学的角度对易理的解读尤其值得推荐。《易经》是一本什么样的书？《易经》研究什么？原创的目的和旨意是什么？湛若水从心学的视角回答了易经研究中的这些核心问题。他指出："圣人之作《易》，原于心也。""易道非他也，即人心之天理也。……盖人心之理即易也，易之理即吾心也。"[①] 他还认识到理解《易经》的言说与释义方式的特别之处："天理不难见，亦不易见"，这是因为人的意识总要在生活的言行中表现出来，故不难见；同时意识又多变、无形和不能为他人所直接观察到，所以亦不易见。可见，如何表达人心之天理何其难，这不仅是《易经》创作的难点，也是解读其语义的难点。湛若水提出"随处体认天理"的心学实践原则，正是基于对前人关于"易者，象也；象也者，像也"，"八卦成列，象在其中矣"（《周易·系辞下》），以易隐喻人的行动方式的释义。

　　《易经》为何具有一种可以跨越哲学、史学、文学、艺术、天文、乐律、兵法、中医和算术等几乎所有学科领域的功用？这不仅与《易经》文本内容的博大精深有关，而且与它象征的言说方式有很大的关系。因此，《周易·系辞上》早就告诫后人：

---

　　① 湛若水. 湛若水全集：第 8 册 [M]. 黄明同，主编. 上海：上海古籍出版社，2020：34，36.

"以言者尚其辞，以动者尚其变，以制器者尚其象，以卜筮者尚其占。"可见《易经》文本的语义会因阐释者的意向和解读方式而异。虽然易理的解释没有唯一，但如何阐释才能更贴近作者的原创精神呢？笔者认为，在诸子百家中，明代思想家湛若水从心学的角度对《易经》的阐释是守正创新的。

一、"圣人之作《易》，原于心也"

《易经》是一本什么性质的书？《易经》研究什么？创作《易经》的动机是什么？这是每一个经典阐释者都希望首先确定的问题。湛若水在通晓了诸子解释的基础上，对《易经》给出了具有心学取向的解读。他对弟子说："一部《易》只说圣人以此洗心退藏于密，圣人以此斋戒神明其德，夫更有何事？"① 他洞察到《周易·系辞上》中这句话的重要性："夫易，圣人之所以极深而研几也。惟深也，故能通天下之志。惟几也，故能成天下之务。惟神也，故不疾而速，不行而至。"湛若水的解释是："深也者，理之未形体也。几者也者，理之已动用也。"那么，这里的"理"又是指什么呢？湛若水继续阐述道，通过深之体、几之用的一体一用的变化之道，才可以观神之微妙，所谓"一念发动之初，几也"。而这一切"皆圣人之心易也"②。"深""几"与"神"三者之间具有何种关系？湛若水说："惟深故几，惟几故神，一理之贯通。"如果我们借助现象学的方法来进一步解读"惟深""惟几"和"惟神"，将有助于对这些文言语义的理解。笔者以为湛若水在这里所表达的正是现象学所说的意向性、意向（指）对象和意向构造的关系。在现象学看来，所谓意向性是人（此在）意识行为有指向的一种性质，"意向性是意向行为和意向对象的两方面结合"③。

湛若水认为，前人创作《易经》的动机首先是为了表达作者认识事物和如何抉择行动的思维模式，曰："《易》不作，则圣人之心无以达天下。"④ 由此可见，《易经》是表达圣人意识（即神）意向性变化的一种范式，阐述心之理才是《易经》的原旨。不然我们也无法理解后来为何莱布尼茨可以从《易经》之八卦中解密出二进位制的思维计算规则，最终成为现代计算机的思维模型这一现象。这种跨域东西方历史的现象绝非偶然，而一定源自某种人类思维的心理原型。湛若水强调学习《易经》一定要"以求得乎吾心之理"为根本，说的就是这种研读和阐释易理的方向性问题。《春秋左传·宣公六年》讲述了一个故事：郑国的公子曼满跟王子伯廖说，他想做卿。伯廖认

① 湛若水. 湛若水全集：第13册［M］. 黄明同，主编. 上海：上海古籍出版社，2020：9.
②④ 湛若水. 湛若水全集：第8册［M］. 黄明同，主编. 上海：上海古籍出版社，2020：34.
③ 海德格尔. 时间概念史导论［M］. 欧东明，译. 北京：商务印书馆，2009：189.

为这个人没有德行且贪婪，因为他的言行正处在丰卦变成离卦这样的趋向上，果然两年后，曼满就被郑人杀死了。可见，卦象其实就是人之行为的心象。王阳明也持同样的观点，说："《易》者，吾心之阴阳动静也；动静不失其时，《易》在我矣。自强不息，所以致其功也。"①

二、"君子见几而作，不俟终日"

一般认为，意识的意向性总走在行为之前，因此，最有智慧的行为或有先见之明的行动，当然是在意向构造尚未成形和意向行为启动之初就能观察到事物变化的征兆。《周易·系辞下》曰："几者，动之微，吉之先见者也。君子见几而作，不俟终日。"俟，即等待之意。经验证明，机会与成功总是给予那些见微知著并先有准备的人，而不要等待事情已经发展到终末的时候才有行动，这一精神也成为评价中医行医水准的标准，即"圣人不治已病治未病，不治已乱治未乱，此之谓也。夫病已成而后药之，乱已成而后治之，譬犹渴而穿井，斗而铸锥，不亦晚乎？"（《素问·四气调神大论》）"上工救其萌芽……下工救其已成，救其已败。"（《素问·八正神明论》）

早在《易经》蒙卦的"象传"中就有关于时间与人行为关系的命题。"蒙，亨。以亨行，行时中也。"在湛若水看来，《易经》可以理解为一部关于在恰当的时间实施恰当的行动的指南。孔子曾在河边感叹："逝者如斯夫！不舍昼夜。"（《论语·子罕》）对此，湛若水好像有了一种与海德格尔同样的领悟，即正是"现在构建了时间"②，于是他说："道全在时字上，时即道也。易六十四卦，三百八十四爻全是时上。孔子所以异于伯夷、伊尹、柳下惠而为圣之大成，亦时而已矣。明觉自然处正是天之聪明，即所谓天之理也。"③"时者道之别名。"④ 将老子都难以讲明白的"道"解释为时间，将把握时机作为圣人之学的根本，一下子将儒家的"时中观"提升到一个元哲学的高度，这也许是湛若水对心学最大的理论贡献之一。由此可见，无论是解读易理，还是对前人圣学精髓的把握，从时间入手都是湛学的最大智慧。

在海德格尔的存在主义哲学中，"此在之存在建制植根于时间之中"⑤。"一切存

---

① 王守仁. 王阳明全集（下）[M]. 吴光，钱明，董平，等编校. 上海：上海古籍出版社，2015：989.

②⑤ 海德格尔. 现象学之基本问题 [M]. 丁耘，译. 上海：上海译文出版社，2008：335，306.

③ 湛若水. 湛若水全集：第7册 [M]. 黄明同，主编. 上海：上海古籍出版社，2020：15.

④ 湛若水. 湛甘泉先生文集（五）[M]. 桂林：广西师范大学出版社，2014：1512.

在论命题都是时态命题，都具有时态真理的特性。""存在论在根本上乃是时态科学。"① 他还说："并不是时间存在，而是此在取道于时间生成它的存在。时间并不是在我们之外的某个处所生起的一种作为世界事件之框架的东西……而是那使得'在—已经—寓于某物—存在—之际—先行于—自身—存在'成为可能的东西，也就是使牵挂之存在成为可能的东西。""我们日常所知并纳入考量的那种时间，无非就是此在的日常状况所沉沦于其中的常人（境界）。"然而，人认识世间一切现实事物的基本条件是：人必须从狭隘的洞穴中走出来，"看到太阳，认知之目变成太阳式的"。② 在中国古人眼中，四时就是人在太阳下存在的根本方式，对生命的理解与存在的把握也只能从时间出发。如《素问·四气调神大论》中这样说道："四时阴阳者，万物之根本也。所以圣人春夏养阳，秋冬养阴，以从其根，故与万物沉浮于生长之门。"

海德格尔说："时间无处不在，但又一无所在而只存在于灵魂之中。"因为时间的定义只能依赖于人对运动的计数活动，因此，"没有灵魂，时间就不存在"。"仅当灵魂存在，时间它才存在。时间既比一切客体更为客观，同时又是主观的。"③ 在海德格尔的存在主义那里，时间性不仅是人一切筹划之可能性的条件，而且，时间性本身就在每一次实际的筹划中被一同揭示。"存在等同于在场性，等同于出场呈现。"④ 因此，在这种意义上，整部《易经》当然就是关于人该在什么时间出场最合适（时中）的筹划之学，而《黄帝内经》则是一部关于领悟和把握生命时间本质的健康养生之学。

海德格尔曾说过："一切存在论问题的中心提法都根植于正确看出了的和正确解说了的时间现象以及它如何根植于这种时间现象。"⑤ 由比较可见，湛若水与西方现象学派一样，都意识到领悟时间立义在认识和把握存在问题中的奠基性作用，不过湛学更具有中国哲学一贯所偏好行为操作（格物）的实践精神。

三、"先天者，圣人之学也"

在湛若水看来，"几也者，理之已动用也"，即"一念发动之初，几也"。"惟几者于念头上做功夫。"⑥ 可见，这里的"理"是指意识发动之初的意向性，由于意向性和意识行为是人的意识所先天具备的特性，因此，心学将其称之为"天理"，如湛若水

①②③④　海德格尔. 现象学之基本问题 [M]. 丁耘，译. 上海：上海译文出版社，2008：442，390，348–349，432.

⑤　海德格尔. 存在与时间 [M]. 陈嘉映，王庆节，合译. 北京：生活·读书·新知三联书店，2013：22.

⑥　湛若水. 湛若水全集：第7册 [M]. 黄明同，主编. 上海：上海古籍出版社，2020：12.

所说："是性也，即天理。"① 现象学也将意识的这种本性称之为"先验性"或"先天"。其含义为：意识是一种绝对的存在，即在意向对象构成之前更为早先的第一存在，具有先于一切客体之物的形式上的优先地位。只有当一种意识的意向行为存在时，被意指对象的存在才能够被揭示。也正是在这种意义上，汉语中的"心"即指意识之意向性，《大学》中的这句话是一个很好的注释："心不在焉，视而不见，听而不闻，食而不知其味。""欲正其心者，先诚其意。"诚即一心一意，专心致志，可见，正心就是端正其意向。湛若水解释说："先天者圣人之学也，后天者贤人之学也。"② 概而言之，"易道非他也，即人心之天理也"③。他在《书问》一文中还有这样的解释："自中者，天然自有之中，更不用丝毫人力，即是天理。"④ 所谓"自中"就是指在吾自有之中的本体；所谓"自身者，就是自求其在我者也"。这说明，湛若水所理解的"天理"具有先验性。他进而论断："盖人心之理即易也，易之理即吾心也。"⑤学习《易经》就是为了掌握一种"以心观天下"的心学方法。从跨文化的意义上看，易学、心学和现象学都是关于意识如何通达和领会世界的认识论和方法论，正因为如此，《易经》才能成为一种有如此神通广大功效的工具。湛学和现象学对意识具有先天意向性的这一认识，不能不说是跨越300多年东西方哲人思想的一次奇遇！

四、"天理不难见，亦不易见"

易理能被广泛应用于各种现象的分析，与它的言说方式密切相关，正如抽象的代数与几何等数学工具能成为跨越自然科学与人文多学科领域的功能一样，《易经》也是一本用抽象符号写成的心学或思维模型。在明代，湛若水认为"心性之学，不明久矣"⑥。这无不与天理的表达和理解的困难有关。儒家和道学都认为，天道的特点就是"无为而物成"和"已成而明"。（《礼记·哀公问》）据此，湛若水认为"天理不难见，亦不易见"⑦。一方面因为人的意识总要在生活的言行中表现出来，故不难见；但意识又多变、无形和不能为他人所直接观察到，故亦不易见。由此可见，如何表达和理解天理不仅是《易经》创作的难点，也是后人解读其语义的最大障碍。其实，如何克服用言语来揭示存在与思维的关系这一难题，亦是古今中外哲学的终极目标。能够意识到易理或心学思想表述的困难及其与言说方式的关系这个关键问题是湛若水不断借助图文来

①⑥⑦ 湛若水. 湛若水全集：第 14 册 [M]. 黄明同，主编. 上海：上海古籍出版社，2020：97，97，180.

②③⑤ 湛若水. 湛若水全集：第 8 册 [M]. 黄明同，主编. 上海：上海古籍出版社，2020：35，36，80.

④ 湛若水. 湛若水全集：第 7 册 [M]. 黄明同，主编. 上海：上海古籍出版社，2020：27.

阐发心性之学，提倡将"随处体认天理"作为心学修性方法的主要缘由。

考古学研究提示，在《易经》创作之前，华夏民族还没有创造出系统的文字符号，占卜是那时原始先民最早的一种文化活动。占卜有龟甲占卜、蓍草占卜等多种形式，占卜活动一般有观象、成象及断象几个环节或要素，而卜卦则是占卜中观象、成象及断象的符号系统，作为人类文字系统之前的原始思维的一种手段，卜卦大约出现在原始社会的新石器时代。据对中国甘肃天水傅家门遗址的发掘，在那里的祭祀坑内发现了距今5 600～6 000年属于牛、猪和羊肩胛骨等六件卜骨，这些卜骨明显有被灼过的痕迹，在卜骨表面用石质尖状器刻画了一些与阳爻、阴爻以及太极图相似的符号，考古学家认为这是原始先民进行占卜祭祀活动时留下的实物。迄今在天水地区还有许多与伏羲氏画卦有关的遗存和民间传说，传说中三阳川的卦台山是伏羲象天法地的地方，流经山下的渭河和葫芦河在三阳川呈阴阳交尾状，那里的山川地势与伏羲创立的八卦中的阴阳、太极图等图画形状相似。此外当地还有安伏、龙马洞、封姓石、风台、风沟、葫芦河、雷泽、仇池山、伏羲庙等与伏羲始画八卦传说有关的地名遗址；在天水地区还一直流传着占卜决事的民俗习惯。这些考古资料说明，从原始先民的占卜祭祀民俗到"八卦"文本的创作，其间经历了漫长的发展过程。据《汉书·艺文志》中的说法，"《易》道深矣，人更三圣，世历三古"。所谓"三圣"，即伏羲、周文王和孔子。据《周易·系辞下》的说法，伏羲为易之说的上古，文王为中古，孔子为下古。那么，伏羲又是如何创作八卦符号体系的呢？据考可能有两个主要来源：其一是《周易·系辞上》的说法："是故天生神物，圣人则之。天地变化，圣人效之。天垂象，见吉凶，圣人象之。河出图，洛出书，圣人则之。"《汉书·五行志》中亦称："伏羲氏继天而王，受河图，则而画之，八卦是也。"河图洛书为上古原创的两种数列矩阵，为阴阳五行术数之源，可见，易之说的创立受神奇的数列矩阵模型的启发。其二据《周易·系辞下》中的说法："古者庖牺（伏羲）氏之王天下也，仰则观象于天，俯则观法于地，观鸟兽之文与地之宜，近取诸身，远取诸物，于是始作八卦，以通神明之德，以类万物之情。"提示八卦之说的心理原型来源于人对天地鸟兽自然的观察。《史记·太史公自序》中也说："伏牺（伏羲）至纯厚，作《易》八卦。"提示古人只是以淳朴的心灵去感知大自然规律的象征，或以大自然的事物变化模式作为人类行动抉择的宗师。虽然到伏羲时代，八卦已成为一种具有抽象思维特征的符号系统，但其崇拜自然，模拟自然，向自然学习的基本意向是没有改变的。据古籍记载，伏羲创作的先天易（先天八卦）并不是当时唯一的文本，当时还有神农氏创造的连山易（连山八卦）、轩辕氏创造的归藏易（归藏八卦）等。① 后来伏羲八卦成为显学，得益于周文王（前1152—前1056）对其的传承与发展。商纣王因为猜忌姬昌到处行善的行为，将姬昌拘禁于羑里②，姬昌在被囚的七年中悉心演绎上古伏羲八卦和连山易与归藏易，并将其推演为六十四卦，还为每一卦整理编撰了解释含义的卦辞和爻辞。从此，卦符就有了图文兼得、象意参照的范式，羑里也因此被后人称为《易经》的发祥地，可以想象，在囚禁之地写成的《易经》只能是语义隐喻的样态。到春秋孔子时，又增加了《易传》，这是对《易经》的发挥与阐释，犹如辅助之翼，故称为《十翼》，包括《文言传》、《彖传》上下、《象传》上下、《系辞传》上下、《说卦传》、《序卦传》、《杂卦传》，共十篇。学界一般将《易经》分为本文与解说两部分，本文称"经"，解说称"传"。"经"主要有六十四卦和三百八十四爻，卦辞和爻辞是对每卦的阐释和行为的占断。"经"是原创文本，是相对古老不变的，而"传"则是后人对"经"的阐释，诸子众说纷纭。司马迁在《史记》中说《易传》为孔子所作，但后世不少学者对此有所质疑。《四库全书总目提要·易类》概述了易学历史演变的线索："《易》之为书，推天道以明人事者也。《左传》所记诸占，盖犹太卜之遗法。汉儒言象数，去古未远也。一变而为京、焦，入于祥。再变而为陈、邵，务穷造化，《易》遂不切于民用。王弼尽黜象数，说以老庄。一变而胡瑗、程子，始阐明儒理。再变而李光、杨万里，又参证史事，《易》遂日启其论端。此两派六宗已互相攻驳。又《易》道广大，无所不包，旁及天文、地理、乐律、兵法、韵学、算术，以逮方外之炉火，皆可援《易》以为说，而好异者又援以入《易》，故《易》说愈繁。"由此可见，《易经》语义的解释自古以来就纷纭复杂，蕴含着多元解读的可能性。正是基于对《易经》解读历史不断演变的这一乱象，湛若水立志要"解旧蔽，使人人回心而返正途，故为其所为说，曲而核，直而辨，穷源探本，浩演宏博"③。湛若水对《易经》释义的最大贡献就是基于心学解读经典的转向。在湛若水看来，读《易经》对研修心性之学的常见误区主要为两种极端，即"或滞于心而

① 《连山易》为神农氏（即炎帝，又号连山氏）在伏羲八卦基础上首次演化成六十四卦。郑玄在《易赞》中说："《连山》者，象山之出云，连连不绝。其是以艮卦开始，如山之连绵，故名连山。"又因为夏代流行，故曰"夏道连连"。《归藏易》为黄帝（又号轩辕氏、归藏氏）所演绎的六十四卦，因以象征地的坤卦为首卦，地是万物的归宿和载体，故名归藏易，又因在商代流行，故曰"殷道亲亲"。《周易》为周文王所演绎的六十四卦，因以天地初开的乾卦为首卦，以济卦为末卦，一事终末又是一事开始，周而复始，故曰《周易》，也因于周代流行，故曰"周道尊尊"。《连山易》和《归藏易》都已佚。

② 羑里遗址在今河南省安阳市汤阴县北4.5千米处。

③ 湛若水. 湛若水全集：第14册 [M]. 黄明同，主编. 上海：上海古籍出版社，2020：183.

离外，或逐于事而离心"①。而圣人之学的正道则应是"内外心事合一"，"一贯中路"，即在思维与存在的关系中才能懂得天理和易理之奥秘。

五、"以自然为功夫，乃合自然道理"，"持敬以保天命"

虽然承认了"天理"的客观存在，但要知晓"天理"的公理或法则从何而来又是另一回事，而只有知其所以然，才能树立敬天的信念。对此，湛若水给出了自己的回答。湛若水读书方法的核心理念在于"以我观书"，在对前人语句重述的基础上，重点阐述了他对易学精神的理解，其中《圣学格物通》《书问》和《敬天》是他解读《易经》最重要的著作。他用了很大的篇幅通过对乾卦、既济卦、豫卦等卦的解读，阐述了人为何要敬天，而且君子为何应将"敬天"和"敬戒"作为一种彻上彻下治学功夫的道理。

湛学的主要观点有：其一，"道之大原于天"，敬天源于人与天同气同理。他将敬天之原理建立在中国的气论之上，他说："天与人，其气一也，心一也，其理一也。"②"万物宇宙间，浑沦同一气。充塞与流行，其体实无二。就中有粲然，即一为万理。外此以索万，舍身别求臂。"他认为："宇宙内只是同一气、同一理，如人一身，呼吸相通，痛痒相关。"也好比"一池水，池中之鱼皆同在此水，击一方则各方之水皆动，群鱼皆惊跃"③。

其二，虽然"天理"对于任何人都是普适公平的，但也与人是否敬天的信仰与态度有关。《尚书·太甲下》曰："惟天无亲，克敬惟亲。"只有敬天者，天才与其亲之。孔子又曰："天无私覆，地无私载，日月无私照。"（《礼记·孔子闲居》）因此，从君王到庶民都应该无差别地敬天，而敬天的前提是首先能体认天理，因为道不远人，只有随处体认，天理才可见。湛若水总结道："千圣千贤皆是随处体认天理，同条共贯，东海、西海、南海、北海有圣人出，亦不能外此。非但圣人不能外此，虽东西南北海之人，亦不能外此也。盖无别天、别性、别心故也。"④

其三，"在天成象，在人为时"，圣人制定历法以象日月星辰，使人的耕种收获、民事早晚起居有序，因此，人的生活在根本上要"顺活乎自然"，敬天就是顺天，不顺即不敬。"存天理，则天命眷之；失天理，则天命去之。"遵循天理是活到天命的条

① 湛若水. 湛若水全集：第 14 册［M］. 黄明同，主编. 上海：上海古籍出版社，2020：97.
② 湛若水. 湛若水全集：第 8 册［M］. 黄明同，主编. 上海：上海古籍出版社，2020：193.
③④ 湛若水. 湛若水全集：第 7 册［M］. 黄明同，主编. 上海：上海古籍出版社，2020：15，10.

件，所谓"人君当无一念而不敬，以合乎天理，则天命归之矣"①。

其四，敬与心是一物，故敬天首要的就是对大自然有敬畏之心，为此，湛氏专题论述了"敬戒"规则数条。他认为："凡逾越于天理之外者，皆患也，皆豫防之也。身心为尤切矣。"②对自然要自然些，既不要忘记敬天，也不要刻意去追求它。他说："以自然功夫，乃可合自然道理，更容丝毫人力不得，即孟子勿忘勿助之间，惟明道先生（笔者按：即程颢）知之，惟白沙先生知之。"③天理就是"天德充拓流行出来，至简至易，易知易从"和"无声无嗅之体"的道，故也称之为"玄德"。④他还以尧舜三代为例，认为圣贤"须是一味体认天理，涵养本原，培灌根荄，自见花实"⑤。在中国传统文化看来，德配天，因此，以敬天之玄德为基础，忠孝克勤，迈迹垂宪（即开创事业，垂示法则之意）都是从敬中衍生出来的"在己在人"的功夫。⑥由以上可见，湛若水提倡的随处体认天理和"以自然为功夫，乃合自然道理"的根本目的就是持敬以保命，使人更好地生存与发展，同时也是为了国家治理，如他所说："为人君者，奉天理民，可不敬乎！"

六、"敬天之怒，无敢戏豫。敬天之渝，无敢驰驱"

湛若水认为万物本乎天地，并引述《诗经·大雅·板》中之句："敬天之怒，无敢戏豫。敬天之渝，无敢驰驱。"提醒人一定要敬畏自然，敬畏上天发出的警告与天气变化的提示，不要荒嬉逍遥，不要任性桀傲。人只有畏天之威，才能于时保之。为何要敬天？湛学认为，这是因为人存在于天地之间，这与海德格尔不断强调的"此在"（在…之中）特点的观点非常一致，"人之外别有所谓天者哉"，湛若水认为，"天与人其气一也，其心一也，其理一也"。所谓"天者，理而已矣。顺天之所为理而已矣"。天地与人一起来往同道。人敬天则天命自保，老天"日监在兹"，随时随地监督着人，如人违天不敬天，那么将遭到惩戒。湛若水还认为应该将敬天作为治理国家的一个责任，说："不弃不褒，而畏天乐天，固保国保天下者之责也。"⑦

如何才能发现天理，又如何做到敬天？湛若水说："天人一理。"⑧"心之中正本体，乃天理之发见，所谓几也。知此故能存神。……君子见天理之几，介守之如石，

---

①②⑦⑧　湛若水. 湛若水全集：第 8 册 [M]. 黄明同，主编. 上海：上海古籍出版社，2020：194，133，195，194.

③④⑤⑥　湛若水. 湛若水全集：第 7 册 [M]. 黄明同，主编. 上海：上海古籍出版社，2020：12，8，31，26－27.

则定而确矣。"① 所谓知几就是知道，知晓了道，首先要冷静观察和判断确定，一旦行动就要果断快速，以尽力获得"吉利"的效果。从人与天道的关系来看，"人心惟危，道心惟微"，几之萌芽始于一念，正邪人能自察。湛若水认为，邪正者，理欲之几也，如果是天理则应敬以扩之，而不让其雍阙；如果是人欲，则敬以克之，而不使其有凝滞。君子之学就在于随处体认这些天理而已。如果正念恒见，坤作成物，则邪念不生，天道执中，圣学之要不过就是如此。因此，从这种意义上说，"心之中正即天理也"②。

在《易经》看来，人本来就属于自然，人的命运不能逃离自然规律，自然一直是人永恒的导师，因此，敬天、顺其自然，乃是人一切行为抉择的最高准则。《易经》通过察天地来推演或抉择人的行动的方法与行为主义提倡的观察学习（observational learning）原理相同。湛若水总结了人为何要向自然学习的观点："盖其自然之文言，生于自然之心胸；自然之心胸，生于自然之学术；自然之学术，在于勿忘勿助之间，如日月之照，如云之行，如水之流，如天范之发，红者自红，白者自白，形者自形，色者自色，孰安排是，孰作为是，是谓自然。"③ 在现象学看来，意识的本质就是意动，而在行为主义看来，心理学其实就是人类行为学（human behavior）。可见，《易经》关于在什么样的境遇下如何抉择行为的观点与心学格物致知、知行合一的主张，与行为主义和现象学的思想都是异曲同工的。

七、"天人一理"，"古今天人，其心一而已矣"

虽然人尊自然为大宗师，并以天道为玄德之范式，但天从没有言说，即："自然者，无心者也，不显者也。天地之常，普万物而无心，故不言而行四时行焉，百物生焉，而物之应者勃然矣。"④因此，天理需要人的领会、理解与解读，而《易经》采用了最简单的符号和形象思维的方式表达了原创者对天理的领会、理解和解读方式，故《周易·系辞下》中说："《易经》者，象也；象也者，像也。""八卦成列，象在其中矣。"可见，隐喻是《易经》的主要言说方式，从现代逻辑学来看，《易经》阐述的不是关于存在"是"的形式逻辑，而是关于人行为的模态逻辑和因时而动的辩证法。八卦和六十四卦都是借大自然中的具体事物模态象征和隐喻人的社会行为取向。从这种意义上说，天理就是人伦之理，就是道德。《春秋左传·僖公》中多处谈到占卜与德行的关系，大意就是说，龟，是一种意象，筮，只是一种有一定数目的用于占卜的草，

①②④　湛若水. 湛若水全集：第 8 册［M］. 黄明同，主编. 上海：上海古籍出版社，2020：35，39，109.

③　湛若水. 重刻白沙先生全集序［M］//陈献章集：下. 北京：中华书局，1987：896.

而如果一个人道德败坏，怎么可以用它们来进行计数？在这种情况下，即使占卜了又有什么益处呢？其实，罪孽灾难并不是来自天，而是由人造成的。用现代逻辑的语言来理解，从数理概率推理不出道德模态逻辑的真！"凶吉由人"或"善败由己"，没有德行的行为必然导致失败，并不是通过占卜就可以避免的。

《易经》说理的方法是：第一步，先用卦象征自然界的某些事物，例如乾卦象征天，坤卦象征地，离卦象征太阳，坎卦象征月亮，震卦象征雷，巽卦象征风，艮卦象征高山和陆地，兑卦象征海洋和河流。第二步，再用天地自然之道推演或隐喻人道。如湛若水对《易经》中乾卦九三的解读是："九三以阳刚居正，故有能乾乾，健而不息之意，敬也。终日而敬，体天理也。至夕而惕若，则敬之不息。敬也者，存吾心天理之本体也。"显然，湛若水的解读与既往学者的不同之处在于将卦象符号的象征转向了主体敬之心态的思考，甚至将这一态度的转向当作吾心天理之本体，这是对主体精神的重新呼唤，而且他将人的意向性当作天理与人欲开启的关键，他说："一念好恶，天理人欲兴丧于此焉分。"[①] 这与王阳明"有善有恶意之动"是逻辑等值的命题。在湛学看来，易之卦象及其赋予的意义来自于人之心念。试想，如果不从心出发来解读卦象之语义，那发明卦象有何意义？对它的领会、理解和解释又为何会因人而异？

八、《易经》的卦象意义与意向性行为的关系

何谓"易"？汉代许慎在《说文解字》中解释：一说为蜥蜴蝘蜓守宫的象形；二说日月为易，象阴阳之义。什么叫"象"？《周易·系辞上》说："圣人有以见天下之赜，而拟诸其形容，象其物宜，是故谓之象。"《周易·系辞下》解释说："八卦成列，象在其中矣。因而重之，爻在其中矣。刚柔相推，变在其中矣。系辞焉而命之，动在其中矣。"从表面上看，《易经》就是一种用八卦进行各种象征隐喻的符号体系，而本质上，这些符号只是意向性构造的结构。《易经》象征符号的基本元素为阴（－－）和阳（—）两爻，阳爻代表男、刚、强、高、奇数等；阴爻代表女、柔、弱、低、偶数等；由阴爻和阳爻组合而成的八卦，即用天、地、风、山、水、火、雷、泽8种自然事物的特性来象征8种不同类别的事物和运动变化。

《尚书·洪范》中说得很明白，古时解决疑难问题的决策方法就是用龟甲占卜和蓍草占筮，其中属于龟甲占卜的有五种，属于蓍草占筮的有两种，卜筮的方法就是根据龟甲或蓍草随机组合出来的象征来推演行动的变化取向，并且一般是请三个人同时进行卜筮，再选取其中两个人的卦象来进行判断，即"立时人作卜筮，三人占，则从

---

① 湛若水. 湛若水全集：第 8 册 [M]. 黄明同，主编. 上海：上海古籍出版社，2020：163.

二人之言"。(《尚书·洪范》)最后,还要综合自己的思考,与大卿和庶民商量多个维度的意见后再进行决策,可见古人解决疑难问题时的谨慎。根据《周易·说卦》的解释,《易经》中各卦所描述的自然事物都隐喻人的某种行为取向,如乾卦隐喻"天行健,君子以自强不息",坤卦隐喻"地势坤,君子以厚德载物",蒙卦隐喻"君子以果行育德",讼卦隐喻"君子以作事谋始",谦卦隐喻"君子以哀多益寡,称物平施",等等。简而言之,八卦象征与隐喻人的意识指向及其行为具有对应的关系,具体是:"乾,健也;坤,顺也;震,动也;巽,入也;坎,陷也;离,丽也;艮,止也;兑,说也。"(《周易·说卦》)可见,八卦只是一种类比推演的结构模型,其象征隐喻的事物类型是可以任意想象扩展的,如动物的分类、人体部位的区分、人的亲属关系、情志活动、社会行为等。正如《周易·系辞下》中所说:"易之为书也,广大悉备。有天道焉,有人道焉,有地道焉。兼三材而两之,故六。六者,非他也,三材之道也。"可见,《易经》是一种通过象征来隐喻或指导人的社会行为的工具。如履、谦、复、恒、损、益、困、井和巽等卦就构成了一个道德行为的象征体系。

《易经》的隐喻象征并不是杂乱无章的,而是具有一定的建构规律。《易经》用阴、阳二爻两个最简单符号的不断组合排列来隐喻宇宙万物的生生化化,按照阴阳二气消长和在不同方位分布的差异,经过排列组合,再分化出"太阴""太阳""少阴""少阳"四象,继而四象再分化为八卦和六十四卦。六十四卦每一卦的上方三爻为一组,称为上卦或外卦;下方三爻为一组,称为下卦或内卦。六十四卦最后两卦为"既济"和"未济",意指宇宙间的事物发展到最后必然有一个终结,而此一终结又是另一个新的开始。黑格尔说:"相互作用是事物的真正的终极原因。"[①] 从这种意义上看,关注事物之间的相互关系正是《易经》隐喻言说的重要特征,如"序卦"从发生学的角度来看待各卦之间的排序及其所象征事物之间的关系;"杂卦"以相反或相错的形态、两两相对的综卦和错卦的卦形来分析卦与卦之间的联系;等等。

古人为何要用"象"来表达思想,而不选择直白的言语方式?《周易·系辞上》中的解释是:"圣人立象以尽意,设卦以尽情伪,系辞焉以尽其言。变而通之以尽利,鼓之舞之以尽神。"在上古时代,不仅人的自我认识能力薄弱而有限,而且"书不尽言,言不尽意",文字的表达能力总是有局限性的,为此,借用自然之物,由彼观己,假物取譬,由外揣内是当时很普遍的说理方式,这样的表述形式"易则易知,易则易从"。法国思想家卢梭在《论语言的起源》中曾经指出,人类语言的起始就是隐喻性

---

① 恩格斯. 自然辩证法 [M]. 北京:人民出版社,1975:209.

的；德国哲学家卡西尔也认为原始人就是用隐喻思维的。① 隐喻的象征不仅将藏在黑暗里的思想展现在眼前，使人的思想变得明晰可见，也绕开了人的无意识阻抗，使得思想教化与行为引导变得容易接受，使教育和解释可以因材施教，灵活多样。简而言之，《易经》神通广大的功效源自它的三个伟大发明：抽象简单的二值符号、阴阳组合的思维法则，以及象征言说的表达方式。

九、"君子以思患而豫防之"，"君子以恐惧修省"

《易经》创作的初心或目的是什么呢？《周易·系辞上》说："君子居则观其象而玩其辞，动则观其变而玩其占。"这就是说，在科学尚不发达，人的逻辑思维尚不强大的上古时代，世人在从事军事、祭祀、狩猎、农耕等重大活动，或婚嫁、丧葬、建筑等日常活动时，总要先进行一番占卜，根据观象、成象及断象预测行动的结果是吉或是凶，抉择行动的取向。古人认为，以卦象推演的方法是一种裁决思虑多疑、趋吉避凶、推知未来、圆通神奇、方正明智的学问，具有"以通天下之志，以定天下之业，以断天下之疑"（《周易·系辞上》）的作用。

借助行为主义心理学的理解，所谓行为就是有机体对付环境变化或刺激（S）的全部活动或反应（R）。《易经》所阐述的行为是一种有目的、内部需求与内驱力的整体行为（molar behavior）。分析八卦的象征及其爻辞可知，每一卦也都包含了行动者所处当下的情势分析、主体的需求或内部驱力，以及行为的取向和行动的结局预测四个基本要素。《易经》每卦所阐述的行为具有以下四个特征：①行为总是趋利避害的；②行为总是利用环境所提供的各种途径、条件和工具来排除障碍的；③行为必然优先选择较少费力而又能达到目的的行动；④应对环境的行为不是机械不变的，而是可以通过学习、权衡变化进行调整的。以《易经》中的第五卦"需卦"为例，先人教导，当遇到险阻时，只要你心怀诚信，刚健有力，耐心等待时机的到来，就一定能化险为夷，吉祥平安，这时你最经济合适的行为取向就是像天上的云所呈现的"象"那样，饮食作乐，等待它降而为雨即可。

在《易经》中，卦象用来象征行为的当下情境，而爻辞则是为人的行动指示方向的，即所谓"辞也者，各指其所之"。（《周易·系辞上》）《易经》的每一卦都涉及行为的取向（进退）、行为之后果（吉凶）、行为之情绪（忧喜）、行为之道德与价值（悔吝）、言与行的关系等实践问题。从这种意义上说，《易经》是关于人行动的原因、行为取向和行为结果预测的学问。当然，经过孔子及其门徒的注释解读以后，《易经》

---

① 谢之君. 隐喻认知功能探索［M］. 上海：复旦大学出版社，2007：17.

中的所有象征便充满了儒家君子道德之说的气息。在儒家看来，人的所有行动的取向都应该符合道德，修己的目的在于更好地敬天，即"修己以敬"。在《周易·系辞上》的最后，对易理的指向作了一个总结："极天下之赜者存乎卦，鼓天下之动者存乎辞。化而裁之存乎变，推而行之存乎通，神而明之存乎其人。默而成之，不言而信，存乎德行。"学习全是为了指导德行，如《周易·系辞下》中所说："精义入神，以致用也；利用安身，以崇德也。"

《易经》制定了指导人行为取向的几个核心理念：一是易（即变化）的观念，认为"六爻之动，三极之道也"。（《周易·系辞上》）理智合理的行为必定是因时而变的，而不是墨守成规。二是行为的尺度，所谓"时中"。其中，"中"指中庸之道，是说人的行为既不要太过，也不要不及；"时"指人的行为要与时势保持一致的步调。包括能识时之义，敏锐地察觉时机的来临，并能用好时机，待时而动，知时而行。在行动中还要观时之变，及时对自己的行为做出调整。三是对行为后果的预测应在行动之前进行评估。《易经》中对如何进行行为的抉择都是以行为后果"凶"或"吉"的预期为前提。"凶""吉""无咎"和"悔"是一切行动可能出现的四种后果。凡预测为"吉"的就果断行动，凡预测为"凶"的则保持守势不动或停止行动。如果出现后悔和羞辱的结果则应总结经验教训，调整策略，而遇到"无咎"时则可顺其自然，等待新的机会。所谓"时行时止"，就是要在恰当的时机开始，恰当的时候停止，要求行动者在顺应自然规律之中来实现人的目的。《易经》所倡导的"时中"的行为方式是一种主动适应性的、创造性顺应的生存智慧，易理的核心是关于如何依据当下的形势来抉择人的行动取向。这一元哲学对塑造中华民族积极进取、待时而动、与时俱进的民族意识与集体无意识都具有深远的影响。

人的行为并不是简单的刺激与反应之间的关系，因为人具有预见行为结果的能力，而预期是认知与行为的中介，是行为的决定因素，是自我生成的能力。对比可知，在操作行为主义看来，行为表现的频率随该行为造成的结果而改变（效果律），而《易经》更具有一种未雨绸缪的哲学智慧和前瞻性危机预防的特征。《周易·系辞下》中说："君子安而不忘危，存而不忘亡，治而不忘乱。"湛若水注释道："危者以危为心也，亡者以亡为心，乱者以乱为心也。"[1] 提醒世人要树立明确的危机防范意识，他指出："人恒生于忧患，死于安乐。"[2] 强调预防第一和行动的宜时性是《易经》关于行动指南的基本原则。《易经》将"蒙卦"置于较前的位置（排在第四）应该是有深刻含义的，就是要强调行动筹划既要赶早，又要适时适度。湛若水十分欣赏《易经》的

①② 湛若水. 湛若水全集：第 8 册 [M]. 黄明同，主编. 上海：上海古籍出版社，2020：136，201.

"既济",非常认同"君子以思患而豫防之"的观点,提出了"敬戒"之说,进一步强调和发挥了这种危机预防思想。

行为主义否认行为的遗传和本能论,认为所谓人格乃是一切动作的总和,是各种习惯系统的最后产物。同理,《周易·系辞下》也持这一观点,并推进到人的成败祸福的归因分析上。《周易·系辞下》中说:"善不积不足以成名,恶不积不足以灭身。小人以小善为无益而弗为也,以小恶为无伤而弗去也,故恶积而不可掩,罪大而不可解。"可见,《易经》与行为主义都认为人的行为习惯的养成,人的成功与失败都是从微到显、从小到大积累而成的。

在千变万化的复杂环境中,人该如何与时俱进,合理行动?这是《易经》原创者一直思考的核心问题。《说卦传》中说:"圣人之作易也,将以顺性命之理。是以立天之道曰阴与阳,立地之道曰柔与刚,立人之道曰仁与义。"这说明,建构《易经》象征体系的根本目的就是要处理好人与自我、人与自然、人与社会、人与人之间的行为关系。其中"柔"可以解读为心理韧性,现代心理学认为这是最重要的抗压心理素质。《易经》认为,在人类社会中,从一个人的行为所依据的道德和知识可以预知其成败。所谓"德薄而位尊,知小而谋大,力小而任重,鲜不及矣"。(《周易·系辞下》)马克思认为,在现实性上,人的本质是社会关系的总和,人与人之间的关系状况也是评价心理健康最核心的指标。《易经》在第六卦"讼卦"中就讨论了这个人类独特的社会心理问题。孔子认为,在人与人的关系上,守中庸之道则吉,长期争讼不息则有凶险。改变争讼的态度,明断争讼,回心依从正理,就不会有所失了。即使有些人因争讼而获利,但常在一觉醒来时其所获得的利又被剥夺或丧失一空。什么才是有利于健康的心态和仁的行为?《周易·系辞上》中说:"乐天知命,故不忧;安土敦乎仁,故能爱。"由此可见,《易经》是一种关于指导人正确抉择行为的隐喻系统,经湛若水的心学解读而一变为具有中国本土文化特质的德行指南,这是湛若水解读易理而对新行为主义和道义逻辑的一大贡献。

《礼记·经解》中对《易经》有一个总结性评论,曰:"洁静精微,《易》教也。"但如果乱用乱解,就可能导致狡黠诡辩,谓"《易》之失贼"。只有"洁静精微而不贼,则深于《易》者也"。有弟子向湛若水请教如何学《易经》时,他回答:"体认天理,终日乾乾,便是学《易》。"① 可见,湛若水对《易经》原旨精神的把握及其提倡的体认方法是最接近《易经》原创思想的。

---

① 湛若水. 湛若水全集:第 13 册 [M]. 黄明同,主编. 上海:上海古籍出版社,2020:9.

第四章 《春秋》的历史心理学思想

观史明德，知天理，扬善抑恶，以史为鉴是孔子最初笔削《春秋》的深刻用意。左丘明评论道："《春秋》之称微而显，婉而辨，上之人能使昭明，善人劝焉，淫人惧焉，是以君子贵之。"陆九渊、湛若水和王阳明开创了解读《春秋》的心学方法，曰："故六经者，吾心之记籍也，而六经之实，则具于吾心。"由此观之，《春秋》是那个时代官员失德、廉耻道丧、宠赂日章、沦丧危亡的写照，由此可知历代王室衰乱之由、国之衰败之因，知晓执政者的性格和道德心理行为与其命运兴衰有着密切的关系。《春秋》微言大义，既为后人警戒、垂范，也让天下乱臣贼子惧怕，它就是一把历史评判的斧钺。

《春秋》之称微而显，婉而辨，

上之人能使昭明，善人劝焉，

淫人惧焉，是以君子贵之。

——《春秋左传·昭公三十一年》

　　心理学并不是高谈阔论的理论，而是在人类历史、民族文化、社会现象和政治活动中展现出的一股巨大的潜在的力量。中华民族是一个爱记录历史的民族，在中华文明 5 000 年的历史中，留下了汗牛充栋的史记典籍，如《史记》《汉书》《三国志》等关于各朝代的纪传体"二十四史"，编年体史书《春秋左传》，以及《史通》和《廿二史考异》等史学理论与研究史学的著作。这些史料为我们进行历史心理学和政治心理学研究提供了大量珍贵的和有价值的素材。

　　本章仅以《春秋》有关的史料为对象，梳理其中的历史心理学和政治心理学思想，期许对今天社会现象观察与分析能力的提高有所助益。周朝（前 1046—前 256）是继夏、商朝之后的第三个奴隶制国家。周朝共传 30 代 37 个君王，共计约 791 年。周朝可以划分为西周（前 1046—前 771）与东周（前 770—前 256）两个时期。周朝由周武王姬发创建，定都镐京（今陕西西安），周成王时迁都营建成周（今河南洛阳），后周懿王又迁都犬丘（今陕西西安），公元前 771 年镐京陷落，西周灭亡；公元前 770 年周平王又东迁定都成周（今河南洛阳），史称东周，东周以"三家分晋"为节点，又分为春秋和战国两个时期。据考，华夏民族心理的自我认同和命名始于春秋周王室自称的"夏"，而"诸夏"之名，意指分享周室礼仪与荣誉之诸国。这是中国历史上第一次出现跨氏族的族群观念。

　　春秋时期（前 770—前 476），周朝由强转弱，王室日益衰微，大权旁落，齐桓公、宋襄公、晋文公、秦穆公、楚庄王相继称霸，史称"春秋五霸"。诸侯国之间互相征伐，战争频繁，因此，春秋时期是中国历史奴隶社会动荡瓦解的时期。在这一时期，鲁国史官记录了从鲁隐公元年（前722）到鲁哀公十四年（前481）的重大事件，这部编年史被命名为《春秋》，生活在这一时期的历史见证人孔子（前551—前479）之所以对这部史书加以整理和"笔削"修订，并将其与《诗》《书》《礼》《易》《乐》一起作为教育弟子的"六经"当然是有深意的。事实上，许多历史典籍中的故事已经演变成了汉语成语，作为一种成熟的生活智慧模型融入华夏民族的心理原型之中，成为华夏子民人生价值观的核心。

孔子曾任鲁国的司寇，因他不满于鲁国季氏政权的治国理念，于是带着弟子去卫、宋、陈、蔡等列国周游，宣传自己的社会治理主张。在经历了14年如"似丧家之狗"（《史记·孔子世家》）般的各种打击、冷落与颠簸之后，孔子回到鲁国，以他删减整理的《春秋》等六部先秦古籍作为社会教化的文本。可以说，孔子确定的以"六经"为核心文本的儒家学说对华夏民族精神、民族情感、民众教化、社会治理、为人处世风格等多方面都带来了极其深远的影响。其中《春秋》是一本借鲁国国史事件来"谴责悖礼之罪、党贼之恶"（湛若水评语）的编年史，因此，在"六经"中，《春秋》成了最具有故事性的亦经亦史的经书。

孔子所编辑的《春秋》只有1.8万字，却重点概述了鲁国242年历史中的重大事件，可谓言简意赅，微言大义，蕴意隐晦。左丘明（约前502—约前422）写了一部约18万字的《春秋左传》，之后，战国时齐人公羊高作《春秋公羊传》，鲁人穀梁赤作《春秋穀梁传》，这三部书被合称为"春秋三传"。汉以后，历代儒门学者围绕《春秋》经与传注者众多，说明学史崇德、学史明理、学史增智及以史为鉴，是中国史学的一种悠久传统。与《诗经》等其他几部阐述人情世故之哲理的经典不一样，《春秋》主要涉及宏大的历史叙事，且人物故事众多，政治和军事争霸激烈。但从儒家先贤，以及后来发展起来的心学来看，虽然其中所述的历史是铁定的事实，但如何透过这些现象认识其事其人的内心动机，如何看待这些事与人的德行道义才是最重要的。这些先贤的许多评注和论断，即使在今天来阅读也感觉非常精辟，切中时弊，愈读愈见其认识的深刻与远见卓识。

用现代的眼光来看，孔子编辑的《春秋》和其他人编辑的《春秋左传》《春秋公羊传》《春秋穀梁传》等，以及明代湛若水等心学家对《春秋》的解读，涉及历史心理学、民族心理学、政治心理学和道德心理学等诸多相关领域，这也是中国古代典籍通常具有的综合性特点。所谓历史心理学（historical psychology）就是从心理学的视角对历史上的个体和群体（包括民族、族群、国家等）的心理行为、心理传记、心理特质与心理变迁进行研究的一门交叉学科。由于古代文本书写的权利主要掌握在皇家贵族手上，因此，其代言人的史官所记录的历史就主要是帝王将相的个人和家族史，以及他们从事政治活动的大事记，因此，历史心理学也与历史上的政治心理学几乎同义。所谓政治心理学是对政治现象中的心理过程与心理因素相互作用的研究，例如政治家的行为与其认知、个性、气质、动机、品德、情绪情感，以及与性心理的关系。政治心理学可以视作一种对政治问题或政治现象进行思考与理解的独特方式与方法。对政治心理的研究古已有之，但自觉地运用心理学的方法研究政治现象或政治文化却是 20世纪初才开始的事。例如格雷厄姆·沃拉斯的《政治中的人性》（1908），古斯塔夫·勒邦的《政治心理学》（1910），J.F. 布朗的《心理学与社会秩序》（1936），哈罗德·拉斯韦尔的《精神病理学与政治》（1930）、《权力与个性》（1948）、《政治行为分析》（1948），孔特桑的《政治心理学手册》（1973），威廉·F. 斯通的《政治心理学》（1974）等著作的问世；1978 年，国际政治心理学会成立，标志着政治心理学作为一门独立的学科逐渐形成。与发达国家的历史心理学和政治心理学研究相比，中国本土的历史心理学和政治心理学仍缺乏系统、全面和深入的研究，但中国史籍汗牛充栋，积累了丰富的史料，值得我们认真挖掘整理。目前最紧要的是学习现代的历史心理学、民族心理学和政治心理学的研究方法，注意对中西研究对象、内容和方法的跨文化比较，解放思想，打破闭门造车、自以为是的封闭状况，让西方同行也见识一下中国本土的历史心理学和政治心理学研究的概貌。

一、《春秋》微言大义，扬善抑恶

本来写《春秋》这些编年史是天子手下官员应该做的事，但孔子却大胆地进行了"笔削"的删减处理，经他措辞精细处理的《春秋》，字数变得只有 1.8 万字，表面上据实写史，不褒不贬，实际上他却将自己的"微言大义"渗透于其中，孔夫子曾总结道："吾志在春秋，行在《孝经》。"（《孝经序》）编完《春秋》之后，孔子有这样的预感："知我者其惟《春秋》乎！罪我者其惟《春秋》乎！"（《孟子·滕文公下》）孟子认为，当时孔子编《春秋》的背景与目的是："世衰道微，邪说暴行有作，臣弑其君者有之，子弑其父者有之。孔子惧，作《春秋》。"（《孟子·滕文公下》）在公羊高看来，"君子曷《春秋》？拨乱世，反诸正，莫近诸《春秋》"。意思是说，做《春秋》的目的就是针对当时的社会治理状况，借历史事件来彰显正义，谴责暴行。庄子则认为《春秋》是为了明确社会等级制度中的上下尊卑关系，意在促进社会稳定。（《庄子·天下》）东汉思想家王充（27—约97）曾评价道："孔子不王，素王之业在于《春秋》。"（《论衡·定贤》）他认为孔子编《春秋》的目的是代王者立法，孔子是有王者之道，而无王者之位的圣人，故叫"素王"。司马迁在《史记·孔子世家》中认为，作为鲁司寇的孔子编《春秋》的目的是因为当时周道衰废，诸侯害之，大夫庸之，孔子知言之不用，道之不行，以为与其高谈阔论说教，还不如以真实的历史事件来阐述什么才是光明的正道，以此来警戒世人，可谓"《春秋》之义行，则天下乱臣贼子惧焉"。北宋理学家程颐认为《春秋》除褒善贬恶外，更是"经世之大法"。朱熹则认为，孔子作《春秋》，不过是直书其事，让善恶自见。陆九渊曾作《大学春秋讲义》，第一次从心学的角度阐述了孔子修订《春秋》的意义，认为："周道之衰，王迹既熄，诸侯放肆，代天之任，其谁尸之？春秋之书灾异，非明乎《易》之太极，书之《洪范》者，孰足以知夫子之心哉？"① 他认为孔子在修订《春秋》时保留或删除某些历史事件的记载其实是表达了一种思想取向。例如在评价"楚人灭舒蓼"一事件时，陆九渊认为："圣人贵中国，贱夷狄，非私中国也。……贵中国者，非贵中国也，贵礼义也。"可见"圣人悉书不置，其所以望中国者切矣"。② 他认为："言，心声也。"③ 可以通过《春秋》中的措词和用心的标准去领会《春秋》中蕴含的大义，通过历史事件可以知晓君王其心为公或为私，曰："德惟善政，政在养民。"④ "为善为公，心之正也；为恶为私，心之邪也。"⑤ "圣贤之所以为圣贤者，不容私而已。"⑥从此，陆九渊开创了以"我不注六经，六经皆我注脚"⑦解读《春秋》的心学方法。王阳明也曾就《春秋》有所评述，认为那些不义不公和虚伪的人都逃脱不了《春秋》的评判，曰："然则僭伪者，其能逃于《春秋》之斧钺邪！"⑧ 又言："故六经者，吾心之记籍也；而六经之实，则具于吾心。"⑨因此，《春秋》微言大义，亦经亦史，不仅表达了孔子对历史人物和实践善恶的褒贬，而且表达了自己对社会治理的政治主张。

以心学的观点重新诠释《春秋》最为系统全面的要数湛若水了，他认为"诸儒说《春秋》之谬，尤甚于诸经"。而后学者之所以治学于《春秋》，是为了明了王道，以正人心，遏制谗邪，禁止乱贼，追溯大道之源。为正确理解《春秋》之旨，明白圣人之心，湛若水取诸家之说，去其穿凿和诸传之谬，使之归其圣人心之正，故著《春秋正传》37 卷，以传后人。从历史看当下，从具体事件观圣人之心是湛若水从孔子编《春秋》那里继承的大心学的重要内容，这也是他守正创新儒学传统的一种具体表现。

湛若水首先从心学的角度解释了孔子编《春秋》的目的与方法，曰："《春秋》何

①②⑦陆九渊全集：下 ［M］．叶航，点校．上海：上海古籍出版社，2022：353，345，677．

③④⑤⑥ 陆九渊全集：上 ［M］．叶航，点校．上海：上海古籍出版社，2022：104，341，311，246．

⑧⑨ 王守仁．王阳明全集：中 ［M］．吴光，钱明，董平，等编校．上海：上海古籍出版社，2015：702，215．

以谓之作？曰：其义则断自圣心，或笔或削，明圣人之大用。其事则因旧史，有可损而不能益也。"他认为："所谓笔而存之后，乃所谓作也。所谓笔者，存而书之也。所谓削者，去之而不存也。存而书之，而义自见。圣人于史旧文，无损无益。"① 湛若水高度赞扬了孔子修《春秋》方法的艺术性，好像"化工之妙物，各付物而物之妍媸自见"，曰："仲尼笔削。推见至隐，如化工赋像，并其情不得遁焉，非特画笔之肖其形耳。故《春秋》者，化工也，非画笔也。"② 可见，孔子志在《春秋》的目的是要将自己宣扬的仁义思想浸润其中，让世人看《春秋》中的善恶，便知道后世的善恶，借此发挥对乱臣贼子的遏制作用。③ 湛若水读《春秋》时，不囿于旧说，坚持了他"大其心"的治学取向，认为除有一颗"取诸家之说而厘正""不泥夫经之旧文而一证诸传之事实"的勇气之外，还提出了如何理解圣人之心的眼界问题，说："是故治春秋者，不必泥之于经，而考之于事；不必凿之于事，而求之于心。大其心以观之，事得而后圣人之心、《春秋》之义可得矣。"④ 认为只有以"大其心"去研读原典，圣人之心才似若洞然复明，如披云雾而见青天。可见，"大其心"是指全面的观察、历史的考证与自己的思考，而不必泥之于经，也不偏听一家之言的认知态度与方法，因为在湛若水所处时代的社会背景下，曲解或片面解读经典而为自己私利服务的弊端正在祸害学界和政界。湛若水在《春秋正传》序中开宗明义地说："春秋者，圣人之心，天地之道也。""圣人之心存乎义，圣心之义存乎事，春秋之事存乎传。""故观经以知圣人之取义，观传以知圣人所以取义之指，夫然后圣人之心可得矣。"⑤ 换成现象学的话来说，"取义"是意向性，"取义所指"为意指对象，"圣人之心"为意向性构造，现象学所指的意识本质的三个要素可谓全矣。可以说，从《春秋》记载的具体的历史事件的考察中来明圣人之心和天理人伦，是湛若水心学历史观的一个显著特点。他赞同朱熹关于"直书其事，而善恶自见"的说法，但事实上，由于春秋历史久远，历代穿凿附会的注释不少，所以，湛若水立志要明圣学王道，遏制邪说，使得那些人的罪不可掩，以助禁止乱经之贼，为此，他再一次强调了读经书释义的原则："是故治春秋者，不必泥之于经，而考之于事；不必凿之于事，而求之于心。其大其心以观之，事得而后圣人之心，义可得矣。"⑥ 历史考证是为现实服务和有意义的。仅以《春秋》开篇所言的"王周正月"的解读为例，他通过考证，说明夏商之民各因其旧俗，而列国各建立的正朔月历而有差异，这种不同正如诗因民俗而异一样是被容许的，"由是观之，则见月令祸福之说为谬作，而非相王之书也"⑦。对比一下，即使在现代社会中还有一种类似

①②③④⑤⑥⑦　湛若水. 湛若水全集：第 4 册［M］. 黄明同，主编. 上海：上海古籍出版社，2020：117，278，77，14，13 - 14，14，17 - 19.

的流行观点，认为自杀或灾难与某些月份之间存在着某种神秘的关系。由此可见，湛若水学习考察历史的取向仍然是"大其心"一以贯之的治学风格，其目的始终是"以观春秋，则见圣人之心"的论证。

他透过《春秋》叙事的历史故事，看正义与否、是非善恶，有许多精辟的见解。他认为，国与国之间之所以要结盟，其实正是忠信之衰的表现，由此来看，"春秋无善盟"，"故凡书盟者，恶之也"。① 推而广之，根据他的"凡非奉王命而行讨者，皆不义之兵"②的标准，他认为，"春秋无义战"③。他也发现，《春秋》言简意赅，用词微妙而言重，正说明"其中必有大美恶焉"④。他还认为"古者史官以直为职，而不讳国恶"，因为史官不畏压力的坚守，使得春秋历史"其事自不可掩，罪自不可逃"⑤，"史之直笔，以示天下后世之公也"⑥。但《春秋》的写作方法自有巧妙之处，他说："以臣弑君，人伦之大变，天地之反覆，故书之，所以诛乱贼也。"⑦而有时候孔子对鲁史之文"故存而不削"，以使"《春秋》褒贬，不待圣人字字而笔之，而善恶自不可掩者"⑧。因为在《春秋》中，凡战事、结盟、即位、来朝、婚嫁、往来、求车、丧葬、君王大小国事中有违古礼、仁义的事件都会被直书记载。对于某些违反君王之道、夫道、妇道等三纲五常的事，《春秋》甚至"一书再书又再书，屡书而不讳者，以谓三纲人道所由立也"⑨。湛若水认为，如果对于类似"庄公"这样一些大人物的丑行，人们都没有质疑，大臣也顺从而不劝谏，百姓安然无事且无愤疾之心，那么，世间人欲必肆，天理必灭。所以，他认为："观《春秋》所书，则见王室衰乱之由，而知与衰治乱之说矣。"⑩从这种意义上说，《春秋》也是一部那个时代"官失德，廉耻道丧，宠赂日章，沦与危亡"⑪真实写照的书。从历史教训来看，春秋讲述的是君王治国之道，故甘泉说："此至诚无息，帝王之道，《春秋》之法也。"⑫"《春秋》所书，为戒远矣。"⑬"垂后戒也。"公羊高认为："《春秋》不待贬绝而罪恶见者，不贬绝以见罪恶也。贬绝然后罪恶见者，贬绝以见罪恶也。"（《春秋公羊传·昭公元年》）可见，史学家揭露丑恶的方法是巧妙和多样化的。

在《春秋》中，凡异常的天象、水灾、虫灾等天灾和有关民生的大事都会被记载。湛若水认为，这是"畏天灾，重民命，见王者之心矣"⑭，或者说明"圣人志天时以为人事之劝惩，其忧喜之情见矣"⑮。他明察秋毫，常能从《春秋》中夫子的不同措辞悟出其中蕴含的道理和圣人之心迹，例如，他认为"夏，城中丘"这一简短的

①②③④⑥⑦⑧⑨⑩⑪⑫⑬⑭⑮　湛若水. 湛若水全集：第4册［M］. 黄明同，主编. 上海：上海古籍出版社，2020：36，101，38，40，78，75，74，215，120，120，258，138，150，226.

⑤　湛若水. 湛若水全集：第12册［M］. 黄明同，主编，上海：上海古籍出版社，2020：70.

现象描述体现了圣人的用心，即"国以民为本"①，"凡劳民为重事也"。"春秋凡用民必书，然有用民力之大而不书者，为教之意深矣。"② 湛若水认为要以"圣人大公之心观经"，才能准确解读《春秋》中许多史实记录的用意，例如《桓公》中关于"有年"的解释，他认为，是因为当年为大丰收年，圣人重视民生，故书之，所以，只有"当大其心胸而观之，然后得圣人之心"③。"《春秋》明道正义，不急近利，不规小利。"④可见，无论大小人物和事件，只要有利于阐述仁义之王道的，圣人都不会吝啬春秋笔墨的。

在天人相应的信念下，湛若水对历史事件的解释有时也会出现不合理的牵强附会的情况，例如，对于某年出现"无冰"的异常气候，湛若水的解释是："今在仲冬之月，燠而无冰，则政治纵弛不明之所致也，故书于策。"⑤如果是在现代工业污染严重的情况下，将因社会治理不力导致的环境污染与温室效应联系起来看还是有道理的，但在古代，这种论断就不太合理了。又如，凡有日食、月食等天象大变之时，《春秋》的确都有记载，但以下的说法也只能说是将自然现象政治化了："圣人笔之于《春秋》，以示戒也。"⑥再如，"秋，有蜮"，记载的原本就是一场虫灾，但如下解释亦有附会之意："《春秋》书物象之应，欲人主之慎所感也。"⑦湛若水甚至论断："《春秋》所书灾异议，皆天人响应，有致之之道。"⑧"圣人因再异以明天人感应之理，而著之于经，垂戒后世。"笔者以为这些论断在现代看来是难以接受的。自然变化可以影响人类的心理，但人类的心理，上天却不会知道！人的行为也不能影响上天的意志，如果上天也有意志的话。湛若水正确地认识到"观《春秋》者，不必泥一字之文，而惟求窃取之义，盖执字则他或不类而难通，求义则无所往而不通"⑨，切不能因"我心注六经"，臆测出某些经外之义，但要始终贯彻这一解释历史的原则则是不容易做到的。

在孔子、孟子，至周敦颐、湛若水等儒家看来，周礼是维护国家和社会稳定的根本，而"国将亡，本必先颠，而后枝叶从之"⑩。由此来看，孔子修《春秋》的动机就容易理解了，即"克己复礼"就是他的核心目的。

二、《春秋左传》叙述的历史心理故事

鲁国的太史官左丘明也非常重视《春秋》的道德教化作用，说："《春秋》之称，微而显，婉而辨。上之人能使昭明，善人劝焉，淫人惧焉，是以君子贵之。"（《春秋

---

①③④⑤⑥⑦⑧⑨⑩ 湛若水. 湛若水全集：第4册［M］. 黄明同，主编. 上海：上海古籍出版社，2020：46，86，275，117，177，178，270，110，213.

② 湛若水. 湛若水全集：第12册［M］. 黄明同，主编，上海：上海古籍出版社，2020：53.

左传·昭公三十一年》）为此，左丘明决意写一部与孔子笔削《春秋》写法不一样的春秋史论，他采取了夹叙夹议的方法，记录了许多敢于直谏的忠臣的金玉良言，以此表达史学家对这些历史人物与事件的看法，同时也总结了不少历史经验教训。《春秋左传》的故事叙事性强，即使在今天读起来，亦感到真实生动，切中时弊，鞭辟入里，成为儒家历史观的重要组成部分。左丘明被誉为"百家文字之宗，万世古文之祖"。

左丘明，姓丘，名明，是齐开国之君姜太公21世裔孙，楚左史倚相之孙，鲁太史成之子。因政局变故，祖上曾出任楚国的左史官，便改丘姓为左，后又来到鲁国，做了鲁国的太史，姓氏恢复为丘。左丘明继承了其父亲的职位，继任鲁国的太史官。左丘明与孔子同为春秋末期人，二人志同道合。孔子说："巧言、令色、足恭，左丘明耻之，丘亦耻之。匿怨而友其人，左丘明耻之，丘亦耻之。"（《论语·公冶长》）孔子既赞扬了左丘明的人品，也说明了他与自己兴趣相投。虽然皆基于鲁史旧文，孔子笔削成文字简明的《春秋》，而左丘明则写成了内容丰富的《春秋左传》。此外，左丘明还撰写了一部《春秋外传》，即《国语》，21卷，分别记载了周、鲁、齐、晋、郑、楚、吴、越八国的重要史事，是中国最早的一部国别体史书，记事时间起自西周中期，下迄春秋战国之交，前后约500年。相对《春秋左传》而言，《国语》所记事件大都不相连属，且偏重记言。在左丘明看来，《春秋》虽然记载简约、婉转、隐微，但褒贬大义明显，善者看了可受到鼓舞，而恶人则将有所畏惧。《春秋》独特的写作方法可能有助于这些记录通过不同政见者的审查机制，避免不同政见者之间的论辩争吵。

《春秋左传》中讲述的最宏大的故事是有关国家兴衰与个人的生死命运。春秋时期，周工室势力衰微，诸侯国逐渐开始争霸，相继有齐桓公、宋襄公、晋文公、秦穆公、楚庄王等五个诸侯称霸。从宏观方面来看，史学家认为："社稷无常奉，君臣无常位，自古以然。故《诗》曰：'高岸为谷，深谷为陵。'三后之姓，于今为庶，主所知也。"（《春秋左传·昭公三十三年》）如从历史心理学的角度来看，国家兴衰、君王生死命运和成就与其心理行为的特质有密切的关系；坚信人的生死命运"吉凶由人"，"善败由己"。

三、公务员应该具有的道德心理品质

从国家治理的角度来看，上到国君、政府各部门大臣，小到各地方小吏都是公务员。广义上，政治就是众人之事，"公务员"就是为全社会民众服务的从政专职人员，这个阶层的存在是社会进化的必然和社会治理的需要，而这个群体的德行和个人性格不仅对其自身的生死命运，而且与国家、民族和社会的兴衰关系密切。因此，什么才是明君和良臣，他们应该有怎样的执政理念和心理素质，他们内心的想法、言行如何

影响到一个国家、民族的命运和社会的稳定，都是历史心理学感兴趣的课题。

在《春秋左传》看来，作为执政的君王或作为大臣的公务员应该有"民，神之主也"（《春秋左传·桓公六年》），"天下为公"，"公家之利，知无不为"（《春秋左传·僖公九年》），"民者，君之本也"（《春秋榖梁传·桓公十四年》）的执政理念。事实证明，"凡君不道于其民，诸侯讨而执之"。（《春秋左传·成公十五年》）君王应该注意牢记以下执政的纲领："名以出信，信以守器，器以藏礼，礼以行义，义以生利，利以平民，政之大节也。"（《春秋左传·成公二年》）政治一定要遵循法度，而不能由君王个人意志来决定，所谓"政不率法，而制于心。民各有心，何上之有？"（《春秋左传·昭公四年》）政治，本义为众人之事，因此，好的政治应该是民主生态的，既不是隐秘的私事，也不是个人之间的钩心斗角，故古人基于历史经验，说："今政令在家，不能取也。""为政者不赏私劳，不罚私怨。"（《春秋左传·昭公五年》）好的政治基于民心基础，故曰："礼所以守其国，行其政令，无失其民者也。"而"国家之败，失之道也，则祸乱兴"。（《春秋左传·昭公五年》）在这里需要特别强调的是古时所指的"民"包括四个阶级，即"古者，有四民，有士民，有商民，有农民，有工民"。（《春秋榖梁传·成公元年》）其中"士民"是指读书人，农、工、商其意自明。四种阶级的人格与其在社会存在的意义本应平等，但"读书人"却常被某些君王打入另册，这可能与"读书人"知史明理，其言论容易对统治者造成威胁有关，秦时"焚书坑儒"就是一个典型的历史事件。

作为贤明的君子应该具有九种德行：即心能制义、德正应和、照临四方、勤施无私、教诲不倦、赏庆刑威、慈和遍服、择善而从、经纬天地。能做到九德不出过错，做事就不会有悔恨，就能承袭上天的福禄，子孙也都有依靠了。（《春秋左传·昭公二十八年》）

有一年卫国人赶走了他们的国君卫献公，当然类似这种情形即使在当今世界也不少见。对此事件，史学家就总结了许多的经验教训。其一，国君不善良，臣下就不明达；国君不宽恕，臣下就不会尽职；臣子没有才能，得罪了国君，而国君又不依法惩处，而是远远地抛弃臣子，相互之间的怨恨积蓄久了，自然就会爆发执政危机。其二，卫献公逃亡别国境内仍不知悔改，友人去慰问他时，发现他"其言粪土也，亡而不变"。因此，预言他是没有可能"复国"的。其三，晋国大臣师旷深刻地认识到影响君王成败的关键是其与民众的关系，曰："良君将赏善而刑淫，养民如子。盖之如天，容之如地。民奉其君，爱之如父母，仰之如日月，敬之如神明，畏之如雷霆，其可出乎？夫君，神之主而民之望也。若困民之主，匮神乏祀，百姓绝望，社稷无主，将安用之？弗去何为？"楚国公子贞率军攻打吴国，回来就死了，但他临终遗言也不忘保卫国家，在史学家看来，君臣对国家的忠诚是百姓的希望，谓"忠，民之望也"。(《春秋左传·襄公十四年》) 处理好君臣关系是政府执政效能的关键，历史经验证明，"君人执信，臣人执共，忠信笃敬，上下同之，天地道也，君自弃也，弗能久矣"。(《春秋左传·襄公二十二年》) 智者晏婴（前578—前500）曾以羹的烹饪为比喻，向齐侯阐述协调好君臣关系的艺术，他认为，君臣和而不同，而和与同是有区别的："和如羹焉，水火醯醢盐梅以烹鱼肉，燀之以薪。宰夫和之，齐之以味，济其不及，以泄其过。君子食之，以平其心。君臣亦然。君所谓可而有否焉，臣献其否以成其可。"(《春秋左传·昭公二十年》) 君臣坦诚相见，尤其臣敢于指出君王所说的不对之处而让其更加完善，又能指出君王所说的不对中也有对的部分就很难能可贵了。政事平和，既符合礼仪，又没有争斗之心，就如调和的美味羹一样。周所以兴是因为君臣"同心同德"，而纣王之所以灭亡是因为君臣离心离德。当然，"同心同德在于合乎正义"。(《春秋左传·昭公二十四年》)《春秋穀梁传·文公六年》中评价了"晋杀其大夫阳处父"这件事，当年晋国要跟狄人作战，晋襄公想让夜姑当将军，派赵盾当副手，结果阳处父提出了不同的建议，认为任命大臣应该"使仁者辅佐贤者，不使贤者佐仁者"。虽然晋襄公采纳了阳处父的建议，但也将这话泄露给了夜姑。后来，晋襄公去世，夜姑便派人杀了阳处父，自己则逃到了狄国。可见，君王如果不注意保密，结果只会让下臣们讲假话，以求自保，所以穀梁赤总结了这一政治生态的心理规律："君漏言也。上泄则下暗，下暗则聋，且暗且聋，无以相通。"

执政者应该坚持公平正义，兼听则明，明辨是非，以身作则，具有强烈的危机意识，所谓"夫目以处义，足以践德，口以庇信，耳以听名者也，故不可不慎也。偏丧有咎，既丧则国从之"。(《国语·周语·单襄公论晋将有乱》) 关注礼仪，履行道德，恪守信用，明辨是非，四者疏忽了其中任何一个都可能会带来灾祸，国家也跟着遭殃。所谓"可先而不备，谓之怠；可后而先之，谓之召灾"。(《国语·周语·单穆公谏景王铸大钱》) 虽然在任何社会治理中，奖罚两法都是不可缺少的，但是要注意其执政的取向。古人认为："善为国者，赏不僭而刑不滥。赏僭，则惧及淫人；刑滥，则惧及善人。若不幸而过，宁僭无滥。与其失善，宁其利淫。无善人，则国从之。"(《春秋左传·襄公二十六年》) 如今有不少申请国家赔偿的案例新闻报道，这就是刑滥而殃及好人的现象。治理者应该多设立奖励制度，持续着力体恤和解决百姓的困难。所谓"古之治民者，劝赏而畏刑，恤民不倦"。(《春秋左传·襄公二十六年》)

当今许多年轻人热衷于报考公务员，谋求的是工作的稳定和优渥的福利，但古人早就训诫这些服务于百姓的公务员应该谨慎对待自己的职位，牢记在其位谋其政，不能懈怠，所谓"位其不可不惧也乎"，"不解于位，民之悠墍"。(《春秋左传·成公二年》）应该"君子勤礼，小人尽力。勤礼莫如致敬，尽力莫如敦笃。敬在养神，笃在守业"。（《春秋左传·成公十三年》）君子应懂得崇尚贤能而对下谦虚，所谓"让，礼之主也。范宣子让，其下皆让。……君子尚能而让其下，小人农力以事其上，是以上下有礼，而谗慝（邪恶）黜远，由不争也，谓之懿德"。（《春秋左传·襄公十三年》）"必致诸公。让，德之主也，让之谓懿德。凡有血气，皆有争心，故利不可强，思义为愈。义，利之本也，蕴利生孽。"（《春秋左传·昭公十年》）如果"君子称其功以加小人，小人伐其技以冯君子，是以上下无礼，乱虐并生，由争善也，谓之昏德。国家之敝，恒必由之"。（《春秋左传·襄公十三年》）由此可见，上行下效，君王的德行才能使得一国之内上下有礼而奸邪远离。应该牢记：公务员是为天下百姓服务的，而绝不是谋私利的职业。作为君子还应该有不计较旧怨的宽阔胸怀。《春秋左传·定公五年》讲述了楚王的一个故事，当时楚王逃亡到随国的一条河边，臣蓝尹亹让他的妻儿渡河，却没有将渡船给楚王，等到安定以后，楚王要杀他。另一位贤臣子常就劝道："子常唯思旧怨以败，君何效焉？"楚王接受了这一建议，让蓝尹亹官复原职，并表示要以这件事记住以前的过失。史官因此总结了一条道德心理的规律，即"大德灭小怨，道也"。应如何对待有功之臣的不同政见，《春秋左传·定公九年》讲述了邓析的故事。邓析（前545—前501）是春秋末期的思想家，"名辩之学"倡始人，著名的讼师和法律教育家，他欲改旧制，主张"事断于法"，将自己的法律思想书之于竹简，人称为"竹刑"。虽然他提出的"竹刑"被统治阶级采用，但据说他"操两可之说，设无穷之词"的普法教育，使得"郑国大乱，民口欢哗"，对当时的统治者带来了严重的威胁，所以郑国执政者"郑驷歂杀邓析，而用其竹刑"。因此，左丘明借《诗经·甘棠》"蔽芾甘棠，勿翦勿伐，召伯所茇"之句提出了一个值得反思的问题："思其人犹爱其树，况用其道而不恤其人乎？"意思是说，为什么君王使用了一个人的主张而又不顾及他的生命呢？难道就没有其他办法勉励贤能的人了？即使对付有私仇的良臣，史学家认为应该"私仇不及公，好不废过，恶不去善，义之经也"。（《春秋左传·哀公五年》）

作为君王，不能不懂得民众对于政权稳定的巨大作用，如商朝因君民离心离德而亡国，而周朝人同心同德而强盛，所谓"众之不可以已也。大夫为政，犹以众克"。（《春秋左传·成公三年》）古人认为，君王的权威来自百姓的拥戴，曰："凡六官之长，皆民誉也。举不失职，官不易方，爵不逾德，师不陵正，旅不逼师，民无谤言，所以复霸也。"（《春秋左传·成公十八年》）为政者一定要牢记时时处处警觉自己、戒骄戒躁，注重成人之仪礼的重要，所谓"礼，上下之纪，天地之经纬也，民之所以生也，是以先王尚之。故人之能自曲直以赴礼者，谓之成人"。（《春秋左传·昭公二十五年》）

无论是作为政府的公务员，还是普通民众的一分子，应有维护国家和民族荣誉和利益的强烈意识，春秋时贤臣已经明确了评价一个人忠于国家的标准，即"临患不忘国，忠也；思难不越官，信也；图国忘死，贞也；谋主三者，义也"。（《春秋左传·昭公元年》）又曰："外内倡和为忠，率事以信为共"，崇尚这些德行就是善。（《春秋左传·昭公十二年》）

虽然有不少人梦想平步青云，梦寐以求大权在握，但事实上，并不是所有人都适合当官。一些人通过金钱或性贿赂实现自己求官的梦想，但结果往往是人财两空，一无所有，例如当下不少贪官污吏，虽然曾有一时势倾朝野、得意忘形的高光时刻，但终究落得个被"双开"（开除党籍、开除公职）的结局。古人早就提出过这样的警告："在位贪鄙，无功而受禄，君子不得进仕尔。"（《诗经·魏风·伐檀序》）甚至早就有预言："无德而禄，殃也。殃将至矣。"（《春秋左传·闵公二年》）那些通过贿赂所获得的官位和财富不仅只是昙花一现，而且已经埋下了下地狱的灾难。如郑国的公子曼满很想做卿相，可王子伯廖却认为这个人"无德而贪"，如果用《周易》的卦象来解说，公子曼满正处于"《周易》《丰》之《离》，弗过之矣"（《春秋左传·宣公六年》）的状况，丰卦寓意如日中天，隐喻事物有可能向相反的方向发展；离卦象火，下离上离相叠，雷火冲天，预计有惊天动地的事情即将发生。结果只隔了一年，曼满公子就被人杀死了。所以真正有智慧的人在行动之前就应该想到结果，思考下次是否还会重复，所谓"君子之行，思其终也，思其复也"，"慎始而敬终，终以不困"。（《春秋左传·襄公二十五年》）君子行动的准则应该是："君子动则思礼，行则思义，不为利回，不为义疚。"（《春秋左传·昭公三十一年》）

《周易》是周文王发明的说理工具。由《春秋左传》可见，当时有许多君王大臣依靠《周易》来解析或预测某些重大的人生事件。《春秋左传·襄公二十八年》记载，楚王"不修其政德，而贪昧于诸侯，以逞其愿"，于是，有人用《周易》从"复卦"到"颐卦"的变化来预测楚王即将死去。虽然楚王想实现他颐养天年的愿望，但他迷失了光明正大的正道，自然只会有不吉利的人生结局。《春秋左传》结合齐国上大夫晏婴拒绝接受新的封地的故事，讲述了君子应该以怎样的智慧对待财富的原则。晏婴向别人解释了自己为何不接受景公给他的新封地，他说，自己并非讨厌财富，反是担心会失去已拥有的财富。他认为，富有好比布帛有一定的幅度，既然制定了它的幅度就不要改变它。虽然新的封地会满足人的欲望，但那样就离逃亡没几天了。私利过头了就会导致腐败，当官的人如果早点懂得晏婴的智慧就可以避免杀身之祸了。所以，历史故事告诫后人的教训是："善人富谓之赏，淫人富谓之殃。"（《春秋左传·襄公二十八年》）晏婴辅佐齐国三公，事君不以私，直谏勤恳，廉洁从政，主张"廉者，政之本也，德之主也"。他以身作则，从不接受别人送的礼物，大到赏邑、住房，小到车马、衣服，都被他辞绝。于是，他成为得到孔子、司马迁等人称赞的良相。孔子劝人："君子不食奸，不受乱，不为利疚于回，不以回待人，不盖不义，不犯非礼。"（《春秋左传·昭公二十年》）即不吃坏人的宴请和俸禄，不接受乱党的行为，不为获利而做愧疚的事，不用邪恶待人，不掩盖不义的事，不做非礼的事情。贤人早就告诫我们，不要起事惹祸，不要显富，不要炫耀受到的宠信，不要违背共同的意愿，不要傲视有礼的人，不要自负有才能，不要为同一件事再次发怒，不要算计不道德的事情，不要去触犯不合正义的事。

四、培养和使用什么样的接班人是家兴国强的关键

国家治理依赖于优秀的人才，良好的政治生态关键取决于君王是否善于识别和使用人才。《诗经·大雅·瞻卬》曰："人之云亡，心之忧矣。"所谓"国无政，不用善，则自取谪于日月之灾，故政不可不慎也。务三而已，一曰择人，二曰因民，三曰从时"。（《春秋左传·昭公七年》）哀公十六年夏，孔子卒，哀公在致悼词中说："上天不肯暂时留下这一位国老，让他保障我一人居于君位，使我孤零零地忧愁成病。呜呼哀哉尼父，失去了我的榜样！"可见，古人早就认识到，有怎样的智囊人物是一个关乎国家政权稳定和治国大政能否成功的大事。

谁能成为一国之君，以楚国为例，史官认为有五个不可缺少的条件：一得到神灵的护佑，二有拥护的百姓，三具有美德，四受宠显贵，五年纪小而合于常例。（《春秋左传·昭公十三年》）这五条中包含了人选的美德、出身和年龄等条件，也肯定了机遇、群众基础和上级宠信等外部条件。穀梁赤认为，虽然"得众则是贤也"，但是贤者却并不一定适宜立为君，因为在春秋时，立诸侯要推举嫡长子，不举贤人。（《春秋穀梁传·隐公四年》）可见，即使有才和得民心也未必会成为国君或领导者。

在春秋时代，宗族的传统信仰还很浓厚，人才的培养还主要依靠家庭或私塾教育。《春秋左传·文公十六年》中记录了尧舜时代高阳氏家族培养出来的八个有才能的子孙具备中正、通达、宽宏、深远、敏锐、守信、厚道、诚实的优点，百姓就称赞他们为"八恺"；而高辛氏家族培养出来的八个子孙则具有忠诚、恭敬、勤谨、端美、周密、慈祥、仁爱、宽和的优点，所以百姓称赞他们为"八元"。舜帝举拔了"八恺"和"八元"，委以管理国家的重任，结果治理天下没有不顺当的。他们以自己的行为给百姓垂范了父义、母慈、兄友、弟恭、子孝这五教于天下四方。与此相反，《春秋左传·文公十八年》中也列举了帝鸿氏、少暤氏、颛顼三个家族的纨绔子弟，或"掩义隐贼，好行凶德，丑类恶物，顽嚚不友"，或"毁信废忠，崇饰恶言"，或"傲很明

德，以乱天常"，天下百姓将这三家不肖之子比喻为"三凶"，谓之"饕餮"。为何同为贵族，却培养出不同品格的子女，左丘明在《春秋左传·隐公三年》中以庄公宠信儿子而不听臣子劝告的案例，说明过分宠爱孩子将带来四种自取灭亡的邪气，曰："骄奢淫佚，所自邪也。四者之来，宠禄过也。"他还总结了在培养孩子的过程中应注意防止的六种不正常的状况，即"夫贱妨贵，少陵长，远间亲，新间旧，小加大，淫破义"；提倡六种应当鼓励的行为，即"君义，臣行，父慈，子孝，兄爱，弟敬"，即所谓"六顺"。事实证明，"去顺效逆，所以速祸"，庄公的这个儿子只得意了一阵子后就被人杀了。所以，由历史事件总结出来的教训就是："善不可失，恶不可长。"滋长恶而不知道悔改，就会自取祸害。恶一旦蔓延起来，如同大火燎原一般，靠近都难，当然难以扑灭。所以，见到有恶就要像农夫及时彻底祛除杂草的老根一样，使得恶不再生长，善才能发展起来。

鲁襄公在位时，鲁国王族正卿季武子让自己的儿子季公弥（又称公鉏），担任掌管兵甲车马之政令的家臣。他开始不太高兴，后来孔子高徒之孙闵子马劝他不要这样，说："祸福无门，唯人所召。为人子者，患不孝，不患无所。敬共父命，何常之有？若能孝敬，富倍季氏可也。奸回不轨，祸倍下民可也。"公鉏接受了这善意的意见，最后他也因此致富，还做了鲁国的左宰相。（《春秋左传·襄公二十三年》）在孔子看来，如果选拔人才，"近不失亲，远不失举，可谓义矣"。（《春秋左传·昭公二十八年》）

无论对于君王，还是治理国家的政府或任何组织机构来说，用什么人、亲近什么人是关乎决策正确、清正廉明、公平正义、长治久安的重要问题。古圣贤者提倡如下的人才观："庸勋亲亲，暱近尊贤，德之大者也。即聋从昧，与顽用嚚，奸之大者也。弃德崇奸，祸之大者也。"（《春秋左传·僖公二十四年》）而在今天的现实中，不少官员反其道行之，喜欢亲近的是让他在快乐的同时却在拉他下水犯罪的奸诈之人。对于有狼子野心的人绝不能姑息养奸，古谚云："狼子野心，是乃狼也。"（《春秋左传·宣公四年》）

在那个周礼崩溃，阴谋常见，父子关系、兄弟关系、君臣关系都普遍失去忠义的时代，太子因地位难保而有志忑不安的情绪是很普遍的。在《春秋左传》中讲述了这样一个故事，当时晋侯有个太子就有这种担心被废的心理，有个大臣就安慰他：做儿子的应该害怕不孝，不应该害怕不能立为嗣君。修养自己的德行而不责备别人，就可以免于祸难了。对照一下当今有不少"富二代"和"官二代"，注重修养自己德行的人少，而仗势欺人、为非作歹、花天酒地的败类不少。郑国公孙黑肱有病，他临死前将封邑归还给国君，然后召集家室和族人，叮嘱他们节省家臣，祭祀从简。他告诫后人：如果生在乱世，地位尊贵但能保持清贫，不向百姓索取什么，才能够活得长久，即"生在敬戒，不在富也"。(《春秋左传·襄公二十二年》) 这应该是权贵者如何爱家护子女等家人的一个榜样。臧文仲是春秋时期的鲁卿，经历过五朝的元老，其家族贤能辈出，为人正直，知书达理，文辞斐然，即使他不在了，他话语言辞的影响力还在传播，因此，他被认为是那一时期为官者的表率，赞曰："大上有立德，其次有立功，其次有立言，虽久不废，此之谓不朽。"(《春秋左传·襄公二十四年》) 后来，这"三不朽"成为中国圣贤追求的理想。好的名声是装载德行的车子，而德行是国和家的基础，即所谓"夫令名，德之舆也。德，国家之基也"。(《春秋左传·襄公二十四年》)

有不少富人热衷购置豪宅养儿育女，结果事与愿违，"富二代"常不成才，如古人所预言的那样：如果得到城邑而买来懈怠，不如保持一贯的勤劳；买来懈怠，没有好结果，丢掉一贯的勤劳，就会不吉祥。

五、"人弃常则妖兴，故有妖"

历史上各朝历代的官邸里总会出现一些祸国殃民的奸臣和诱惑人进地狱的"人妖"。重视其危害，分析其产生的社会和心理原因，提高对这种"人妖"的识别能力，建立防范其祸害的管理机制，应该是政治心理学关心的课题。所谓"妖"，古代指妖媚蛊惑人的邪恶之人或事物。《春秋左传·庄公二十八年》中就讲述了这样一个故事：楚国令尹子元垂涎文王的夫人息妫，因此就在她的宫室旁边建造了一座房子，故意在里面摇铃跳舞，企图蛊惑息妫。但其诡计被守寡的息妫识破，并且以她的智慧破除了所面临的危机，子元只得作罢。春秋时楚国的令尹，是相当于后世宰相级别的军政最高执政官，竟然也是一个祸国殃民的人妖，事实上，君王等有权势的人周围常有各种"人妖"或散布蛊惑人心的谣言，或刮起妖风破坏政治生态，或使用妖道和妖术干政，或用妖法迷惑与围猎执政者。有人以为妖是侵入人间的外来怪物，对此《春秋左传·庄公十四年》中给予了清晰的回答，指出妖是因人所起的一种社会心理现象，曰："人之所忌，其气焰以取之，妖由人兴也。人无衅焉，妖不自作。人弃常则妖兴，故有妖。"妖比明火打劫的恶棍更可恶，危害更大，也更难防范。妖必依靠有权有势的人才可能兴风作浪，通俗地说，妖一定有"保护伞"才能得势，妖也必须违反社会伦理常规才有作恶的可能市场。简而言之，妖由人兴。主无私欲，妖不自作；人弃常伦，妖才会邪。防妖的根本必须从自己正心做起。

自古以来，任何机构内总会有外奸内鬼。对此，古人提出"御奸以德，御轨以刑。不施而杀，不可谓德。……德刑不立，奸轨并至"。(《春秋左传·成公十七年》)"轨"指不轨的行为。德行教化和刑法两手硬且都不能少，但应懂得"明德慎罚"。

史学家认为，即使一个人因为某种怨恨离开自己的祖国，也不应背叛祖国，帮助敌国，祸害乡土，即"君子违，不适仇国。未臣而有伐之，奔命焉，死之可也"。（《春秋左传·哀公八年》）这应该是民族情感的底线。

古人早就认识到反腐倡廉对国家兴亡影响的极端重要性，曰："国家之败，由官邪也。官之失德，宠赂章也。"（《春秋左传·桓公二年》）事实上，官场腐败现象自古以来就很严重，有言："庶民罢敝，而宫室滋侈。"饿死的人在路边随处可见，而宠姬的家里却富得流油。（《春秋左传·昭公三年》）如果政事变成了私家的事，君王只顾自己寻欢作乐，不知改悔，那么，百姓哪还有什么依靠？

自古以来就有用金钱财物和美女贿赂君臣等有权力的人或打击对手的案例。《史记·孔子世家》中就记载了这样的故事，孔子56岁时担任鲁国的大司寇，他执政严明，诛杀了乱政者鲁大夫少正卯，在他主政期间，鲁国国泰民安，路不拾遗。齐人闻而惧，认为"孔子为政必霸，霸则吾地近焉，我之为先并矣"。于是，他们选齐国美女80人，皆衣文衣而舞康乐，文马30驷，去贿赂鲁君。孔子见此，只得出走列国。对于美色的诱惑，古人早有训诫，谓："甚美必有甚恶。""夫有尤物，足以移人。"（《春秋左传·昭公二十八年》）

衡量公务员的道德可以从许多行为细节来观察和判断，历史经验告诉我们，如果一个官员超越自己的地位去发号施令，那么，不仅是不合道义的，而且将招来祸害，即"易位以令，非义也。大事奸义，必有大咎"。（《春秋左传·定公元年》）想一想，在历史上和当下现实中就有不少这种人狐假虎威，越级指挥，最后终究落得一个悲剧的人生。人有地位权势时尤其不能有一些心理和行为上的怪癖，否则可能带来意想不到的灾难，例如郈庄公与别人喝酒，对方酒后出去小便，郈庄公却因不满意那个酒友的行为和守门人的宽容而发怒，最后将自己整得受伤不治而广。"急而好洁，故及是"正是历史心理学给他的悲剧所作出的评价。（《春秋左传·定公三年》）

从历史经验来看，一国之亡往往都是自取的。僖公十九年有一个简短的两个字的记载："梁亡。"为了说明梁亡国的原因，穀梁赤评论道："自亡也。缅于酒，淫于色，心昏耳目塞。上无正长之治，大臣背叛，民为寇盗。梁亡，自亡也。"（《春秋穀梁传·僖公十九年》）

六、"非我族类，其心必异"

有民族才有政治治理的需要，民族心理应该是政治心理的基础，也是历史学家价值观取向的基础。《春秋》经过历代史官和儒家的解读，似乎也被赋予了更多的族群意识。《春秋公羊传》认为，即使是史学家也是带有强烈的民族情感倾向的，这可以从记录春秋历史事件的选择倾向看出来："《春秋》录内而略外，于外大恶书，小恶不书，于内大恶讳，小恶书。"（《春秋公羊传·隐公十年》）同时，《春秋》记录也是亲疏有别的。"《春秋》为尊者讳，为亲者讳，为贤者讳。"（《春秋公羊传·闵公元年》）例如僖公九年，"桓公之享国也长，美见乎天下，故不为之讳本恶也。文公之享国也短，美未见乎天下，故为之讳本恶也"。（《春秋公羊传·僖公十年》）昭公二十年夏，曹国公孙因为反叛逃到宋国，而春秋上只说他"出奔"，这是因为公子喜让君位给公子负，公子喜的贤能而让他的后人得到史官的避讳。因此，公羊高评论道："君子之善善也长，恶恶也短，恶恶止其身，善善及子孙，故君子为之讳也。"这就是说，君子夸赞善事的时间远远长过厌恶坏人的时间。在《春秋公羊传》看来，《春秋》写或不写某事并不只是事实的有或没有，而可能隐喻了史官对这件事的讥讽态度，即不记录等于否认或不屑一顾的讥讽。例如，庄公三十一年，"秋，筑台于秦。何以书？讥。何以讥？临国也。""临国"指筑台临着宗庙不合适。史学家情绪情感的表达是隐晦的，例如昭公十六年，楚子引诱戎曼子到楚国，把他杀了，对此，为什么史学家不称楚之名呢？这是因为在史学家看来，夷狄相互引诱，所以君子没有表示痛恨，但是，"若不疾乃疾之也"。（《春秋公羊传·昭公十六年》）即如果不说痛恨，其实就是表达了痛恨。穀梁赤评论道：《春秋》"为尊者讳敌不讳败。为亲者讳败不讳敌，尊尊亲亲之义也"。（《春秋穀梁传·成公元年》）

即使是对于自然现象的记载，《春秋》的记史规则是"外异不书"，但不排除例外。例如昭公十八年，夏五月壬午，宋、卫、陈、郑国在同一天同时发生火灾，这是十分罕见的，所以被记录下来。其实，史学家在评论自然与社会事件时都是带有价值取向的。例如"冬，公子友如齐莅盟"，湛若水认为这是"私小之道"，"非霸者之道"；认为如果"天下诸侯大会，声大公之道以伐楚，攘夷狄以尊中国，则善矣"。[①]又如在评价僖公不忍齐人侵伐之怨，遂乞师于楚这一事件时，认为"公子遂如楚乞师"是援夷入华，置毒于心腹，"楚虽强，外夷也。齐、鲁虽不和，中国也，比之兄弟也。中国之与外夷，其分限严矣。兄弟阋于墙，外御其侮"[②]。"庄公十年秋天，荆败蔡于莘，以蔡侯献舞归。"穀梁赤评论道，对于楚国这个夷狄来说，史官写春秋，一般是"中国不言败"的，但为何这次却说楚国打败了蔡师呢？这是因为蔡侯被楚军俘虏，绝了君位。在历史上，也发生过"楚人救卫"的事件，但湛若水认为："夫救卫，善事，善事归夷，则中国病矣。"[③] 其民族情感倾向可见一斑。但是，《春秋》也赞赏各民族的和谐，襄公三十一年，"澶渊之会，中国不侵伐夷狄，夷狄不入中国，无侵伐

---

① 湛若水. 湛若水全集：第 4 册［M］. 黄明同，主编. 上海：上海古籍出版社，2020：227.

②③ 湛若水. 湛若水全集：第 4 册［M］. 黄明同，主编. 上海：上海古籍出版社，2020：300，306.

八年，善之也"。(《春秋穀梁传·襄公三十一年》)

民族心理是指一定的民族（族群）在长期社会化历史发展和生活中形成的稳固的心理定势，包括民族意识、民族感情、民族习惯、民族语言等，并以各种文化形式表现出的人生态度、情感方式、人际交往方式、伦理道德、思维模式、审美情趣、价值取向和生活习俗、社会治理等所构成的一种特殊的文化模式。民族和族群心理现象及其典型特征可以具体表现在国家、宗族、家庭和个人行为等多个层面和维度上展开的共性和个性的关系。在春秋时代，华夏大地上的大小国家众多，如《春秋公羊传·僖公九年》记载："桓公有忧中国之心，不召而至者江人、黄人也。葵丘之会，桓公震而矜之，叛者九国。"在春秋时，"大国言齐宋，远国言江黄"。(《春秋穀梁传·僖公二年》)说明那时候尚未形成统一的中华民族意识。春秋时国家的边界也是动态变化的，即"《春秋》内其国而外诸夏，内诸夏而外夷狄"。(《春秋公羊传·成公十五年》)这时候的国界划定都是以接近王都的地方为起始点的，可以说，民族中心主义几乎是一种历史的普遍现象。

各民族都有自己的文化信仰和图腾标识。有一次郯国国君和鲁国昭公一起饮宴时聊起关于族群文化信仰的事，在充满血腥阴谋味的春秋时代，这似乎是一次难得的会晤。据他们的对话，那时候少皞氏用鸟作为官名，黄帝氏用云记事，炎帝氏用火记事，共工氏用水记事，太皞氏用龙记事。一个族群为何会以某物作为崇拜的图腾都有一些相关的传说，例如少皞即位时，正好有凤鸟来到，所以就以鸟名开始记事，用鸟名而命名官名。(《春秋左传·昭公十七年》)

现实中的每一个人都属于自己的民族，而个体因为在社会化过程中不断接受本民族信念和文化的影响而习得一定的民族意识、民族感情、民族习惯、民族语言，并从而逐渐将爱国意识与爱国情操融入自己的人格之中。相反，如果这种社会化过程不足或不良，就会形成某种反社会和叛逆民族的人格。当然，虽然春秋时候的诸侯国与现在统一的多民族组成的国家有很大的不同，但诸侯国之间因为地缘政治、宗族渊源、治国理念、经济发展、文化习俗的差异而导致其族群意识有别，而这种差异对君王和国家行为也有相当大的影响。成公四年，成公从晋国回到鲁国后想叛晋而近楚，大臣引古语劝阻成公："非我族类，其心必异。"认为楚虽大，非吾族，不会肯爱我们的，而晋国却是近邻，虽晋侯无道，但大臣还是和睦的，因此，我们不能反。成公接受了大臣的意见，停止了不明智的行动。君子赞曰："从善如流，宜哉。"

春秋时中原诸国自称为"中国"，而将周围远处的民族称为"蛮夷"。成公七年时蛮夷进犯中原，此时的"中国不振旅，蛮夷入伐，而莫之或恤，无吊者也夫！"事实上，一国兴亡总始于君王。当然，族群意识不只是君王大臣，也是国民所具有的一种社会心理特征，而一个人的族群意识及其伴随的忠义品德可以从人言行的细节进行观察判断。晋侯曾向一个叫钟仪的楚囚追问了几个问题，这位家族世代从事乐官职位的楚囚如实回答了晋侯提出的问题，并被要求弹奏了南方的乐调。当时就有大臣称赞钟仪不愧是一个君子，认为他"言称先职，不背本也；乐操土风，不忘旧也；称太子，抑无私也；名其二卿，尊君也。不背本，仁也；不忘旧，信也；无私，忠也；尊君，敏也。仁以按事，信以守之，忠以成之，敏以行之。事虽大，必济"。（《春秋左传·成公九年》）最后，这位以自己的真诚感动了敌国君臣的楚囚被委派为连接两国的友好使者。每个公民的族群意识对于维护民族团结和国家安全稳定都很重要，而那些叛徒内奸正是这一意识的出轨或变异的结果。

七、"国之大事，在祀与戎"

"国之大事，在祀与戎。"（《春秋左传·成公十三年》）而祭祀、占卜和战事都涉及许多文化心理问题。在古代，祭祀和占卜是常用的仪式，但是史学家们坚持"人本主义"的思想，认为祭祀是为了人，而百姓才是神的主人。可谓"民，神之主也"。上天没有私亲，只对有德行的人加以辅导。神灵并不是亲近哪一个人，而是凭借依从德行。简而言之，"吉凶由人"，"善败由人"。即使在现代看来，那时候的君王有这样的信念都是令人佩服的。传说现代社会上有不少高官和富人常热衷去烧香拜佛，求神占卜，殊不知，是自己的德行状况决定了自己的命运，而不是身外之神。《春秋左传·哀公六年》载，秋天一连三天在太阳四周出现了像一群红色鸟一般的彩云，太史劝楚王祭祷消灾。楚王说："我没有重大过错，上天能让我夭折吗？如果有罪就要受到惩罚，又能转移到哪里去呢？"于是，他并没有去禳祭。同年，昭王有病，占卜的人说是黄河之神在作祟。楚王认为，先祖规定祭祀不超过本国山川，我即使没有德行，但也不会得罪黄河之神，于是他也不去祭祀。对此，孔子曾评论道："楚昭王知大道矣，其不失国也，宜哉！"可见，睿智的君王并不会盲目迷信。

古时圣贤训诫，作为君王，应该随时保持警惕之心，"敬之敬之，天惟显思，命不易哉！"（《诗经·周颂·敬之》）"战战兢兢，如临深渊，如履薄冰。"（《诗经·小雅·小旻》）尤其不能贪图安逸，所谓"宴安耽毒，不可怀也"。自古以来，不少君王和官员总是喜欢通过建造一些所谓的标志性建筑来彰显自己的功德，其实这是违背古礼的。在《春秋左传·宣公三年》中记载了一个关于鼎的故事，有一年楚王攻打陆浑之戎达到洛水，在周王室境内列兵示威，向前来慰问的周官问起九鼎的大小轻重，谋取之心昭然若揭。周官回答："在德不在鼎。……德之休明，虽小，重也。其奸回昏乱，虽大，轻也。"这就是说，制鼎，或是拥有鼎的人都应以德行为义，周室拥有的这个鼎是夏朝传下来的，当时，"铸鼎象物，百物而为之备，使民知神、奸"。可见，鼎这种象征物是为百姓服务的德行标志。对照分析一下当今不少地方的标志性建筑的动机和功能作用，就可以发现，其中不少反倒成了贪官借以挥霍公共资源，为自己造风水，炫耀自己形象的物证。

古时，华夏诸多大小国之间的战事频繁，其中心理因素对于主帅、军队士气、战略战术、战争结局等多方面影响很大，因此，关注君王、军队主帅和士兵的心理特质对军事决策和行为的影响一直是历史心理学的一个重要课题。鲁庄公十年，齐师攻鲁，曹刿与庄公同车指挥，庄公听取了曹刿的策略，结果"一鼓作气，再而衰，三而竭。彼竭我盈，故克之，大败齐师"。《春秋左传·僖公二十二年》记载"宋公及楚人战于泓。宋师败绩"。对此事件史学家有不同的评价，有人以为宋公是讲信用的人，而榖梁赤认为，宋公错失几次取胜的良机，最后不仅导致宋军大败，而且自己也受了伤，七个月后就死了。后人应该记取其教训，这就是："礼人而不答，则反其敬。爱人而不亲，则反其仁。治人而不治，则反其知。过而不改，又之，是谓之过，襄公之谓也。"在榖梁赤看来，"道之贵者时，其行，势也"，而宋襄公至死也不明白这个道理。又如，骄兵必败就是从许多战例中总结出来的一个规律。当时楚国与随国两军对垒，楚国看出来随国主帅少师很傲慢，于是故意隐藏自己的精锐而让他看到疲倦的士卒，让他感到更加自满，结局是这个傲慢的主帅被楚军俘获。一个人的傲慢是可以观察到的，《春秋左传·桓公十三年》中记载了一个故事，楚国大将率军出征，大臣斗伯比奉命相送，他回来时说："莫敖必败。举趾高，心不固矣。"他向楚王进谏，要增派军队，而楚王拒绝，结果楚军大败，莫敖在荒谷自缢而死。

八、梦的信仰与占卜的解析

对梦的重视与解析一直是春秋时代常见的心理技术与民俗习惯，那时候的人们都相信梦是具有意义的，但需要专业人士来解析，而这种解析对于当事人来说直接影响其心理行为的抉择。

晋侯梦见一个披头散发、捶胸顿足的恶魔闯进了他的寝宫，指着他说："你杀了我的子孙，这是不义。"晋侯惊醒后连忙召见巫者解梦。巫者经龟占，告诉晋侯这是之前冤死的赵氏孤儿的祖先作祟，并用"君王吃不到新收的麦子了"这样的话含蓄地告诉他命不久的不良预后。晋侯病重，心有不甘，派人到秦国请名医，秦伯派医缓给晋侯看病。当医缓到达晋地之前，晋侯又梦见由病魔化成的两个小鬼，小鬼预知医缓是一个有名的医生，所以它们商量要躲在"膏肓"这个砭石、针灸和药物都不起作用的地方。医缓见到晋侯病情严重，经辨证后直言，这病已入膏肓，只能靠自己慢慢进行生活调养，慎起居，节饮食，远女色。晋侯听从了医缓的建议，病情一度处于稳定状况，终于等到 6 月初麦子熟了，晋侯自然想吃新麦，厨师烹煮好了送上来，晋侯想起那个巫者的预言，再次召见了那位预言他吃不到新麦的巫者，把煮好的新麦给他看了一下就杀了他，发泄了自己的愤怒。正当晋侯准备进食时，他突然感到腹胀，赶紧如厕，不料顷刻间跌倒猝死。（《春秋左传·成公十年》）以现代医学的眼光来推测，晋侯可能患有冠心病，腹胀用力大便时最易发生心肌缺血缺氧，导致冠状动脉痉挛而猝死。

《春秋左传·昭公元年》记录了医缓与大臣关于晋侯病因分析的一段对话，认为晋侯罹患的病与过于沉迷于女色而导致的意志丧失有关，这正是《周易》里的"蛊"卦之象征，就像器皿里的食物腐败生虫，比喻沉迷于安乐导致腐败，和乐极生悲的道理一样，所以他无可奈何。就这个案例的病因来说，其一，如果一个人做了不仁不义的亏心事，树敌太多，担心自己会遭报应之类的内心恐惧就可能化成噩梦，而噩梦正是良知对自己行为的道德拷问；其二，如果听信巫者的谶语就可能成为一种强烈的心理暗示，结果常常一语成谶。可见，真正折磨晋侯的心病是他之前滥杀无辜而埋藏在潜意识里的情结，以及由梦和解梦所造成的恐惧。其三，因怨恨巫者而杀死无辜者带来的负面心理影响也起了作用。

古人也会因为许多负性应激事件而情绪抑郁。例如孔丘去世后，哀公十分悲痛，称孔丘为"尼父"，为自己失去了一位优秀的国老榜样而感到十分孤独忧郁。（《春秋左传·哀公十六年》）

蓍草，是一种多年生草本植物。茎直，花白，全草可入药，古人用其茎卜问祸福，鉴往知来，称之为占筮。例如卫襄公的夫人没有儿子，但宠姬却生了一个儿子，名"元"，其脚因有些残疾不好走路，于是卫襄公用《周易》来占筮，结果得到"屯卦"，隐喻萌芽，但充满人生的艰难。因为占筮者一心想立元为公，于是再次祝告，又得到"比卦"，此卦隐喻相亲相辅，相互合作，择善依附。占筮者认为二卦告之，而且筮与梦合，于是，选择听从占筮的提示，立元为接班人，即后来的灵公。（《春秋左传·昭公七年》）由此可见，其实所有占卜者选择的只是那种符合自己内心真实愿望的卦象，是心之所向决定了对卦象的选择，而不是相反。

古时有智慧的人常借用天之异象或者传言来表达民心，或达到劝解君王认知的目的，例如，古人认为彗星是用来除旧布新的，天上发生的事一定象征吉凶。（《春秋左传·昭公十七年》）有一次晋侯问乐师师旷，为何传言说有石头会说话。师旷机智地回答，其实石头是不会说话的，而是有事情凭借它来隐喻表达而已，例如做事情不合时令，怨恨诽谤在百姓中就会产生，就有不能说话的东西来象征说话。如今宫廷大兴土木建造新的宫殿，豪华奢侈，而百姓贫困交加，怨恨诽谤就会一起产生，没有人能确保自己的生活，这个时候石头说话不也是相宜的象征吗？（《春秋左传·昭公八年》）当然，传说石头会说话只是一种政治寓意而已。

九、"男女之别，国之大节"

看当今官员贪腐案例，无一不涉及奇葩惊人的两性关系，这些现象早在《春秋》时代就被史学家关注，并作为观察和判断国君和官员品德的一个窗口。从历史的角度来看，男女性别角色的规范、夫妻关系、婚姻嫁娶并不只是私人之间的事情，而可能涉及国事、战争等政治问题。在《春秋左传·桓公二年》中讲述了贪色的宋国华父督在路上见到孔父嘉的妻子漂亮艳丽，于是第二年就攻打孔氏，杀死了孔父嘉，并霸占了他的妻子，宋殇公为此事发怒，华父督就把殇公也杀了。可见，华父督这个乱臣"有无君之心而后动于恶"，然后他贿赂了周边几个国家的诸侯，成全了他叛乱和建立华氏政权的阴谋。

左丘明借当时良臣劝阻君王的话，认为国君应该做的正确行为是："君人者将昭德塞违，以临照百官，犹惧或失之。故昭令德以示子孙。""天子不私求财。"总结的国家衰亡和政府腐败的教训则是："国家之败，由官邪也。官之失德，宠赂章也。"对照当今现实，这是何其准确的描述，看来，色与财一直是贪官的执念。在《春秋左传·桓公十八年》中也记载了类似的故事，春天的某天，桓公带文姜去齐国，与齐公会见，臣下劝阻，桓公不听，结果，齐侯与文姜通奸，桓公责骂了文姜。到夏天，齐侯设礼招待桓公，桓公就死在了回去的车上。这个教训就是当时大臣劝桓公之所言："女有家，男有室，无相渎也，谓之有礼。易此必败。"此外，庄公七年记载："春，夫人姜氏会齐侯于防。"穀梁赤评论道："妇人不会，会非正也。"这就是说，鲁庄公七年春天，夫人私自到防地会见齐侯，这是不合礼的。（《春秋穀梁传·庄公七年》）事实证明，大多数传统文化礼仪是有预防违法乱伦作用的，如果谁因为自大而肆意践踏或蔑视这些文化礼仪，其结果就可能如同桓公一样。这样的案例在历史上屡见不鲜，基于这些历史经验，所以古礼中一直坚持"男女之别，国之大节"这个看似很微小的大原则。

历史证明，利用自己的美色和身体来引诱男子而实现自己的梦想是女人最常见的一种策略。昭公三十一年，颜夫人有天姿国色，她放言："有能为我杀杀颜者，吾为其妻。"结果，叔术替她杀了谋害颜公的人，便娶了她为夫人。颜夫人既替夫君报了仇，又找到了新的归宿，可谓一石二鸟。

十、姓氏人名中的历史与精神血脉

民族由族群、宗族、家庭等多个层次构成，而姓氏和名字就是每个人、每个家庭的一个语言标志。孩子跟谁姓，如何给孩子取名字，这不仅是民族心理学中一个典型的和普遍的问题，也经常是婚姻、家庭和族务中的矛盾点。虽然看上去是一个微观的小问题，但也是一个有其悠久历史的传统文化心理问题。春秋时姓氏之间的界限还是比较清晰和有许多文化禁忌的，例如，同姓不婚，即同一姓氏的男女不得通婚，就是先秦至两汉婚姻制度中的一种禁忌。据《魏书·高祖纪》的说法，"夏殷不嫌一姓之婚，周制始绝同姓之娶"。这就是说同姓不婚的禁忌始于周代族外婚时遗留下的规定，可见那时将"男女辨姓，礼之大司"。（《春秋左传·昭公元年》）并且对同姓婚配可能造成的后代畸形等遗传性疾病的风险已经有了清晰的认识，曰："男女同姓，其生不蕃。"（《春秋左传·僖公二十三年》）《国语·晋语》又称："同姓不婚，恶不殖也。"如果出现"买妾不知其姓，则卜之"。（《春秋左传·昭公元年》）甚至将同姓婚姻看成是一个道德伦理问题，如《白虎通·嫁娶》中说："不娶同姓者何，重人伦，防淫佚，耻与禽兽同也。"秦汉以后，战乱导致的人口流动性急剧增加，宗族和姓氏族群界限受到严重的冲击，同姓不婚制逐渐不禁。至唐代，又恢复了同姓不婚的古制，宋亦依唐律，对同姓为婚者杖而离之。《明律例》与《清律例》均分同姓、同宗为二，规定两者皆禁止通婚。清末册律，将同姓不婚与亲属不婚合并，只写禁止同宗结婚。明清之后这一古制逐渐被人遗忘。在社会发展的意义上，这一婚姻制度会促进异姓之邦的联姻，有利于扩大和加强与异姓宗族集团的政治合作及军事联盟。事实上，在现代，也不能断然否认这一婚姻禁忌的潜在价值，因为在现代社会出生的新生儿中，有先天性缺陷和隐形遗传性疾病的患儿似乎只增不减。

与注重姓氏中的生物性区别的同时，汉族关于姓氏的族群认同意识也非常强烈，不同的姓都有自己的历史渊源，甚至有不同的崇拜图腾和心理原型。例如如果一个人抛弃同姓，而亲近异姓的话，就会遭同族人指责，所谓"弃同即异，是谓离德"。（《春秋左传·襄公二十九年》）认祖归宗，同姓同宗都是以姓氏为基本标志的，所以，看重姓氏蕴含的祖源和归宗等多重文化认同是几乎所有民族心理的一个重要特点。就个人心理而言，各民族不自觉地将自己的姓氏看成自尊的一部分，俗语说："行不更名，坐不改姓。"有姓名是人之为人自尊的一个标识，因为据说在奴隶社会时，奴隶是没有名字的，只能用占卜来决定。

如果说认同与维护自己的姓氏是民族的和集体无意识的表现，那么，如何取名则是家庭和个人心理的投射。当然，不同的民族也有自己取名的传统，并影响着个体的取名意向性，而不同的名则寄予了取名者的某些心愿，因此，姓名就像一个生物产品的标签永久地成为代表一个人血缘和家族精神的符号，在姓名标签长期的潜移默化的心理暗示中，这个符号代表的精神就融入这个人的灵魂、性格、情绪情感模式、自尊自信的骨髓里了，甚至可以说，一个人就变得越来越像其姓名所象征的意象了。父母在对孩子取名的重要性认识上也有差异，从而表现出不同的态度，有些很随意，有些父母甚至为争夺给孩子的姓名权反目为仇，当然也有各取父母一姓而成孩子姓名为复姓组合的中庸做法。在华夏民族心理中，随父或随母姓经历了漫长的历史演化，仅以《春秋左传·桓公六年》中两个关于取名的故事说说遵循文化传统的必要性。这个故事说的是晋穆侯的夫人在两次战役期间分别生了两个男孩，大儿子取名为"仇"，其弟取名为"成师"。大臣对君王为儿子取了这样的名字感到很诧异，并告诉晋侯，古时将恶夫妻叫做仇，现在国君命名太子为仇，其弟为成师，这恐怕将预示着动乱，果然不久，晋国就开始发生动乱。桓公的儿子出生，就为其命名的事询问谋士，谋士告诉他说取名有五种规则可循，即"名有五，有信，有义，有象，有假，有类"。以出生的情况来命名的是信，用祥瑞来命名的是义，用相类似的字眼来命名的是象，用万物的名称来命名的是假，用和父亲有关的字眼来命名的是类。一般给孩子取名不用国名，不用官名，不用山川名，不用疾病名，不用牲畜名，不用器物礼品名。最后桓公考虑孩子与他出生于同一个日子，故取名为"同"，这是符合礼的命名。依据孩子出生时社会中所发生的大事给孩子取名，这是有历史传统的，如《春秋左传·定公八年》，鲁国人季氏家臣"苦越生子，将待事而名之"，阳州之役，他俘虏了敌人，于是给自己的儿子取名为"阳州"。史学家评论，这样给孩子取名的方法是很卑贱的。不过在春秋时代，"贵贱不嫌同号，美恶不嫌同辞"。（《春秋公羊传·隐公七年》）看来，名字差别的意义逐渐变得不那么重要。

父母应该让孩子知道自己姓氏的族群渊源，了解取名的寓意，教育孩子要像维护自己的尊严一样认真书写和用良知来充实自己姓名的内涵。当然，许多时候，人的实际行为并不如其名，这要么是缺乏家教，要么只是将自己的姓名当作了一个登场的面具。

十一、日常行为见证道德品行

道不远人，中华传统文化一直都很注重人的日常行为修养，要求以守正为大，曰"君子大居正"。（《春秋公羊传·隐公三年》）因此，人在日常生活中的一举一动可以投射和见证人的道德品行。《春秋左传·定公十五年》讲述了子贡（前520—前456）对邾隐公来朝见定公时两人行礼行为的观察：他发现邾隐公将玉举得很高，其脸向上仰着，而定公则把玉低低的受下，其脸也朝下俯看着。子贡预测说："以礼观之，二君者，皆有死亡焉。夫礼，死生存亡之体也。将左右周旋，进退俯仰，于是乎取之。朝祀丧戎，于是乎观之。今正月相朝，而皆不度，心已亡矣。嘉事不体，何以能久？高仰，骄也；卑俯，替也。骄近乱，替近疾。君为主，其先亡乎！"当年五月，定公去世。子贡是孔子的得意门徒，曾任鲁国、卫国宰相，孔子评论道，定公不幸被子贡言中，这件事使得子贡成为一个多嘴的人。无论如何，子贡通过观察一个人的礼节行为来推断其德行和命运的方法是很有道理的。

自古以来，在各种政治活动中，宴会与酒是礼节中少不了的东西。酒是人类独有的发明，酒也有许多用处，但也带来不少社会心理问题，甚至酗酒成瘾都成了人类物质依赖的一种心理行为障碍。因此，喝酒与不喝，如何喝酒，喝多少的行为几乎可以成为心理评估、道德判断和观察官德的指标。《春秋左传·庄公二十二年》中讲述了敬仲请桓公喝酒的故事，两人喝得高兴，到天黑了，桓公还想点上烛火接着喝，但敬仲却说：晚上陪君王饮酒，恕我不敢奉命。因为酒是用来完成礼仪的形式，但不能无度，这是义；既然敬仲和国君已经饮酒完成了礼仪，就不能过度，这是仁。这位懂得饮酒仁义之道的人就是后来被称之为春秋名相的管仲（？—前645）。在《春秋左传》中像管仲这样敢于直言不讳的忠臣有不少，例如当有人要在桓公庙的柱子上雕花时，大夫御孙劝谏说："俭，德之共也；侈，恶之大也。先君有共德而君纳诸大恶，无乃不可乎？"（《春秋左传·庄公二十四年》）告诫后人的行为不要侮辱了前人的英名。

如人之名字，人之衣着也能投射人的内心世界和德性，所谓"衣，身之章也。佩，衷之旗也"。（《春秋左传·闵公二年》）古人甚至认为，当服饰和美车与人的地位身份和处境不相称时，常容易招来灾祸，曰："服美不称，必以恶终。美车何为？"（《春秋左传·襄公二十七年》）即使在当下，一些人奢侈的腰带、手表、服饰和豪车不也是常常招致被劫财丢命或终结仕途的结果吗？

总而言之，《春秋》之经和传既是中国古代最早的历史典籍，也是最早记录民族心理和政治心理的文本，给我们展现了惊心动魄、错综复杂的人之心性，及其由心演绎的君王和朝代兴衰的历史话剧，是一部值得我们继续深入研读的社会心理学史。

第五章 《道德经》的存在主义心理学思想

　　《道德经》不仅被历代学者称赞为中国历史上的"内圣外王"之学，也是在世界范围内译本最多、流传最广泛的中国古籍。老子的《道德经》与西方存在主义的世界观和认识论一样，对所有存在问题（包括心理问题）的思考都是从"有"与"无"，即存在与语言的关系开始的。《道德经》认为一切人类的心理问题和社会现象之所以能成为一种独特的存在皆基于人意识的意指、意识构造和命名，因此，道家主张以无名之朴，使人无欲以静，无为而治，行不言之教而实现民众自化的目的。《道德经》成为西方人本主义心理学"以人为中心疗法"和"非指导性原则"的思想源泉。"上善若水"和"含德之厚，比于赤子"这些名言已经成为中国传统文化人认同的道德人格的理想状况。

天之道，利而不害；

圣人之道，为而不争。

——《道德经》第 81 章

老子（约前 571—约前 471），本名李耳，字聃，一字伯阳，道家学派创始人，被誉为世界百位历史名人之一。老子著有《道德经》（又称《老子》）一书，距今已有 2 500 多年了。然而，这本只有寥寥五千余言的薄书，在中国文化历史上的地位非常独特，而且广泛影响世界。它文意深奥，内容广博，纵论历史、治国、军事、哲学、语言、心理、生活等多个领域，堪称中国古代的一部袖珍"大百科全书"。据估计，从 18 世纪到今天，《道德经》的英译本已超过 35 个版本，其他欧洲语言译本达 250 种。《道德经》可能是世界上除《圣经》之外翻译版本最多的著作。《道德经》被历代学者赞美为"内圣外王"之学，曾受到唐玄宗、宋徽宗、明太祖、清世祖等帝王的批注推广，中外学者注疏发挥者众多。

本章仅从心理学的视角来解读《道德经》，认为道家建构了一个与儒家"君子以自强不息"积极心理学取向完全不同的认知模式，而且这种模式与西方存在主义（existenfialism）心理学有着惊人的内在一致性。存在主义哲学运动兴盛于第二次世界大战后的西方世界。瑞士心理学家梅达尔·博斯在德国存在主义哲学家马丁·海德格尔的影响下创建了存在主义的心理学疗法，他建议将着眼于个体"心理"的问题转移到人"在世界中存在的状况"（being in-the-world）的分析，故称之为存在分析（daseinsanalysis）。在存在主义心理学发展的历程中，有许多学者的研究和著作影响了西方心理学界，如法国的让·保罗·萨特（Jean-Paul Sartre，1905—1980）、阿尔贝·加缪（Albert Camus，1913—1960），德国的卡尔·雅斯贝尔斯（Karl Japers，1883—1969），瑞士的卢德维希·宾斯万格（Ludwig Binswanger，1881—1966），英国的 R. D. 莱恩（R. D. Laing，1927—1989），美国的罗洛·梅（Rdlo May，1909—1994）和埃德里安·范·卡姆等。继而，存在主义心理学又影响了卡尔·罗杰斯（Carl R. Rogers，1902—1987）和亚伯拉罕·马斯洛（Abraham H. Maslow，1908—1970）等美国人本主义心理学家的思想。从发生学意义上说，存在主义与人本主义心理学的关系难以分割，而人本主义学说的演进又与道家学说在西方的传播密不可分。老子评价《道德经》："吾言甚易知，甚易行。"（《道德经》第 70 章）事实上，老子常以自然现象来比喻社会治理和修身养性之道，其学通俗易懂，而这一说理和语言表述方式与存在主义心理学类似。因此，将老子学说与存在主义心理学和人本主义心理学进行跨文化比较，是一件非常有意义的事，这不仅促进了中西方心理学之间的对话，而且提供了创新性融合与转化的可能性，有助于提升传统文化心理学的现代价值。瑞士心理学家荣格和德国卫礼贤合著的《金花的秘密》[①] 和美国心理学家约翰逊与克尔兹所写的《〈道德经〉与心理治疗》[②] 等著作就是这种跨文化研究的代表作。也许这种跨越古今中外的心灵感应验证了老子所说的："两者同出而异名，同谓之玄，玄之又玄，众妙之门。"（《道德经》第 1 章）事实上，在许多方面，东西方心理学思想异曲同工，殊途同归，常常只是"说法"不一样而已，这也正是那些狭隘的自我中心论和文化霸权主义者们视而不见的现象。

一、"无名天地之始，有名万物之母"

道家的世界观首先是从"有"与"无"，即存在问题的思考开始的，这与存在主义的思维取向是完全一致的。人的思想从什么地方起源，是用什么概念做思维的开端呢？东西方哲学家几乎都提出过同样的问题。黑格尔认为，这种哲学的逻辑起点应该是客观的，而不是主观的，对于思维过程来说也应该是首先的或最初的东西，它不以任何东西为前提或为中介，这种开端就是"纯有"，而"有"不能离开"无"，开端应该包含"有"与"无"两者，是"有"与"无"的统一。或者说，开端就是"有"和"无"的合二为一。[③] "有"即可以翻译为"存在"，而"无"亦可以翻译为"虚无"。事实上，二元对立的辩证思维是人心先天就具有的属性，无论是对事物的命名或

---

① 荣格，卫礼贤. 金花的秘密 [M]. 张卜天，译. 北京：商务印书馆，2016.

② 约翰逊，克尔兹.《道德经》与心理治疗 [M]. 张新立，译. 北京：中国轻工业出版社，2004.

③ 黑格尔. 逻辑学：上卷 [M]. 杨一之，译. 北京：商务印书馆，2010：58 – 70.

是划分，认识一物就不能离开与其对立的另一方而单独地加以表述，如有与无、明亮与黑暗、善与恶、美与丑、上与下、内与外、重与轻等，如道家说："故有无相生，难易相成，长短相较，高下相倾，音声相和，前后相随。"（《道德经》第 2 章）与其说这是人认识的规律，还不如说这等值于人所认识的自然之道。老子认为，"道常无名"（《道德经》第 32 章），但在存在的意义上，自然之道必须通过语言来命名、指称与表述，尽管只是近似的、模糊的和隐喻的，但这也是无奈的和唯一的方式。人应该保持对语言和存在之间关系的清醒认识，即"道可道，非常道；名可名，非常名"。（《道德经》第 1 章）老子用"无"和"有"这对范畴作为讨论问题的开端，就是想表明人的存在与世界万物存在（或有）在发生学上的关系，即人是在自然"无"的基础上（即一种没有被人命名的朴素的自然状况）开始通过命名、指称而揭示出万物（即万物被纳入与人相关的领域）之存在的，故有"天下万物生于有，有生于无"。（《道德经》第 40 章）即"言立而文明"。人与动植物最大的不同，莫过于人能够以语言命名和揭示世界上其他的存在，只有人才能够用自己的语言神游、超越、出离于万物之上。恐惧症、强迫症等神经症和精神分裂等精神障碍患者表现出来的那些症状或异常行为是一种众人可以看到的存在，但这种"有"却是来源于"无"，即一种不可言说的潜意识之处，而正是心理学家和精神科医生发明了许多术语，将这些"无"的东西转换成可以言说的"有"。但实际上，还有许多深藏在潜意识中的"无"还没有实现这种言语转化，而继续成为人折磨自我的阴影。因此，当心理医生面对述情障碍的患者时，应该保持更为宽容的态度，鼓励患者用肢体语言、绘画、沙盘等一切可以利用的符号来自由表述自己的内心世界，而不是一定要将其症状纳入既定的话语框架中。作为患者，也不要为心理测评的分数和诊断的病名而过度焦虑或纠结，例如强迫症患者总有十全十美的理想化要求，总希望将自己的"强迫念头或行为"症状一扫而空，笔者总是劝这些患者将这种"病症"当作自己的一种性格特点而放弃关注反而会轻松些。如果我们借用《金刚经·第十八品》中的那句话"诸心皆为非心，是名为心"，那么，我们也可以说，一切心理疾病都是指称为病。扩而言之，语言之外无人病，诸病皆名为病。①

　　道家关于有名与无名的观点对于心理学是很具有启发性的。因为人类的心理现象虽然普遍客观存在，但是只有人类会给予这些现象以命名，而且即使是对于同一心理现象，不同的心理学派可能会有不同的命名，或是同样的名称却有不同的意指对象或不同的含义。老子更赞赏的是"无名"，其用意是希望人们不要迷失在话语编造的情

---

①　邱鸿钟. 医学与语言 [M]. 广州：广东高等教育出版社，2010：96.

感和故事中，不要被各种有名的东西所羁绊，而是要清楚地意识到"无名"自在的朴素状况。所谓"道常无名，朴虽小，天下莫能臣也。……名亦既有，夫亦将知止"。（《道德经》第 32 章）老子意识到"名利"会给人带来无止境的欲望和不安分的情绪，于是他提倡以"无名之朴"的方法来祛除这些欲望而回归安静的状况，即"化而欲作，吾将镇之以无名之朴。无名之朴，夫亦将无欲。不欲以静，天下将自定"（《道德经》第 37 章）。老子告诫世人，人用语言造就了世界和社会中的一切和自己，但始终要记住不要为这些"名"的假象所遮蔽，而应该通过一种返璞归真的途径和回光守中的方法回归到人的本性。

与老子学说一样，西方存在主义讨论"存在"问题时也总是从"有"和"无"的关系开始的，例如存在主义哲学的代表人物让·保罗·萨特的著作就叫作《存在与虚无》。在人出现之前，宇宙天地万物本无名，当然也无任何定义与划分。正是因为有了人，这种唯一可以揭示其他存在物存在的"此在"，才开始有了世界万物的名称与定义。由此可见，一切心理现象、心理问题和精神障碍的界定、名称和意义赋予，都从"有"与"无"的认识活动开始。

二、"大道甚夷，而民好径"

道不远人，生活是平凡的，人应随处体认天理，舍近求远反而得不到。老子说："大道甚夷，而民好径。"（《道德经》第 53 章）这是说，道本来就很普通平常，而世人却偏偏爱舍弃正路，去寻找奇特的邪径。事实上，平常的道常无名，而邪径却总被一些话术包装得具有魅惑性。"道之出口，淡乎其无味，视之不足见，听之不足闻，用之不足既。"（《道德经》第 35 章）老子认为，道虽然淡而无味，既看不见，又听不到，却取之不尽，用之不竭，依照道的"此在"就能太平康乐。然而，不少人轻视天天上班、老老实实做人的普通劳动者，而羡慕那些一夜暴富、弯道超车、奇遇良缘的"成功者"，其实，最后大家看到的总是悲剧的结局，其因果关系是不言而喻的。

存在主义又称生存主义，它泛指任何一种将孤立个人的非理性意识活动当作最真实存在的人本主义学说或哲学思潮。存在主义否认神的存在，反对其他任何预先定义的规则对人存在的"阻逆"。所谓"存在先于本质"是这一学派的核心信仰，其认为除了人的生存之外，没有天经地义的道德标准或宗教信仰需要义务遵守；人本是在"无意义的"宇宙中生活，人的存在本身也没有意义，道德和灵魂都是人在生存中创造出来的。人有选择的自由；应以人为中心、尊重人的个性和自由，当然，人可以在存在的基础上自我造就，活得更加精彩。在认识论意义上，人是决定一切事物存在与不存在的尺度；在心理学的意义上，人在本质上是自由的，即人是选择自己的认知、情绪和行为反应的决定者。人只有认识到自己在世界中的这种崇高地位，才能对自己的命运真正负责。

马斯洛、罗杰斯等人本主义学者很早就曾接触过道家的著作，并十分钟爱道家学说。对道家与人本主义关于人性的观点进行比较不难发现，马斯洛和罗杰斯的观点明显地折射出存在主义和道家的色彩，他们认为人的本性是由自然演变而形成的人类所特有的"似本能"所决定的，而这一人类共同特性是中性的、前道德的，或者是"先于善和恶"的，如果压抑或否定这种本性则将引起疾病或阻碍人的成长。他们强调发现和保持人的内在本性对于发展人格的重要意义，主张合乎本性地生活，认为心理治疗和自我治疗的首要途径是发现一个人的真实本性。

三、"道常无为而无不为"

老子坚信天地自然和人本身天性发展的力量，认为自然之道虽然无为，却取得了无所不为的成果，所谓"道常无为而无不为，侯王若能守之，万物将自化"。（《道德经》第 37 章）所以人应该向大自然学习，顺其自然，"为无为，则无不治"。（《道德经》第 3 章）提倡"圣人处无为之事，行不言之教"的行为方式，对万物生长不加干预，不据为己有，不自恃其能，亦不自居其功。（《道德经》第 2 章）据说，老子的这一思想给罗杰斯以很大的启发，他结合自己的咨询经验，创立了"以人为中心的疗法"（person centered therapy）或曰"非指导性疗法"（nondirective psychotherapy）。在这一治疗关系中，前来咨询的人被称为"来访者"，而非"患者"；咨询师只需要保持真诚、信任的、无条件地积极关注和正确共情的态度来接纳来访者的所有想法时，治疗的效果就可能会自动出现。这一疗法的目的就是促进来访者的"个人成长"，如把工作的重点更多地放在解决现实问题上，而不是盯着以前的问题；更重视来访者当下的感觉，而不是其想法和病态；更重视挖掘来访者自身的资源和潜能，而不是治疗师设计的所谓"权威的"指导意见。据说，人本主义疗法的构想源于老子下述思想的启发："我无为而民自化，我好静而民自正，我无事而民自富，我无欲而民自朴。"（《道德经》第 57 章）罗杰斯在《成为一个人意味着什么》等论文中强调，促使来访者抛弃那用来应付生活的伪装和面具，让他们变成自己，乃是以人为中心疗法的根本目标。在《我的人际关系哲学及其形成》一文中，他又引"致虚极，守静笃。万物并作，吾以观复。夫物芸芸，各复归其根。归根曰静，是谓复命"（《道德经》第 16 章）以阐释他的"非指导性"的心理治疗原则，认为只有让来访者保持内心安静，不试图强求什么，才能认识事物的真相。马斯洛在《超越性动机论》中则通过对几十名知名的自我实现者所做的实证研究，证实了那些达到人格发展高级阶段的杰出人物正是能充分认识并顺应自然规律，且比其他人更易于把握自己真性的人，说明了道家顺应自然思想对个人人格发展所具有的积极作用。

笔者从医40余年，其间因为工作需要，做过不同专科的医生，虽然在心理医生的岗位从业时间最长，但反而感觉获得来访者赠送的"锦旗"最少，这种现象说明什么？心理医生又应该如何看待这种现象？这种现象也许说明心理医生践行"至善原则"，"助人自助"是成功的，因为来访者感觉到自我成长了和自我觉悟了，所以他们无需刻意有一种感谢心理医生的仪式；而心理医生也应该习惯这种平淡的现象。如果按照老子如下的解释，心理医生应该感到欣慰。老子说："上德不德，是以有德；下德不失德，是以无德。上德无为而无以为，下德为之而有以为。"（《道德经》第38章）这就是说，有上德的人，对人有德而不自以为德，所以才是真正有德。而下德的人，对人一有德就自居其德，所以反而无德了。因为上德的人，与道同体，道是无所为而为，所以他也是无所为而为的；而下德的人，刻意有心为道，反而不是真有德了。心理医生的仁心仁术应该与自己的人格融为一体，而不是一种谋生的权宜之计。依照老子提倡的"无为"之方法来对待孩子的教育或者心理咨询，家长或心理咨询师应该尽量精炼所讲的话语，而不是唠叨一堆没有效果的废话，要实现老子赞赏的这种状况："悠兮其贵言也，功成事遂，百姓皆谓：'我自然。'"（《道德经》第17章）这是一种以当事人为中心的自然改变。当然，包括以人为中心这一方法的心理咨询也并非适合每一个人，老子就发现："民之难治，以其智多也。"（《道德经》第65章）从心理咨询的经验来看，那些自以为是的人就是最难治疗的对象，因为其自以为是的傲慢和执着关闭了其接受外界信息的大门。

道家认为，人的本性原本是自然纯朴的，而用仁义礼法或世俗陈规对人的过度社会化，不仅可能约束和扭曲了人的自然本性，还可能使人"失其常然"，造成"捐仁义者寡，利仁义者众"（《庄子·徐无鬼》）等精致的功利主义行为和道德虚伪的社会心理现象。道家反对为外物所缚、所惑而泯灭质朴本性的教育方式，认为纯朴而真实地立身处世才是实现人生价值的大丈夫，向往"放于自得之场"（《庄子·逍遥游注》）的率性生活，这是一种人与万物本然相融相契的存在状态。

在西方，从亚里士多德开始，经康德到笛卡尔、黑格尔，人的理性能力得到高度崇拜和无限扩大，笛卡尔"我思故我在"的命题将人的理性能力提升为人存在的先决条件和本质。然而，在20世纪，以胡塞尔现象学为代表的哲学思考发生了很大的转向，海德格尔提出了与笛卡尔完全相反的命题"我在故我思"，认为哲学不应先从"知识"入手，而应先从"此在"入手，此在不只涵盖传统理性，还是有情感、有时间感、有历史感的"全人"。新的哲学认识论肯定了潜意识、集体无意识、意志、信仰、焦虑、死亡等现象和概念在理解人的本性中的价值。

海德格尔受胡塞尔现象学的启发，认为"现象"这个词在希腊文中表示"自行显现"，现象学即意味着让事物自己说明自己。他认为，只有当我们不去企图把事物硬塞进我们为其制造的观念的框框中去时，它才能向我们显现它自己。这就是说，人类并不能只靠意志的强力征服自然，而应该任其自然，让它展示出自己究竟是什么。老子说："绝圣弃智，民利百倍；绝仁弃义，民复孝慈；绝巧弃利，盗贼无有。此三者，以为文不足，故令有所属：见素抱朴，少私寡欲，绝学无忧。"（《道德经》第 19 章》）老子的这些主张应视为中国式的存在主义宣言，但这并不应理解为是对仁义礼智的反对，而应该理解为与"虚其心，实其腹，弱其志，强其骨"（《道德经》第 3 章》）观点一致的主张，即要返回到人原初的良知心性，解放那些被虚伪的道德教义压抑的自性。存在主义的哲学鼻祖尼采说："上帝死了"，他不仅自觉性地弃绝了神的信仰，也预见了整个时代对神的弃绝。而伟大的俄国文学家、存在主义文学的先驱陀思妥耶夫斯基比尼采还早四年，通过《卡拉马佐夫兄弟》（1880 年）中的伊凡说："因为没有上帝，一切都可以被容许。"所以说，人的本质是人通过自己的选择创造的，而不是被预先设定的。从道家和存在主义的立场来看心理治疗的方向，许多时候心理医生要启发来访者放弃或减少一些东西，而非添加他原本就没有的东西。例如放弃对待配偶、孩子、他人行为的理想化要求，放弃对功名利禄的过分追求，甚至放弃对待健康和寿命的过高期望等，就能让自己变得轻松。正如老子所指出的那样："为学日益，为道日损。"（《道德经》第 48 章）在知识增长的同时要减轻或放弃功名利禄的负荷，返璞归真，才会见证道！

四、"修之于身，其德乃真"

在传统的哲学和心理学那里，似乎只有观念或精神的东西被当作关注的对象，而将人的身体当成一个形而下的、与存在和思想没有关系的本体。然而，在道家和存在主义心理学那里，身体及其与精神的关系获得了前所未有的哲学意义。道家是主张性命双修的哲学。事实上，身体不仅是个体感觉自己存在，认识建构其他存在的条件，而且也是形成自我概念和感应世界的基础。老子分析道："宠辱若惊，贵大患若身。何谓宠辱若惊？宠，为下，得之若惊，失之若惊，是谓宠辱若惊。何谓贵大患若身？吾所以有大患者，为吾有身，及吾无身，吾有何患！"（《道德经》第 13 章）可见，宠也受惊，辱也受惊，身体总是心理反应的窗口。

每一个生命不仅是独特唯一的、时间单向发展和有限的，而且生命的存在总是先于一切附着在生命之上的所有其他东西。针对不少人总是热衷追逐功名利禄，忘记人存在本真意义的社会心理，老子提出了"名与身孰亲？身与货孰多？得与亡孰病"的内省命题。（《道德经》第44章）老子看到了金钱美色对人心诱惑的现实，指出："五色令人目盲，五音令人耳聋，五味令人口爽，驰骋畋猎令人心发狂，难得之货令人行妨。"（《道德经》第12章）在名利和健康的生存之间似乎存在着一种悖论，赢得了名声、财富和美色却可能丢失了健康的生命，而要保全天命就必须放弃对名利美色的追求。虽然这一道理浅显易懂，但不少人利欲熏心，费尽心机，不择手段去谋财谋色，结果"甚爱必大费，多藏必厚亡"。（《道德经》第44章）"金玉满堂，莫之能守；富贵而骄，自遗其咎。"（《道德经》第9章）老子看透了这种现象，劝告世人，要知足知止，才可不受大辱，不遭危险，而生命也才能得以久存。

道不远离自己的身体和日常生活，"修之于身，其德乃真"。（《道德经》第54章）意味着人有能力控制身体的欲望与冲动，故"以身观身"可以知其德行。想一想，当今贪腐之官员的悲剧结局有哪一个不被老子言中呢？一方面，老子认为："天地所以能长且久者，以其不自生，故能长生。是以圣人后其身而身先，外其身而身存。非以其无私邪？故能成其私。"（《道德经》第7章）在老子看来，"为吾有身，及吾无身，吾有何患！"（《道德经》第13章）只有那些以天下为公、身先士卒、置身度外、忘记自我的人反而没有灾难，也能成就自己和得到自我满足。另一方面，基于心理迁移的原理推理，老子认为："故贵以身为天下，若可寄天下；爱以身为天下，若可托天下。"（《道德经》第13章）如果一个人能够以爱惜自己身体的态度去治理天下，那么就可以放心把天下托付予他。这两种观点并不矛盾，前者说的是以天下为公，忘我无逸；后者说的是将治理天下当作自己的事那样认真。道家修身养性希望健康长寿，但也清醒地知道"不失其所者久，死而不亡者寿"（《道德经》第33章）的只有那遵循天道精神的人。

存在主义也认为，正因为认识到生命的有限性，人具有存在感，也决定了人是高于一般存在的存在。存在主义劝导人们活在当下，是因为他们将直面死亡作为人的一个最根本的内在特性。海德格尔在《存在与时间》一书中指出：人们虽然知道确定可知的死亡，却并不本真地对自己的死亡是确知的，即"何时死亡的不确定性和死亡的确定可知是同行的"[①]。人能认识到自己死亡的必然性或死亡随时发生的可能性，这是人存在的一种特性，死亡是人存在的各种可能性中最极端、最绝对的一个。承认了人的死亡就是承认了人的有限性。正因人知晓自己生命的有限性，所以人是一种向死而

---

① 海德格尔. 存在与时间 [M]. 陈嘉映，王庆节，译，北京：生活·读书·新知三联书店，2012：296.

生的存在，健康的焦虑（healthy anxiety）[1] 对于有死亡意识的人类来说几乎是必然的正常的情绪，它可以是推动个体努力积极生活的一种内在动力。罗洛·梅指出，即使人对死亡无可选择，但可以选择面对死亡的态度。然而，如果个体对人存在的这种不确定性和确定的可知性不能觉察，或采取各种各样的方式进行回避与否定，那么，它就会以各种各样的精神症状的形式暗中损害我们的存在品质。因此，存在主义心理学的治疗本质，就是帮助人树立直面生存的根本问题和勇于应对人生困境的开放态度。学习不畏惧面对死亡，应该成为人生在世的一个最重要的课题。

在正常的情况下，人之身心合二为一，自我浑然不知，也似乎没有动力去察觉自我的存在，而当人处于严重疾病或面对死亡等其他极端生存困境的时候，最容易激发个体对存在感的内省。许多哲学家和心理学家要么在病患中实现了向存在主义的转变，要么本人就是医生，经常面对即将从存在转向死亡虚无的患者。如美国存在主义者罗洛·梅童年经历坎坷，父母离异，姐姐患精神病，他在身患结核、濒临死亡的三年住院期间，从爱好弗洛依德的精神分析转向了 S. 克尔凯郭尔的存在主义。卡尔·雅斯贝尔斯和 R. D. 莱恩都是临床医生。患病中的躯体反抗了个体的意志和意愿，躯体不仅忽然成了被意识焦虑的中心，而且不再是遥远不可及的死亡开始挑战以前专横的自我意识，个体被在生活中隐退的那个曾经是虚无的死亡唤起了对存在的察觉。疾病，尤其是致死性疾病成为生命存在意识的一个转折点。

五、"是以圣人终不为大，故能成其大"

《道德经》提倡的人生态度是谦虚、低调、委屈、灵活、宽容的。老子认为，这种人生态度并不是为了适应社会的一种权宜之计，而是建立在反躬自问和自知之明的基础上，曰："知人者智，自知者明。胜人者有力，自胜者强。"（《道德经》第33章）"知不知，上；不知知，病。夫唯病病，是以不病。圣人不病，以其病病，是以不病。"（《道德经》第71章）从精神医学的角度来看，知道自己有病的人是有自知力的，而那些明明精神有问题却不能自知的人倒是真的罹患了严重的精神障碍。所以，真正有精神病的人是没有自知之明的，这种情况其实也适合所有以自我为中心的、霸道的和贪腐的官员。

然而，老子阐述的"是以圣人终不为大，故能成其大"（《道德经》第63章）的

---

① 美国存在主义心理学家罗洛·梅用所谓健康的焦虑（healthy anxiety）来区别神经质焦虑（neurotic anxiety）。前者是指因现实生活事件引发的每个人都可能经历的正常焦虑，而后者是指过分的或没必要的非理性思维所导致的病理性焦虑。

做人哲学源于向大自然这位宗师的学习。他说："人法地，地法天，天法道，道法自然。"（《道德经》第 25 章）人虽在世上为王，但人源于自然，所以，"以自然为宗"是人类生存的基本法则。其中，就有从昆虫尺蠖那里汲取的屈伸之理和从水那里汲取的谦虚之德的生活智慧。《周易·系辞下》中最早总结了屈伸的心理原型，曰："尺蠖之屈，以求信也；龙蛇之蛰，以存身也。"尺蠖的行动方式总是先收缩，再伸直，但无论收或放都只朝着一个方向前进，这个现象也被称为"尺蠖效应"。老子更进一步将这一现象提升为一种人生哲学："曲则全，枉则直。"（《道德经》第 22 章）说的就是委屈忍让反而能得以保全，弯曲屈就反而能得以伸展这样一个道理。"屈"，指弯曲，与"伸"字语义相对，具有委屈、屈服等含义，可组成许多词组，如"屈尊""屈情""屈心""冤屈""谦屈""能屈能伸"等，成为形容人心理的一种原型。老子崇尚的哲学是："反者道之动，弱者道之用。"（《道德经》第 40 章）认为向相反的方向变化是道的运动，柔弱其实是道的作用。在明代心学大儒陈献章看来，屈伸是一种随时间而变的生存艺术，曰："天地变化，草木蕃，时也。随时屈信（与'伸'通假），与道翱翔，固吾儒事也。"事实上，无论是国家、民族、企业，还是个人、夫妻、男女、兄弟姐妹之间，争强好胜者必然是焦躁不安、殚精竭虑的，而最终必然是早衰早亡，故老子说："牝常以静胜牡，以静为下。"（《道德经》第 61 章）雌柔常以柔静而胜过雄之刚强。不难发现，在现实生活中，那些失意者往往就是那些争强好胜、缺少屈伸智慧的"死脑筋"。

老子还以自然界中的水为人的榜样，认为："上善若水。水善利万物而不争。处众人之所恶，故几于道。"（《道德经》第 8 章）水的灵活性与大道一样，"大道泛兮，其可左右"。（《道德经》第 34 章）水的目标是一直向前，它将自己的身体变化成各种能适合环境的形状，无论遇到山岩石缝，还是峡谷大川，任何艰难险阻都不能阻止水奔向大海的步伐，而"江海所以能为百谷王者，以其善下之，故能为百谷王"。（《道德经》第 66 章）"天下之至柔，驰骋天下之至坚。"（《道德经》第 43 章）可见，如果以水为榜样，遇到任何困难阻碍，遇到有与自己意见不同的局面时，如果能永远保持接纳、谦虚的态度，以及以退为进的策略，那么就可以实现自己的安全。

在老子看来，以柔胜强的道，柔弱冲和，比如赤子，曰："含德之厚，比于赤子。"（《道德经》第 55 章）又说："知其雄，守其雌，为天下溪。为天下溪，常德不离，复归于婴儿。知其白，守其黑，为天下式。"（《道德经》第 28 章）"载营魄抱一，能无离乎？专气致柔，能婴儿乎？涤除玄览，能无疵乎？爱民治国，能无知乎？天门开阖，能无雌乎？明白四达，能无为乎？"（《道德经》第 10 章）

为什么老子要用屈伸、水态和赤子来比喻人本真的生存之道？这是因为当下世界灯红酒绿、物欲横流、资本横行，不仅使得社会更加病态，更加不安定，而且引发出人与人之间的攀比和明争暗斗，让更多的人被抑郁、焦虑和恐惧情绪内卷。在当下信息发达的现代社会，"不见可欲，使民心不乱"（《道德经》第 3 章）或"见素抱朴，少私寡欲"（《道德经》第 19 章）也许都是不现实的，但做一个"守柔曰强"（《道德经》第 52 章）有智慧的人应该是可以的。如果能记住如下的教训则可以保命长久："祸莫大于不知足，咎莫大于欲得。故知足之足，常足矣。"（《道德经》第 46 章）切莫耀武扬威逞强，切莫骄傲自大，"物壮则老，是谓不道，不道早已"。（《道德经》第 30 章）即指不合于道，就如暴风骤雨，很快就会消逝。所以，聪明的人要自觉懂得适时而止，曰："持而盈之，不如其已。"（《道德经》第 9 章）"知止可以不殆。"（《道德经》第 32 章）

老子基于历史教训和生活观察，以母性为更优胜的行为范式，认为"以其不争，故天下莫能与之争"。（《道德经》第 66 章）"是谓不争之德，是谓用人之力，是谓配天古之极。"（《道德经》第 68 章）"天之道，不争而善胜，不言而善应，不召而自来，绅然而善谋。"（《道德经》第 73 章）老子发现的自然规律是："人之生也柔弱，其死也坚强。万物草木之生也柔脆，其死也枯槁。"所以，他认为正确的行为之道是："故坚强者死之徒，柔弱者生之徒。"（《道德经》第 76 章）当然，道家守柔守弱，并不是退缩逃避，而是为了前进和最后的胜利，谓"天下莫柔弱于水，而攻坚强者莫之能胜，其无以易之。弱之胜强，柔之胜刚，天下莫不知，莫能行"。（《道德经》第 78 章）老子认为："不自见故明，不自是故彰，不自伐故有功，不自矜故长。"（《道德经》第 22 章）就是说不用自我炫耀，反而能够彰显功德；不自我矜持，反而能够长久。如果反其"弱"道行之，则事与愿违，即"企者不立，跨者不行。自见者不明，自是者不彰"。（《道德经》第 24 章）

《吕氏春秋·不二篇》用"老聃贵柔，孔子贵仁，墨子贵兼"的评语对道家、儒家和墨家三个学派的特征进行了区分，可谓切中要点。

六、"大丈夫处其厚，不居其薄；处其实，不居其华"

老子很有自知之明，清晰地知道自己所提倡的人生观与世人不一样，他将自己和世人普遍的生活态度做了一个对比："众人熙熙，如享太牢，如春登台；我独泊兮其未兆，如婴儿之未孩，儽儽兮若无所归！众人皆有余，而我独若遗。我愚人之心也哉，沌沌兮！俗人昭昭，我独昏昏；俗人察察，我独闷闷。澹兮其若海，飂兮若无止。众人皆有以，而我独顽似鄙。我独异于人，而贵食母。"（《道德经》第 20 章）老子害怕自己一意专行，锋芒显露，遭人嫉妒，也有着与别人一样的害怕心理："人之所畏，不可不畏。"（《道德经》第 20 章）但他仍坚守着自己的生活信念，不甘沉沦于心态浮躁和熙熙攘攘的世俗之中。对此，老子提出了大丈夫立身敦厚，不居于浅薄，存心朴实，不居于虚华的处世标准。老子认为：大道是平常普通的和朴实无华的，明白这个道理的人就能享受心安平凡的日常，而那些违背生活常规的人要么让自己的身体，要么让自己的政治生涯充满风险，可谓："知常曰明，不知常，妄作，凶。"事实上，老子认为："知常容，容乃公，公乃王，王乃天，天乃道，道乃久，没身不殆。"（《道德经》第 16 章）

事实上，世人多用工作压力、生意繁忙，即追逐功名、聚集财富等各种理由来躲避与自己本真的直面，而老子一心想要把一切"污染"朴素的机巧和矫揉造作的东西都抛弃，返回原本与天地自然感应的本真的初心。道并不是一种抽象之物，而是在人的整个生命期间展开的一种心无旁骛或心物两忘的本真的生存状态。

人本主义心理学认为，人付出爱的能力与其心理健康是相关一致的，更关心他人和社会的人，则具有更积极的心理。这与老子阐述的修身之德惠及家庭、乡里、国家和天下的观点完全一致，他说："修之于身，其德乃真；修之于家，其德乃余；修之于乡，其德乃长；修之于国，其德乃丰；修之于天下，其德乃普。"（《道德经》第 54 章）

老子也重视知行合一，曰："上士闻道，勤而行之。"（《道德经》第 41 章）但如何践行，道家发明了独特的修行方法。

一切关于贫富、高低、贵贱、寿夭、好坏、美丑、善恶、高兴与悲哀、痛苦与快乐的区别在道家"有无相生"的法眼中并不存在。老子认为，只要收视返听，摆脱外物的干扰，弱化意识的控制，就能进入无思无虑的虚静状态，方能达到主体与客观世界的感应契合。老子提出了用意识智慧之光，内观赤子之心光明的修炼方向，谓："用其光，复归其明。"（《道德经》第 52 章）为了达到这样一种修炼目的，道家发明了"坐忘"的修炼方法，即"堕肢体，黜聪明，离形去知，同于大通，此谓坐忘"。（《庄子·大宗师》）后来晋代葛洪将这种方法概括为"学仙之法，欲得恬愉澹泊，涤除嗜欲，内视反听，尸居无心"。（《抱朴子·内篇》）随着修炼的不断精进，可能总有一天将获得某种"得道"的体验。不过这种体验很难言表，老子说："古之善为士者，微妙玄通，深不可识。夫唯不可识，故强为之容。豫兮若冬涉川，犹兮若畏四邻；俨兮其若客，涣兮若冰之将释，敦兮其若朴，旷兮其若谷，混兮其若浊。孰能浊以静之徐清？孰能安以久动之徐生？保此道者不欲盈。夫唯不盈，故能蔽不新成。"（《道德经》第 15 章）也许道家用自然景物所比喻的"内视反听"的体悟经验启蒙了马斯洛提出"高峰体验"的思想。晚年的马斯洛认为人本心理学只是心理学发展的一个过渡性的阶段，从道家"天人合一"的境界那里，他看到了人具有更高级的超越自我的本性，并进而认为超越自我，追求以顺应宇宙自然规律为目标的"超个人心理学"（被称为心理学的第四势力）才是心理学发展的终极理想。马斯洛坦然承认，他所提出的"超越型人格"相比"自我实现者"学说汲取了许多的道家思想。"我命在我不在天"也许是人这个源于自然而又能超越自然的唯一存在所能发出的最高宣言！

出生湖南湘西的一个小伙子，自幼因患脊髓灰质炎致使颈部以下全部瘫痪，但他依靠顽强毅力坚持笔耕不辍，2010 年出版了《道德经的光亮》一书。他表示，"我命在我不在天"的思想鼓舞着他勇敢而乐观的生活，"医药治不了我的病，我就用思想来医治伤痛"，这是他学习《道德经》后的体会。这说明古老的《道德经》，其大智大慧和超脱的气派仍可以为所有活着的人带来无比巨大的力量。

七、"祸兮福之所倚，福兮祸之所伏"

一物两面的辩证思维方法是老子学说最显著的特点。这种思维方式无论是对于那些春风得意的人，还是处于失意的、受挫的人来说，都是很有教益的。在老子的眼中，任何相反的事物都相互依存和相互转化，没有一成不变的事物状况，身处黑暗时要想到光明迟早会来，在灾祸里未必不隐藏着幸福的机遇，而在春风得意时也可能潜伏着祸的端倪。得失祸福和正奇的转换并没有定数，原本看似正面的光鲜人物突然间露出虚伪的面孔，而位高权重的人则突然变成了邪恶之徒，所以老子感叹："祸兮福之所倚，福兮祸之所伏。孰知其极？其无正？正复为奇，善复为妖。"（《道德经》第 58 章）因为世人看不透这个正奇转化的道，总是陷入是非取舍矛盾之中而不能自拔。例如听到已婚者有外遇，曾有好名声的官员有贪腐，英雄变成了阴谋家这类消息时，凡人的反应总是"意想不到"或"难以接受"，这正是我们对人性单一的刻板印象所带来的心理反应，其实，英雄原型和魔鬼的阴影都一直存在于人的潜意识之中。前念烦恼，后念菩提；一念天堂，一念地狱，只是刹那间的意动决定了人的"此在"。即使在善恶之间的界限也未必是泾渭分明的："善之与恶，相去若何？"（《道德经》第 20 章）

将矛盾对立统一和转化的思维模式扩大到生活中的其他境遇，就不会被遇到的任何困难的一面所吓倒，而应看到困难的另一面。例如，面对艰难的任务可以采取如下策略："图难于其易，为大于其细。天下难事必作于易，天下大事必作于细。"（《道德经》第 63 章）面对尊卑地位的选择时，则坚持"贵以贱为本，高以下为基"的处世原则。（《道德经》第 39 章）患得失时想一想，"物或损之而益，或益之而损"。（《道德经》第 42 章）总之，"有无相生，难易相成，长短相较，高下相倾，音声相和，前后相随"（《道德经》第 2 章），这是一种事物发展的规律。

用矛盾对立统一的眼光看人，就不会被一些人的表面现象所迷惑，即"明道若昧，进道若退，夷道若纇，上德若谷，大白若辱，广德若不足，建德若偷，质真若渝"。（《道德经》第 41 章）这就是说，明道看起来反而像暗昧，进道反而像后退，平道反而像不平，上德反而像低下的川谷，高洁荣贵反似含垢受辱，广大的德性反似不足，刚健之德反像怠惰，质朴的德反似易变的样子。还有些人"大巧若拙，大辩若讷"。（《道德经》第 45 章）也许最灵巧的东西看起来好像很笨拙；最卓越的辩才，也许一幅木讷的样子。"信言不美，美言不信。善者不辩，辩者不善。知者不博，博者不知。"（《道德经》第 81 章）就像在心理咨询中，那些滔滔不绝有说不完话的人，往往可能是用多话的状况来掩盖其阻抗的内心；看似内向的人往往有外向而被压抑的内心。

老子的《道德经》给世人阐述了许多的人生哲学和治国理念，但归根结底，他关于天道与人道同一性的核心思想可以归结为一句话，即："天之道，利而不害；圣人之道，为而不争。"（《道德经》第 81 章）他传授给后人的信条则是："守柔曰强。"（《道德经》第 52 章）"强梁者不得其死，吾将以为教父。"（《道德经》第 42 章）可见，这是一句有助于保全性命而值得终生牢记的话。

第六章 《论语》的人格心理学思想

　　颜渊感叹孔子学说"仰之弥高，钻之弥坚"。子贡称仲尼之说，好比日月光辉灿烂。这种高洁与弥坚都是意指人格心理健康而言的，如果说半部《论语》治天下的话，那么，另外半部就是如何培养君子人格的教科书。孔子不仅提出了"君子义以为质，礼以行之，孙以出之，信以成之"，"君子惠而不费，劳而不怨，欲而不贪，泰而不骄，威而不猛"等君子儒的理想人格原型，还具体阐述了"君子求诸己"等培养这种理想人格的途径和方法，这与西方的人本主义自我实现人格特质理论具有跨文化的同一性。

孔子曰:"'操则存,
舍则亡;出入无时,
莫知其乡。'惟心之谓与?"

——《孟子·告子上》

　　孔子(前551—前479),字仲尼,春秋末期的思想家、教育家和儒家学派创始人。读司马迁《史记·孔子世家》可知孔子祖籍宋国栗邑(今河南夏邑),祖上是宋国贵族。三岁时父亲去世,随母迁居至鲁国陬邑(今山东曲阜)阙里定居,过着清贫的生活。他年少好礼,学道不倦,发愤忘食,乐以忘忧,曾受业于老子,有一腔平天下的理想,带领弟子周游列国14年,推行其仁政之说,但终没有得到明君的采纳。最后孔子不再求仕,退而修《诗》《书》《礼》《乐》《易》《春秋》六经,诲人不厌,受教弟子逾三千。孟子将孔子的一生比喻为一首起伏跌宕、有序曲有结尾的音乐,他说:"孔子,圣之时者也。孔子之谓集大成。集大成也者,金声而玉振之也。"(《孟子·万章下》)

　　孔子推行之道为何在生前会有如此令人嘘唏泣下的结局呢?颜回安慰自己的老师说:"夫子之道至大,故天下莫能容。虽然,夫子推而行之,不容何病,不容然后见君子!夫道之不修也,是吾丑也。夫道既已大修而不用,是有国者之丑也。不容何病,不容然后见君子!"孔子听到弟子这般解释,欣然而笑曰:"有是哉颜氏之子!使尔多财,吾为尔宰。"(《史记·孔子世家》)像古今中外的许多英雄一样,孔子是一个为捍卫自己的理想和信仰而不屈不挠的勇士,他生前甚至如不得志的"丧家之犬",博学而无所成名,但他死后所编辑的"六经"和他教诲弟子的言论记录《论语》成为流传千古的国学经典。司马迁这样评价道:"孔子布衣,传十余世,学者宗之。自天子王

侯，中国言六艺者折中于夫子，可谓至圣矣！"（《史记·孔子世家》）

在儒家经典中，《论语》的地位可谓至高，朱熹在《论语集注》中引程颐言："学者当以《论语》《孟子》为本。《论语》《孟子》既治，则六经可不治而明矣。"（《读论语孟子法》）可见，《论语》集中表达了孔子对六经精神的传承与发展。但如何读《论语》，如何理解《论语》精神，可能因人而异。程颐曾描述几种读《论语》自以为是的人："读《论语》，有读了全然无事者；有读了后其中得一两句喜者；有读了后知好之者；有读了后直有不知手之舞之足之蹈之者。"他认为："今人不会读书。如读《论语》，未读时是此等人，读了后又只是此等人，便是不曾读。"（《论语集注·论语序说》）程颐认为，读《论语》应该将自己放在孔子与弟子对话的情境之中，"学者须将《论语》中诸弟子问处便作自己问，圣人答处便作今日耳闻，自然有得"。从释义学的观点看，这也许是正确解释前人文本原创精神的最佳方法。程颐指出："读书者当观圣人所以作经之意，与圣人所以用心，圣人之所以至于圣人，而吾之所以未至者，所以未得者。句句而求之，昼诵而味之，中夜而思之，平其心，易其气，阙其疑，则圣人之意可见矣。"（《读论语孟子法》）可见，读经典，将重点放在圣人的"用心"和"用意"之处才是正道。

颜渊感叹孔子学说的高深精妙："仰之弥高，钻之弥坚。"（《论语·子罕》）子贡则称仲尼之说，好比日月光辉灿烂。（《论语·子张》）的确，一部《论语》由古至今，注解和诠释可谓汗牛充栋，今天重温《论语》，要发人所未发实在不易。孔子自称一生"为之不厌，诲人不倦"，并且"子以四教：文，行，忠，信"。（《论语·述而》）可见，教弟子如何做一个"君子儒"是孔子一生孜孜不倦的追求目标。因此，本章尝试从人格培养教育的视角来梳理《论语》中的人格心理学思想。

一、什么是君子儒的理想人格

在孔子看来，并不是受过教育的有知识的人就一定是正人君子，将有知识与怎样做人相区别，这一语义辨析即使是对于现代社会的人才识别与培养也是很有实际意义的。事实上，高学历不等于高水平，更不等同于有高尚的人品。孔子很早就注意到"君子而不仁者有矣夫，未有小人而仁者也"（《论语·宪问》）的现象，所以，他提醒弟子要做君子儒，而不要做小人儒。（《论语·雍也》）孔子将"君子儒"和"小人儒"进行了区分，提醒了教育者只是传道授业解惑是不够的，还应该将仁义忠信等做人的道德贯彻教育全过程，所谓"立德树人"所指的就是要培养一个有道德的和人格健全的人。当今无数案例告诉我们，更应该警惕那些拥有高学历有知识的精致的功利主义者对国家、民族和集体利益的破坏。如果说人格就是一个人在生活中行为反应的总和，那么，君子儒的美德人格也会表现在生活的多个方面。

与西方人格心理学总是将人格分为内外向等两极对立的划分方法不一样，儒家对优秀人格的看法是持中道观的，如孔子说："君子隐而显，不矜而庄，不厉而威，不言而信。"（《礼记·表记》）优秀人格的特质虽然有许多，但也许相对那些夸夸其谈的伪君子而言，孔子比较强调欣赏的优秀人格特点是"刚毅、木讷，近仁"。（《论语·子路》）这就是说刚强的意志、坚韧的毅力、质朴敦厚的性格和谨慎的话语风格是孔子赞赏的仁者特质。在为人处世方面，优秀的人格是全面发展和适应社会的，即"君子义以为质，礼以行之，孙以出之，信以成之。君子哉！"（《论语·卫灵公》）孔子认为道义是行为动机的根本，但还必须有符合礼仪的践行方式、谦逊的言语表达和诚信的态度。在孔子看来，如果一个人不懂得遵循天命、不知礼仪，不懂适宜的言语方式，就是不会做人。（《论语·尧曰》）当子张请教孔子怎样才能做到"仁"时，孔子回答："能行五者于天下，为仁矣。"这五种美德是"恭、宽、信、敏、惠"。（《论语·阳货》）所谓"恭"指对人礼貌恭敬，"宽"指待人宽恕厚道，"信"指诚实有信，"敏"指反应敏捷，"惠"指仁慈恩惠。其实，践行五种美德将给人带来许多心理上的益处，即"恭则不侮，宽则得众，信则人任焉，敏则有功，惠则足以使人"。（《论语·阳货》）事实上，正因为有这种良性的回报，现实中的人们才会愿意去践行"五德"。

对于从政者来说，是否具备美德尤为重要，当子张向孔子请教怎样的人才可以从政，以及何谓"五美"的道德心理素质时，孔子解释道："君子惠而不费，劳而不怨，欲而不贪，泰而不骄，威而不猛。"（《论语·尧曰》）孔子对理想人格的这一辩证解释充分体现了中庸之道在美德上的要求，而这一要求更加贴近生活实际。例如在世俗的社会中，总免不了礼尚往来的情境，其实君子也不是从不接受礼物或送礼给别人的世外超人，但只要做到恰到好处，即"惠而不费"就是符合儒家之礼规的；又如，儒家承认人是有欲望的，但只要做到"先义后利"，"不贪"即可。从对待他人的情感来看，君子不仅博爱，主张"四海之内，皆兄弟也"（《论语·颜渊》），"泛爱众，而亲仁"（《论语·学而》），而且奉行"君子成人之美，不成人之恶"（《论语·颜渊》）的至善原则。但儒家所主张的爱不是无原则的溺爱，而是让孩子或弟子在劳动的锻炼中磨砺成长，孔子面质那些溺爱子女的人："爱之，能勿劳乎？"（《论语·宪问》）他主张对人的忠诚也并非一味附和，而是该说的一定要说出来。当子路请教如何事君时，孔子直接告知他：不要欺骗上司，而是应当当面直谏。（《论语·宪问》）

对待金钱与利益的态度与行为是考察人品的一个重要尺度。孔子认为在认知取向上，"君子怀德，小人怀土；君子怀刑，小人怀惠"。（《论语·里仁》）在处于贫富处境时，君子应该"贫而无谄，富而无骄"，"贫而乐，富而好礼"。（《论语·学而》）

"士志于道，而耻恶衣恶食者，未足与议也。"（《论语·里仁》）孔子认为，"贫而无怨难，富而无骄易"。（《论语·宪问》）"君子固穷，小人穷斯滥矣。"（《论语·卫灵公》）在困难面前，"仁者先难而后获"。（《论语·雍也》）在工作和利益关系上，"先事后得"（《论语·颜渊》），"事君，敬其事而后其食"。（《论语·卫灵公》）孔子鄙视"不义而富且贵"（《论语·述而》）的那些人。环视许多贪官污吏的腐败蜕变过程不难发现，能否在财富金钱面前保持初心不变，有志于道，敬业清廉，毫无怨气，快乐工作，是非常关键的人格考验。

所谓言为心声，言语内容与话语方式是观察人格特质的重要窗口。首先看言语表述方式，孔子认为君子的语言风格应该是"文质彬彬"（《论语·雍也》），"其言也讱"（《论语·颜渊》），"君子名之必可言也，言之必可行也。君子于其言，无所苟而已矣"（《论语·子路》）。这就要求君子说话既要朴质，又要有文采；既要言之有理，又要切合实际，谦虚谨慎。其次，君子要言行一致，宁愿少说多做，所谓"君子欲讷于言而敏于行"（《论语·里仁》），"先行其言而后从之"（《论语·为政》）。儒家以"言而过其行"（《论语·宪问》）、"巧言乱德"（《论语·卫灵公》）、"道听而途说"（《论语·阳货》）为耻。

人的本质是社会关系的总和。个体在与他人相处的过程中最能体现其人格的成熟度与独立性。孔子认为，君子儒既有独立自主，与他人"和而不同"（《论语·子路》），"周而不比"（《论语·为政》），"矜而不争，群而不党"（《论语·卫灵公》），不随波逐流、趋炎附势的个性，又谦虚好学，对外部世界和经验保持开放性的态度，能做到谦虚、灵活，不以自我为中心，与所谓"毋意，毋必，毋固，毋我"（《论语·子罕》）相反。"小人比而不周"（《论语·为政》），"小人同而不和"（《论语·子路》）。

孔子深知与志同道合的朋友交往对人格塑造的影响，认为君子交往的目的是"以友辅仁"，主张君子与朋友交往的方式主要是"以文会友"。（《论语·颜渊》）据《史记·孔子世家》中的记载，老子在赠别孔子时说："吾闻富贵者送人以财，仁人者送人以言。"想一想，如果我们在人际交往中真的能做到"以文会友""送人以言"的话，将防止多少贪腐事件的发生。孔子视"有朋自远方来"为人生中很快乐的事情之一，认为君子首先应该选择正直的、诚实的和见闻广博的朋友交往，避免与那些逢迎谄媚、当面恭维背后毁谤和花言巧语的伪君子来往。君子应以"乐道人之善，乐多贤友"，而不以骄奢淫逸、吃喝玩乐为快乐。（《论语·季氏》）孔子主张"君子之接如水，小人之接如醴。君子淡以成，小人甘以坏"。（《礼记·表记》）可见，廉洁正当的人际交往是保持一定距离的交往，而那些贪官污吏"拔出萝卜带出泥"的案件一再证明，坏人的团伙的确都是一群阿谀奉承、溜须拍马、纸醉金迷的小人。

孔子虽然主张君子之间相互礼让，但也倡导光明正大的公平竞争，他说："君子无所争。必也射乎！揖让而升，下而饮。其争也君子。"（《论语·八佾》）儒家反对人际交往中的械斗暴力和冷暴力，并将"戒斗"列为君子三戒之一。（《论语·季氏》）

情绪情感的自控性是人存在状况的一种样态，是衡量人格的重要指标。孔子认为"仁者静"（《论语·雍也》），"君子坦荡荡，小人长戚戚"（《论语·述而》），"君子泰而不骄，小人骄而不泰"（《论语·子路》）。弟子发现孔子平时的神情状态是：穿戴整齐，神色愉悦舒坦，所谓"申申如也，夭夭如也"，"子温而厉，威而不猛，恭而安"。（《论语·述而》）"知者不惑，仁者不忧，勇者不惧。"（《论语·子罕》）"君子不忧不惧。"（《论语·颜渊》）可见，儒家提倡的是平和的情绪情感状况，而不是现在许多人常挂在口头所说的"开心快乐就好"。细细想一下，那些让人"开心快乐"的事有许多就是诱惑人违法犯罪的陷阱，岂能日日事事"开心快乐就好"。荣格也认为，快乐的后面常常隐藏了魔鬼。

君子是非分明，其价值观与民族传统主流文化保持一致性，即"唯仁者能好人，能恶人"。（《论语·里仁》）君子"恶称人之恶者，恶居下流而讪上者，恶勇而无礼者，恶果敢而窒者"，可见孔子的仁是有原则的，他将那些"老好人"谴责为"德之贼"。（《论语·阳货》）君子给人的社会印象是："望之俨然，即之也温，听其言也厉。"（《论语·子张》）孔子讨厌背后议论别人的短处，有一次，孔子听到子贡在非议别人，孔子就质问他：你做到贤德了吗？孔子认为，君子既不应随意臆度他人的欺诈，也应有及时察觉危险的机警。（《论语·宪问》）

如果我们将儒家理想的人格观与罗杰斯人本主义主张的自然直率、自主独立、社会责任感、经验开放、人际和谐等人格观相比较，可见两者内涵十分接近。从这种意义上说，东西方对健康人格的认识具有跨文化的同一性。

二、君子人格培养应从家庭孝道开始

在中华传统文化看来，百善孝为先，"夫孝，德之本也，教之所由生也"。（《孝经·开宗明义章第一》）孝道被视为立德树人的起点与人伦的根基，这是为什么呢？也许还有人会质疑，在今天的中国，在一个现代化飞速发展的社会，继续推行中国传统文化的孝道教育还有价值吗？笔者认为，即使仅仅从个人心理健康发展的角度来看，孝道教育仍然是非常有必要和重要的。

中华孝道观念的形成历史悠久，在西周初至春秋中叶形成的《诗经》中就已经有许多关于孝道的内容，说明当时孝道在民间就已经有非常广泛的基础。在中国古人看来，孝道是一个可以给自己、子孙和家庭带来很大益处的文化经验，如《诗经·大雅·下武》中有："永言孝思。孝思维则。"孝顺祖宗德泽长，而德泽长久法先王，事业有成。《诗经·大雅·既醉》也说："孝子不匮，永锡尔类。其类维何？室家之壸。君子万年，永锡祚胤。"这就是说，绵绵不断的孝道美德可以促进后嗣幸福和家室福祉。如果因为某些原因自己没有尽到孝道，会感到自责和悲伤，如《诗经·小雅·蓼莪》中就表达了一个长期在外服兵役的男子因不能在父母身边尽孝，没能为父母送终的伤感："父兮生我，母兮鞠我。拊我畜我，长我育我。顾我复我，出入腹我。欲报之德，昊天罔极。"

　　既然传统孝道会给那些没尽孝道的人造成一定的心理压力，那么，是否抛弃孝道观念会更好呢？事实证明并非如此。笔者在心理咨询门诊就接待过一个因在母亲患病期间尽孝不够而内疚自责，又因梦见已经去世的母亲向她招手的场景而惊恐不安的女子。还见到一名年轻的女教师，留学归来总想离父母远一点独立生活，结果发现父母和自己其实都不开心。可见，即使是现代国人也有与《诗经》时代人一样的文化心理特征。难怪古人说，孝道其实是天理。

　　也许造就意义迷惘神经症的原因可以列出很多，但造成这些人爱至亲、爱生活、爱世界、爱自己能力缺失的关键原因在于家庭教养方式对孩子的人格塑造出现了偏差。青少年时期是人格形成的重要阶段，孔子认为，家庭与国家、孝道与社会为人之道的关系是同构的，做人的教育始于孩子从学习孝道起步，青少年在家庭中的孝道学习与未来走入社会后为人处世的行为模式关系密切，因此君子人格的培养应该从小抓起，从根本上开始，而对父母的孝顺和对兄弟姐妹关系的处理就是这个根本，所谓"君子务本，本立而道生。孝弟也者，其为仁之本与"。（《论语·学而》）有人以为，提倡孝道的目的是父母出于维护自尊和养老的需要，这是对孝道教育的误解。其实，孝道教育是为了培养孩子的移情能力。所谓"移情"（transference）是指个体将自己对某特定对象的情感不自觉地迁移到其他相似对象上的一种心理能力。孔子早就发现一个人在家的尽孝情况与其日后在社会组织中的行为具有一定的因果联系，他说："其为人也孝弟，而好犯上者，鲜矣；不好犯上，而好作乱者，未之有也。"（《论语·学而》）"爱亲者，不敢恶于人；敬亲者，不敢慢于人。"（《孝经·天子章第二》）这就是说，孝道教育是一种培养正向移情能力和塑造积极人格的途径与方法。孔子说："君子之事亲孝，故忠可移于君。事兄悌，故顺可移于长。居家理，故治可移于官。是以行成于内，而名立于后世矣。"（《孝经·广扬名章第十四》）孔子相信，能够亲爱自己父母的人，就不会厌恶别人的父母；能够尊敬自己父母的人，也不会怠慢别人的父母。因为对待事业的忠诚和对待其他社会成员的爱和敬与一个人在家庭中对待父母的爱和敬的原理是一样的。所谓"资于事父以事母，而爱同；资于事父以事君，而敬同"。(《孝经·士章第五》) 可见，移情能力不仅影响一个人爱他人和建立美满婚姻的能力，而且决定了他在社会组织和社会人际交往中的行为习惯。

儒家提倡孝道的远大理想乃在治理国家，将孝道的精神移情惠及天下所有的百姓，孔子曰："以孝治天下，……故得百姓之欢心，……故得人之欢心。"(《孝经·孝治章第八》)"教民亲爱，莫善于孝。"(《孝经·广要道章第十二》) 孝道是一种从国君到百姓都可以接受的伦理规则，是防止人祸，稳定社会，促进天下和平和可持续发展的人伦。孔子说："天地之性，人为贵。人之行，莫大于孝。"(《孝经·圣治章第九》) 可见，孝道的核心精神是人道主义。

孝道也是一种自我修炼的功夫，它绝不是被空谈的道德，也不是心血来潮的一个壮举，而是应该在一生中被亲身践行的点滴言行，贯穿于生活的全方位和一生的过程中。具体而言，"孝子之事亲也，居则致其敬，养则致其乐，病则致其忧，丧则致其哀"。(《孝经·纪孝行章第十》) 有弟子向孔子请教如何尽孝时，孔子的回答简明扼要，就是"无违"! 对父母的孝是贯彻全生命周期的，即"生，事之以礼；死，葬之以礼"。(《论语·为政》) 所谓"事之以礼"的核心含义就是按照社会主流文化约定之礼来孝敬父母，例如要记得在父母的生日行祝寿之礼，在传统节日要尽量与父母团聚等；而"葬之以礼"则是指对已经过世的父母要举行追悼仪式和清明悼念活动。当弟子向孔子请教孝道时，孔子又说："父母唯其疾之忧。"(《论语·为政》) 强调做儿女的要特别注意父母的身体健康问题。孔子认为，孝道的关键并不只是为父母提供衣食奉养，而是要有孝敬之心，否则与饲养犬马没有区别。孔子认为孝道中最难做到的是对父母和颜悦色的态度，而不是替父母出力和提供酒食。换而言之，孝道最简单的理解就是让父母高兴愉悦。例如有些儿女要求父母与自己同住，尽管衣食无忧，家有保姆，但如果父母觉得不自在、不舒坦，就应该依父母的意愿来安排，而不能一厢情愿。将"孝"与"顺"组成"孝顺"一词最贴切地表达了孝道的操作方法。践行孝道应该全心全意，自愿自觉，带着感恩的心去做。在中国历史上有许多关于孝道的民间传说，元代郭居业所编辑的 24 个孝道故事最为流行，其中不少故事源于生活，但有些故事也出自想象和比喻，例如在现实生活中扼虎救父、恣蚊饱血、尝粪忧心、乳姑不息、涤亲溺器、卧冰求鲤、哭竹生笋等故事都显得过于离奇不现实，甚至使人感觉有些愚昧，但故事的隐喻在于阐明一个深刻的道理：行孝最大的考验在于能否真的舍弃私欲，全心全意的利他。孝道本是人人可以做到的，除非他不愿意做，即"自天子至于庶人，孝无终始，而患不及者，未之有也"。(《孝经·庶人章第六》)

简而言之，孝道永恒的价值在于有助于识心见性，培植仁者爱人的移情能力，是一种有助于自我、家庭、组织、民族和国家和谐有序，建立幸福社会的心理文化机制。《黄帝内经》中总结了这种机制的效应："君位臣则顺，臣位君则逆。逆则其病近，其害速；顺则其病远，其害微。"（《素问·六微旨大论篇》）阐述的是孝道精神在社会层面的一种效应，"敬之者昌，慢之者亡。无道行私，必得天殃，谨奉天道，请言真要"。（《素问·天元纪大论篇》）

三、人格培养不仅需要正确的学习态度和方法，还要有好的榜样

玉不琢不成器，虽然人的良知源于天生，但仍需要后天的终生学习才能显现其光辉。孔子说："好仁不好学，其弊也愚（被人愚弄）；好知不好学，其蔽也荡（容易放纵）；好信不好学，其蔽也贼（容易伤害自己）；好直不好学，其蔽也绞（说话尖刻）；好勇不好学，其蔽也乱（造成祸端）；好刚不好学，其蔽也狂（狂妄）。"（《论语·阳货》）因此，不断地学习是修身养性的必然途径，所谓"博学而笃志，切问而近思，仁在其中矣"。（《论语·子张》）在儒家看来，好学、博学是成为君子的必要条件。"知之为知之，不知为不知，是知也。"（《论语·为政》）"君子博学于文，约之以礼。"（《论语·雍也》）君子的知识结构还应完备合理，多才多艺，所谓"君子不器"（《论语·为政》）是指君子不应该像器具一样只能一物一用，而不能与其他用途相通。经验证明，不断学习是防止个体精神或心理资源枯竭的重要机制。

儒家认为，求学虽不必有常师（《论语·子张》），但人格培养是需要有榜样示范的，这样才不至于使说教流于空洞。孔子不仅描述了自己的成长经历："吾十有五而志于学，三十而立，四十而不惑，五十而知天命，六十而耳顺，七十而从心所欲，不逾矩。"（《论语·为政》）还常借赞扬一些优秀人物或自己弟子的品行来示范君子儒应该具有的人格特质。如赞扬郑国的贤相子产有君子的四种美德，称赞齐国的大夫晏平仲"善与人交，久而敬之"，欣赏卫国大夫孔文子"敏而好学，不耻下问"。（《论语·公冶长》）表扬弟子颜回"好学，不迁怒，不贰过"（《论语·雍也》），安贫乐道，等等。有一次子路问孔子怎样才算一个完美的人，孔子也是通过列举鲁国的几个优秀的人物来予以解答，如臧武仲的聪明、孟公绰的清心寡欲、卞庄子的勇敢、冉求的多才多艺。（《论语·宪问》）孔子还提出了向优秀同辈学习的方法，所谓"三人行，必有我师焉。择其善者而从之，其不善者而改之"。（《论语·述而》）孔子十分赞赏"见善如不及，见不善如探汤"的人。（《论语·季氏》）孔子也很注重邻居对人格成才的影响，曰："里仁为美。择不处仁，焉得知?"（《论语·里仁》）

孔子认为，虽然"性相近，习相远"（《论语·阳货》），但后天的学习对人的发展具有决定性的作用。人性也不是环境的牺牲品，发展理想的君子人格必须做到知情意

的统一，即"志于道，据于德，依于仁，游于艺"。（《论语·述而》）这就是说人格的全面发展受志向、道德和价值观、仁爱的情怀等主观意向的影响，并由学习行为而塑造，这与人本主义关于人格形成的观点相似。人本主义认为，人有一种自我觉知感和主体意识，具有按照个体独特的价值图式指导人格发展的意向，人是能进行自我成长选择的、能动的和有责任的个体。

在人格培养方法上，孔子除了强调主体要"学而不厌"（《论语·述而》），"学而时习之"（《论语·学而》），"多闻择其善者而从之，多见而识之"（《论语·述而》），"博学而笃志，切问而近思"（《论语·子张》），还全面阐述了家庭、朋友、老师的传授、君臣关系对人格社会化过程的作用。

四、内省是人格修养的重要方式："君子求诸己"

君子儒既非完人，也非天生。人格修养要有很好的自我察觉能力作为保障。如果说模仿是从外部塑造人格的方法，那么内观、内省则是培养人格的内在方法，是人自主选择成长的表现。孔子提出："见贤思齐焉，见不贤而内自省也。"（《论语·里仁》）具体来说，君子要在九个方面常进行反思，即"视思明，听思聪，色思温，貌思恭，言思忠，事思敬，疑思问，忿思难，见得思义"。（《论语·季氏》）

世人通常都很在乎别人对自己的看法，为别人的误解而生气。孔子告诫弟子们，修身养性的目的是提高自己，而不是给别人看。那些注重外表，"巧言令色"的人是难以有仁德的。真正的君子要做到"人不知而不愠"，"不患人之不己知，患不知人也"。（《论语·学而》）君子不要担心别人不了解自己，要愁的是自己还不了解别人。所谓"不患人之不己知，患其不能也"（《论语·宪问》），"不患无位，患所以立。不患莫己知，求为可知也"（《论语·里仁》），"君子求诸己，小人求诸人"（《论语·卫灵公》）。曾子就是一个承老师思想真谛而自觉修养的榜样，他说："吾日三省吾身：为人谋而不忠乎？与朋友交而不信乎？传不习乎？"（《论语·学而》）

成功或失败时如何归因最能反映一个人的品格。所谓归因（attribution）是指一个人对自己或他人成败的原因与结果关系的一种认知。孔子曾赞扬鲁国大夫孟之反的诚实，因为在一次战事中，鲁军败退，孟之反殿后，事后当有人称赞他勇敢时，他诚实地说："非敢后也，马不进也。"（《论语·雍也》）儒家认为君子的归因风格是内归因（internal attribution）取向的，并认为这样具有良好的效果："躬自厚而薄责于人，则远怨矣。"（《论语·卫灵公》）相反，小人总是对自己的过失加以掩饰，所谓"小人之过也必文"。（《论语·子张》）

五、人格的外推："己所不欲，勿施于人"

儒家修身养性不仅是为了完善自己，而且是为了入世和推及他人。当子路追问孔子如何才能成为真正的君子时，孔子连续用了三个词语来阐述君子修己的三个不同的境界：一是"修己以敬"，修己还只是让自己的言行做到恭敬谨慎，少犯错误；二是"修己以安人"，这时修己者的言行可以让周围的至亲感到安乐，虽然范围有限，但修己带来的积极心理已经向外扩散；三是"修己以安百姓"，这时修己者的德行已经成为一种惠及百姓的力量。（《论语·宪问》）

以人际关系为例，孔子认为，仁德则必有好的结果，即"德不孤，必有邻"。（《论语·里仁》）人际关系和谐是自我实现者的重要人格特质。如何处理人际关系？孔子主张的"推己及人"的方法十分好用。孔子说："我不欲人之加诸我也，吾亦欲无加诸人。"（《论语·公冶长》）"夫仁者，己欲立而立人，己欲达而达人。"（《论语·雍也》）子贡请教孔子是否有一句终身可以奉行的话，孔子说："其恕乎！己所不欲，勿施于人。"（《论语·卫灵公》）读东汉时安世高翻译的《阿难问事佛吉凶经》，发现其中已有如下语句："黜之以理，教之以道，己所不行，勿施于人，弘崇礼律，不使怨讼。"据说这是释迦牟尼佛为其堂弟和侍从阿难解答疑难的一部佛经。无论中印文化交流的机制如何复杂，但佛家和儒家在这一观点上如此相似还是令人感到惊讶，据说这一思想在世界上被当作处理人际关系的"黄金规则"而广为传播。

朋友是人际关系中的重要圈子，对人格形成的影响不能小看，但并不是同学或同事就一定志同道合。孔子说有些人"可与共学，未可与适道；可与适道，未可与立；可与立，未可与权"。（《论语·子罕》）"道不同，不相为谋。"（《论语·卫灵公》）孔子教导，交往的人可以分为"益者三友，损者三友。友直，友谅，友多闻，益矣。友便辟，友善柔，友便佞，损矣"。（《论语·季氏》）朋友之间应该"切切偲偲"。（《论语·子路》）对待朋友可能的错误应该"忠告而善道之，不可则止"。（《论语·颜渊》）君子的交往应该是相互进步，即"君子以文会友，以友辅仁"。（《论语·颜渊》）

如何处理人际关系一直是儒家学说的核心，而圣贤搞好人际关系的经验就是：大小事情都按照礼的法则去做。礼的本体是"敬"，而礼运用的原则是"礼之用，和为贵"。礼是调节人际关系的外在的形式、载体和手段。要有礼，就必须先有仁。"人而不仁，如礼何？"（《论语·八佾》）颜渊请教仁于夫子，孔子答："克己复礼为仁。"如何做到礼？孔子说："非礼勿视，非礼勿听，非礼勿言，非礼勿动。"（《论语·颜渊》）孔夫子以自己的行为示范了对待他人的态度，即"温、良、恭、俭、让"。（《论语·学而》）从社会心理学的角度来看，儒家的"礼"是具有积极意义的处理人际关系的伦理行为规则。

六、人格的考察：察言而观色

人格虽然是个体内在的品质，但一定会在日常的言行中表现出来，只要我们懂得科学的观察方法。儒家考察人格的方法十分全面，除了要"察言而观色"（《论语·颜渊》）之外，还要分析其动机、情绪和行为，所谓"视其所以，观其所由，察其所安。人焉廋哉？"（《论语·为政》）"听其言而观其行。"（《论语·公冶长》）"有德者必有言，有言者不必有德。仁者必有勇，勇者不必有仁。"（《论语·宪问》）

从当事人的错误中看人格特质是一个不错的识人方法，因为"人之过也，各于其党。观过，斯知仁矣"。（《论语·里仁》）与"小人之过也必文"相比，"君子之过也……人皆见之；更也，人皆仰之"。（《论语·子张》）儒家认为群众的评价对人才的识别具有重要的参考价值，所谓"众恶之，必察焉；众好之，必察焉"。（《论语·卫灵公》）此外，还可以从交予任务的完成情况来进行考察，原则是"君子不可小知，而可大受也；小人不可大受，而可小知也"（《论语·卫灵公》），君子只有在重大任务的挑战中方才显出英雄本色。人是语言的动物，从言语风格可以观察人的品性，孔子认为"巧言令色，鲜矣仁"。（《论语·阳货》）

君子的人格应该是多元特质的统一，所谓"君子义以为质，礼以行之，孙以出之，信以成之。君子哉！"（《论语·卫灵公》）"不知命，无以为君子也；不知礼，无以立也；不知言，无以知人也。"（《论语·尧曰》）就是说，君子不仅要顺其自然，学习文化，还要知人事礼仪。按照现代的说法，就是智商和情商都要高。会做学问，还要懂得做人。

总而言之，儒家经典《论语》中蕴涵丰富的人格心理学思想，相比西方人格心理学而言，儒家的人格心理学更贴近中国国情、民情和人情，按其言说要求自己能更加增进社会适应能力，有助于人的全面健康发展。《论语》没有空而论道，而是教人在具体的生活细节中去践行君子人格，正如湛若水所说"圣贤之学，全在性情上理会"①，"一部论语皆教人在事上求"②，点出了孔子《论语》中的核心教育理念与践行方法。

———————————

① ② 湛若水. 湛甘泉先生文集（一）［M］. 桂林：广西师范大学出版社，2014：196，149.

第七章 《庄子》的超个人心理学思想

　　庄子是一个最具有诗意的哲学家和浪漫的心理学家。老庄学说的异彩之处正在于他开辟了一种超越自我心理学的新视野。

　　他以自然为大宗师，倡导齐物我、齐是非、齐生死、齐贵贱和做心空物我两忘的"真人"和"至人"，逍遥自得的处世哲学与西方人本主义心理学家马斯洛等人提出的超个人心理学的旨趣有着惊人的相似。庄子提倡至人应具有原天地之美而达万物之理的真诚特质，以及努力达到"至人无己，神人无功，圣人无名"，"知不可奈何而安之若命"的超个人主义境界的观点，有助于当下那些以自我为中心的人从狭隘的眼界下解放出来。

天地有大美而不言，四时有明法而不议，
万物有成理而不说。圣人者，原天地之
美而达万物之理，是故至人无为，大圣不作，
观于天地之谓也。

——《庄子·知北游》

有人说《庄子》是先秦散文的最高成就，有人说庄子是"最真实的诗人"，虽然他并没有一首诗流传下来；有人说《庄子》是高妙精深的哲学名著，虽然书里面并没有一篇在讨论严谨的哲学命题。虽然世人公认庄子是最擅长于讲寓言的人，司马迁却认为不仅寓言"皆空语无事实"，"其言洸洋自恣以适己，故自王公大人不能器之"。显然，庄子及其寓言叙事在当时遭到冷遇，似乎庄子只是一个"终身不仕，以快吾志焉"（《史记·老子韩非列传》）的孤行者。其实，隐藏在《庄子》浪漫寓言后面的是一种超个人心理学的智慧，这种智慧好像是一只物我两忘飞翔在九天之上的自在的鲲鹏。

庄周（前369—前286）是东周战国中期的思想家、哲学家和文学家，被誉为继老子之后道家学派的主要代表人物，后人常将两人并称为"老庄"。庄周无意仕进，除曾短期做过管漆园的小官之外，拒绝了楚威王的相国之聘。他崇尚自由，游历过很多国家，对当时的诸子百家都有过研究。据说他曾隐居南华山著书立说，唐朝时，他被诏封为南华真人，其著作《庄子》一书被誉为《南华真经》。在 3～5 世纪的魏晋时期，《庄子》与《周易》《老子》一起并称"三玄"。《庄子》共有33篇，其中内篇7，外篇15，杂篇11，文字精美生动，想象浪漫绮丽，寓言富含哲理，不仅是中国哲学名著，也成就了它在中国文学史上的地位。据不完全统计，《庄子》一书的英译本多达

20 余种，在西方世界也具有很大的影响。

本章通过跨文化比较，发现庄子以自然为大宗师，倡导齐物我、齐是非、齐生死、齐贵贱和做心空物我两忘的"真人"和"至人"，其逍遥自得的处世哲学与西方人本主义心理学家马斯洛等人提出的超个人心理学的旨趣有着惊人的相似。所谓超个人心理学（transpersonal psychology）被誉为心理学中除行为主义第一势力、精神分析第二势力、人本主义第三势力之后的第四势力。本章从以下方面对《庄子》中的超个人心理学思想进行初步的梳理。

一、至人应具有原天地之美而达万物之理的真诚特质

"自我"是西方心理学的核心概念，经过近现代数百年的文化传播，已经深入现代教育体系和世俗人心，没有"自我"的人当然不好，也可能会成为没有自信、随波逐流，或唯命是从的膜拜团体的信徒。但是，更多的人不仅非常自我，还因不断追求"自我实现"而陷于自我的狭小眼界之中。无论是对功名利禄的追求和崇拜，还是对荣华富贵的操心操劳，对生老病死的恐惧，这一切都是围绕人的"自我"这个轴心而营生的，为了实现这些自我目标，一些人不惜违背、压抑和扭曲人的天性，从而最终失去了真正的快乐和幸福。相比于西方自我心理学而言，中国老庄学说的异彩之处正在于他开辟了一种突破或超越"自我"心理学的新视界，这尤其值得我们努力挖掘整理。

如果说老子开创了自然道论之先，那么庄子就是继而重在人道，并将天道作为人道的准则。他说："有天道，有人道。无为而尊者，天道也；有为而累者，人道也。主者，天道也；臣者，人道也。天道之与人道也，相去远矣，不可不察也。"（《庄子·在宥》）从进化心理学的角度来看，老庄的观点是非常合理的，因为人不仅来自自然，属于自然，生活在自然之中，而且将终结于自然，遵循大自然的进化与运行的规律应该是人生存的基本规则，大自然理所当然的就是人行为的范式或大宗师。庄子继续说道："天地有大美而不言，四时有明法而不议，万物有成理而不说。圣人者，原天地之美而达万物之理，是故至人无为，大圣不作，观于天地之谓也。"（《庄子·知北游》）天地虽然没有用像人类一样的语言来表白自己的所作所为，但周而复始和谐有序的日月运行就已经显示出大道的存在，因此，一个遵循大道的人就是能够"与日月参光，与天地为常"的人。（《庄子·知北游》）

在庄学看来，做一个"原天地之美而达万物之理"的"真人""至人"或"圣人"，并不是要做与世隔绝、自我封闭的孤家寡人，或不食人间烟火、压抑自我的苦行者，而是做一个"无为""不作"的遵循天道的自在者，具体而言就是做一个能打开

"天门"，具有"天乐""天放""天游"和"天光"气质的人。何谓真？庄子解释说："真者，精诚之至也。""真在内者，神动于外，是所以贵真也。""圣人法天贵真，不拘于俗。愚者反此。"（《庄子·渔父》）坚持从自己内心的本真出发，这是庄学以自然为宗师的人生观的体现。说明庄学与超个人心理学一样，"超个人"并不是指超人，而是指"以率性之谓道"为价值取向的做人原则。具体而言，这种率性的"真人"具有以下气质特点：

其一，能打开意识开觉状况的"天门"。天道无处不在，无时不有，是一个先于人类存在的存在，因此，对于人而言，人必须先打开自己的心灵之门，才能感受和领会到万物的存在。何谓"天门"？庄子说："有乎生，有乎死，有乎出，有乎入，入出而无见其形，是谓天门。天门者，无有也，万物出乎无有，有不能以有为有，必出乎无有，而无有一无有。"（《庄子·庚桑楚》）"天门"当然只是一个比喻，可以理解为万物从无名获得有名的开始，然而，这扇门在哪里呢？何谓打开呢？如孟子所说的："万物皆备于我矣。反身而诚，乐莫大焉。"（《孟子·尽心上》）人的大脑体积虽小，但其意识却无处不可以企及，如心学家陆九渊所说"宇宙便是吾心，吾心便是宇宙"（《陆九渊集》），如陈献章所说"君子一心，万理完具"（《陈献章集》）。所以，如果人明白了这个道理，反躬自省，诚实无欺，便会感到莫大的快乐和自豪。庄子说："正者，正也。其心以为不然者，天门弗开矣。"（《庄子·天运》）庄子所说的"正"是指心灵安静端正的状况，而这是主体意识正确认识事物和接受新知的前提条件。所以，"天门"应该是指认识主体意识的一种开觉状态，在这种状况下，个体的意识清晰，情态平和，做好了有所意指的态度准备等。庄子还列举了影响"天门"打开的24种因素，分别是高贵、富有、尊显、威严、声名、利禄6种扰乱意志的因素，容貌、举止、美色、辞理、气调、情意6种束缚心灵的因素，憎恶、欲念、欣喜、愤怒、悲哀、欢乐6种牵累道德的因素和离去、靠拢、贪取、施与、智虑、技能6种堵塞大道的因素。只有当上述这些干扰因素不至于导致一个人胸中震荡不安时，他的内心才会平正、宁静、明澈，才能虚怀若谷，恬适顺应，无所作为而又无所不为。

其二，有安贫乐道的"天乐"个性。庄子借音乐之乐阐述人的自然之乐："圣也者，达于情而遂于命也。天机不张而五官皆备，此之谓天乐，无言而心说。""夫至乐者，先应之以人事，顺之以天理，行之以五德，应之以自然，然后调理四时，太和万物。"（《庄子·天运》）天乐就像至乐的音乐那样是一种启奏于不可探测的地方，驻留在深远幽暗的境界，通达事理而顺应于自然的快乐。天乐是一种超越个人得失心理的快乐，例如孔子受困于陈国和蔡国之间，整整七天不能生火饮食，但他还敲击枯枝，唱起神农时代的歌谣，这是一种出于忘情忘我的快乐。又如庄子妻子死，却鼓盆而歌，这是一种基于对生死哲理顿悟后解脱的快乐。他向别人述说了自己如何从世俗的悲伤不已到实现认知转变："人且偃然寝于巨室，而我嗷嗷然随而哭之，自以为不通乎命，故止也。"（《庄子·至乐》）这是一种用"寝于巨室"的豪迈气魄超越离开人世悲哀的快乐。

其三，具有合乎本性的行动和率真作为的"天放"品格。庄子认为，上古是人类天性展现最完善的时代，那时，"民有常性，织而衣，耕而食，是谓同德；一而不党，命曰天放"。（《庄子·马蹄》）天放是指人的思想和行为浑然一体而没有一点儿偏私，没有压抑和任其自然的表现状况。一个人要做到天放就必须保持无知和无欲的素朴，素朴则天放得矣。庄子所说的"天放"与子思所说的"率性"几乎同义，庄子说："道者，德之钦也；生者，德之光也；性者，生之质也。性之动，谓之为；为之伪，谓之失。"（《庄子·庚桑楚》）子思则说："天命之谓性，率性之谓道，修道之谓教。"（《中庸》）可见，天放是主张遵循天道，释放和满足人之天性的。

其四，具有自由自在"天游"的处世态度。人思维活动的物质基础是神经电的流动，所以，将"通畅"或"不阻塞"和可以"自由联想"视为精神活动正常的基本标志是非常自然的。在一定时空条件下，人大脑的思维负担能力也是一定的，因此，超负荷的、充斥大脑的冗余信息将导致精神疲乏，思维效率下降。因此"天游"可以理解为心灵自由自在、无拘无束、自然畅快和轻松的一种状况。庄子说："天之穿之，日夜无降，人则顾塞其窦。胞有重阆，心有天游。室无空虚，则妇姑勃溪；心无天游，则六凿相攘。大林丘山之善于人也，亦神者不胜。"（《庄子·外物》）庄子通过人怀藏胎儿和家庭成员人际距离的比喻，阐述人心灵运行的一个道理：即人应虚怀若谷，才能没有拘系地顺其自然而轻松自然地思维；如果心无天游，那么六种官能就会受外物的纷扰。"天游"与"逍遥"近义。何谓逍遥？庄子说："逍遥，无为也；苟简，易养也；不贷，无出也。古者谓是采真之游。"（《庄子·天运》）可见，天游与采真之游的逍遥都是指自由自在、无拘无束、简单质朴、真实自然的一种处世态度。天游也意味着人应摒弃小聪明方才显示大智慧，除去矫饰的善行，方能使自己真正回到自然的善性。

其五，具有安泰镇定自然淳朴的"天光"气质。庄子说："宇泰定者，发乎天光。发乎天光者，人见其人。"（《庄子·庚桑楚》）这就是说只有心境安泰的人在言行中才会彰显出那种非矫揉造作的自然的淳朴气质和人格魅力。在这种天光沐浴之下，人显现为真实的人，物显示为物自身。

二、"至人无己，神人无功，圣人无名"

什么是"至人"？庄子借孔子与老子的对话回答了这个问题。庄子认为，所谓"至人"就是"夫得是，至美至乐也，得至美而游乎至乐，谓之至人"。(《庄子·田子方》) 这种能达到游心于宇宙之初、万物之始的至美和至乐境界的人，并不是要修身养性者退化回到原始人的状况，而是指要在认知层面上解决两个根本性的问题：这就是说真正的"至美"与"至乐"是建立在宇宙之初和万物之始那种人与物的世界还没有受到"语言指染"的"万物齐同"理解的基础之上。庄子继续说道："夫至人者，上窥青天，下潜黄泉，挥斥八极，神气不变。"(《庄子·田子方》) 我们是否可以理解为，一个达到"至人"层次的修养者，无论是眺望星空，还是深入潜意识，纵使思想放纵于八方极远之地，但其内心淳朴的神气却始终如一。

庄子所说的"逍遥"和超个人心理学所讲的"超越"是内涵非常相似的两个概念，都是指超越世俗人对功名利禄等的价值追求，超越以个人自我为中心，超越躯体的局限，超越生死恐惧，超越知识智慧和仁义道德束缚，超越社会境遇等狭小时空的世界观、人生观和价值观。庄学和超个人心理学所共同追求的是以人所居住的大宇宙为背景，以天地运行的大道为宗师，以超越自我为解脱的焦点，实现大我、无我、忘我为标志的一种新的意识状况，从而获得对人生中一切苦恼的终极解脱和自我压抑的终极解放。

一个具有逍遥的或者超个人心理的意识状况究竟具有怎样的特质？《庄子·逍遥游》中用一个由鱼变为巨鸟大鹏展翅的神话拉开了恢宏的想象。当人像一只在高空俯视大海的大鸟时，原来觉得宽阔的大海也会变得不过如此。庄子话锋一转，开始阐述他的核心思想，即什么是超越自我的意识状况。"且夫水之积也不厚，则其负大舟也无力。覆杯水于坳堂之上，则芥为之舟；置杯焉则胶，水浅而舟大也。风之积也不厚，则其负大翼也无力，故九万里则风斯在下矣。"庄子在这里表述的只是众人都可以观察的自明性现象：水积不深就没有浮载大船的力量，倒杯水在庭堂的低洼处，只有小小的芥草可以当船，而放置一只杯子就无法动弹；同样的道理，风聚积的力量不大，那么它托负大鸟翅膀的力量便会不足。所以，鹏鸟远飞九万里必须借风力而行。接着，庄子继续借寒蝉与小灰雀讥笑大鹏，用短寿的菌类不懂得什么是晦朔、寒蝉不懂得什么是春秋的寓言来阐述局限在狭隘时空的生物就无法理解那种超越自我和狭隘的日常生活的至人、神人和圣人的精神境界。所谓的"至人"是指忘记了外物与自我的界限，达到了无己境界的人；"神人"是指精神世界完全能超脱于物外，不求建树功业的人；而"圣人"则是指不追求名誉地位，思想修养臻于完美的人。世人常用彭祖作比，将长寿作为追求幸福的人生目标，但庄子却借冥灵大龟和古椿树的寓言来讽刺世人这种小我的短视。庄子通过对"乘天地之正，而御六气之辩，以游无穷者"逍遥游的赞美，提倡世人要树立"至人无己，神人无功，圣人无名"的心性修养的目标，从狭隘的"小我"束缚中解放出来。什么是忘我？庄子认为："忘乎物，忘乎天，其名为忘己。"只有忘己之人，才可以融于自然。所谓"忘己之人，是之谓入于天"。（《庄子·天地》）通过跨文化比较研究不难发现，两千年前的庄子思想与20世纪60年代末至70年代初在美国兴起的超个人心理学具有几乎完全一致的目标。亚伯拉罕·马斯洛（Abraham Maslow，1908—1970）和安东尼·苏蒂奇（Anthony J. Sutich，1907—1976）等人本主义心理学的领袖人物越来越不满足于既往的心理学总是将研究的目标锁定在个体主义的自我和自我实现，以及自我关怀等这些狭小的视野，而主张心理学更应该关注人生的终极价值、人类幸福、宗教体验、死亡意识、自我超越的途径和方法，以及达到超越个人心理的心理健康和意识状态等这些人类的根本性问题，主张将自我与个人以外的寰宇世界和终极意义联系起来。他们意识到东方传统文化可以为这一研究取向带来深邃的哲学智慧，向东方先哲学习几乎成为他们的共识。正如庄子提倡的那种不因他物的在场或不在场而无拘无束的自由人生观一样，超个人心理学研究的主要旨趣就是关于超越自我的心理现象和超越个体价值观的心理学。所谓"超个人"意指人意识的无限扩展能超越自我视听感知的范围和时空的限制。在方法学上，超个人心理学试图融合东西方科学与文化，整合多种心理学理论，重点以心理素质卓越的健康人为研究样本，并用西方科学心理学的理论框架和实证方法来研究印度的瑜珈、中国的禅宗和道教等传统文化中的意识观和意识训练方法中提出的心理哲学问题，尝试建构一种比人本主义心理学更开放的理论范式。1969年，美国《超个人心理学》杂志创刊，意味着超个人心理学已经成为一种正在兴起的新学派。

三、"名者，实之宾也，吾将为宾乎"

如何才能放弃小我，进入超越个人心理的高层的意识状况？必须找到导致人类自我执迷的认知渊薮。因为人是世界上唯一发明了语言，并能用语言命名其他存在的存在，所以如何破除世人执着的小我，庄子与老子一样都是从名实关系这个关键性的问题入手进行突破。庄子认为，只有真正看透了名实关系，才能实现"至人神矣"！

其一，知晓名与实孰先孰后的关系，不要为名所累。庄子通过讲述远古时尧让位高士许由而被拒绝的故事，阐述了与实相比，名是次要的观点。权力欲望是许多人的一种人生动力，庄子通过鹪鹩筑巢、偃鼠饮水、厨师与祭祀人关系的比喻，阐述了这样一个道理：每个人都有自己的天赋和能力，安分守己，不要越位，不要越俎代庖，而要名副其实才是正道。尧是一个达到超越个人心理境界的圣人，因为当他治理好天下的百姓，安定了海内的政局后，竟然不禁怅然若失，忘却了自己居于治理天下的君王地位。庄子说："无为名尸，无为谋府；无为事任，无为知主。"（《庄子·应帝王》）这就是说人不要成为名誉托付的身躯，不要成为计谋的府邸，不要成为世事的负担，也不要成为知识的主宰。

其二，不要计较万事万物名义上的等级区别，人世间无数的争辩就是源于没有认识到任何事物的对立面都具有可变通性，名只是人为的相对的区分。庄子认为，世间为何有那么多关于是非、贵贱、序列等别、胜负的争辩？不仅在于辩者总有看不见的一面，而且也在于世人太计较万事万物名义上的等级区别，甚至以这种区别作为价值取舍的标准。例如以木匠的墨绳画线为标准，那么，弯曲而布满疙瘩的大树就是无用之材，而庄周对那个抱怨有一棵不符合墨绳画线标准大树的惠子说："今子有大树，患其无用，何不树之于无何有之乡，广莫之野，彷徨乎无为其侧，逍遥乎寝卧其下。不夭斤斧，物无害者，无所可用，安所困苦哉！"（《庄子·逍遥游》）这就是说，由于惠子和庄子所执的标准不同，评价同一棵树的价值就大不一样，在一方看来的无用之物可以一变而成为带来逍遥悠闲和安全感的有用之材。有用与无用的辩证转化关键是场阈的改变。所谓"无何有之乡，广莫之野"其实可以看做一种将所有成见都悬置起来的人与物一体未分的认识境界的暗喻。本来人对寰宇中万事万物进行划分区别和命名是认识的一种进步，但是世人却因此而陷入名实关系的迷惘，并在这些区别计较中有了无聊的争讼。庄子认为，其实"夫道未始有封，言未始有常，为是而有畛也"。（《庄子·齐物论》）所谓真理从不曾有过界线，言论也不曾有过定准，只因为各自认为只有自己的观点和看法才是正确的，这才有了这样或那样的界线和区别。

其三，"天地与我并生，而万物与我为一"。（《庄子·齐物论》）为彻底纠正世人在名实关系认识上的顽疾，庄周再撰《齐物论》，进一步尝试从多个方面来阐述人应该如何才能透过物与物之间、言谈之间千差万别的现象看清它们之间的相通性。庄子以人听到的各种风声为喻，虽然风声这种"地籁"的声音听起来有激、謞、叱、吸、叫、譹、突、咬，或者风声的旋律听起来有"前者唱于而随者唱喁，泠风则小和，飘风则大和，厉风济则众窍为虚"等各种不同，但其本质上不过都是从地表的多种窍穴里发出的。同理，"人籁"与"天籁"一样，虽有万般表现不同，但使它们发生和停息的也都是出于自身。例如人有欣喜、愤怒、悲哀、欢乐、忧思、叹惋、反复、恐惧、躁动轻浮、奢华放纵、情张欲狂、造姿作态等各种情态，就好像乐声从乐管中发出，又像菌类由地气蒸腾而成，日夜更替交织。因为世人既不知道各种情态是怎么萌生的，也寻不到它的具体踪迹，所以总被这些东西所驱使、奴役和主宰，忙碌得像快马奔驰没有停歇，一辈子困顿疲劳却不知道自己的归宿。庄子认为，其实人的品性和情感看起来千差万别，但归根结底也是齐一的或称之为"齐物"。同样，人们的各种看法和观点看起来也是千差万别，但归根结底也是没有绝对的是非和不同，或称之为"齐论"。道并不曾有过区分，言语的不同并不是实际的不同，人们所持有的是非与区分并非物之本然，而是主观对外物的认识偏好和观察角度不同，因而纠结于言论的是非区别实无必要。庄子认为物之不可分、言之不可辩，只有忘掉死生、忘掉是非，把自己寄托于无穷的大自然境域，才能实现无所凭依、物我交合和物我俱化的境界。

庄子认为，将事物分为彼此和是非两个方面本是人类所为，事物的这一面总是与事物的那一面相互依存，如果说事物的那一面存在是与非，事物的这一面也就同样存在正与误。"是"是无穷的，"非"也是无穷的，因此圣人不走划分正误是非的道路，而是观察比照事物的本然，顺应事物自身无穷无尽的变化。如果我们将世上一切小与大、丑与美、毁与成、成与分、千差万别的各种情态和事物都看成彼和此相互对立、相互依存和相互转化的统一体，那么世上的一切事物就不会不"齐"，不会不具有某种共同性，这是理解道的枢要，也是理解"齐物"与"齐论"立论的关键。又如一个事物被分解了，这就意味着生成了一个新的事物；一个新事物通过分解而生成了，这就意味着原事物的本有状态必定走向毁灭。无用与有用也是相对的，而且是相互包容的。所谓"为是不用而寓诸庸，此之谓以明"。（《庄子·齐物论》）在庄子看来，具有超个人意识的人就是真正明白了被人区别为对立的各种事物之间具有通达性的人，这也就是真正了解事物常理和接近于大道的人。

其四，"道之为名，所假而行"。（《庄子·则阳》）庄子还试图从主客体关系上入手，从认识论的基础上彻底破除世人对各种名利执着的幻觉。他先以"道"为例，说："周、遍、咸三者，异名同实，其指一也。"（《庄子·知北游》）这就是说万物、言论和大道这三个世界，虽然名称各异而意旨是归于同一的。庄子说："道行之而成，物谓之而然。"（《庄子·齐物论》）他透彻地认识到世界之初，人与物的存在本无区别，是因为人发明了语言，人对其他存在给予了命名和指称，才造就了事物的名称，所以，对名执着不放，其实是不懂得主客体的划分，及对其人与存在关系本质的愚昧无知。事实上，人类发明了语言来指称万物，划分认识的主客体，既促进了人类大脑的进化，但也给思维和感知觉带来了错觉。庄子就借梦的比喻阐述了人与物、名利追逐与虚无结局的关系。他说梦见自己变成蝴蝶，欣然自得，愉悦惬意，可突然间醒来，惊惶不定之间方知原来是一场梦。"不知周之梦为胡蝶与，胡蝶之梦为周与？"（《庄子·齐物论》）在人与物的认识关系中，外物可以进入人的意识而发生物我交合的"物化"，或者说，在人的意识中，一切事物都将浑而为一。推而广之，庄子认为，无论对于名利、快乐，还是人生的其他追求，"愚者自以为觉"，而事实上，"有大觉而后知此其大梦也"。（《庄子·齐物论》）庄子还借猴子朝三暮四的寓言告诉世人，从总的得失关系来看，"朝三""暮四"，其总和皆为"七"，名虽不一，实却无损。其实与人生的道理一样，无论你身前名利富贵得失多少，但总归在死的面前人人平等。

庄子认为只有真正看透了名实关系的人为"至人神矣"，可以说这种进入物我两忘境界的至人就是具有超个人心理素养的大师，不仅能忘掉死生，忘掉是非，置各种混乱纷争于不顾，视卑贱与尊贵同一，即使是"大泽焚而不能热，河汉冱而不能寒，疾雷破山、风振海而不能惊"，生死都无法改变和搅乱他的心，而且能依傍日月，怀藏宇宙，不怕乘云气，骑日月，游乎四海之外，跟万物合为一体，把自己寄托于无穷尽的境域之中。（《庄子·齐物论》）换而言之，庄子视阈下的"至人神矣"是一种看破人物两分、心灵与宇宙合二为一的高层次的意识状况。庄子赞扬了住在鲁国的原宪，虽然他家境贫困，但他"故养志者忘形，养形者忘利，致道者忘心矣"。（《庄子·让王》）孔子也赞赏了颜回："知足者不以利自累也，审自得者失之而不惧，行修于内者无位而不怍。"（《庄子·让王》）这就是说，知道满足的人不会因为利禄而使自己受到拘累，真正安闲自得的人明知失去了什么也不会畏缩焦虑，注意内心修养的人即使没有什么官职也不会因此感到惭愧。

在《庄子》中赞美的这种具有超越小我的高级意识状况或理想人格的"至人"和"圣人"，受到西方超个人心理学的关注。与既往将主客体二元分离当做认识前提的其他西方哲学和心理学派不同，超个人心理学正力图将传统文化、东方哲学和本土心理学的智慧整合到现代心理学的知识框架中，努力尝试建构一种融合东西方哲学和心理学的新的意识谱（spectrum of consciousness）和"转换意识状态"理论。他们认为人的意识可分为正常的意识状态和转换的意识状态。前者是低层次的、分化的意识状态，而后者则是高级的、超越自我的意识状态。所谓转换的意识状况是指个体明显地感觉到其心理活动的量和质都发生了变化的某种模式。例如可以将人的意识分为以下多种状况：做梦状态、睡眠状态、入睡状态、朦胧状态、过度警觉状态、困倦状态、狂喜状态、癔症状态、分裂状态、退行状态、迷离状态、白日梦状态、遐想状态、木僵状态、昏迷状态、储存的记忆状态、正常的觉醒状况和经过训练而进入的沉思状态等，其中沉思状态就是指一种具有感知能力提高，情感体验强烈，自我超越感明显的扩张的知觉形式。这种意识谱理论把人的意识分为心灵层、存在层、自我层和阴影层四个层次，认为每一层代表着对个人本体的不同理解。心灵层是人的最内在的与宇宙的终极实在相认同时的意识状态，又被称为宇宙意识层和人的最高本体层。在这里，我（self）与非我（non-self）的界限被打破，即达到东方哲学中所谓"天人合一"的境界。所谓存在层表示人与有时空的心身机体相认同，此时人的理性思维开始发挥作用，自我感、意志等开始发展，能将我与非我、机体与环境分隔开来。同时，其他环境因素也对人的意识产生影响，使每个人的存在意识和经验出现个别差异。自我（ego）层表明人只和他的自我意象相认同。人的有机体一分为二，一个是作为自我奴仆的肉体，另一个是与肉体相脱离的精神自我。人的本体意识在这一层次逐步缩小。阴影层是意识中最狭窄的层次，此时人只和自我意识的某些部分（或与其人格面具）相认同，自我的其他倾向则被视为痛苦的、不适当的阴影而被排除在外。超个人心理学家与庄子一样，认为只有那种能打破我与非我界限的意识才是唯一真实的，而那种将主客体、身与心、我与非我、心灵与宇宙分隔开来的其他层次的意识都是虚幻的。无论如何，庄学与超个人心理学都为现代和未来人的自我认识打开了一个新的眼界。

四、"知不可奈何而安之若命，惟有德者能之"

自我，即自我意识是指个体对自己存在状况的认知和体验，包括自我躯体、心理和社会角色三个层面的内容。在这三个层面中，躯体层面的自我意识不仅是自信的基础，也是人害怕患病、追求长寿和恐惧死亡的主要原因。因此，如何回答自我意识可以超越躯体的限制性是实现超个人心理的一个关键性问题。为此，庄子总是以各种身体畸形或残疾人的故事来阐述至人如何做到"安之若命"这一观点。在庄子笔下的各种身体畸形或残疾人大多是天生的或非主观意外造成的"自然人"，庄子认为，如果一个人能坦然接受自然给予的一切也就是顺其自然的正道，所谓"彼正正者，不失其性命之情"。（《庄子·骈拇》）庄子借身体畸形或残疾这一特殊境遇反复阐述了这样一个观点：德的充实并不受制于自己的躯体。子贡问孔子，何为畸人？孔子答道："畸人者，畸于人而侔于天，故曰，天之小人，人之君子；人之君子，天之小人也"。（《庄子·大宗师》）这就是说，身体残疾只是与世俗的人不同，却等同于自然的人。所以，一些残疾人善心德行堪称为人间的君子，而某些自夸为君子的人反而可能是反自然的小人。庄子称赞能坦然接受生而就只有一只脚的右师和被砍掉一只脚的鲁国王骀。孔子甚至赞颂王骀是可以为己之师的圣人，有与常人不一样的宽阔胸怀："死生亦大矣，而不得与之变，虽天地覆坠，亦将不与之遗。审乎无假，而不与物迁，命物之化，而守其宗也。"（《庄子·德充符》）在庄子看来，那些既不为先天少一条腿，也不为后天被人砍掉一只脚而生怨恨，置个人生死于度外，不忘初心，"游心乎德之和"，精神世界充实从不衰竭，只是把躯体当作精神的寓所，把耳目当作外表，掌握了自然赋予的智慧所通解的道理，顺其自然变化而信守宗旨的人就是具有超个人心理特质的圣贤。身体残疾如何对待可能会遭遇的异样的眼光和议论，这是一个考验残疾人胸怀的境遇，如被人砍掉了一只脚的申徒嘉原本听到那些笑话他的人就怒气填胸，但从师 19 年却一直得到老师的尊重，最后他顿悟了这样一个道理："知不可奈何而安之若命，惟有德者能之。"（《庄子·德充符》）

庄子认为才智完备和德不外显是超越小我至人的重要人格特征。庄子讲述了卫国哀骀它的故事。哀骀它是一个虽然面貌丑陋却受人亲近的人，他虽不居高位，没有钱财，从来也不倡导或鼓吹什么，但女人们都愿意与他亲近，国君也十分信任他，并乐于将国事交给他治理。庄子认为哀骀它是一个才智完备而德不外露的人。鲁哀公问孔子："何谓才全?"孔子回答说：如果死生存亡、穷达贫富、贤与不肖、毁誉、饥渴、寒暑，这些自然变化的东西都不能搅乱他本性的谐和，心灵通畅而不失怡悦，"使日夜无隙而与物为春，是接而生时于心者也"就是才全。鲁哀公又问："什么叫作德不外露呢?"孔子用比喻解释说：均平是水留止时的最佳状态。它可以作为取而效法的准绳，内心充满蕴含而外表毫无所动就是德不外露。所谓德，就是事得以成功、物得以顺和的最高修养。"眇乎小哉，所以属于人也! 謷乎大哉，独成其天!"（《庄子·德充符》）这正是庄子对那种超越小我的大我的赞叹!

在庄子看来，至高的理想的道德状况是："夫虚静恬淡寂漠无为者，天地之平而道德之至。"（《庄子·天道》）理想的人格并不是孤家寡人、沉默寡言，而是能静能动，朴素而俊美的。如庄子所说："静而圣，动而王，无为也而尊，朴素而天下莫能与之争美。"（《庄子·天道》）具有与人和谐的"人乐"和与天和谐的"天乐"。德的充实并不是刻意的做作，而是当为所为，所谓调和而顺应，这就是德；无心却适应，这就是道。（《庄子·知北游》）在庄子看来，"达生之情者傀，达于知者肖，达大命者随，达小命者遭"。（《庄子·列御寇》）通晓生命实情的人心胸开阔，通晓真知的人内心虚空豁达，通晓长寿之道的人随顺自然，通晓寿命短暂之理的人则能随遇而安。

五、"安时而处顺，哀乐不能入也，古者谓是帝之县解"

对自己生命历程的观照和反思是人类自我意识中的核心成分，人类不仅是世界上唯一知道自己的死亡不可避免的存在，而且是唯一具有对躯体进行审美、自尊和恐惧衰老死亡的动物，因此如何看待死亡是人生中最难超越的个人心理问题。只有放下对生死的执念才能彻底解除这种束缚。

首先，庄子承认和肯定了人生死的必然性和不可抗拒性。所谓"死生，命也，其有夜旦之常，天也。人之有所不得与，皆物之情也"。（《庄子·大宗师》）人只能顺其自然地坦然接受这一自然规律，所谓"适来，夫子时也；适去，夫子顺也"。（《庄子·养生主》）

其次，庄子还主张从"大我"的宇宙视野来看生死关系，他认为"方生方死，方死方生"，生死之间犹如一条没有阻隔的平坦大道，故人不必因生于人世倍加欢喜，因死亡而觉得祸患加身，所谓"明乎坦途，故生而不说，死而不祸，知终始之不可故也"。（《庄子·秋水》）死亡好比取光照亮人生的烛薪终会燃尽，但传播的火种在人间却永远不会穷尽。庄子还通过讲述子祀、子舆、子犁、子来"四人相视而笑，莫逆于心，遂相与为友"的故事，阐明人应该用"以天地为大炉，以造化为大冶"的宇宙观来看待人的死亡。（《庄子·大宗师》）庄子临近死亡时，弟子们准备用很多的东西来作为陪葬，庄子对弟子们说："我把天地当作棺椁，把日月当作连璧，把星辰当作珠玑，万物都可以成为我的陪葬。"庄子身体力行地实践了自己倡导的学说。

圣人对情绪情感的自我把控也超人一等，庄子讲述了老聃死后他的朋友秦失去吊丧，只大哭了三声便离开的故事。庄子认为，哀伤顺其本性表达即可，而无须为了某种名或孝装腔作势，并认为那是一种"不以好恶内伤其身"，顺其自然而不随意增添什么的"无情"状况。他认为人只要能安于天理和常分，顺从自然变化，哀伤和欢乐便都不能进入心怀。如果一个人能实现这种自然的解脱，那么就是寻到了解除倒悬之苦的正果，其他人又何必为此而悲痛欲绝呢？颜回很纳闷地请教孔子，为何鲁国一个叫孟孙才的人，"其母死，哭泣无涕，中心不戚，居丧不哀"，但这样一个人却因善于处理丧事而名扬鲁国。孔子不仅肯定了孟孙才从简治丧的行为，也赞扬了他对人之生死问题的觉悟："孟孙氏不知所以生，不知所以死；不知就先，不知就后；若化为物，以待其所不知之化已乎！"（《庄子·大宗师》）庄子借孔子之口想告诉世人：其实人乐生恶死的一切烦恼、悲哀和恐惧都在于人对生死这些本属自然的事情太过在意，太过操心操劳。庄子妻死，他甚至"方箕踞鼓盆而歌"，面对惠子的质问，他解释了自己停止哭泣的原因："人且偃然寝于巨室，而我噭噭然随而哭之，自以为不通乎命，故止也。"（《庄子·至乐》）可见，庄子从开始自然反应的哭泣到鼓盆而歌的变化是因为他对生命源于自然，又回归自然这种超个人心理的宇宙之律的顿悟。

对死亡的恐惧和死亡的痛苦全源自人的想象，那么为何不能想象死后的另一种自在的情景呢？庄子借梦中髑髅的话幽默地调侃世人，也许死后的逍遥反倒是胜过南面为王的一种至乐："死，无君于上，无臣于下；亦无四时之事，从然以天地为春秋，虽南面王乐，不能过也。"（《庄子·至乐》）庄子用积极的想象取代了世人消极的想象，充分体现了庄学诗性哲学超越凡世的智慧。

庄子认为，人虽然不要畏惧死亡，但也要尽量避免死于非命和不必要的早死。庄子借用一棵茂盛硕大的神社栎树与桂树、漆树等有用之树遭遇的不同来阐明这样一个处世做人的道理，对于一棵树"不材之木也，无所可用，故能若是之寿"；人也是如此，道德的毁败在于追求名声，而名声成了人与人之间互相倾轧的原因；知识成了争辩是非、互相争斗和彰显自我的工具，其实它们都像是致人于死地的凶器。忠臣和才子为何易遭人嫉妒和招致杀身之祸，如夏桀杀害了敢于直谏的关龙逢，商纣王杀害了力谏的叔叔比干，孔子和庄子都认为这些人物的早逝，一方面是因为他们的国君嫉妒这些臣子的声誉盖过自己，另一方面也是因为这些君子喜好名声的结果。因此，庄子认为，正像不能为人所用的树木才不至于被人砍伐而可以成其硕大的情况一样，能成为神人的人也就是那些不彰显自己的人！可惜的是，"人皆知有用之用，而莫知无用之用也"。（《庄子·人间世》）事实上，有用不得长寿，无用反而保全自己，这就是生死与有用和无用之间的辩证法。

为什么而死？死的意义一直是自古以来哲人热衷探讨的一个形而上的问题。与后来司马迁所说的"人固有一死，或重于泰山，或轻于鸿毛"不同，庄子认为在死面前人人平等，死的意义也是必须超越的一个执念。在庄子看来，自夏、商、周三代以来，无论是小人为私利丧生，还是士人为了名声、大夫为了家族和圣人为天下而牺牲，虽然这四种人图谋的目的不同，名声也各自不同，但他们用生命的代价，损害人的本性却是同样的。当我们在超越道德的意义上看死亡这件事，天下的人都在为某种目的而献身，又何必纠结于君子和小人死亡的意义有什么不同呢？（《庄子·骈拇》）

六、"不以心捐道，不以人助天"的"真人"人格标准

何谓真人？庄子在《大宗师》中给出的通晓自然和社会之理的"真人"的人格标准是："古之真人不逆寡，不雄成，不谟士。若然者，过而弗悔，当而不自得也。"这里说的是"真人"的为人方式：即不仗势欺人，不自恃成功而傲视他人，不算计他人，若错过了时机不后悔，若恰好有所获也不自以为得意。"真人"对待处境的态度则是：即使身处高位不会胆战心惊，下到社会底层不会湿脚，遇到考验也不觉得焦灼。从情绪和行为角度来看，"真人"因为既没有压抑，也没有过分的欲望，所以"其寝不梦，其觉无忧，其食不甘，其息深深"。从对待生死的态度来看，"真人"既不为出生而欣喜，也不厌恶死亡，只是"翛然而往，翛然而来而已矣。不忘其所始，不求其所终"，能坦然承受一切际遇，然后忘掉它，做到"不以心捐道，不以人助天"。简而言之，能顺其天地之道自由生活的人就是真人。"真人"重义而不结朋，个性独立而不固执，襟怀宽阔而不浮华，德性宽和平易近人，精神深邃而不夸夸其谈。当然，真人并不是不食人间烟火的超人，而是具有适应社会的良好的行为模式，即能做到"以刑为体，……以礼为翼，……以知为时，……以德为循"。

从洞察世道之理而言，真人是已经实现朝彻、见独与撄宁的人。所谓"朝彻"就

是指获得一种不再挂怀世界万事万物和自身，如太阳初升一般清新明彻的领悟状况，朝彻的人会具备一种不受任何外界事物影响，也不对任何事物有所依待的精神内守的"见独"人格；对于具有这种独立自强人格的人来说，古今和生死这种分界就已经变得不再重要。只要你对待万物采取了既不迎送，也不毁灭和求成的态度，那么你就能进入"撄宁"这种能领悟宇宙物质不灭和能量守恒之大道，而不受任何外界事物纷扰，保持内心宁静至高的修养境界。

庄子还在《天地》中列举了君子的十种美德和"八个不"。十种美德是："无为为之之谓天，无为言之之谓德，爱人利物之谓仁，不同同之之谓大，行不崖异之谓宽，有万不同之谓富。故执德之谓纪，德成之谓立，循于道之谓备，不以物挫志之谓完。君子明于此十者，则韬乎其事心之大也，沛乎其为万物逝也。""八个不"是："不利货财，不近贵富；不乐寿，不哀夭；不荣通，不丑穷；不拘一世之利以为己私分，不以王天下为己处显。"《达生》篇中也说至人不骄不躁，"为而不恃，长而不宰"。即有所作为而不自恃，有所建树而不自得。

在庄子眼中，圣人是精神健全的人，所谓"神全者，圣人之道也"。圣人也是人格特立独行的人，外界的赞誉与毁谤都不能影响他们的心志。"虽以天下誉之，得其所谓，謷然不顾；以天下非之，失其所谓，傥然不受。天下之非誉，无益损焉，是谓全德之人哉！"（《庄子·天地》）

就像孔子总将君子与小人的人格进行比较一样，庄子也有类似观察，如"大知闲闲，小知间间；大言炎炎，小言詹詹"。（《庄子·齐物论》）大知对小知，是两种不同人格的胸襟和智慧，一个豁达超脱，一个斤斤计较；大言对小言是两种不同的话语风格，一个谈吐不凡，一个小肚鸡肠。

庄子感叹世俗的人"福轻乎羽，莫之知载；祸重乎地，莫之知避"。（《庄子·人间世》）幸福其实比羽毛还轻，但人却不知道怎么取得；祸患比大地还重，而人却不知道怎么回避。他认为过分张扬自己，在别人面前宣扬你的德行是一件很危险的事情，这好比山上的树木因材质可用而招致砍伐，油脂因可以燃烧照明而被人取走熔煎，桂树皮因芳香可以食用而遭到砍伐，树漆因可派上用场而遭刀斧割裂。"人皆知有用之用，而莫知无用之用也。"（《庄子·人间世》）从这种意义上看，祸福都是自找的。

在庄子看来，大自然从无刻意作为，自得而又自足，"天无为以之清，地无为以之宁，故两无为相合，万物皆化"。（《庄子·至乐》）所以"无为也，天德而已矣"，大自然"无欲而天下足，无为而万物化，渊静而百姓定"。（《庄子·天地》）所以向大自然的"天德"学习就可以换而言之为"顺其自然"。什么是顺其自然？如何才能顺其自然？庄子说："君子不可以不刳心焉。无为为之之谓天，无为言之之谓德。"（《庄子·天地》)庄子很形象地用"刳心"这样一个词来说明人只有掏空心胸，才能排除一切刻意有为的杂念。这里所说的"无为为之"是指不用刻意的态度去做，天则是指自然；"无为言之"是指以没有心机的态度去言说，这就是顺应之德。就像自然之道那样"泽及万世而不为仁，长于上古而不为老，覆载天地、刻雕众形而不为巧"。(《庄子·大宗师》)如美人不再装饰而忘其美，勇夫不再逞强而忘其勇，黄帝闻道后甚至忘了自己的智慧。向大自然学习，奉自然之道为"大宗师"是庄学的基本宗旨。庄子认为："有者，昔之君子；无者，天地之友。"(《庄子·在宥》)也就是说，那些仍将自己的目光停留在自身和各种物象存在的人，就是过去的君子；而那些似乎看不到自身各种物象存在的人就像是与永恒的天地结成了朋友的人。

与顺其自然相反的是那种绞尽脑汁和挖空心思的"机心"，庄子用一连串的顶真句阐述了"机心"带来的后果："机心存于胸中，则纯白不备；纯白不备，则神生不定；神生不定者，道之所不载也。"(《庄子·天地》)圣人是勇敢的，所谓"临大难而不惧者，圣人之勇也"。(《庄子·秋水》)

七、静坐心空物我两忘的"坐忘"

庄子认为，高贵、富有、尊显、威严、声名、利禄6种情况是扰乱意志的因素，容貌、举止、美色、辞理、气调、情意6种情况是束缚心灵的因素，憎恶、欲念、欣喜、愤怒、悲哀、欢乐6种情况是牵累道德的因素，而离去、靠拢、贪取、施与、智虑、技能6种情况是堵塞大道的因素，只有祛除这些干扰、束缚和牵累，才能打通悟道的阻碍，内心才会平正，平正才会宁静，宁静才会明澈，明澈才会虚空，虚空就能恬适顺应无所作为而又无所不为。在庄子看来，大道是自然的敬仰，生命是盛德的光华，禀性是生命的本根。合乎本性的行动，称之为率真的作为；受伪情驱使的行动却失却了本性。(《庄子·庚桑楚》)

庄子认为，大凡对外物看得过重的人其内心世界一定很笨拙，所谓"凡外重者内拙"。(《庄子·达生》)而至善和聪明的人应该是能保持天生的真情，善于反省和向内心求索，有自知之明的人，即"吾所谓臧者，非所谓仁义之谓也，任其性命之情而已矣；吾所谓聪者，非谓其闻彼也，自闻而已矣；吾所谓明者，非谓其见彼也，自见而已矣"。(《庄子·骈拇》)

如何才能让自己保持天然的真和反观内心，做到物我两忘呢？除了有这样的志意，还需要知晓具体的操作方法。如何才能超越人世间各种事务对个人生死情绪的影响，达到"行事之情而忘其身，何暇至于悦生而恶死"的境界，庄子讲述了孔子向弟子颜回讲解的心斋方法。什么是心斋？孔子的解答是："一若志，无听之以耳而听之以心，无听之以心而听之以气！听止于耳，心止于符。气也者，虚而待物者也。唯道集虚。虚者，心斋也。"（《庄子·人间世》）可见凝寂虚无空明的心境就是心斋。颜回向老师孔子汇报自己心性修养进步的阶段性标志依次是：先是忘记仁义，其次是忘记礼乐，最后是坐忘。"何谓坐忘？"颜回曰："堕肢体，黜聪明，离形去知，同于大通，此谓坐忘。"（《庄子·大宗师》）无论是忘仁义，还是忘礼乐，说的都是人的内心不再需要刻意按照那些外在东西循规蹈矩，彬彬有礼，而是出于本心行事，怡然自在；而坐忘则是更进一步的修炼境界，即这是一种连自己的躯体和聪明才智也被悬置，超越身心，物我两忘的状况。什么叫忘记自己，庄子的解释是："忘乎物，忘乎天，其名为忘己。忘己之人，是之谓入于天。"（《庄子·天地》）据考证，早在4 000多年前印度雕刻中便有闭目静坐沉思坐忘形态的修行者。通过跨文化比较不难发现，沉思、内观、祈祷、瑜珈等都可能是与坐忘具有类似作用的一些古老的心性修炼的方法，普遍存在于各种宗教流派、传统医学和东亚文化传统之中。

坐忘并不是为了追求心灵的空白，而是为了清净和纯洁心灵，通晓大道。所谓"机心存于胸中，则纯白不备；纯白不备，则神生不定；神生不定者，道之所不载也"。（《庄子·天地》）庄子呼吁修炼者要"谨守而勿失，是谓反其真"。（《庄子·秋水》）即要谨守自己的禀性，返璞归真，不要用人的行为毁灭天然，不要为获取虚名而不遗余力。

庄子描述了正念内观方法的要点："若正汝形，一汝视，天和将至；摄汝知，一汝度，神将来舍。德将为汝美，道将为汝居，汝瞳焉如新生之犊而无求其故！"（《庄子·知北游》）具体来说，就是要求修炼者端正其形体，集中注意力，收敛心智，集中思忖，自然的和气便会到来，精神就会来你这里停留，玄德将为你而显得美好，大道将居处于你的心中，就像初生小牛犊那样稚气无邪而不会去探求外在的事物。

坐忘的效果是："无视无听，抱神以静，形将自正。必静必清，无劳女形，无摇女精，乃可以长生。目无所见，耳无所闻，心无所知，女神将守形，形乃长生。"（《庄子·在宥》）意思是说什么也不看，什么也不听，让精神保持宁静，行为自然顺应正道。一定要保持宁静和清净，不要使身形劳累和精神恍惚，就可以长生。庄子认为，所谓养心就是一种"坐忘"的状况，他描述的那种体验如下："心养。汝徒处无为，而物自化。堕尔形体，吐尔聪明，伦与物忘，大同乎涬溟，解心释神，莫然无魂。"（《庄子·在宥》）修身养性的要点是让心处于一种无为之境，等待万物的自然变化。忘却自己的身体，放弃那些自以为是的聪明，将那些所谓的伦理和万物一块忘记，与茫茫自然之气同呼吸，解除思虑，放飞精神，好像没有魂灵一般。

据文献报道，近30年来，古人发明的这些心性修炼的方法引起了超个人心理学浓厚的研究兴趣，在推动静坐沉思、坐忘、内观、祈祷、瑜伽等来自于东方传统文化的心性修养方法的研究和普及训练方面都发挥了重要的作用。目前，静坐沉思、坐忘和内观等已成为在美国等西方国家流行的研究意识状态改变、探索心灵奥秘、减轻心理压力、促进健康的一些特殊技巧。超个人心理学认为，当个人在静坐沉思时，浮躁的心灵便会慢慢沉静下来，知觉到一种柔和的情感和感觉微妙的内心体验；初时，所有的经验对象都分崩离析，留下来的仅仅只有纯粹的意识；之后，经验对象再在一种自我超越的转换意识状态中重新组合，出现一种心灵彻悟或恍然大悟的全新的意识转换状况（或完型）及其解脱或逍遥的愉悦的高峰体验。

超个人心理学认为人的本质是精神性（spiritual）的，人的精神才是他能超越一切其他存在的高贵之处，人类具有精神追求的强烈驱力；人的意识状况是多维的，而不仅仅只是理智的逻辑的意识，人还有潜意识和反思、自省及超越自我的意识，人意识的使命不应只是自我实现而已，人还需要有超越自我和全宇宙等更高的意识和精神追求，人的意识不仅能反思深入内在的心灵，也能回首过往反思历史，还能超越躯体和当下探寻未来和全宇宙的发展与意义。人的精神追求最本质的特征是它的充实性，充实的表现形式是热心的奉献、由衷的热爱、扎实的行动；充实的反面则是精神的空虚，空虚意味着没有目的，没有追求，没有意义，没有行动。事实上，精神追求是个体心理健康和自我实现的最高层级。有精神追求的心理健康才是完整的。进入意识和改变意识的途径和方法也是多元的，不仅可以通过学习古籍、听取导师的教诲、行为训练，还可以通过体悟、磨难、静坐、内观等途径与方法来实现进入、改变、转换意识的目的。无论是历史上诸子百家的探索，还是现代多种心理学流派的研究都证明，提升个体的精神境界、转变人格和实现心性修养的道路是多种多样的。任何修炼者不必教条地执着于任何一种特殊的灵修（spiritual practice）方法，从跨文化比较和现象学的视角来看，坐忘就是一种将各种理论教条悬置起来，让心灵空灵起来的训练。明代大儒陈献章就曾经历过一段从苦读经典的苦闷到坐忘悬置教条束缚，获得心灵自在的精神解放过程。他在故园里筑春阳台静坐数年，诗中曾有"坐忘一室内，天地极劳攘"[①]的记载。他开悟的体会是："舍彼之繁，求吾之约，惟在静坐，久之，然后见吾心之体隐然呈露，常若有物。日用间种种应酬，随吾所欲，如马追御衔勒也。"[②]他还说："以我观书，则随处得益；以书缚我，则释卷而茫然。""千卷万卷书，全功归在我，吾心内自得，糟粕安用那！"[③]由此可见，我们不能将坐忘理解为简单的静坐而已，其反而

---

①②③　陈献章. 陈献章集（上）[M]. 孙通海，点校. 北京：中华书局，1987：303，145，288.

是一种意识的扩展、敞开、澄明、宁静、明朗的状况，是一种个体对文本世界本质的洞察和对自然世界本质回归的过程。

传统中国哲学诸子百家总是强调人要朝自我内心求索，而不要受书本和圣人言论约束的思想受到超个人心理学的青睐。他们不再像精神分析学说那样将潜意识看成邪恶肮脏黑暗的潘多拉盒子，而是用更开阔、更积极的眼光看待人的内在深处的心性或精神本体，认为人的本性是值得敬仰的丰富的智慧之源。全部心性修炼方法的关键在于如何防止和祛除各种世俗名利和物欲对这种天然智慧的遮蔽！

八、"忘适之适，生于陵而安于陵，故也；长于水而安于水，惟也"

中国人习惯将"安"与"静"并称合用，虽然两字语义有别。"安"即心安，是指内心没有冲突矛盾；而"静"是指情绪没有波动起伏的平稳，因此，"安静"是指没有内心冲突的平稳情绪。如果基于生存环境因素的考虑，安于现状的心境就是安静。孔子曾问一位生于山间的泳者："何谓始乎故，长乎性，成乎命？"对方答道："吾生于陵而安于陵，故也；长于水而安于水，性也；不知吾所以然而然，命也。"（《庄子·达生》）在上述意义上，"安"与"适应"语义相近。庄子说："忘足，屦之适也；忘要，带之适也；知忘是非，心之适也；不内变，不外从，事会之适也。始乎适而未尝不适者，忘适之适也。"（《庄子·达生》）忘记人与鞋、腰带等外物的对立，忘记人与人之间的是非，最难得的是忘记适与不适这样的意念，那么人就会安心了。庄子所说的"忘适之适也"这句话是否可以帮助那些有适应障碍的大学新生用于解决其心理问题呢？这句话的本质是要当事人放弃对"适应"这个概念的过度关注或自我判断，以及由此消除这个概念带来的焦虑与抑郁情绪。

庄子认为，神农、黄帝这些圣贤处世的法则是"无誉无訾""与时俱化""无肯专为""以和为量""不物于物"，就是说真正的圣贤是不在乎赞毁，不偏滞于一方，能与时进退，以和顺为度，不被名与外物所奴役的人。（《庄子·山木》）庄子还借昼伏夜行的花豹为何也遭人围猎的事来说明一个道理，这是由花豹的皮毛惹来的祸，所以他说"吾愿君刳形去皮，洒心去欲，而游于无人之野"（《庄子·山木》），劝人通过放下一切欲望，实现真正的安心。庄子将向往"建德之国"和"道德之乡"作为修炼者的一种理想，所谓"弟子志之，其唯道德之乡乎！"其实他所赞美的"建德之国"和"道德之乡"都是指那种"少私而寡欲"的精神境界。庄子用比喻告诉人们，一个人要达到这种道德之乡和建德之国并不容易，不仅道路遥远艰险，有江河山岭阻隔，还没有现成可用的船车，没有粮食，也没有别人可以帮忙，只有放下高傲，不墨守滞留，减少不必要的耗费，节制自己的欲念，才会拥有充足的粮食和舟车，可以走到这个道德之乡。

最后，我们需要对庄学与超个人心理学作出一个简要的评价，正确解读以"逍遥"闻名的庄学，与澄清超个人心理学的各种误会都是一种必要的工作。后人不能望文生义，以为庄学所讲的"逍遥""无我"或"大我"是逃避现实，是虚无主义，正像不能将超个人心理学解释为"超人"（extrapersonal）或"超心理学"（parapsychology）一样。其实庄学和超个人心理学只是对长期以来心理学界过分强调的自我心理学的眼界和研究范式的一种突破，这种突破也是对现代心理学的一种贡献，主要体现在：其一，在心理学研究对象上，庄学和超个人心理学都体现了一种最具包容性的人性模式，不仅将杰出的圣人，还将残疾人都纳入关注的研究对象；不仅将人的本性、潜能、道德、世界观、生死观、价值观、身体观等精神和日常社会生活问题都纳入作为整体的人的心理活动中，而且将意向关注的范围扩大到整个与人类生存有关的宇宙，而不再局限于个人，从而大大扩展了心理学的眼界。其二，在心理学方法论上，庄学与超个人心理学的价值取向不再局限于唯科学主义和理性主义，而将心理学回归到人的道德、欲望、情态等人性的特质上来。为了实现这种对传统心理学思维模式和语言表述方式束缚的突破，庄学和超个人心理学都采取了最具开放性的认知模式，即一种超个人经验的寓言或坐忘体验式等新的方法论。其三，在心理学的任务方面，庄学和超个人心理学虽然都具有浓厚的哲学气质，但其实更是一种具有深入生命与存在这种终极问题的深度思考，站在超越自我意识的高度重新看世界的完形心理学和心性修炼的新方法，并发展出一种最具综合性的新的心理治疗技术，为现代人倡导了一种崇尚宁静、和谐，追求超越个人自我眼界的高尚的精神生活方式。

庄子认为，"夫明白于天地之德者，此之谓大本大宗"（《庄子·天道》），可现实中仍然有许多"大惑者，终身不解；大愚者，终身不灵"。（《庄子·天地》）事实上，庄学长期以来被误解为只是一种浪漫的文学作品或者理想主义的形而上学，这是因为那些世代沉浸在狭隘自我意识王国中的人还难以企及这种仰望星空的思想高度。

第八章 《孟子》的人道主义心理学思想

孟子说："仁也者，人也。合而言之，道也。"可见，孔孟之学其实就是人道主义心理学。"尽其心者，知其性也。知其性，则知天矣。"人道主义坚持人的本质特性，反对将人性还原为动物性。人道主义坚持人的平等性，孟子发出了"圣人与我同类""人皆可以为尧舜"这样响亮的人本主义口号。"万物皆备于我矣。反身而诚，乐莫大焉。"孟子人本主义更强调主体内在的价值观在人的行为和幸福感中的主导作用。在孟子看来，人的快乐并不来自于别人，人对美德本身的追求就是一种自我奖赏，它能获得一种更深刻的幸福感和生活的丰富感。

万物皆备于我矣。

反身而诚，乐莫大焉。

——《孟子·尽心上》

孟子（前372—前289），名柯，字子舆，战国时鲁国邹（今山东邹城市人）。据司马迁在《史记·孟子荀卿列传》中的记载，孟子"受业子思（孔伋，孔子之孙）之门人"。孟子极崇拜孔子，赞叹："自有生民以来，未有孔子也。"自称一生"所愿，则学孔子也"。（《孟子·公孙丑上》）《孟子》一书是孟子与门徒万章、公孙丑等人共同著述的，其目的是"述仲尼之意"。在汉代，《孟子》被认为是辅翼"经书"的"传"，与孔子的《论语》并列。到南宋，经朱熹编撰，《孟子》成为阐述儒家学说精髓的《四书》之一。到明清，此书已成为科举考试的必读之书，孟子被公认为儒家思想的主要传人。孔子与孟子之说被后人合称为"孔孟之道"。

孔子去世后，如何理解和阐释孔子的思想，儒门弟子各有不同的解读。孟子认为，孔学就是人道之学，曰："仁也者，人也。合而言之，道也。"（《孟子·尽心下》）王阳明认为："圣人之学，心学也。"其实两种理解在本质上并无不同，只不过强调的侧重点有所差异。所谓人道之学强调仁义是区别于动物的特性，关注的是人与人之间的社会关系；而心学则强调心（意识）的决定性作用，关注的是意识与存在的关系。仁，即人道，由心所生，由行所成，两者是人本质内外属性的统一整体。

站在今天世界知识交流的宽阔视野来看，孔孟仁学、心学与人本主义心理学殊途同归，都是一种人道主义（humanism）。从人道主义来看，人格或心理健康问题并不只是医学，甚至不是心理学特有的问题，而是同社会伦理标准紧密联系在一起的人学。本章基于《孟子》中的人道主义心学思想与人本主义和积极心理学的跨文化比较，对《孟子》中有关人道主义心学基本观点进行梳理和阐述。

一、圣人之学就是心学

在孟子和王阳明看来，圣人之学就是心学，那么，心在哪里？何谓心学？在中国古代汉语中，"心"字属于象形字，据甲骨文和小篆，其本义指心脏，"心"字中间像心脏，外面像心的包络，故《说文解字》解释："心，人心。在身之中，象形。"作为哺乳动物，心脏是从受精卵发育出来的第一个器官，而且是推动血液循环的主要动力器官，因此，在生理上，心脏的作用至关重要。从"心"衍生出来的其他语义中，多指人的思维器官和心理活动，如《诗经·小雅·杕杜》中有"日月阳止，女心伤止。……卉木萋止，女心悲止"，这些诗句中讲的伤心和心悲都是指一种情绪状况。《孟子·告子上》曰："心之官则思，思则得之，不思则不得也。"可见，孟子及其儒学里所讲的"心"主要是指位于大脑中担负思维等心理活动的"意识之心"。但令不少人犯糊涂的是：人在感到兴奋激动或悲伤难过之时，为何常捂住胸前心脏的位置（俗称"心口"）？详细解释这里面的生理机制可能需要用一篇专题的论文才能讲得清楚，但这里可以先简单地做个交代，那就是在大脑和心脏之间有神经和血管通路的密切连接，所谓牵一发而动全身，任何心理活动都最直接和显著地影响着心脏的功能状况。换而言之，心脏成了个体自我最能感知大脑心理活动变化的感应器。

为何史学家都将孟子称为心学的开创者呢？这是因为孟子对意识之心的性质与功能的阐述注入了许多新的深刻内涵。用今天容易明白的话语来解释，其中重要的观点包括：意识之心是指人的意识，是可以影响情绪和行为，乃至躯体状况的核心，是决定仁义礼智的先天条件；意识的意向性决定了人对所有存在的命名、理解和把握，也决定了自我概念的和谐与发展，等等。所谓心学，可以理解为是一种从人的意向性，即意识的根本属性来看待一切存在和认识现象的哲学取向。"取向"就是看问题的视角，当然不能曲解为"唯心"。心学所讨论的问题与整个儒学历来所关注的问题并无不同，而只是更多地从自我意识、自我的主观能动性、自我反省内观的视角来讨论对这些问题的理解、解释，或解决的途径与方法。当然，从孟子、周敦颐、二程、陆九渊、王阳明等人看来，心学是儒学的正统和新形态，是一种有深度的圣学，曰："孔子登东山而小鲁，登太山而小天下，故观于海者难为水，游于圣人之门者难为言。"（《孟子·尽心上》）因为后学担心圣学有失传的危险，他们便立志要将心学的守正传承、创新转化当作自己毕生追求的奋斗目标。

二、人的本质属性

心学和其他人本主义一样，坚持人的本质特性，反对将人性还原为动物性，而人性首先在于人具有动物所没有的道德之性或良知。孟子认为，人类区别于禽兽的地方本来就很少，但是很多人还抛弃了这点差异。这一点点的区别就在于人伦良知，即"无恻隐之心，非人也；无羞恶之心，非人也；无辞让之心，非人也；无是非之心，非人也"。（《孟子·公孙丑上》）人道主义的理论核心正是从这种关于人性的理解开始建构的。在孟子时代，早已有"性无善无不善"或"性可以为善，可以为不善"等各家学说之争，孟子清晰地表明了自己的观点，认为："仁义礼智，非由外烁我也，我固有之也，弗思耳矣。""恻隐之心，人皆有之；羞恶之心，人皆有之；恭敬之心，人皆有之；是非之心，人皆有之。"（《孟子·告子上》）也就是说，孟子认为，人具有一种区别于动物的本质属性，这种属性的重要特点就是先天的良知之心。他说："恻隐之心，仁之端也；羞恶之心，义之端也；辞让之心，礼之端也；是非之心，智之端也。"（《孟子·公孙丑上》）按《说文解字》的注解，所谓"端"，直也，正也，指事物的开头或事情的起因。请注意上述语句的逻辑结构，这是一个由前后件构成的命题，其中"恻隐之心""羞恶之心""辞让之心""是非之心"是指先天具有的良知，而"仁义礼智"才是建立在前提之上的后天形成的道德伦理观。有些人一听到"先天"两字就十分排斥，以为这肯定是唯心的或先验的论调。其实，"先天"一词在认识论的语境下只是指在当下的认识和行为之前，人已经具备的意识功能，当然这种所谓的先天良知也可理解为是在进化过程中的获得性心理遗产，是在童年时期逐渐建构起来的。如果没有这种先天具有的心的本质属性，那么，儒家的自省、道家的内丹、禅学的内观等一切修身养性就无所观、无所修和无所归依。

孟子肯定了人的良知具有普遍原型的观点与康德关于统一的"绝对律令"（categorical imperative）是所有道德思考的必要基础一样，具有重大的学术价值和积极的社会意义。康德认为，与一般认识能力的产生一样，道德也以头脑中的某种先天的特质或范畴为基础，使得经验和知识的解释和建构成为可能。这种先天范畴是道德概念的框架和必要基础，他称之为"绝对律令"，在这种律令的支配下，一个人似乎必须如此行事，因为这是一种具有普世价值的准则。英国哲学家和精神分析家乔治·弗兰克尔认为，孔夫子所说的"己所不欲，勿施于人"就是一种符合绝对律令准则的善意的戒命①，或者说孔孟的人性之说与康德的道德律令说都是对人本质属性的表述。

---

① 弗兰克尔. 道德的基础［M］. 王雪梅，译. 北京：国际文化出版公司，2007：178.

人虽有伦理道德的心理原型，但仍需要自觉培育、践行和有所作为，人伦才会成长充实起来，如孟子所说："凡有四端于我者，知皆扩而充之矣，若火之始然，泉之始达。"（《孟子·公孙丑上》）相反，那些虽然有良知而自认为无所作为的人，就是自暴自弃的人。事实上，人只有主动去实践道德行为才能称得上是真正的自我实现，良知"求则得之，舍则失之，是求有益于得也，求在我者也"。（《孟子·尽心上》）良知人固有之，但"操则存，舍则亡"。（《孟子·告子上》）这正是孟子心学对人性认识的辩证法，可见，我们对孟子心学的评价不能偏颇。

三、意向性是人意识的本质属性，并且决定了人的快乐

作为一种共识，自我意识是人区别于动物意识的本质属性，而这种自我意识除了大家熟知的自我概念、自信、自卑、自大、自我认识等现象之外，还有意识的意向性。现象学认为，意向性是意识的本质属性。孟子说："万物皆备于我矣。反身而诚，乐莫大焉。强恕而行，求仁莫近焉。"（《孟子·尽心上》）一些人总质疑"万物皆备于我"是否将存在与意识的关系弄颠倒了，其实，这句话是从认识论的角度来说的，因为只有依靠人的意向性才能将万事万物作为认知对象纳入认识范畴，并且因人意识的构造作用而建构出所谓的"理"。或者说万事万物的理都是人心所发明和建构的，用一句佛家的话来说，就是"万法由心生"。如果人反躬自问，自觉心诚纯粹，就会明白世界上没有什么东西能离开心而有意义，明白了这个道理，并且按照推己及人的恕道去实践，实现人之道的仁就是非常容易的事情了，这等于说，一个人明白了是自己的"心之所向"才决定了自己的快乐。人对良知的回归和追求本身就是一种对自我的奖赏，因为它能带来一种具有深刻意义的充实感。这种由心所决定的快乐与靠外部奖赏带来的快乐是完全不同的。有一次孟子对别人说："人知之，亦嚣嚣；人不知，亦嚣嚣。"（《孟子·尽心上》）这就是说自己内心的快乐并不取决于别人是否能理解。当别人请教他是如何做到的，孟子回答说那是因为他能"尊德乐义，则可以嚣嚣"。可见，源出于自己内心价值观的快乐，就不会出现资源枯竭和受环境的制约。孟子只关心自身的修养，而不在乎在现实中自我实现的程度，他说："君子所性，虽大行不加焉，虽穷居不损焉，分定故也。"（《孟子·尽心上》）他认为人的本性不会因为理想的实现而增加什么，也不会因为贫穷和隐居而损失什么。在孔门奉行价值观的眼光之下，真正的快乐是与贤德之心联系在一起的，孟子拜见梁惠王时就阐述了这样一个道德心理学命题："贤者而后乐此，不贤者虽有此，不乐也。"（《孟子·梁惠王上》）有德不仅在快乐之前，而且是快乐可持续的保障。相反，无德的人即使拥有了巨额的钱财，也是不会有真快乐的。作为一个君王或官员的真快乐应该是"与民偕乐"。（《孟子·梁惠

王上》）从当下许多贪官腐败的案例来看，金钱、美女不仅没有给这些人带来快乐，反而将其送进了监狱。

存在主义和人本主义都坚持人存在的第一位性，认为"人除了自己认为的那样以外，什么都不是"。孟子曾对梁惠王说"王何必曰利，亦有仁义而已矣"。（《孟子·梁惠王上》）简而言之，心学将快乐建构在意向性决定的自我认定的价值之上，而不是外在的或别人的标准。孟子多次向弟子表示要像孔子那样，"士憎兹多口"，"愠于群小"。（《孟子·尽心下》）君子只要问心无愧，就不必计较别人的讥笑议论。从这种意义上说，心学和人本主义是"严峻的乐观主义"（萨特语）或积极的心理学。

四、坚持人道和心的平等性，以及意向对行为模式的选择作用

心学和人道主义坚持人与人之间的主体地位和发展可能的平等性。孟子不仅发出了"圣人与我同类"（《孟子·告子上》）、"人皆可以为尧舜"（《孟子·告子下》）这样响亮的人本主义口号，而且进一步指出了这种平等性的根据在于人应遵循的"理"和"义"的同一性。他认为，"心之所同然者何也？谓理也，义也。圣人先得我心之所同然耳"。（《孟子·告子上》）孟子所说的这种同类的平等性应理解为心性功能的生物进化的共性和普遍性。

虽然在心的意向性功能和主体发展的可能性上人人平等，但因为个体意向的选择和言行模式的差异而导致人性格和命运的不同。如孔子所说："性相近也，习相远也。"（《论语·阳货》）孟子进一步认为，造成这种习相远的重要原因与各人选择的学习榜样不同有关。他说："子服尧之服，诵尧之言，行尧之行，是尧而已矣。子服桀之服，诵桀之言，行桀之行，是桀而已矣。"（《孟子·告子下》）可见，虽然天性同一，但仍需要后天的学习磨砺，可谓学什么像什么，人格源于行为的习得。孟子列举了中国历史上的两个人物来说明行为习得与人格塑造和命运的关系，曰："鸡鸣而起，孳孳为善者，舜之徒也；鸡鸣而起，孳孳为利者，跖之徒也。欲知舜与跖之分，无他，利与善之间也。"（《孟子·尽心上》）从这种意义上看，人的确是自己成就自己的，所谓"祸福无不自己求之者"，"天作孽，犹可违；自作孽，不可活"。（《孟子·公孙丑上》）由此可见，凡人不是没有机会，也不是他不能，而是他不想、不作为，即在于"人病不求耳"。（《孟子·告子下》）在孟子看来，不为者与不能者是不同的。孟子赞同《诗经·大雅·烝民》中"德辖如毛，民鲜克举之"的观点，向齐宣王提出了一个面质的问题：为什么有些人"力足以举百钧，而不足以举一羽"呢？这是因为这种人不愿意用力气。进而，孟子将这一说理方式推广到治国之道，认为"王之不王，不为也，非不能也"。（《孟子·梁惠王上》）"主观不作为"的问题说明了意向性在道德实

践中的作用。

孟子赞同《诗经》上所说的观点："永言配命，自求多福。"这与存在主义以下的观点是内在一致的："一个人投入生活，给自己画了像，除了这个画像外，什么都没有。""一个人不多不少就是他的一系列行径；他是构成这些行径的总和、组织和一套关系。""世界上并没有懦夫气质这样的东西。""因为使人成为懦夫的是放弃或者让步的行为，而气质并不是一种行动。一个人成为懦夫是根据他做的事情决定的。""是懦夫把自己变成懦夫，是英雄把自己变成英雄；而且这种可能性是永远存在的，即懦夫可以振作起来，不再成为懦夫，而英雄也可以不再成为英雄。要紧的是整个承担责任，而不是通过某一特殊事例或某一特殊行动就作为你整个承担责任。"① 可见，虽然人皆可为尧舜，但人觉悟有先后，我们应该让先知先觉者去唤醒后知后觉者，即"使先知觉后知，使先觉觉后觉"。(《孟子·万章下》) 正因为人的觉悟程度和实践努力的方向不同，造成了人与人之间性格和命运的巨大差异。

孟子认为，当一个人失败时，应该反思自己的原因，而不是外归因，他以射箭为例来阐释这个道理："仁者如射，射者正己而后发，发而不中，不怨胜己者，反求诸己而已矣。"(《孟子·公孙丑上》) 存在主义也认为，意志的自由是道德的前提，人类道德依靠意志的力量已经超越了本能的驱动与条件反射，人要为自己好的意志行为和坏的意志行为而勇于承担选择的责任，事实上，优秀的品质"操则存，舍则亡"。(《孟子·告子上》)

五、"学问之道无他，求其放心而已矣"

在孟子看来，仁是人善良的天性，而义则是人应该行走的道路，可悲哀的是有些人却舍其正道而不走，丢失了鸡犬都知道去寻找，而丢失了自己的善良却不去寻求。于是，孟子认为，学问之道无他，就是为了找回丢失的初心而已。所谓初心就是赤子之心，孟子认为，"大人者，不失其赤子之心者也"。(《孟子·离娄下》)

心学和人本主义都坚持人是一个有自主权的主体，强调人思维的能动性。孟子认为感官容易被现实世界遮蔽，而人的高贵之处在于有思维的能力。所谓"耳目之官不思，而蔽于物。物交物，则引之而已矣。心之官则思，思则得之，不思则不得也。此天之所与我者"。(《孟子·告子上》) 基于对人的主体能动性的观点，心学和人本主义都具有内归因的认知取向，提倡凡遇到挫折和失败应该"君子不怨天，不尤人"。

① 萨特. 存在主义是一种人道主义 [M]. 周煦良，汤永宽，译. 上海：上海译文出版社，2005：19−20.

（《孟子·公孙丑下》）"爱人不亲反其仁，治人不治反其智，礼人不答反其敬。行有不得者，皆反求诸己，其身正而天下归之。"（《孟子·离娄上》）孟子认为，即使是对那些待我以横逆之人，作为君子都应该检查自己是否做到了仁善、有礼、忠诚。在心学看来，自我反思的归因取向是君子的优秀品格，而反思的关键在于要诚心诚意，所谓"思诚者，人之道也。至诚而不动者，未之有也；不诚，未有能动者也"。（《孟子·离娄上》）追求心诚既是做人的根本、认知自我的条件，也是感动别人的根本。曾受益于中国传统文化的西方人本主义心理学也将反躬自问的责任之心视为通向自我实现的重要途径，将真诚一致（congruence）视为受辅者中心疗法成功的基本条件，这与儒家的思想是完全一致的。

孟子认为，"尽其心者，知其性也。知其性，则知天矣"。（《孟子·尽心上》）认为能够竭尽自己良知的人，就是懂得人生的本性了；如果能按照良知行事，那也就是懂得天命了。人不管短命还是长寿，只要存其心，养其性，顺应天命，就是安身立命的正道。可见，孟子心学就是依照人之本性安身立命的人道主义心理学。

六、仁者爱人，推己及人，是人本主义的重要原则

人本主义心理学认为，关心社会，同情和帮助他人是自我实现者的基本人格特征之一，将无条件的积极关注（unconditional positive regard）和同理心（empathic understanding）视为人本主义疗法的基本态度和关键性技术。人本主义心理学的上述观点和主张与儒家仁者爱人的观点是完全一致的。

孟子认为，君子所以异于常人的地方就在于总是"以仁存心，以礼存心"，而仁心的具体表现就是"仁者爱人，有礼者敬人"。（《孟子·离娄下》）尊重别人是人际交往中最重要的原则，因为受人尊重是人性中的基本需求。孟子指出，如果用轻蔑的态度称呼别人，将用脚践踏过的东西再给别人，即使是乞丐也不会要的，所谓"呼尔而与之，行道之人弗受；蹴尔而与之，乞人不屑也"。（《孟子·告子上》）

爱是仁的具体表现形态，仁与不仁有不同的爱及其爱的效果。孟子说："仁者以其所爱及其所不爱，不仁者以其所不爱及其所爱。"（《孟子·尽心下》）仁德的人不仅可以把恩惠给予自己所爱的人，也可以惠及所不爱的人；而不仁德的人则不仅将灾害加给自己不喜欢的人，同时也会累及自己喜爱的人。当然，"爱人者人恒爱之，敬人者人恒敬之"。（《孟子·离娄下》）仁者和有礼者也会得到别人的尊敬和爱戴。

孔孟经常说，做人的道理就在眼前，可是有些人不关心家人，却偏偏热衷要到远处寻觅做公益，看来这些人是将爱的付出与名利联系在一起了。爱有多种可变的具体形式。爱，或一个人付出爱的能力源于其与父母的亲子关系，及其在那里培养的移情

能力。孟子阐述了这种从自家开始向外移情的心理发展规律，即"老吾老，以及人之老；幼吾幼，以及人之幼，天下可运于掌"。(《孟子·梁惠王上》)孝，就是一个人对父母爱的具体表现，是培养博爱精神的开端。孟子十分赞同《诗经》里"永言孝思，孝思维则"的思想，以孝作为行为的准则，认为"人人亲其亲、长其长而天下平"。(《孟子·离娄上》)从这种意义上说，孝道的意义并不局限于家庭的亲子关系，而是影响人一辈子的人际沟通与移情能力。所谓"移情"(transference)是指个体将自己对某特定对象的情感不自觉地迁移到其他相似对象上的一种心理能力。孔子早就发现一个人在家的尽孝情况与其日后在社会组织中的行为具有一定的因果联系，孟子继续发扬了孔子推己于人的伦理方法论，主张从自己对父母和儿女的感情出发来推及社会中的其他成员，即所谓"老吾老，以及人之老；幼吾幼，以及人之幼。天下可运于掌"。孟子承《诗经》"刑于寡妻，至于兄弟，以御于家邦"的观点，认为其实这就是"言举斯心加诸彼而已"。(《孟子·梁惠王上》)孟子总结古往今来圣人做人和治理国家的经验就是："古之人所以大过人者，无他焉，善推其所为而已矣。"(《孟子·梁惠王上》)孟子还认为推己及人就是到达仁德的道理，所谓"强恕而行，求仁莫近焉"。(《孟子·尽心上》)

从心理发展的角度来看，爱的意指对象及其变化是人格发展的重要内容，孟子概括道："人少，则慕父母；知好色，则慕少艾；有妻子，则慕妻子。"(《孟子·万章上》)这是对个体性心理发展规律的总结。有观察经验表明，那些性指向障碍、性行为偏好障碍患者的性心理发展大多偏离了这一规律。

舜是一个特别的案例，舜即使后来拥有了地位和两个女眷，也不能使他真的高兴起来，据《孟子·万章上》记载的故事，舜在田里种庄稼时曾对着天空哭泣，孟子解释这是因为舜有"怨慕也"，即一种既有怨恨，又牵挂父母的矛盾心理所致。也许在舜看来，一个人如果不顺于父母，就如穷人无所归，即使他的父母曾对他不好，但舜总是自我反躬，认为还是自己做得不够好才让父母不满意，他觉得没有得到父母的承认是自己的不完美，因此，孟子评论舜是一个"惟顺于父母，可以解忧"和"大孝终身慕父母"的人。对于中国传统文化中的孝道，主张以自我为中心的西方心理学家们也许难以理解，甚至将其指责为一种愚昧和不成熟的人格表现。由此可见，将西方心理学作为评价中国本土心理现象的标准就会出现西方文化中心论的认知偏差。

七、"乐取于人以为善"

既然以人为中心是人道主义的核心议题，如何处理人与人之间的关系必然是题中之意。人道主义与行为主义认为环境决定一切的观点不同，其认为人际关系对于人的发展更为重要。孟子说："天时不如地利，地利不如人和。"（《孟子·公孙丑下》）现代社会心理学和新精神分析学派都认为人际关系不和谐是影响人格发展和导致精神障碍的重要因素。

不以自我为中心，能发展与他人的正常关系，待人平等都是人本主义心理学概括出的自我实现者的人格特征。孟子认为，交结朋友的态度应该是"恭敬"，即使与和自己社会地位不同的人进行交往的原则也是同一的，即"用下敬上，谓之贵贵；用上敬下，谓之尊贤。贵贵、尊贤，其义一也"。交往时尤其要注意避免的误区是："不挟长，不挟贵，不挟兄弟而友。友也者，友其德也，不可以有挟也。"（《孟子·万章下》）对照当下的社会人际生态，似乎与孟子的主张恰好相反，即下层的人总是背地里在骂上级，而上层的人却总在设法欺瞒低层的人们。

成熟和健康的与他人的关系绝不是某种利益的交换，而是相互信任、相互促进和相互学习，带来共同成长和快乐的互动。孟子认为，善于吸收别人优点的人才能继续扩充先天的仁义之端。他推崇子路、夏禹和舜帝作为榜样，曰："子路，人告之以有过则喜。禹闻善言则拜。大舜有大焉，善与人同，舍己从人，乐取于人以为善。"伟大人物的优点"无非取于人者。取诸人以为善，是与人为善者也。故君子莫大乎与人为善"。（《孟子·公孙丑上》）

孟子认为，大家快乐才是真正的快乐。孟子向齐王提出了这样一个命题：如果欣赏音乐，"独乐乐，与人乐乐，孰乐？"齐王答：当然是与众人一起欣赏音乐更快乐。孟子运用一种类似心理晤谈的面质技术启发齐王：为何君王同是吹打欣赏音乐，打猎取乐，百姓或有怨恨君主，或有祝福君主两种截然不同的情绪呢？也许导致这种差别的原因就是看君主是否能"与民同乐"！于是，孟子认为"王与百姓同乐，则王矣"。（《孟子·梁惠王下》）孟子还借百姓对齐王的花园和周文王花园大小的不同感受进一步阐述了"与民同之"和与民分享成果的治国之道。孟子提出了一系列的调节君王与民众之间关系的建议，即"乐民之乐者，民亦乐其乐；忧民之忧者，民亦忧其忧"。（《孟子·梁惠王下》）孟子认为社会和谐的状况是"出入相友，守望相助，疾病相扶持，则百姓亲睦"，"父子有亲，君臣有义，夫妇有别，长幼有序，朋友有信"。（《孟子·滕文公上》）

八、"生于忧患而死于安乐"

像人本主义和存在主义视焦虑具有推动主体觉醒的积极意义一样，孟子也认为人有时也会"困于心，衡于虑，而后作"，人的道德、智慧、技巧和知识往往是在人面临艰险、孤独、死亡等危难之际而顿悟的，因此危机和挫折有助于人生意义的发现。

他说："人之有德慧术知者，恒存乎疢疾。独孤臣孽子，其操心也危，其虑患也深，故达。"（《孟子·尽心上》）懂得了这个规律，在挫折和困境来临时就应怀着积极勇敢的心态去迎接它，孟子诗意般地吟颂道："天将降大任于是人也，必先苦其心志，劳其筋骨，饿其体肤，空乏其身，行拂乱其所为，所以动心忍性，曾益其所不能。"（《孟子·告子下》）这段话已经成为千百年来那些受苦受难的人用以励志的格言。

马斯洛主张心理学应当主要研究人类中出类拔萃的人，而不是那些发育不全的和心理变态的人，那只会产生畸形的心理学。这与儒家一贯倡导的以那些"富贵不能淫，贫贱不能移，威武不能屈"的大丈夫为榜样的人格教育观是完全一致的。在孟子看来，"大人者，不失其赤子之心者也"。（《孟子·离娄下》）赤子的纯洁、坦率和自然正是人本主义认定的自我实现者的人格标杆。

九、知人善任是用人的人道主义精神

孟子认为对人品性的评价很重要，也是可行的，他说："权，然后知轻重；度，然后知长短。物皆然，心为甚。"（《孟子·梁惠王上》）"惟仁者为能以大事小"，"惟智者为能以小事大"，"以大事小者，乐天者也；以小事大者，畏天者也"。（《孟子·梁惠王下》）孟子提出了许多实用的心理评估方法，例如直接观察眸子的方法，他说："存乎人者，莫良于眸子。眸子不能掩其恶。胸中正，则眸子瞭焉；胸中不正，则眸子眊焉。听其言也，观其眸子，人焉廋哉。"（《孟子·离娄上》）孟子善于从别人的言辞来推断其人的品德，他的经验是："诐辞（偏激的言辞）知其所蔽，淫辞（放纵的言辞）知其所陷，邪辞（邪僻的言辞）知其所离，遁辞（躲躲闪闪的言辞）知其所穷。"（《孟子·公孙丑上》）孟子认为还可以从人外在行为的表现来观察，即"君子所性，仁义礼智根于心，其生色也，睟然见于面，盎于背，施于四体，四体不言而喻"。（《孟子·尽心上》）这就是说，君子的本性会很自然地流露于身体语言上。孟子还善于从众人的评议中来评估人，曰："左右皆曰贤，未可也；诸大夫皆曰贤，未可也；国人皆曰贤，然后察之；见贤焉，然后用之。左右皆曰不可，勿听；诸大夫皆曰不可，勿听；国人皆曰不可，然后察之；见不可焉，然后去之。"（《孟子·梁惠王下》）俗语说得好："群众的眼睛是雪亮的。"凭借一个人对自己或另一个人好不能说明问题，因为只要有背后的利益驱动谁都能做到，而要观察一个人是否对更多的人好则是一种比较靠谱的评价方法，因为这样的伪装就不容易了。

十、"心勿忘，勿助长"，培养自己的浩然之气

孟子说："今有璞玉于此，虽万镒，必使玉人雕琢之。"（《孟子·梁惠王下》）说明即使一个人天资聪明，也要不断地修养进取。例如，心理医生虽然是求助者的良师益友，但也需要不断地自我修养，防止职业枯竭。孟子自称是一个"善养吾浩然之气"的人。（《孟子·公孙丑上》）何谓"浩然之气"？孟子认为大体上是一种"至大至刚"，"配义与道"，"集义所生"，日积月累，属于内在却表现于行为中的气质。有道德修养的人格需要日积月累，非一日之功可以速成。好的人品也非自然而成，需要像泉水那样："原泉混混，不舍昼夜，盈科而后进，放乎四海。有本者如是，是之取尔。"（《孟子·离娄下》）"流水之为物也，不盈科不行；君子之志于道也，不成章不达。"君子进取还要像挖井那样不能半途而废，否则那等于一口废井，所谓"有为者辟若掘井，掘井九轫而不及泉，犹为弃井也"。（《孟子·尽心上》）在勉励艰苦努力的同时，孟子特别提醒修炼者或教育者要遵循"心勿忘，勿助长"的原则，孟子讲述的"拔苗助长"的典故就是为了说明这个道理。因为孟子已经看到了当时"天下之不助苗长者寡矣"的不良现象，因此反对徒劳无益的揠苗者。孟子以牛山为例，说牛山上原本有许多茂盛的树木，但因常遭受人砍伐和牛羊放牧，以致变得光秃秃，但这不是牛山的本性。如果将这种情况类比于人，有些人的善良本性之所以丧失了，也是因为他们本性不断被砍伐和反复摧残所造成的，也许人们只看到了这些人的禽兽行为，但不曾想到他们也曾有善良的秉性。其实，"苟得其养，无物不长；苟失其养，无物不消"，总之，良知和德行"操则存，舍则亡"。（《孟子·告子上》）笔者在临床咨询中发现，不少青少年案例问题的形成和其人格的不成熟无不与父母的"过度指导""过度干预"和"过度关注"有关。孟子说："人之患在好为人师。"（《孟子·离娄上》）可见他认为过多指导其实是一种不好的毛病，他更看重人的自我成长与康复能力。

十一、乐天者保天下

人道主义心理学主张返回人类生活中，知行合一。可以说心理健康是良好生活质量的函数，人的心理健康只能建立在生活质量有保障的基础之上。孟子认为："有恒产者有恒心，无恒产者无恒心。苟无恒心，放辟邪侈。"（《孟子·滕文公上》）这就是说，经济基础决定了人的思想观念。那么，在农耕时代如何才能做到有恒产呢？孟子说："不违农时，谷不可胜食也"，"斧斤以时入山林，材木不可胜用也"。（《孟子·梁惠王上》）捕鱼不能用过细的渔网，让鸡禽牲畜繁衍自然生殖，每户自家种桑耕田就

能丰衣足食，讲的都是顺其自然，不要过度开发的生活方式。孟子反复强调，人们如果没有足够的固定财产，不足以侍奉父母，抚养妻子儿女，甚至遇到歉收还难免饿死冻死，那么人难以保持"恒心"，哪还有空闲来学习礼乐仁义。笔者在临床咨询中见到一些求助者只是一味地抱怨他/她的情感问题，而口口声声说，自己不在乎经济问题，其实，家庭经济问题正是夫妻情感心理矛盾的根源、吵架的导火索，只不过常被要面子的人用"感情不和"的遮羞布掩盖着。司马迁在《史记·孟子荀卿列传》中对孟子评价的文字并不是很多，读《孟子》唯独让他深有感叹的情节是梁惠王请教孟子"何以利国"问题时的一段对话，他认为"好利之弊"其实就是从天子到百姓一切乱政和怨恨的源头。

美好的人生当然还包括性生活的和谐，做到"内无怨女，外无旷夫。王如好色，与百姓同之，于王何有？"（《孟子·梁惠王下》）强调君王和百姓在性欲上的同一性，这也是中国古代人道主义思想最真实的表达。建设一个人与自然和谐、人与人之间和谐的可持续发展的社会其实一直是中国圣贤的理想。《春秋左传·僖公十九年》中说："祭祀以为人也。民，神之主也。"可见，中国传统文化最核心的追求与至高的目标是充满"以人民为中心"的人道主义精神的。

总而言之，孟子主张的两个"还原"是极其重要的贡献：一是将仁义礼智信等一切人伦还原为人的本性，所谓"仁内也，非外也"（《孟子·告子上》）；二是将万物认知还原为心的意向性，所谓"万物皆备于我"。（《孟子·尽心上》）正是这两个"还原"使得孟子被尊称为心学的始祖。

第九章　《大学》的积极心理学思想

　　《大学》者，即大人之学，此书为儒学之道的门径。《大学》的目的是："大学之道，在明明德，在亲民，在止于至善。"心性修养的程序是："知止而后有定，定而后能静，静而后能安，安而后能虑，虑而后能得。"儒家基于主体意识从"小我"到"大我"的心理发展规律，正确把握了正心、修身、齐家、治国之间递进的辩证发展关系，要求君子以修身为本，"如切如磋，如琢如磨"地培植积极的人格，认为君子先自新，然后才能践行亲民之善。

大学之法，

禁于未发之谓豫。

——《礼记·学记》

《大学》一书史载为孔子的学生曾子（前505—前435）所作，原为西汉著作《小戴礼记》中的一篇，在唐宋以前几乎淹没在儒家经典的大海之中，从没有被单独刊行过。唐代中叶，佛学兴盛，儒学势微，急切需要寻找新的突破口以适应当时学界对性命旨趣探索的大趋势。此时有韩愈、李翱等学者开始引用《大学》中关于修身齐家治国的观点来振兴儒学的新生命力。到宋代，又有司马光撰写《大学广义》，程颢和程颐对《大学》观点的推崇，到朱熹著《大学章句》并极力向孝宗皇帝推荐将《大学》中的修身治国平天下作为"帝王之学"，最后朱熹编订《四书集注》，《大学》终于成为与《论语》《孟子》《中庸》并列的儒家最重要的经典。朱熹一生用心于《大学》研究，直至临终之前，他认为，《大学》在儒家学说中不仅具有提纲挈领的特点，还阐述了修身治人的格局，与建屋必须先打地基相似。地基既成，则可举而行之，因此，学习《四书》应先从《大学》入手，于是《大学》便被排列在四书之首。用今天通俗的话来讲，《大学》是学习领会儒家思想的入门阶梯或纲领。随着统治阶级对理学地位的提高，《四书》逐渐成为宋明清官学和科举考试的用书。据说，《大学》第一章为孔子之言，曾子述之；而后续十章则为曾子之意，门人记之。

在《大学》一文中所谓的"大学"，特指"大人之学"，或者说是关于成年人修身养性之学。从心理学的角度来看，《大学》修身齐家治国平天下的精神具有鲜明的积极心理学思想取向。一般认为，心理咨询可以分为医学模式和教育发展模式。前者是以诊治心理疾病为中心的病理心理学（pathology psychology），后者则是以促进人的潜能之发展，强调人的自我实现的积极心理学（positive psychology）。与其说积极心理学是一个学派，还不如说是一种如何看待人性和心理问题的认知取向，《大学》就是中国传统文化中积极心理学思想的一个很好的范例。

一、"大学之道，在明明德，在亲民，在止于至善"

《大学》开宗明义就说出了修身养性的积极心理学目标："大学之道，在明明德，在亲民，在止于至善。"但如何解读这一目标的含义，历代大儒却有不同的意见，程颐和朱熹都认为应该将"亲民"改为"新民"更为合适，因为这样与《大学》后面所讲的"作新民""周虽旧邦，其命惟新""苟日新，日日新，又日新"等文句上有所呼应。对此，王阳明有不同的看法，认为还是维持古本"亲民"一词更为符合原义，他认为"亲民"便有兼教养之意，而说"新民"反而偏了，因为这样就只有教育的含义了。通篇来看，《大学》继承了《尚书》中"德惟善政，政在养民"（《虞书·大禹谟》）这一社会治理的经验。笔者认为，无论是从儒道释三教归一的终极目标、文本语义的递进关系，还是从现代积极心理学的视角来看，维持古本"亲民"的解释较好，因为心性良知本在人心之内，存心养性的方向都是追求如何返回初心，那么，又何谈变成新民呢？

积极心理学的心理咨询与心理治疗主张努力挖掘人的积极潜能，激发人的认识能力，这种思想与儒道释引导自性自悟的取向是完全一致的。儒道释三家都认为，圣人与我同类，自性相同，人人皆可为尧舜，其自性未增未减，但这种自性却常被各种私欲所遮蔽，良知与私欲的冲突也未曾停息过，所以从根本上看，"恻隐之心，人皆有之；羞恶之心，人皆有之；恭敬之心，人皆有之；是非之心，人皆有之"。修身养性的根本任务在于明了天理的存在，即"仁义礼智，非由外铄我也，我固有之也，弗思耳矣"。（《孟子·告子上》）收回被放任的私欲，净化自己的德性，以实现对良知天理的觉悟。在中国古代文化的语境中，"德"的含义十分广泛，并非仅指道德伦理。老子说"含德之厚，比于赤子"，意即最高层的修养境界如返回赤子初心般的纯洁。如将"止"当作不变、不迁移之解，那么"至善"便是回归内心原本干干净净、纯白如镜的本体天理，禅学称之为"镜智"。由此看来，大学表述的修身养性的终极目标就是要明了和回归人最初的淳朴的德性而不动摇。儒家积极心理学的目标平衡了消极心理学使命缺失的弊端。如果说矫治心理具有"治标"的功能，那么，积极心理学倡导的"人应该是什么"就有"治本"的核心价值。

二、知、定、静、虑、得的递进关系

有了明确的目标，就需要有正确的实现途径与方法。如何达到明德、亲民和至善的目标呢？《大学》接上文说："知止而后有定，定而后能静，静而后能安，安而后能虑，虑而后能得。"这是一段典型的顶真句，亦称为联珠、蝉联，是指上句的结尾与下句的开头使用相同的字或词的一种修辞手法。顶真句议事说理，前后逻辑递进关系紧扣。从目标到方法，不难发现"知—定—静—安—虑—得"之间的前后因果关系是：只有明白了修身养性的目标才会志有定向，意志坚定其身才能静，心方才能安处，进而才能理性思考，有所得。用现代心理学的术语来解读这些关系，便是从认知—志向—情绪—思维—结果的心理发展过程。经验告诉我们，无论是心理咨询对象，还是日常生活中的不少人，因为不明了上述这种知行关系而导致心理困惑，或家庭、事业等人生挫折的案例比比皆是。虽然"知"是前提，而且许多人常自以为自己知，其实大多并非真知，孙中山先生在《建国方略》中一针见血地指出，其实正是因为不知道"知难行易"才是其事业不成功的关键。就《大学》上述顶真句的语义而言，"知"有两点非常重要：其一要知道"明德""亲民""至善"是成人之学的终极目标；其二要明白上述目标只能向自己内心求索，而不是依靠别人。只有这样的"知"才能保证推进意志坚定、身心安静、理智思考的认知进程。

《大学》的思想与积极心理学多个流派对心理咨询目标和方法的理解是非常相似的。积极心理学认为，人具有潜在的善性和自我实现的潜能。人性是自主的，自我能做出成长的选择。自我实现就是人类共性的充分展现和个人潜能（或个体差异）的自我实现，从而使个人趋于完美。自我实现的重要特征有人与自然合一的统合感，遇到问题时有反省自己的责任心。积极心理学十分强调研究与发掘人的积极力量，提倡对问题作出积极的解释，增进积极的情绪体验，培养积极的人格，建立积极的家庭系统和积极的社会秩序。存在主义心理学则认为，心理咨询与治疗的核心过程是要帮助当事人认识和体验他自己的存在。一个人如果找不到生活目标，或因某种挫折失去了生活目标，或因环境巨变感到生活迷惘，就会有"存在挫折"（existential frustration）和"存在空虚"（existential vacuum）的心理困惑。心理医生要引导当事人自我察觉，帮助其充分地认识自己的存在和实现自己的潜能。察觉是个体对生命意义、自我发展的潜能、人的情绪控制与行为选择自由的自我感知。认知心理学也认为，一切良好的情绪与积极的行动始于正确的认知。临床观察表明，有心理障碍的人往往情绪困扰，思绪迷乱，理性思维被非理性认识方式取代。因此，在心理咨询的启蒙阶段，让当事人明了认知—情绪—行为的知行关系是非常重要的。《大学》中说："物有本末，事有终始，知所先后，则近道矣。"意即凡物都有根本与枝末，凡事都有开端与结局，明白了事物发展的因果先后顺序就接近明白大学之道了。

三、修身、齐家、治国与正心诚意的关系

儒家的人生观和价值观是入世的。在儒家看来，修身养性的最终目的并不只是成全个人价值的实现，还是增强个体适用社会的能力，为社会作出积极的贡献，在这一点上儒家积极心理学的眼界是超高的。在《大学》第二段运用反推的方式重点论述了修身、齐家、治国与正心诚意之间的辩证关系，曰："古之欲明明德于天下者，先治其国；欲治其国者，先齐其家；欲齐其家者，先修其身；欲修其身者，先正其心；欲正其心者，先诚其意；欲诚其意者，先致其知；致知在格物。"从发展心理学和社会心理学的角度来看，儒家关于一个人心理发展与家庭教育、适应社会和参与社会治理能力之间的发展推进关系的观点是很有道理的，也是符合人的主体意识从"小我"到"大我"的心理发展规律的。这里可以分两个层次来进行理解。第一层是说一个人适应社会和改造世界的能力与这个人和家人的关系模式相关，例如孝顺父母与博爱天下人的能力是相关的；而要处理好与家庭成员的关系就必须从自身的修养着手，而不是将责任归因给父母或其他人。第二层是说要明白自身修养的正确步骤，先要端正修身养性的动机，诚实自己的初心意愿，再通过读书和实践，充分懂得天下事物自然发展的规律。王阳明对《大学》这段话中的"格物""诚意"和"正心"三个关键词的解释非常简洁明白，他说："随时就事上致良知，便是'格物'；着实去致良知，便是'诚意'；着实致良知而无一毫意必固我，便是'正心'。"[1] 由此可见，动机端正、全心全意、脚踏实地是修身养性的核心要素。儒家最担心的是那种只将修养停留在口头或书本文字的理解之上，而不联系社会生活的实际、沉空守寂或高谈阔论的人。

《大学》认为，有关修身、齐家、治国与正心诚意的关系，从天子到庶人皆相同，只有自己修身好了，才有资格谈论齐家治国，儒家修身观强调的是内心修养和外部社会生活的连接，强调的是经世致用，是在家庭和社会生活中脚踏实地的实践，而这一点与道家和佛家的旨趣大不相同。《大学》中还批评了那种品德败坏却想去参与社会治理的人，就像当下那些手握大权的贪官污吏"其所厚者薄，而其所薄者厚"（《大学》），本末倒置，没有见到他们在读书学习，整天想的是升官发财，钻营私利，贪图享受，吃喝玩乐。王阳明认为，与孟子对集义、养气之说的概述相比，"不若《大学》

---

① 王守仁. 王阳明全集（上）[M]. 吴光，钱明，董平，等编校. 上海：上海古籍出版社，2015：73.

关于格、致、诚、正之功，尤极精一简易，为彻上彻下，万世无弊者也"。这就是说，《大学》中讲修身养性的方法较为实用具体，可操作性强。

四、诚其意，毋自欺。诚于中，形于外

如何培植积极的人格，首先自己必须拿出诚意来。因为积极人格涉及人生的各个细微之处，必须靠自觉培养，而不可能靠外力强制。何谓意诚？《大学》中解释道："所谓诚其意者，毋自欺也。如恶恶臭，如好好色，此之谓自谦。"诚意就是真心实意，不骗别人也不欺自己，就像人爱好美色、厌恶腐臭的反应，人不能欺骗自己的自然感受一样。王阳明将"诚意"当作《大学》的核心思想，说："《大学》之要，诚意而已矣。诚意之极，止至善而已矣。"① 对比当下，不难发现，尽管有各种形式的集体学习和培训，但是虚情假意，唱高调而恬不知耻，当面一套背后一套的人太多。

《大学》中记载，商朝君王在浴盆上刻着如下警句："苟日新，日日新，又日新。"这是一个关于"至诚"的有趣比喻：修身养性需要至诚的心态，而不能有半点忽悠，这好比天天沐浴时清洗掉全身的污垢，包括为人所不见的私处，直面裸体的真诚，没有任何遮蔽。《礼记·儒行》中也有"儒有澡身而沐德"之说，可见这一比喻在当时已经流行。《大学》一方面继续用沐浴的比喻来说明修身养性的日常性和持久性，另一方面用"如切如磋，如琢如磨"的比喻来说明修身养性的艰苦性和细微性，鼓励民众自新。儒家的这些思想与积极心理学"助人自助"的思想不谋而合。修身养性的最细微和最难之处恰好是别人不知道的那些地方和时间，就像沐浴是一种隐私的行为一样，因此，"君子必慎其独也"是《大学》给众人发出的警示！

既然修身养性是一个艰难的和长期的过程，自然容易受到各种情绪的干扰，《大学》告诫修身者必须明白认知与情绪的相互关系，并以端正认识的途径来制约消极情绪的过度，曰："所谓修身在正其心者，身有所忿懥，则不得其正；有所恐惧，则不得其正；有所好乐，则不得其正；有所忧患，则不得其正。心不在焉，视而不见，听而不闻，食而不知其味。此谓修身在正其心。"用现象学的话来解读这些话，所谓"正其心"就是把握好自己的意向性选择，符合良知的就是正确的选择。

意诚就是心正和积极心理的重要特征，而且是重要的心理资源。美国积极心理学家芭芭拉·弗雷德里克森（Barbara Fredrickson）关于积极情绪的扩建理论认为，积极的情绪可以促进个体扩建即时的思想和行为，并帮助其建立可持续的发展资源；而消

① 王守仁. 王阳明全集（下）[M]. 吴光，钱明，董平，等编校. 上海：上海古籍出版社，2015：984.

极的情绪会缩小个体即时的思想和行为资源，以对威胁作出负性的应激反应。积极心理治疗的创立者诺斯拉特·佩塞斯基安（Nossrat Peseschkian，1933—2010）将人的认知能力称为第二能力，伴随着人对事物的认识和评价，主体就会产生相应的情绪体验。换而言之，积极情绪体验源出正确的认知。《大学》中说："富润屋，德润身，心广体胖，故君子必诚其意。"这就是古人已经知晓的心性修养可以带来身心健康效应的相关性。诚意不只是一种内心的态度，还应该通过言行表现出来，所谓"诚于中，形于外"，因为如果没有表现的行动则不能说明人内心有诚，也不能发挥诚意的社会功能，我们不能说表现的就等于内在的，却也不能说有诚意而不必有形于外的行动。在行为主义看来，只有行动才是实际可观察的心理，而其他关于内在心理的说法都只是假设而已。

五、齐家在修其身，治国必先齐其家

在精神分析和行为主义心理学看来，个体性格的形成主要由童年期的父母教养方式所决定，但他们都很少关注成年以后应该怎样看待和处理这种童年教育在自己身上的影响，尤其在经过一些心理咨询师的所谓精神分析之后，当事人可能会因为被揭示出来的阴影而产生一种对父母的怨恨和感到在命运面前的沮丧与无奈。然而，在《大学》的眼光看来，家庭的核心在于人与人之间的关系，而个人在这种关系中并不是完全被动的和无所作为的，人应该首先克服自己对待他人的偏见，才能处理好人际关系。事实上，生活中人们往往偏爱自己喜爱的人，厌弃不喜欢的人，怜悯同情的人，回避傲慢的人，却很难做到喜欢一个人且又知道其缺点，讨厌一个人而又知道他的优点，所以，《大学》中说："此谓身不修不可以齐其家。"临床咨询经验告诉我们，如果一个人不能自我察觉和克服自己在家庭关系中的这种认知行为偏见，那么，他将会不知不觉地把这种人际认知模式带到自己的社会生活和婚姻关系中。从这种意义上说，无论是选择配偶，还是选拔人才，既要看本人的实际表现，也要考察其家庭背景和成长过程，尤其是其与家人的关系。

家庭是社会的细胞，其不仅是每个人最初社会化和人格形成的温床，更是培养人走入社会后所需要的移情能力的基础。如孔子所说："立爱自亲始，教民睦也。"（《礼记·祭义》）《大学》进一步发挥了孔子关于从家庭关系可以移情到治国能力的观点，说："所谓治国必先齐其家者，其家不可教而能教人者，无之。"具体而言，其阐述的从家庭到社会组织的移情规律是："孝者，所以事君也；弟者，所以事长也；慈者，所以使众也。"儒家与积极心理学一样，将家庭视为培养健康人格的摇篮，将建立有序和谐的家庭人际关系视为与建设和谐社会同构的行为。《大学》还进一步提出了建构这

一和谐人际关系的规则，即"为人君，止于仁；为人臣，止于敬；为人子，止于孝；为人父，止于慈；与国人交，止于信"。人应该先在家庭里做好榜样，才能在社会治理中教别人，所谓"宜兄宜弟，而后可以教国人"，"其为父子兄弟足法，而后民法之也。此谓治国在齐其家"。由此可见，家风建设是和谐社会建设的基础，即使在当代社会，儒家将君臣、父子、夫妇、兄弟、朋友"五伦"称为建立和谐社会的共同准则的主张也是具有积极意义的。但是，现实中总有些人喜欢用西方所谓民主的标准来看待和拒绝中国传统文化所提倡的家庭社会伦理关系，结果不难发现，这些人对自己的家庭关系也总是不会满意的。事实上，儒家提倡家庭社会的人伦关系规则的重要性正在于预防失序，即"大学之法，禁于未发之谓豫"。(《礼记·学记》) 这种注重从小见大，由近及远，禁止邪恶在萌发之时的准则和方法，与近些年来在心理咨询和心理治疗界流行的"家庭系统排列"（family constellation）这种为了找出既往家庭系统动力缺陷的体验技术相比，无疑是一种在预防意义上更积极主动的社会心理学技术。新精神分析学派哈里·斯塔克·沙利文（Harry Stack Sullivan，1892—1949）在继承了弗洛伊德关于童年教育对成年生活影响的观点的基础上，发展了精神病学的人际理论，认为家庭人际关系不良正是那些社会适应成问题的神经症和精神病形成的主要原因，本质上就是早年的人际关系的社会化不足。从进化心理学和机能主义心理学来看，人的心理机制的形成是适应环境生存竞争的结果，人的心理健康与否也应以适应社会能力的情况为最基本的判别标准，因此，《大学》强调修身—齐家—治国的关系是有助于人的健康心理之成熟发展的。

六、惟善以为宝，预防反移情

儒家讲学践道奉行"惟善以为宝"，因此"平天下"既可以解读为"统一天下"，也可以理解为"天下和平"，这是儒家追求的终极社会目标。如果仅从社会心理学的角度来看，《大学》继续提出了实现这一目标的途径与方法，即从亲民孝道开始做起："所谓平天下在治其国者，上老老而民兴孝，上长长而民兴弟，上恤孤而民不倍，是以君子有絜矩之道也。"然而，君子要具备这种做榜样的能力，还得从察觉自己的反移情之处着手。什么是移情和反移情？有必要先将这个概念搞清楚。

所谓移情（transference）和反移情（counter-transference）是指发生在不同对象和有不同意指的心理行为现象，在心理咨询的境遇下，移情是指求助者对心理咨询师所产生的无意识的情绪和行为反应，而反移情则是指心理咨询师对求助者所产生的无意识的情绪或行为反应。移情具有诸如爱、喜欢、亲近等正性和憎恨、讨厌、拒绝等负性的不同表现形式。事实上，在社会生活的各种情境中，人与人之间打交道总会产生或浅或深、或喜欢或讨厌、或真或假的各种情绪情感反应，但是移情和反移情则是指一种很特别的情绪情感，因为这种情绪情感并不是由当下情境引发的真实的情绪情感，而是求助者将以前早已存在于潜意识的对某些人的情绪情感转移到此时此刻的对象身上，类似于俗语中所说的那种"替身"。因此，移情与反移情大多是求助者没有自觉察觉到的无意识反应，心理咨询行业之所以要预防这种反应，是因为这不仅不是一种真实的情绪情感，而且会影响心理咨询师看待和处理问题的客观性，破坏健康的心理咨询关系。

儒家一贯提倡培养正性的移情能力，警示预防可能出现的负性移情，尤其是《大学》非常难能可贵地提出了以下防止反移情的规则："所恶于上，毋以使下；所恶于下，毋以事上；所恶于前，毋以先后；所恶于后，毋以从前；所恶于右，毋以交于左；所恶于左，毋以交于右；此之谓絜矩之道。"与只是提出了反移情的表现和机理的精神分析学派相比，《大学》中提出的上述预防反移情的规则具有清晰的可操作性。

因为预防反移情必须基于人的自我察觉能力，《大学》继承了《尚书·虞书·大禹谟》中所说的观点："稽于众，舍己从人，不虐无告，不废困穷，惟帝时克。"强调在提高自我察觉能力的同时，还应该提升对他人宽恕的胸怀和善于听取众人意见的能力。"君子有诸己而后求诸人；无诸己而后非诸人。所藏乎身不恕，而能喻诸人者，未之有也。"

对于社会治理来说，《大学》基于移情的原理，认为谁要做百姓的父母官，就应该"民之所好好之，民之所恶恶之"。事实证明，"道得众则得国，失众则失国"。可见，社会治理者必须尊重与满足社会民众的心理，才能保持政权的稳固。民不可欺，亦不可屈。真正懂得治国的人应该以德为本，以财为末。《大学》中警示，如果君王只考虑聚集财富，看轻根本而注重枝末，那么，就会导致民众对利益的争夺，所谓"财聚则民散，财散则民聚"一语很符合社会实际。如果社会贫富不均，财富高度集中在少数资本家那里，那么，社会就不会稳定，民心也不会和谐。财富分配是影响社会心理状况和幸福感的核心因素。

七、成人之美是一种健康积极的人格美德

儒家以"仁"为自己的核心价值。樊迟向孔夫子请教什么是仁时，孔子回答："爱人。"（《论语·颜渊》）但真正考验爱人之品质的事情却是在别人的能力强过自己的时候。嫉妒心理是一种非常普遍和复杂的心理状况，其特征是："人之有技，媚疾以恶之，人之彦圣，而违之俾不通。"可见，嫉妒是对有本领、美貌、才智超群者的压制、敌意、嘲讽、攻击和阻止其不被重用的病态心理。嫉妒心理是社会人际关系中的

大敌和破坏力量。于是,《大学》中引用了一段《尚书·秦誓》上的故事来提醒君子要注意防止嫉妒心理。公元前 627 年,秦穆公不听大臣劝谏,劳师远袭郑国,结果全军覆灭。为此秦穆公自责自悔,总结了惨痛的历史教训,提出了以后对待他人的准则:"人之有技,若己有之;人之彦圣,其心好之,不啻若自其口出。"事实上,古今中外无数案例告诉我们,嫉妒心理会给国家和个人造成无数灾难,例如战国时期的孙膑曾与庞涓一起拜师学习兵法,但涓恐膑胜于己,于是诳其入魏,处以刖刑而黥之,使其不得用于世。最后孙膑逃生到齐国,任齐王军师,辅大将田忌两次击败庞涓,奠定了齐国的霸业。

《大学》中提出了是非明确的用人标准,即"唯仁人为能爱人,能恶人",并主张依据这一标准判断君子用人行为的对错,即"见贤而不能举,举而不能先,命也。见不善而不能退,退而不能远,过也"。《大学》认为,观察一个人的爱好有助于判断一个人的品格和预测一个人的未来前途,所谓"好人之所恶,恶人之所好,是谓拂人之性,灾必逮夫身"。《大学》认为义利关系是检验一个人修身水平的试金石,提倡君子应该"生财有大道",提出"仁者以财发身,不仁者以身发财"的判别标准,甚至还总结出"长国家而务财用者,必自小人矣"这一滋生贪官污吏现象的规律。《大学》最后发出了如下感叹:如果"小人之使为国家,灾害并至,虽有善者,亦无如之何矣","此谓国不以利为利,以义为利也",可以说,这是一种多么振聋发聩的忠告呀!

简而言之,积极心理学亦将"爱"称为人的第一能力,将激发主体爱的能力当作积极治疗的基本策略。从这种意义上说,《大学》阐述的就是儒家"爱人为本"的仁学人道。儒家和积极心理学有助于我们纠正行为主义所强调治疗的超道德性(amorality)的倾向,将"立德树人"与人格培养视为一回事。

第十章 《中庸》的人本主义心理学思想

"尚中"，行中正之道，中则不过，正则不邪，这是中国传统文化中关于做人处世的核心思想，认为中庸之道不仅是天下和谐运行和社会治理的天理，也应该是人生修养和理想人格特质的范式，所谓"君子中庸，小人反中庸"。将是否践行中庸之道作为区别君子与小人的重要标准。中庸之道被认为是一种让人生走向阳光的通达之道，故"中也者，天下之大本也；和也者，天下之达道也。致中和，天地位焉，万物育焉"。其实，中庸之道就是一种看待和处置事物的灵活态度和避免言行走极端的方法论。中庸之道不远人，就渗透和体现在日常生活的细微之处，践行中庸之道需要以诚心实意的态度和良好的共情能力为前提，应该从处理好夫妻等家庭内的各种人际关系开始，切记不要只说不做。

中也者，天下之大本也；和也者，

天下之达道也。致中和，

天地位焉，万物育焉。

——《中庸》第一章

据《韩非子·显学篇》所言，孔子去世后的战国时期，儒门因弟子们所在的地域不同和传承夫子观点的偏爱有别而形成子张、子思、颜氏和孟氏等8个流派，其中孔子的嫡孙子思（前483—前402）承孔子的弟子曾子，再传孟子，所以，子思和孟子也被合称为"思孟学派"，是儒家对后世影响最大的学派。《中庸》为子思所作。据程颐的说法，子思撰写此文是担心孔子的思想相传久远会失真而特意创作的，意将他所理解的"孔门心法"传授给孟子，所以后人也因此尊称子思为"述圣"。

《中庸》原录于西汉著作《小戴礼记》之中，《汉书·艺文志》上亦载录有《中庸说》二篇，直到宋朝大儒朱熹将它列在《四书》中之后，《中庸》就成为儒学的经典之一。如果说《大学》谈论的是儒家修身养性的目标和纲领的话，那么《中庸》讲的就是为人处世的人道主义及其中庸的方法论。所谓"仁者人也"。（《中庸》第20章）仁，字从二从人，最朴实的解释就是关于人与人之间关系的学问，仁的基本内容就是"爱人"。从东西方比较心理学的角度来看，《中庸》就是中国本土的人本主义和道德心理学。

概括地说，《中庸》阐述的核心思想就是：如何通过学习和践行伦理规则处理好所有的人际关系，即"天下之达道五，所以行之者三：曰君臣也，父子也，夫妇也，昆弟也，朋友之交也：五者，天下之达道也。知、仁、勇三者，天下之达德也"（《中庸》第20章）。何谓知、仁、勇？孔子解释说："好学近乎知，力行近乎仁，知耻近乎勇。"（《中庸》第 20 章）相反，那些小人和贪官，"愚而好自用，贱而好自专"。（《中庸》第 28 章）对照一下我们今天的生活实际，不能不令人感到惊叹，古人在两千多年前的这些说法多么准确地切中时弊。

与人本主义强调研究健康人格，强调研究人类中出类拔萃者的取向一样，《中庸》也强调"择其善者而从之，其不善者而改之"。（《论语·述而》）这些思想也是建设中国本土化心理学理论的宝贵文化遗产。本章就《中庸》体现的人本主义心理学思想与方法梳理如下。

一、尚中思想的溯源与应用

《中庸》的核心思想是"尚中"，而这一思想源出上古圣人思想。"尚"即尊崇，"中"本义指离左右两个端点之间等距的位置，"中"与"正"同义。所谓"尚中"就是指尊崇不偏不倚、无过无不及的行为信条。据《尚书·虞书·大禹谟》中的记载，首次阐述"尚中"这一思想的故事发生在舜帝时代，那时舜帝年事已高，他想要大禹接任自己的大位，便对治水有功的大禹的行为大加赞赏，曰："降水儆予，成允成功，惟汝贤。克勤于邦，克俭于家，不自满假，惟汝贤。汝惟不矜，天下莫与汝争能。汝惟不伐，天下莫与汝争功。予懋乃德，嘉乃丕绩，天之历数在汝躬，汝终陟元后。人心惟危，道心惟微，惟精惟一，允执厥中。"当时华夏天下格局初定，但"三苗"尚未归顺，舜帝这段话包含两层意思：其一，充分肯定了大禹因治水有功已经在百姓中树立了很高的威信，而且禹这个人克勤克俭，谦虚谨慎，不与别人争名夺利，是接任大位的不二人选。其二，舜基于自己治理国家的经验传授禹以后执政的方略，认为人心总是处于不安分的危险状况，而那种通晓事理的道心却很微妙，也难讲得明白，唯有用心体察，坚守不偏不倚的方法才能做到。事实上，舜帝就是以这样的理念来执政的。例如当时规定，刑罚不牵连子女，而奖赏却延及后世；对偶然犯下的再大过失也给以宥赦，而对明知故犯的罪恶，即使很小也处以刑罚；如果罚罪有疑问就从轻发落，而赏功有疑问时仍然可以给予奖赏，这些都是"尚中"思想在社会治理中的具体表现，而且赢得了广大民众的信服与拥护。当时舜帝对少数民族"三苗"的处理国策也体现了这一方法的应用，初期采用了强硬的军事手段，结果战事进行了 30 天，苗民仍然负隅顽抗，后来，舜听取了谋士的意见，班师而归，偃武修文，70 天之后，三苗自动前来归附了。

《周书·酒诰》是一篇华夏最早的戒酒令，其中进一步阐述了"中德"的重要性，一方面，该文总结了历史上许多亡国的教训，即"我民用大乱丧德，亦罔非酒惟行；越小大邦用丧，亦罔非酒惟辜"。另一方面，规定"饮惟祀，德将无醉。惟曰我民迪小子惟土物爱，厥心臧"。意思是说只能在祭祀时才可以适当饮酒，并要用德行约束，不得喝醉。珍惜粮食，保持心地善良，发扬大大小小的美德！并且提出了以下行为准则："丕惟曰尔克永观省，作稽中德，尔尚克羞馈祀。"可见，"允执厥中"和"作稽中德"已是上古时圣贤君王传授给后人的治国心法。

"尚中"的思想也见于《易经》。《易经》认为卦之中位，象征事物处于正道，为吉。以第四十三卦夬卦为例，九五爻辞曰"中行无咎"，象辞亦说"行中正之道"，中则不过，正则不邪，认为行中道则无灾难。在这一卦中，虽然九五这一爻属于阳爻，处于君主之位，位高权重，但要注意行为不要偏激，对待敌对势力如能恩威并施，行中道才会没有灾难。《易经》认为，任何事物的发展都是由对立统一且相互转化的两个方面所推动的，所谓"一阴一阳之谓道"。所以，执中就是要全面看待与把握对立统一的两个方面的关系。所谓"尚中"就是既要使对立面保持平衡协调，又要顺其事物的正常消长变化，促使其相互的转化与发展。

当然，有中，就必然有上下、前后、左右。在历史上，除了"尚中"之外，还曾有"尚左"和"尚右"之说。可见，所有方位及其赋予的文化意义都是以人为中心，由人的意向性所决定的。清代诗人、史学家赵翼在《陔余丛考》中写了一篇关于"尚左尚右"民俗的考证，他认为在中国历朝尚左、尚右诸家之说纷纭，且变化无常。如在《道德经》第31章中就有"君子居则贵左，用兵则贵右。……吉事尚左，凶事尚右。偏将军居左，上将军居右"之说。汉承秦制，以右为尊，而唐代时一切皆尚左，元时又改以右为尊，明代再一变为尚左。在春秋战国时期，分上中下或左中右三行列队已是当时三军行进和编队的习惯建制。在中医，对左右两手寸口的脉象和两肾的生理功能赋予的意义也是有差异的。可见，尚左、尚右，或尚中的文化信念遍布社会生活的许多领域。现在我们应该怎样看待这种文化心理现象呢？对此，《道德经》的一番评价也许有助于我们看破这层迷障："大道泛兮，其可左右。万物恃之而生而不辞，功成不名有。衣养万物而不为主，常无欲，可名于小；万物归焉而不为主，可名为大。"（《道德经》第34章）这就是说，大道流行左右上下无所不到，它养育万物而不自以为主，可称之为"小"；万物归附而不自以为主宰，可称它为"大"。可见天道的左右上下和大小其实并不具有客观意义上的差异，那其实都是人的意向性及其意识构造的名而已。但仅从社会心理学的角度来看，避免左右极端的"尚中"言与行是一种相对可以让对立双方接受的心理平衡策略。

二、中庸之道的演变发展

"庸"本义为平凡、平常之义，"中庸"一词最早见于《论语·雍也》中记载的一个故事。孔子要去拜会卫国的王后南子，子路对老师这一行为的动机有些不解，原来卫国灵公夫人死后,立宋国女子南子为夫人。南子虽为女子,却通过灵公而掌握着卫国的实权。孔丘的祖籍也是宋国,因此,孔夫子要去拜会南子,其行为绝非一时的糊涂之举,他对弟子解释说:"中庸之为德也,其至矣乎! 民鲜久矣。"从前后语义承接的关系来看,从"尚中"一词改为"中庸"的说法的确有些突然,这究竟是孔子的首创,还是另有其他原因,我们已无从考证。对此有人认为,这一改变可能是汉代的戴圣将《中庸》收入其编写的《礼记》一书时将"钟镛"讹为"中庸"有关。所谓"镛",是指一种表示节拍的古乐器,又称为金镛、笙镛、钟镛、镛石等。如《尚书·益稷》中就有"下管鼗鼓,合止柷敔,笙镛以间"的记载,《诗经·大雅·灵台》中也有"虡业维枞,贲鼓维镛"之句。据说钟镛有助于诸多乐器演奏和舞蹈的协调一致,也是一种需要很高的工艺技术才能制造出来的大钟,所以在世间稀少而不易见到。据说酷爱音乐的孔子因为听说宋国公主南子嫁卫灵公的嫁妆中就有一个钟镛,所以孔子见南子的目的是想去见识一下这个钟镛之乐器,亲耳聆听一下钟镛发出的奇妙声音。如果的确是因为同音或近音字讹的原因而造成将"钟镛"变成为"中庸"的话,那么孔子所说的"中庸之为德也"的本意应该是"钟镛之为德",如果按"德"的本义是指人们共同生活及行为的准则和规范来理解,那么,"钟镛之为德"就可以解释为:钟镛发出的节拍是协调民乐合奏时的准则,因此也可借喻为调和人之行为的准则。笔者认为即使真的发生了上述假设中的以讹传讹的文字训诂问题,但仍可以将"钟镛"理解为"不偏不倚,协调不同事物"的一种比喻或象征。正如孔子曾用欹这种计时器来比喻做人"虚则欹,中则正,满则覆"(《荀子·宥坐》)的道理一样。

北宋程颐对"中庸"的解释是:"不偏之谓中,不易之谓庸。中者,天下之正道,庸者,天下之定理。"其实据《中庸》第 12 章中关于"庸德"与"庸言"的语用习惯,将"中庸"之道解释为平常的德行和生活中的言语行为准则可能是最为接近这一概念的原创之义。无论如何,由孔子及其门徒总结了殷周以来"尚中""中德""中行"和"中道"之类的同族概念,并将其上升概括为"中和"或"中庸"之道的本体论和方法论,这一点是可以肯定的。

将中和之道看作天下的根本原理,在古儒学思想体系中并未受到足够的重视,清代永瑢在《四库全书简明目录》中曾评价道:"盖古之儒者,主于诵法先王,以适实用,不必言心言性而后谓之闻道也。"这就是说,古儒学派重在治国理政的那些实务之事,对心性修养这些形而上的东西缺少足够的关注。到宋明时期,儒家呈现出门户之争的现象,各宗皆以尊孔孟某一弟子为宗,而置儒学大宗不思,对学问之本原较少探究,正是在这种背景下,大儒朱熹为了复兴和凸显儒家对心性修养的重视,于是将《礼记》之中的《中庸》一文抽取出来,与《大学》《论语》和《孟子》合编于一书,称为《四书》，这种做法受到了官方的认可与推崇，后来《四书》成为科举的必考书目。可以说《中庸》既继承了《尚书》等古儒的尚中思想，又集中发挥了孔孟关于如何在治国理政和为人处世中践行中和的思想和方法。

三、中和是天理，而且是理想人格特质的范式

《中庸》认为，中庸之道既是天下和谐运行的规律，也应该成为人生修养和社会治理遵循的天理："中也者，天下之大本也；和也者，天下之达道也。致中和，天地位焉，万物育焉。"（《中庸》第 1 章）

以人为本是人本主义的核心思想，而以人为本就意味着承认人的天性存在的合理性。儒家与佛家禁欲和道家寡欲的观点不一样，其坦然承认人之天性存在的自然性，并且认为自然之道即人类社会生活正确行为的范式。《中庸》开篇就说："天命之谓性，率性之谓道，修道之谓教。"朱熹对"性"的解释是："性，即理也"[①]，性即指先天禀赋之理；而王阳明将解释的重点放在意识之心上，说："夫心之体，性也；性之原，天也。"[②] 因此，人们常将心与性合称为"心性"，心性的源头与本质是先天的，当然人人相近。所谓"率"，本义是循也。这就是说，事物各循其天性之道运行皆有的规律。所谓的修道教化不过就是取法天下之道，发扬天性的属性而已。或者说中和之道就是一种符合天理的行为范式。

孔子将能否践行中庸之道作为区别君子与小人的标准，说："君子中庸，小人反中庸。"（《中庸》第 2 章）他认为中庸之为道在人，首先应该从自己的言行开始践行，据《论语·述而》中的描述，孔子给别人的印象是符合中庸之德的："子温而厉，威而不猛，恭而安。"但孔子并不认为自己做得很好，他曾有如下这样的自我评价："君子之道四，丘未能一焉。所求乎子，以事父未能也；所求乎臣，以事君未能也；所求乎弟，以事兄未能也；所求乎朋友，先施之未能也。"（《中庸》第 13 章）事实的确如此，孔子并非谦虚，不过他忘我为天下，四处奔波，推行自己主张的仁政，但生不逢时，他的主张未能被任何一国君主待见。孔子严于律己，宽以待人，经常在赞扬一些优秀人物时表达他对中庸理想人格的赞美，如他赞扬舜帝能"执其两端，用其中于民"（《中庸》第 6 章）；赞扬颜回为人处世能做到"择乎中庸，得一善，则拳拳服膺而弗失之矣"（《中庸》第 8 章）；等等。

---

① 朱熹. 四书章句集注 [M]. 中华书局，1983：17.
② 王守仁. 王阳明全集（上）[M]，吴光，钱明，董平，等编校. 上海古籍出版社，2015：38.

儒家的心理学是生活中的实践之道，孔子认为，中庸之道并非什么骇世惊俗的英雄壮举，而是一种体现在日常生活中的"费而隐"的普普通通的言与行。以人的情绪表达为例，何为情绪表达的中和之道呢？《中庸》解释道："喜怒哀乐之未发，谓之中；发而皆中节，谓之和。"（《中庸》第1章）这就是说，控制自己的情绪而不随意发作（或冲动），这是符合中庸精神的，而如果表达情绪则应符合礼节，这也是符合中庸之道的。由此可见，儒家的情绪观主张情绪的调控与合理表达的统一。事实上，合理表达和调控的平和情绪不仅有利于身心健康，而且有助于家庭成员之间和社会各种人际关系的和谐与社会稳定。与君子相反，孔子批评那些小人"不得中行而与之，必也狂狷乎"（《论语·子路》）和"小人而无忌惮"（《中庸》第2章）的情绪失控的状况。

中庸之道的益处虽然明白可见，但为何在孔子时代却没有在世间被广泛推行呢？孔子认为，这是因为存在着"过"与"不及"两种极端的问题，有些自以为是的人认为此道平庸而不值得学习，而那些愚昧的人因不了解此道而不知怎样去实践。在《论语·先进》中就记载了孔子用中庸之道作为标准来评价弟子的故事，如当子贡问孔子，子张和子夏这两个弟子哪一个更为贤良时，孔子回答：子张做事有点过，而子夏又常有不足。子贡继续追问：那么是否意味着子张要好一些呢？孔子再答，"过犹不及"，可见过与不及都不好。孔子认为，与获得功名利禄和攀登大山的困难相比，在生活中没有任何私心地坚持践行中庸之道也许更难。

四、践行中庸的方法

在现实生活中，中庸之道其实就是一种看待和处置事物的灵活态度和避免言行走极端的方法。有人可能会以为孔子偏爱讲"仁"而不言"利"，其实据《论语·子罕》中的记载："子罕言利与命与仁。"这就是说，孔子既很少讲他讨厌的利，也同样很少讲他最喜欢的仁，可见，孔子治学践行的是中庸之道。《论语·述而》中记载："自行束脩以上，吾未尝无诲焉。"由此可见，孔子少讲利，但并不意味着不要利也能生活，例如收取合理的学费是维持教育职业可持续发展的基本保障，真实的孔子是懂得人间烟火的人。相比而言，现在我们常看到一些所谓的专家一方面整天鼓吹自己偏爱的那些东西，而置其他学派观点于不顾，最后成了一个知识狭隘、眼光短浅和观点偏执的人而不自知；另一方面则唯利是图，先看给他的钱足够才愿意出场。针对当时有人讥讽孔子博学而不精不专一技之长的情况，孔子反唇相讥道：那我去专长驾车，还是去专长射箭呢？如仅就中庸之道的语境而言，孔子想表达的意思是，他的学问最重要的并不是教某一门具体的技艺，而是一种可以广泛应用的为人处世的方法。曾有个农夫想请教孔子一个问题，而又讲不清自己的问题，孔子自嘲说："吾有知乎哉？无知也。"后来，孔子"叩其两端而竭焉"，这就是说，孔子虽然还不知道老农要问什么，但他却总能基于两种极端情况的推测而找到适中的方法告诉他。

中庸之道是一种灵活而又坚持原则的方法论。孔子认识到每一事物的发展都可能呈现出多样的状态，为尽量避免出现偏于一端的情况，他明确提出了在各种具体的生活情境中践行中庸的方法。如讲话或写作时，"质胜文则野，文胜质则史，文质彬彬，然后君子"。（《论语·雍也》）在人际交往中，"君子矜而不争，群而不党"，"君子贞而不谅"。（《论语·卫灵公》）孔子反复强调在各种对立的状态之中把握好适中、适当的中道，而要避免过与不及，例如孔子在教育教学中也遵循了中庸之道，据《论语·先进》中记载，孔子见弟子冉求秉性较为畏怯，就鼓励他要勇敢；而见子路胆大过人，就要他注意多些克制。

中庸并未失之于僵化刻板，而是强调适应环境的灵活性，在《论语·微子》中，孔子举例说，古今有伯夷、叔齐、虞仲、夷逸等人放弃权势，避世闲居，即使可以不动摇自己的志向，不辱没自己的身份，能放肆直言，保持自身清廉，但他也不会像他们那样。一方面孔子认为君子可以顺天而行，"天下有道则见，无道则隐"。（《论语·泰伯》）另一方面也认为要根据实际情况采取"无可无不可"更为灵活的态度，出仕与退隐都不是绝对的，要根据世事变化和自己的意愿来灵活抉择。孔子讲述了一个人在社会生活中的中道原则，即应该根据自己当下的社会地位和具体情况来行事，而不要羡慕身外的东西，做到"在上位不陵下，在下位不援上。正己而不求于人则无怨"。（《中庸》第14章）孔子宣扬的所有灵活折中的方法都是围绕如何实行道义这个主旨的，即"君子之于天下也，无适也，无莫也，义之与比"。（《论语·里仁》）所以为了让自己的言行符合德行，孔子提出了如何避免主观猜测、武断、固执己见、从自我出发等非理性思维的"四绝"准则，即"毋意，毋必，毋固，毋我"。（《论语·子罕》）这也可以说是保证思维符合中道的具体要求。

孔子将中庸之道推广到社会领域时，把中庸与礼节结合起来，认为礼就是中庸之道的具体规定。据《礼记·仲尼燕居》记载，孔子评价子产对于百姓的管理宽得太过，严则不及。当子贡请教夫子怎么才算适度时，孔子回答："礼乎礼！夫礼所以制中也。"也就是说，礼是有助于中庸之道践行的规则。周礼的精华所在，恰恰是强调不走极端和反对偏激，所谓"礼之用，和为贵，先王之道斯为美。小大由之，有所不行。知和而和，不以礼节之，亦不可行也"。（《论语·学而》）具体而言，在社会生活中被称之为天下达道的庸德就是处理好五种人伦关系，即君臣、父子、夫妇、昆弟、朋友之交。（《中庸》第20章）有些对中国传统文化不自信的人总以为这些庸德是封建社会的糟粕，其实马克思说过，在现实性上，人的本质就是社会关系的总和。从心理学的视角来看，甚至可以说，几乎所有的个人的心理问题、家庭问题、男女之间情感问题和精神障碍的发生发展都与这五种人伦关系有密切的相关性，如何妥善处理这五类关系的规则与技巧实在是中国优秀文化的重要内容，是祖宗传承给后人的无价之宝。近年国内心理咨询与心理治疗界热衷追捧由德国学者发展起来的家庭系统排列方法，却基本对有几千年历史的中国本土的家庭排列心理学一无所知。

中庸之道绝不是做老好人和无是非的和稀泥，更不是委曲求全、软弱退让，而是一种有格局和自信的刚强。当子路向孔子请教何谓"刚强"这个问题时，孔子回答："君子和而不流，强哉矫！中立而不倚，强哉矫！"（《中庸》第9章）举例而言，无论世道如何变，真正的君子都不会改变自己的信念和操守，这才是真正的刚强。孔子认为只有君子才会依中道行事，即使遭到别人的误解也不会懊恼和后悔，这说明践行中道并不是一件容易的事。中道并不是无原则的折中，孔子斥责那种没有是非原则的老好人为"乡愿"，称"乡愿，德之贼也"。（《论语·阳货》）与中庸相反的是那些"素隐行怪"的行为，儒家认为"好人之所恶，恶人之所好，是谓拂人之性，灾必逮夫身"。（《大学》）如果一个人偏爱众人所讨厌的东西，厌弃众人所爱好的东西，这就违背了人的本性和社会常规，则必不能适应环境，灾难厄运就难免了。

五、道不远人，君子之道，费而隐

儒家认为，中庸之道其实就在自己每天的日常生活中，其视人格为现实生活中的实际表现，因此，人格培养应从平凡生活的各种细微之处着手。相反，那些高谈阔论、心高气傲的人总以为中庸之道卑微而不足为之，不重视个人修养和家庭关系的处理。其实不难发现，那些贪官污吏几乎全都具有这样的行为特征。所以，孔子特别强调如下几点：

其一，道就在日常的生活之中："道不远人，人之为道而远人，不可以为道。"（《中庸》第13章）所谓"君子之道费而隐"。（《中庸》第12章）中庸之道作用虽然广大，但生活践行却很细微。《中庸》十分赞赏《诗经·大雅·文王》中"上天之载，无声无臭"之语，勉励君子行庸德不必张扬，君子之道的特点是平淡无奇，日久自然明朗，"淡而不厌，简而文，温而理"。（《中庸》第33章）儒家这一观点与《庄子·知北游》中所说的"道无所不在"的意思是完全一致的。

其二，践行中庸之道应该从处理好家庭内的各种人际关系开始："君子之道，辟如行远必自迩，辟如登高必自卑。"（《中庸》第15章）对于成年人而言，"君子之道，造端乎夫妇，及其至也，察乎天地"。（《中庸》第12章）具体而言，就是要努力做到家庭内夫妻情投意合，兄弟姐妹融洽，儿女快乐，父母心情舒畅。

其三，因为中庸在生活中无处不在，无时不有，君子在那些别人看不到和听不见的地方，在自己单独处事之时尤其要"慎其独也"。（《中庸》第 1 章）君子的可贵之处正在于"内省不疚，无恶于志。君子之所不可及者，其唯人之所不见乎"的生活细节。（《中庸》第 33 章）即使单独处于室内，也要无愧于神明。《中庸》引《诗经·大雅·烝民》之言："德輶如毛，民鲜克举之。"这就是说，庸德见于日常生活的细微之处，真正能够践行这一美德的人并不多，就好像很少有人能够举起毫毛一样。《诗经》里唯独称赞仲山甫这个人能够举起庸德这根毫毛，因为他具有温和善良、风度优雅、和颜悦色、恭敬谦和、不欺弱、不畏强暴的品行。

其四，君子不要只说不做，一定要"言顾行，行顾言"。（《中庸》第 13 章）修养需要克服人的惰性，要"困知而勉行"。

其五，践行中庸之道还需要以共情能力为前提。在人本主义看来，咨询师对患者的共感是心理治疗取得成功的核心要素，但如何做到通情达理，设身处地共感他人的内心世界却不是一件容易做到的事。换而言之，要与他人共感，就必须先准确地察觉他人的愿望、需要和情感。基于人的孤独体验，人本主义还将一个人试图努力取得别人的认同和与他人相连的体验作为人性的基本趋向，将与他人的和谐相处作为心理健康的重要内涵。虽说人本主义的思想在理论上很出彩，但在人际交往的实际社会生活中究竟如何实现这种共感，人本主义学者并没有给出可实际操作的方案。相比之下，孔子给出的规则具有更实际的行为指导意义。他说："我不欲人之加诸我也，吾亦欲无加诸人。"（《论语·公冶长》）"夫仁者，己欲立而立人，己欲达而达人。近取譬，可谓仁之方也已。"（《论语·雍也》）"施诸己而不愿，亦勿施于人。"（《中庸》第 13 章）简而言之，以上言论讲述的一个道理就是"将心比心"的共情能力。在心理咨询中，大多数的亲子关系紧张和人际矛盾都与当事人缺乏这种能力有关。例如，不少在孩子面前时时唠叨的父母被孩子反感、厌倦，甚至逃避，但这些父母或当事人对此总是缺乏自知力。

据说，儒家这种从"我与你"共情规则来处理人际关系的思想经过俄国诗人普希金的文化传播，被西方人称赞为处理国家之间、民族之间，以及人际关系的"黄金法则"。在儒家看来，如果我们在为人处世的过程中，尽管有良好的出发点或行为动机，但有时候也未必会取得好的效果，即使如此，我们还是要懂得正确的归因，而不要有怨言怨气，记住以下训诫总是有益的："（君子）失诸正鹄，反求诸其身。"（《中庸》第 14 章）

六、诚之者，人之道，唯天下至诚为能化

为了进一步深入阐述践行中道的要素，《中庸》第 20 章中继承和发挥了孟子关于诚的观点。孟子说："是故诚者，天之道也；思诚者，人之道也。"（《孟子·离娄上》）又说"反身而诚，乐莫大焉"。（《孟子·尽心上》）子思进一步提出要将"诚"的心理品质作为践行中道的主体条件，即有如下命题："诚者，天之道也；诚之者，人之道也。诚者不勉而中，不思而得，从容中道。"（《中庸》第 20 章）这里包含两层意思：诚是上天赋予的，不需要勉强就可以做到，也不需要思考就可以获得的本性；只要做到诚，从从容容就可以让自己的言行符合中庸之道。

何谓诚？《说文解字》曰："诚，信也。"《增韵》的解释是："纯也，无伪也，真实也。"《广雅》解释为"敬也"，《楚辞·九歌·国殇》中已有"诚既勇兮又以武"的诗句，可见，诚，本义是指人天生的一种真实有信的品质。诚者有哪些品质特点呢？儒家认为，能做到诚的人会选择善道并持之以恒，学习广博的知识，探究事物原因，慎重思考，明辨事理，勤于实践，不懂就问，百折不挠，直至成功。然而，人出世后，天生的诚实和诚信的本性逐渐被功名利禄所遮蔽，这需要通过两条途径来恢复：一靠自我修养，即所谓"诚者自成也，而道自道也"（《中庸》第 25 章）；二靠教育，即所谓"自诚明，谓之性；自明诚，谓之教"。（《中庸》第 21 章）

为何恢复诚之品性如此重要？《中庸》认为，至诚是尽性的前提，进而是尽物之性的前提，即"唯天下至诚，为能尽其性；能尽其性，则能尽人之性；能尽人之性，则能尽物之性；能尽物之性，则可以赞天地之化育；可以赞天地之化育，则可以与天地参矣"。（《中庸》第 22 章）"诚者物之终始，不诚无物。是故君子诚之为贵。诚者非自成己而已也，所以成物也。"（《中庸》第 25 章）

按如此顶真句构成的推理，诚不仅是认识主体的一种品格，而且是主体正确认知万事万物规律，促进万事万物演化的必要前提，所谓"唯天下至诚为能化"。如果从现象学的视角来看，儒家的上述观点所要表达的意思就是诚与物的认识关系，即只有当人的意向性清晰而无遮蔽时，意识才能把握万事万物的存在。

真诚必须出于自愿、自觉和自我完成，诚恳的人不要自己欺骗自己，尤其在独处之时。"所谓诚其意者，毋自欺也。"诚不仅是一种心态，还必须有相应的行为，即"诚于中，形于外"。（《大学》）

诚是一种内在的意识状况，所谓"至诚无息"。（《中庸》第 26 章）诚，贵持之以恒，不间断，久则如兰之幽香。达到至诚的人有如神明之助一样，"不见而章，不动而变，无为而成"。（《中庸》第 26 章）诚意味着一心一意，《中庸》以自然为例说：

"天地之道,可一言而尽也,其为物不贰,则其生物不测。"(《中庸》第 26 章)朱熹注解:"不贰,所以诚也。"天地之道就是诚一不贰。一个人如果能经常反躬自问诚否,会是一件十分快乐的事,曰:"反身而诚,乐莫大焉。"(《孟子·尽心上》)

我们知道,酷爱中国传统文化的罗杰斯的人本主义心理咨询方法是以当事人为中心,将"真诚一致"当作建立良好咨询关系的基本态度和原则,这已经成为咨询界的一种共识。在这种咨询关系中,心理医生似乎可以"无为而治",这与儒家所谓"君子以人治人,改而止"(《中庸》第 13 章)的主张完全一致,就是说君子应运用人本身的道理,包括开放自己以示教他人。儒家认为,在与他人的交往中最重要的品质就是"君子诚之为贵"(《中庸》第 25 章)、"至诚如神"(《中庸》第 24 章),认为只有至诚,才能使人性得到最大的实现,即"唯天下至诚,为能尽其性;能尽其性,则能尽人之性;能尽人之性,则能尽物之性;能尽物之性,则可以赞天地之化育;可以赞天地之化育,则可以与天地参矣"。(《中庸》第 22 章)儒家认为,最诚心的人能感化任何人。从现象学的角度来理解,诚就是不带任何理论偏见地直面事实本身。

儒家坚信践行中庸之道可以促进自我实现,创造美好的人生:"故大德必得其位,必得其禄,必得其名,必得其寿。"(《中庸》第 17 章)可见,中西方人本主义心理学都对道德人生抱有一种美好的愿景,以增进践行中道者的信心。

第十一章　《孝经》的社会心理学思想

"夫孝，德之本也，教之所由生也。"童年的社会化过程对一个人的心理健康具有终生的影响，而如何看待和处理人与人之间的关系的社会化是儿童社会化的重要内容。一个人的生命源于父母的给予，孝道必始于对父母给予自己在这个世界上存在的生命形体的感恩之心，孝道教育的意义在于为个体培养了未来在社会的人际交往态度和能力，所谓"夫孝，始于事亲，中于事君，终于立身"。孝道是人之为人最基本的德行。修习《孝经》既可以预防品行障碍，又有助于提升处事圆融的能力。

以孝治天下，故得百姓之欢心，

得人之欢心。

——《孝经·孝治章第八》

做事做人是人生的两大实学，而一般认为，做人比做事更复杂和困难，《孝经》就是中国古代儒家关于如何学习在家和社会上做人的教育学和社会心理学。相传为孔子"七十子之徒之遗言"，约成书于秦汉之际，自西汉至魏晋南北朝，注解者已有上百家，此经被列为儒家"十三经"之一。

近年有两件事情促使笔者要好好读一读《孝经》这部经典。第一件事与笔者看到的一场追悼会有关。笔者暑假回家乡探亲，正逢小区内一位高龄老太太去世，她的子女在小区内为其置办了几天几夜的追悼活动，家中门厅上悬挂着一幅"儒风丕振"的横幅，还花钱邀请了一个专职来吟唱悼念逝者挽歌的演员。笔者在一边静静地观察着这个化了装的演员，双膝跪地，带着一脸悲伤，用湘剧腔调吟诵着关于那位老人一生的故事。有许多邻里围坐在一旁，一边品着茶，一边静静地倾听着在夜空里飘荡的挽歌。突然间，笔者似乎明白了中国乡村百姓千百年来一直非常重视举办丧事的缘由。出身司仪的儒家一直主张将孝道从父母日常起居生活贯彻到其逝去的全过程，并将举办丧事作为传播孝道的一次珍贵的教育机会，这绝不是没有道理的。

第二件事与笔者完成的一项调查有关。为了解中医药服务提供者对事业的忠诚度，笔者带领研究生进行了一次关于忠诚度的调查，调查内容涉及学科忠诚、效用忠诚、职业忠诚和发展认知四个纬度，主要以广东省 9 个地级市各级中医院、中药店、个人诊所和卫生服务站的部分医护人员以及广州市 9 家中药企业的员工为调查对象，实地做了两次问卷调查。虽然两篇调查报告都公开发表了，但笔者的思考没有停止，因为某些人对事业和单位流露出来的不忠诚令笔者感到担忧，有古语说："忠孝难以两全"，那是因为在特定的情况下，两者之间存在着时空上的矛盾，而现在笔者反思的问题是员工的忠诚度与孝德的相关性，即忠诚度与孝德之间存在着不可分割的正相关性。所以，忠、孝两字总是连在一起使用的。《孝经》也许可以给我们带来一些启发。

一、孝道品德培养的重要性

也许有不少人会问，在今天这个飞速发展的现代中国，继续推行中国传统文化的孝道教育还有实际价值吗？回答肯定是多元化的，但我们应该知道赞同坚持或者放弃这一传统教育的原因和理由。

道德是人区别于动物的本质特征之一，但道德从何而来？儿童早期的道德培养应从何处入手？社会心理学告诉我们，道德的社会化是从家庭开始的，并且最早起源于对动物亲代之间的性乱伦现象的自觉与制约。这种看法显然是消极的，道德不只是超越动物性，而更应是积极的和建设性的精神升华。从这种意义上说，儒家的孝道所阐述的就是一种引导"以顺天下，民用和睦，上下无怨"的"至德要道"。（《孝经·开宗明义章第一》）即使在今天看来，孝道教育仍具有许多积极的社会心理学意义。

笔者在心理咨询门诊中常常遇到一些由父母勉强带来的青少年，其表现至少有以下中的若干条：如眼神迷茫，表情淡漠，不修边幅，坐没坐相、站没站相，对人没有礼貌，对学习没兴趣，逃课旷课，沉迷电子游戏，考试全部不及格都无所谓，没有梦想，也从不想未来；与父母交流极少，亲子关系疏远或紧张，从不关心也不了解父母的具体工作，不知道父母的生日，几乎没有知心朋友，不关心世界和社会新闻，晚睡晚起，生活节奏混乱，不爱运动，行为懒散。但这些人并不是抑郁症，他们或沉浸于电子游戏，兴趣狭隘，偏爱外卖快餐，发型另类，脾气古怪，对新奇的和随意的性爱甚有兴趣，从不考虑有责任的婚姻和生育。医生真的很难将这样的对象清晰地划分到任何一类精神障碍的名下，只得借美国作家海明威在散文《太阳照常升起》中首创的"迷惘的一代"（the lost generation）这个词，勉强将这种有社会适应障碍、人格幼稚、没有责任和爱心的问题青少年称之为"意义迷惘神经症"（meaning-lost neurosis）。

笔者还注意到，有这些问题的孩子的家长也常常有如下一些共性的表现：一是在溺爱孩子的同时，缺乏对孩子内心世界的真正了解，要么一问三不知，要么答非所问；二是对造成孩子问题的原因较少有反思，很少有家长会问医生，孩子的问题是如何形成的，与自己的教养方式有何关系；三是多认为孩子的问题是否是由小时候的某些躯体疾病或体虚导致的，寄希望于医生有特效神药帮助其解决问题，对心理训练或家庭治疗的建议存在明显的抵触情绪，或对这些建议依从性十分不足。

从中国传统文化的观点来看，造成"迷惘的一代"在爱至亲、爱生活、爱世界、爱自己能力的懦弱或缺乏的关键原因在于原生家庭教养方式对孩子的人格塑造出现了偏差。儒家认为，家庭与国家、孝道与社会为人之道的关系是同构的，做人的教育始于孩子从学习孝道起步，青少年在家庭里的孝道学习与其未来步入社会的为人处世的行为模式关系密切。这就是为何古人将孝道看成立德树人之根本的原因，所谓"夫孝，德之本也，教之所由生也"。（《孝经·开宗明义章第一》）

社会心理学研究告诉我们，一个人童年的社会化过程是否正常对一个人的终身健康都具有深远的影响。道德的社会化就是儿童社会化的重要内容之一，所谓道德的社会化是指将社会所肯定的道德准则和道德规范内化，形成合乎社会要求的道德行为的过程。道德社会化的内容包括道德观念与道德判断、道德情感与道德行为。那么，儿童的道德教育从何处入手最为理想呢？儒家认为，在中国传统文化中，身体与天下、家庭与国家、父母与君主是同构的，所以，道德塑形应该从家庭开始，而且应该从孩子学习孝顺父母起步。那么，孝顺的逻辑根据又是什么呢？孔子认为，因为一个人的生命源于父母的给予，孝道必始于对父母给予自己在这个世界上存在的生命形体的感恩之心。孝道的归宿又是什么呢？孔子认为，是通过"立身行道"最终实现对国家的职责与自我实现，孝道构成人生的一个圆圈，即"夫孝，始于事亲，中于事君，终于立身"。（《孝经·开宗明义第一章》）从这种意义上，孔子认为，孝道犹如天上日月星辰的运行、地上万物的自然生长，天经地义，乃是人类最为根本首要的品行。（《孝经·三才章第七》）

二、孝心的养成与移情能力培养的关系

提倡孝道的终极目的并不只是建立良好的亲子关系，而是培养青少年做人的移情能力。所谓"移情"是指个体将自己对某特定对象的情感不自觉地迁移到其他相似对象上的一种心理现象。孔子早就发现了一个人在家的尽孝情况与其日后是否在社会组织中犯上作乱行为之间的某种联系，他说："其为人也孝弟，而好犯上者，鲜矣；不好犯上而好作乱者，未之有也。"（《论语·学而》）因为家庭与组织，乃至与国家之间有近似的结构，因此，培养孝顺习惯的意义并不仅仅只是为了孝顺自己的父母，而是有助于培养个体进入社会后的良好移情能力。"爱亲者，不敢恶于人；敬亲者，不敢慢于人。"（《孝经·天子章第二》）精神分析学派认为，移情常发生在来访者和心理咨询师之间，移情形成的基础是个体在幼儿期与双亲或其他重要的人际关系中未能处理妥当的问题。由于移情有正移情和负移情两类，因此，幼儿期所获得的移情经验就显得特别重要，而孝道就是一种培养正向移情能力和塑造积极人格的途径与方法。正如孔子

所指出的那样："君子之事亲孝，故忠可移于君。事兄悌，故顺可移于长。居家理，故治可移于官。是以行成于内，而名立于后世矣。"（《孝经·广扬名章第十四》）可见，早期在家庭中培植的情感模式不仅会转移到以后更广的社会组织层面，而且影响个体的婚姻和一生，即所谓的"爱同"和"敬同"。（《孝经·士章第五》）孔子相信，能够亲爱自己父母的人，就不会厌恶别人的父母；能够尊敬自己父母的人，也不会怠慢别人的父母，因为对待事业的忠诚和对待其他社会成员的爱和敬与一个人在家庭中对待父母的爱和敬的原理是一样的。所谓"资于事父以事母，而爱同；资于事父以事君，而敬同"。（《孝经·士章第五》）孔子认为，根据移情发展的先天规律，父母对子女孝道的教育不必板着严肃无表情的面孔，而是需要因势利导。孔子还讲述了孝心培养的两个要点与方法："圣人因严以教敬，因亲以教爱。圣人之教，不肃而成，其政不严而治，其所因者本也。"（《孝经·圣治章第九》）这就是说：要用严格要求的教育让孩子懂得"尊敬"，用亲近友好的态度培养孩子爱的能力。孔子说："父子之道，天性也，君臣之义也。"（《孝经·圣治章第九》）这说明孔子与弗洛伊德一样，都看到了父子关系与君臣关系的同构性，以及前者社会化过程对后者行为模式的深远影响。《孝经》认为，一个人如果在家庭社会化的童年时代能够将家庭孝道内化成自己的人格，那么，在以后的社会组织中就能表现出良好的职业忠诚性，即做到"居上不骄，为下不乱，在丑不争"。（《孝经·纪孝行章第十》）一个当了官的孝子，他更有可能将德行教化施之于黎民百姓，使天下百姓遵从效法，这便是更广义的孝道。一个在位的君子之所以能在上而不骄，能自觉制节谨度，道德根基全在之前的家庭孝道习惯的养成。在儒家看来，早期的家庭教养与个体后来在社会组织中的行为是一种因果逻辑关系。儒家认为，要做到在社会生活时时处处遵循道德规范，那么，道德行为就不应只是一次英雄式的义举和某某纪念日的一次"义工"活动，而应成为一个人自觉自发的行为习惯。儒家认为，一个人良好习惯形成的标志就是"口无择言，身无择行"。（《孝经·卿大夫章第四》）意思是说，一个人开口说话时不需要思考选择就能合乎礼法，行为不必着意考虑也不会越轨，这就说明道德已经内化成为其人格的一部分。《诗经·大雅·下武》中已经明确提出应该将孝道作为人为人处世思维的一个准则，即"永言孝思，孝思维则"。

三、孝道的目的和理想是"以孝治天下也"

儒家提倡孝道的远大理想乃在治理国家，将孝道惠及天下所有的百姓，孔子曰："教民亲爱，莫善于孝。"（《孝经·广要道章第十二》）难能可贵的是儒家早就注意到对那些地位极卑微的小国臣属和孤寡老人等社会弱势人群的关爱对于其他人群特别具

有的示范教育作用。所谓"敬一人，而千万人悦。所敬者寡，而悦者众，此之谓要道也"。(《孝经·广要道章第十二》)

孝道是一种促进公平，从天子到百姓都可以接受的伦理规则，是防止人祸、稳定社会、天下和平最得人心的可持续发展的治国理念。曾子曾不解地问孔子，孝道为什么是圣人最大的德行。孔子说，那是因为"天地之性，人为贵，人之行，莫大于孝"。(《孝经·圣治章第九》)可见，孝道的核心精神是人道主义。以人为本，意味着让"百姓之欢心，……故得人之欢心"。(《孝经·孝治章第八》)"百姓之欢心"意味着让大多数人高兴，而不是为少数人谋利，可以保障幸福的公平性；"得人之欢心"意味着孝道至少要满足人的基本需求。

四 、孝道并不是空谈的道德，而必须在生活细节上亲身践行

孝道贯穿于生活的全方位和一生的过程，即"孝子之事亲也，居则致其敬，养则致其乐，病则致其忧，丧则致其哀"。(《孝经·纪孝行章第十》)践行孝道应该满怀与生活情境相应的情感，自愿地、高兴地和全心全意地做，而不是怀着无可奈何的心情去做。在中国历史上有许多关于孝道的民间传说，其中元代郭居业所编辑的24个孝道故事最为流行。其中不少故事源于生活，有些也出自于夸张想象和比喻，但其用意在于阐述一些重要观点，例如，孝道是人人可以做到的，除非他不愿意做，即"自天子至于庶人，孝无终始，而患不及者，未之有也"。(《孝经·庶人章第六》)其中就有汉文帝照顾病中母亲，为母尝药的故事，说明孝道不分尊卑，超越时代，是人之为人应该遵循的天理。在中国历史传说中有一些割肉救母的孝亲故事大多为人所误解，其实这些传说的形成可能与古印度关于萨埵太子为了挽救老虎生命而甘愿牺牲自己肉身的传说有关，这些故事只是一种表现佛祖前生累世忍辱牺牲、救世救人精神的文学象征，不应将其作为写实的史实来理解。割肉救母或舍身饲虎的故事隐喻的道理是：孝或成佛需要有彻底的"无我"精神，即需要有一不怕苦、二不怕死的自我牺牲精神。

虽然孝道遍及昼夜、四季和人的一生，但为生计忙碌的子女还是可能会忘记尽孝中的许多责任，于是，社会文化创造了一种温馨提醒的机制，如重阳节与老年节就是这样的一个特别的日子。每年农历九月初九日是汉族的传统节日——重阳节，在《易经》中，奇数为阳，偶数为阴，"九九"两阳数相重，故曰"重阳"。自古以来，重阳节有登高祈福、拜神祭祖及饮宴祈寿等习俗，又因为"九"为最大的阳数，有长久长寿的寓意，2006年重阳节被国务院列入首批国家级非物质文化遗产名录。2012年全国人大常委会修订通过的《中华人民共和国老年人权益保障法》规定每年农历九月初九为"老年节"。因此，无论是身为子女的年轻人，还是各级社会组织机构都不应疏忽

这个温馨的提醒，再忙也要回家看看父母！《诗经·蓼莪》是一首唱给父母的祭歌，它表达了当父母健在时未能尽孝，而失去父母时方才意识到不能终养父母的痛苦："父兮生我，母兮鞠我。拊我蓄我，长我育我。顾我复我，出入腹我。欲报之德，昊天罔极。"无论是旧时的，或是新时代的 24 孝道故事都是教育子女提升尽孝意识，避免出现《诗经》里所说的这种后悔情况的指引。

随着中国社会的发展变化，尽孝的内容与形式都需要与时俱进，2012 年，全国妇联老龄工作协调办、全国老龄工作委员会办公室与全国心系系列活动组委会依据《中华人民共和国老年人权益保障法》共同发布了《新二十四孝行动标准》，包括：①经常带着爱人、子女回家；②节假日尽量与父母共度；③为父母举办生日宴会；④亲自给父母做饭；⑤每周给父母打个电话；⑥父母的零花钱不能少；⑦为父母建立"关爱卡"；⑧仔细聆听父母的往事；⑨教父母学会上网；⑩经常为父母拍照；⑪对父母的爱要说出口；⑫帮助打开父母的心结；⑬支持父母的业余爱好；⑭支持单身父母再婚；⑮定期带父母做体检；⑯为父母购买合适的保险；⑰常跟父母做交心的沟通；⑱带父母一起出席重要的活动；⑲带父母参观你工作的地方；⑳带父母去旅行或故地重游；㉑和父母一起锻炼身体；㉒适当参与父母的活动；㉓陪父母拜访他们的老朋友；㉔陪父母看一场老电影。同期还推选出了一批践行现代 24 孝贤的模范。从这些普通百姓中的孝行模范就可以知道，践行孝道肯定是需要有自我牺牲精神的，时间陪伴，照顾生活，看起来简单无华，却消耗了尽孝者的自由与休闲，这种用生命和生活日日照顾的牺牲与传说中割肉救母的精神是异曲同工的，这就是孝道精神的全心全意或利他性。由上可见，新的 24 孝道所指引的其实都是日常生活细节的各个方面，虽然并不难做，但要坚持不懈也不容易，这说明"道不远人"，且在人不见之处践行的道理。

即使是作为医生的这个职业，在儒家看来，也是儒门事亲实现孝道的必要技能，在古代，以孝为医的故事还传为百年美谈。简而言之，从长远和大处着眼，孝道教育的核心是爱的移情能力的培养，是立德树人的起点，切记不能让孩子缺课。

五、悖德悖礼的不孝

孝与不孝，忠与不忠，并不需要别人评价，本应靠自己自觉的反省或自我察觉，即"进思尽忠，退思补过"。（《孝经·事君章第十七》）如《诗经·小雅·隰桑》诗中说："心乎爱矣，遐不谓矣。中心藏之，何日忘之。"孝道的修养应该是发自内心的爱。

"礼者，敬而已矣。"（《孝经·广要道章第十二》）孝即敬父母前辈。我国将清明节确定为国家统一放假的传统节日，希望每个忙碌的人都暂时停顿下来去悼念一下已经去世的先人，想想自己从哪里来，将往何处去。所以，《孝经·感应章第十六》强调了祭祀活动的意义："宗庙致敬，不忘亲也；修身慎行，恐辱先也。"文化自信的根基在民族，在族群，在家族，家族的荣誉感、家族的自豪感应该是每一个族人自信的重要来源。

孝是人伦之天经地义的法则，人人皆能，所以人若不孝，就是故意不为。孟子认为，人的罪过之大莫过于背弃亲戚朋友和君臣上下之礼了，所谓"人莫大焉亡亲戚、君臣、上下"。（《孟子·尽心上》）因为这是违背天理的。对于一个不孝顺父母的人，就很难想象他会爱其他的亲戚朋友、老师、上级和同事，很难想象他能热爱和忠于其从事的职业、岗位和组织，很难想象他会将爱推及天下的百姓。《孝经·圣治章第九》指出，如果一个人"不爱其亲而爱他人者，谓之悖德；不敬其亲而敬他人者，谓之悖礼"。这可能意味着这种悖德和悖礼的人要么是政治上的阴谋家，要么是以自我为中心的极端自私者。所以"非孝者无亲"，不孝的人是没有真正的朋友的。尧基于对舜的孝行的考察，并最终选择了他作为王位的接班人的方法是明智的，这一方法对于现代公务员的选拔和婚姻对象的选择也是极具有参考价值的。古人认为，目无君王、反对圣人、不孝无亲的三种人是造成天下大乱的祸根。

孝道无处不在，无时不有，只要你诚心诚意去践行，并不需要张扬夸耀，至亲和邻里都是可以感受到的，所谓"孝悌之至，通于神明，光于四海，无所不通"。（《孝经·感应章第十六》）践行孝道既给自己带来快乐，也将树立好的榜样，获得天下人的支持与称赞，如《诗经·大雅·卷阿》中说："有孝有德，以引以翼。岂弟君子，四方为则。"

六、"生事爱敬，死事哀戚，生民之本尽矣，死生之义备矣，孝子之事亲终矣"

尽孝道的最后具体事务是处理双亲去世这件事。在今天的许多人看来，这也许是一件其不以为然且不愿意谈论的事。然而，即使用现代应激心理的观点来看，《孝经》里提出的建议也是很有积极意义的。首先，悼念逝去的亲人不仅要哭，而且应该是发自内心的尽情哀悼，有茶饭不香、闻乐不乐的哀戚之情；其次，要注意节哀顺变，"教民无以死伤生。毁不灭性"，"丧不过三年，示民有终也"。（《孝经·丧亲章第十八》）还要求通过正式的告别仪式和春秋祭祀形式来追思先人。从心理学的角度来看，儒家对待死亡事件的孝道既有助于悲伤情绪的释放，预防创伤后综合征的发生，又可以鼓励人理智地从哀伤中走出来。如果说一切神经症都表现出害怕死亡的特征的话，那么，心理健康和勇敢的人就是敢于正视和超越死亡恐惧的人。从这种意义上，儒家的杰出之处就在于善于将与逝世者告别的时刻当作教育后人明白人生真谛的一次机会。曾子说过："慎终追远，民德归厚矣。"（《论语·学而》）笔者忽然想起弗洛伊德曾说的一句话："精神分析疗法乃是一种再教育"①，类似地，儒家的孝道何尝不是一种华夏民族意识的再教育呢？

记得有几个令人难忘的个案让笔者感到尽孝与否对人心理健康的潜在影响。有一个中年妇女因为噩梦而求医，她因为梦见刚刚去世的母亲在水中向她招手而感到惊恐不安，认为这是一个不祥之梦。经询问方知其因在母亲患病期间去看望和照顾不够，一直心存内疚，因此，不孝的自责转变成了一个噩梦。所谓"为人子，止于孝"，为人之子如果不能做到这一点，无论他有多少财富，都不能称之为真正的成功。或者说，那些贪官污吏的失败往往缘于孝道的丢失。

七、孝道践行中的几个问题

在当今世界经济一体化、文化多元化的背景下，中国传统孝道是否还具有现实意义和践行的价值？这是许多人感到困惑的问题。这里选择几个问题来讨论一下。

其一，现代的年轻人接受了许多科学文化知识和多元化的价值观，或者子女指出父母有错，或者子女与父母在某些问题上的认识与观点不一致时，与尽孝有矛盾吗？在《孝道·谏诤章第十五》中，曾子问孝道于孔子：做儿子的一味遵从父亲的命令，就可称得上孝顺吗？孔子以近乎生气的语气说："是何言与，是何言与！"孔子列举了许多历史案例说明即使是天子、诸侯、大夫、士人、父亲也有犯错误或不明智的时候，正因为身边有几个敢于直言劝谏的人，才不至于使他们亡国、失去家园和名声败坏，因此，无论是子女，还是臣属、朋友都不应该看着自己的父母、上司或朋友犯错而不直言劝谏。事实上，一味盲从和愚忠都是最大的不孝，真正的孝道应该是"故当不义，则争之"。即使是国君和父母，只要是不正当的言行都应该加以劝阻，孝道绝不是愚忠，谏诤才是真正的孝道。不过，孔孟都一再强调，即使是批评和劝谏也需要注意话语方式和态度。

其二，如果在家庭多子女等情况下，父母出现了"偏心"行为时，作为子女还要践行孝道吗？《孟子·万章上》中也讨论过这个问题。弟子万章引子思的话说："父母爱之，喜而不忘；父母恶之，劳而不怨。"并因此而请教孟子，舜的父母对舜并不仁慈，甚至还多次想置他于死地，而舜并没有因此埋怨父母。孟子认为，舜是一个严于律己、宽以待人的孝子，他一方面将竭力耕田当作为人之子的职责，一方面为自己不

---

① 弗洛伊德. 精神分析引论 [M]. 高觉敷，译. 北京：商务印书馆，1986：364.

能让父母感到顺心而忧愁。但是，舜并不是无原则的愚孝，例如按古时风俗习惯，男子迎娶妻子应该事先告知父母，可是舜"不告而娶"，孟子认为，舜之所以这样做是因为他"告则不得娶"，而男大当婚女大当嫁是人之大伦，如果不婚则是大不孝，可见，舜以遵循人之大伦的孝道消除了因父母态度可能导致的大错。舜在父母对自己不仁慈的情况下仍能保持自己的仁心，履行自己的职责，可见，孝并不是一味讨好别人，而是按照天生的良知去践行。孔子所说的"以（正）直报怨，以德报德"（《论语·宪问》），可以作为处理这一难题的准则，即用正直报答怨恨，用感恩报答恩德。

其三，如果对父母的孝与对国家和民族事业的忠之间出现了矛盾，该如何做？例如科学家黄旭华为保守国家秘密，远离亲人，隐姓埋名 30 年，为我国核潜艇事业的发展做出了重大贡献。他说："对国家的忠，就是对父母最大的孝。"这正如孟子的观点："孝子之至，莫大乎尊亲；尊亲之至，莫大乎以天下养。……以天下养，养之至也。"（《孟子·万章上》）可见，以国家和民族的大义为重，就是给父母最大的孝，父母也是完全可以理解那种为了国家和民族大义而没有事亲的子女行为的。

其四，一些基于精神分析学等西方心理学观点来看中国传统孝道的人，不仅认为中国孝道是陈旧落后的封建残余，甚至认为是父母控制子女的文化机制和手段，而主张以独立自由的观念和种种相应的生活方式远离或疏远父母，不再认为尽孝是子女应尽的责任。笔者想起《左传·成公四年》中的那句千古名言："非我族类，其心必异。"大千世界，各民族的信念和文化传统不一样并不奇怪，但值得警惕的是，如果用其他国家和民族的价值观和家庭观来批评或否定本民族的文化传统，那无异于一场文化侵略和精神上的败战，对此，必须引起高度的重视，建立具有中国本土特色的心理健康教育的话语体系、学术体系和学科体系任重道远。

第十二章 《礼记》的文化心理学思想

"凡人之所以为人者，礼义也。""礼义也者，人之大端也。"《礼记》可以称为中国古代社会生活的一部人伦法典或心理行为词典，它论述了礼仪文化对于人性的提升和人格培养所具有的重要意义。如果说人的本质是一切社会关系的总和，那么，礼就是调节各种社会人际关系的经验规则。礼不仅是人与动物的分界点，也用来调节"人情"，推行"人义"，维持"人利"，摒弃"人患"，还具有预防社会矛盾和维持社会稳定和谐的重要作用。"人有礼则安，无礼则危。"礼的作用就是保持人行为的适度适中，使人和事得到治理。人情就好比人的田地，修礼就是耕作，阐述义理就是播种，学习就是除草，可见，礼是指导人类生活行为的工具，是一种治理人情和耕种道德的劳动过程。

人情者，圣王之田也。修礼以耕之，
陈义以种之，讲学以耨之，
本仁以聚之，播乐以安之。

——《礼记·礼运》

　　"文化"是相对于"自然"现象而言的一个词语，是指以使用符号为基础而建立的非自然的人类信念、习俗和行为体系。文化是人类独有的社会现象，而且各民族都有自己的文化体系，而外观为文化的东西同时也可以内观地被理解为一种心理状况。因此，文化心理学和社会心理学为我们提供了观察、理解和研究一个民族的精神风貌、民族性格和民族自信心的视角。

　　在中华文化中，礼是特色最鲜明的文化传统，对华夏民族的心理影响也最为深远。"礼"字最早见于甲骨文，说明"礼"是人伦建立之初最古老的元概念，其本字为"豊"，本义为敬奉。中国常被称之为礼仪之邦，这主要是因为华夏古人对礼的高度重视，同时我们的礼文化形成历史悠久，礼文化的典籍非常丰富，礼教思想散见于各代的多部文献。汉武帝时初设"五经"博士，唐代有"九经"之说，宋代时扩充至"十三经"，基本定型，其中《周礼》《仪礼》和《礼记》就是其中重要的三部典籍，合称为《三礼》。本章以对《礼记》的文化心理学思想的梳理为主，兼顾对《周礼》和《仪礼》等其他典籍的思想梳理。

　　《礼记》又称《小戴礼记》，为西汉礼学家戴圣所编纂。汉时，在今河南省商丘市睢阳区林七乡西村有一户戴姓人家，出了两个儒学大家，戴德为叔，戴圣为侄，两人同为西汉今文礼学的开创者。汉宣帝时，戴氏叔侄都被封为今文经学博士，史称戴德为"大戴"，戴圣为"小戴"，合称"大小戴"。戴德在自己的"五经"老师后苍所收集的大量有关礼仪古文献的基础上，删其繁而整理为 85 篇，辑成《大戴礼记》。后来，戴圣又在叔叔戴德研究的基础上进行简化，删减成 46 篇，并增加了自己新收集的《月令》《乐记》和《明堂位》3 篇，一共 49 篇，编辑成《小戴礼记》。公元前 51 年，汉宣帝为了加强思想统治，在皇家图书馆石渠阁亲自召开了一次"五经同异讨论会"，据说有五经诸儒 23 人参加了这次会议。会上，戴圣引经据典、侃侃而谈，从此，戴圣与他编辑的《礼记》名震天下。《礼记》总结了上古圣贤之言和礼文化，使得华夏礼乐文化体系趋于完备，对后世影响深远。

《礼记》汇集了中国古代的"六礼"（即冠、昏、丧、祭、乡、相见）、"七教"（即父子、兄弟、夫妇、君臣、长幼、朋友、宾客）、"八政"（饮食、衣服、事为、异别、度、量、数、制）等各种礼仪文化和生活规范，既有说理，又有具体的行为操作要领，被称为中国古代社会生活的一部人伦法典或心理行为词典。

春秋战国之前，中国本有诸子百家，但自汉武帝罢黜百家，独崇儒术之后，儒学成为影响中华民族行为思想最强大的力量。儒家本起于礼乐之工，崇尚"礼乐"和"仁义"，孔子甚至将"克己复礼为仁"作为自己终生的奋斗目标，儒家典籍《礼记》受到历代统治阶级的高度重视。当然，记述中国传统礼文化的典籍还有《周礼》《仪礼》《春秋左传》和《孝经》等。

礼教是一个立德树人的教育体系或社会化系统，但并非一堆说教的言辞，而是直入人之心理的操作行为，儒家坦然承认"饮食男女，人之大欲存焉。"（《礼记·礼运》），所以圣贤发明礼以治理人之七情，提倡父慈、子孝、夫和、妇从、兄友、弟恭、朋谊、友信、君敬、臣忠十种美德，讲信修睦，崇尚辞让，避免利益争夺。在古人看来，人情就像需要用礼去耕种的田地，曰："人情者，圣王之田也。修礼以耕之，陈义以种之，讲学以耨之，本仁以聚之，播乐以安之。"（《礼记·礼运》）用现代心理学的话来说，良好的礼貌行为需要长期的学习和实践才能培养成为人格的组成部分。

在儒家教育教学体系中，《诗经》《尚书》《礼经》《易经》《乐经》《春秋》六部先秦古籍各有不同的教育作用，就礼教而言，《春秋左传·僖公二十七年》中认为，"《诗》《书》，义之府也。礼乐，德之则也。德义，利之本也"。礼的教育内容非常全面和细微，且区分了各种不同的教育目的与效果，《周礼·地官司徒第二》中概述得很全面："一曰以祀礼教敬，则民不苟。二曰以阳礼教让，则民不争。三曰以阴礼教亲，则民不怨。四曰以乐礼教和，则民不乖。五曰以仪辨等，则民不越。六曰以俗教安，则民不偷。七曰以刑教中，则民不暴。八曰以誓教恤，则民不怠。九曰以度教节，则民知足。十曰以世事教能，则民不失职。十有一曰以贤制爵，则民慎德。十有二曰以庸制禄，则民兴功。"由此可见，与现代社会治理结构相比，古代礼教几乎相当于整个文化教育系统，各个维度缺一不可。从文化心理学角度来看，礼的作用是华夏民族认同、民族意识、民族精神形成的主要文化机制；从社会心理学的角度来看，礼的作用则是营造和谐社会的规范；而从发展心理学的角度来看，礼则是塑造人格的教育和行为规范的社会力量。

一、关于礼的起源与功用

中西方对如何看待和处理人的需求和欲望的思考并不一样，弗洛伊德认为一切心理问题源出本能与文明的冲突，而神经症和精神障碍就是这种冲突与压抑的被动的、无奈的和不幸的牺牲品。而中国圣贤则认为，人生而有多种欲望，有欲望就会去追求，而追求无度或没有边界，就会引起人与人之间的纷争、动乱、穷困和早死，人在欲望面前并不是无所为的，制定礼仪的目的就是在遵循心性天理规则的前提下来调节人的欲望，满足人的合理需求，正所谓"使欲必不穷于物，物必不屈于欲。两者相持而长，是礼之所起也"。（《荀子·礼论篇》）礼的道理并非从天上掉下来，也不是从地里自发地冒出来的，简而言之，是为了顺应与满足人情的需要而总结出来的社会规则。所谓"人情之实也，礼义之经也，非从天降也，非从地出也，人情而已矣"。（《礼记·问丧》）"先王能修礼以达义、体信以达顺故，此顺之实也。"（《礼记·礼运》）可见，礼的功能是为了更好、更文明地满足人的情欲，而不是剥夺和压制人的情欲。

与精神分析过分强调本我兽性的主导作用不一样，儒家则强调礼是人区别于动物的本质特征，认为虽然鹦鹉和猩猩都能言语，但它们毕竟都是不知礼的动物。因此，只有以礼教人，人才可能从生物的人发展为社会的人，即"为礼以教人，使人以有礼，知自别于禽兽"。（《礼记·曲礼上》）懂礼被认为是建立人道的开端，所谓"礼义也者，人之大端也"。（《礼运·礼运》）"凡人之所以为人者，礼义也。"（《礼运·冠义》）虽然弗洛伊德也认识到人类最早的立法起源于对乱伦欲望的禁止，但他关注更多的是文明对本能压抑带来的心理问题，而中国古人关注的却是节制可以给文明社会带来的好处。在中国古人看来，礼的主要作用是调节自己的情绪表达或借礼仪而表达感情，即"礼有微情者，有以故兴物者"。（《礼记·檀弓下》）所谓"品节斯，斯之谓礼"，这就是说不仅能察觉自己的情绪而且懂得进行适度地表达与节制情绪就是"礼"的本质。

礼的价值取向和作用具有预防的特性。《礼记·经解》中说："礼之教化也微，其止邪也于未形。"通篇来看，《礼记》和《仪礼》诸篇巨细无遗地全面涉及人的一生和日常生活各个方面的细节，在儒家看来，礼具有调节"人情"，推行"人义"，维持"人利"，摒弃"人患"，防范人违背道德，缓解社会矛盾，维持社会稳定等多种作用。所谓七种"人情"是指喜、怒、哀、惧、爱、恶、欲，十种"人义"是指父慈、子孝、兄良、弟悌、夫义、妇柔、长惠、幼顺、君仁、臣忠。所谓"人利"是指讲信修睦，尚辞让；人患是指争夺相杀。如何承认和直面人情、人义、人利和人患这些人间实际存在的社会心态，儒家开出了礼教的系列处方。子曰："礼乎礼！夫礼所以制中也。""礼也者，理也。"（《礼记·仲尼燕居》）显然，儒家将礼的作用定位为用来调控人行为的适中性，使人与事得到合理的治理，使得人心得以平和，曰："人有礼则安，无礼则危。"（《礼记·曲礼上》）"民之所由生，礼为大。"（《礼记·哀公问》）虽然凡文明社会都明白道德的重要性，但未必都发明了道德践行的具体形式。事实上，道德并不只是一种内心的态度，而应该通过相应的具体行为去践行，让别人能感受到你的道德感及道德行为所带来的好处和愉悦。所谓"道德仁义，非礼不成，教训正俗，非礼不备；分争辨讼，非礼不决；君臣上下父子兄弟，非礼不定"。（《礼记·曲礼上》）可见，礼还是调节各种人际矛盾、维护传统风俗习惯的文化规则。

礼是全面塑造人格、消除邪恶、增进优秀品格的教育手段，人有礼就身正，以礼行事就会顺利。《礼记·礼器》中说："礼器，是故大备。大备，盛德也。礼释回，增美质，措则正，施则行。"礼既建立在人情之上，就合于人心，有助于疏导人之常情，避免情绪情感的委屈和压抑，亦有助于防范民众的越轨行为与淫邪意念的滋生。《礼记·坊记》中就明确将礼仪比喻为与刑法、政令并行的道德规范，防范淫邪，防范过度欲望泛滥的堤坝，从这种意义上说，礼的根本目的就是治理邪恶而成全善良，践行中庸之道，曰："夫礼所以制中也。"（《礼记·仲尼燕居》）可见，礼是儒家中庸之道的具体应用。

遵礼或违背礼与经济问题密切相关。凡合符礼的在经济上是量力而行的，既能表达心意，又是适中的、不浪费的、有用和有益的；而违反礼的送礼行为则可能涉及贿赂、浪费、利益交换等不良动机。故子曰："礼者，因人之情而为之节文，以为民坊者也。故圣人之制富贵也，使民富不足以骄，贫不至于约，贵不慊于上，故乱益亡。"（《礼记·坊记》）社会生活的各个方面和行为细节都有礼的问题需要治理，所以古人就发明了不同的礼教内容与形式以适应社会的实际需要，如《周礼·地官司徒第二》中就列举了十二种不同的礼教内容与作用："一曰以祀礼教敬，则民不苟。二曰以阳礼教让，则民不争。三曰以阴礼教亲，则民不怨。四曰以乐礼教和，则民不乖。……"

在儒家看来，礼的合理性源于人性自然和社会发展的天理，礼的作用在于合理顺应和满足人之天性，而不损害他人与社会的利益。《春秋左传·昭公二十五年》中的一段话讲得很全面："夫礼，天之经也，地之义也，民之行也。天地之经，而民实则之。则天之明，因地之性，生其六气，用其五行。气为五味，发为五色，章为五声，淫则昏乱，民失其性。是故为礼以奉之。为六畜、五牲、三牺，以奉五味。为九文、六采、五章，以奉五色。为九歌、八风、七音、六律，以奉五声。为君臣、上下，以则地义。为夫妇、外内，以经二物。为父子、兄弟、姑姊、甥舅、昏媾、姻亚，以象天明。为政事、庸力、行务，以从四时。为刑罚、威狱，使民畏忌，以类其震曜杀戮。为温慈、惠和，以效天之生殖长育。"由此可见，广义的礼几乎覆盖华夏民族生活的全部，其作用就是规范人的社会行为，约束人的不当不良行为，使人的天性得到合理的或适宜的满足。简而言之，礼教的目的是为了"修六礼以节民性"（《礼记·王制》），"礼，经国家，定社稷，序民人，利后嗣者也"。（《春秋左传·隐公十一年》）克己复礼需要知行合一，遵循礼节不仅符合天理，也可能给遵礼者带来福气。所谓"礼，履也。所以事神致福也"。（《说文解字》）历史证明，一个社会的礼乐状况也是判断该社会文明程度和兴衰强弱的重要风标。所谓"礼之所兴，众之所治也；礼之所废，众之所乱也"。（《礼记·仲尼燕居》）对比一下社会现实，大致有这样几种不符合礼的乱象：一是礼的形式远远重于内容，例如不少商品包装豪华夸张，而商品内容却量少质差；二是礼的经济门槛过度，例如结婚彩礼水涨船高，宴请铺张浪费；三是送重礼成了不良动机的标识，例如一些人借送礼之名贿赂官员，成了腐败的流行形式与手段；四是该送的礼反而没有任何表示，不懂人情世故，例如对父母和夫妻的生日完全没有送礼的意愿。

礼的本质是什么？孔子认为，礼并不是虚伪的形式，而是个人内在道德仁义的行为体现，也是顺应人之心理感知与发展规律的言行。儒家认为，"贱妨贵，少陵长，远间亲，新间旧，小加大，淫破义"为"六逆"，而"君义，臣行，父慈，子孝，兄爱，弟敬"为"六顺"。（《春秋左传·隐公三年》）礼的本质就是预防出现"六逆"，而促进"六顺"的文化心理机制和社会规制建设。

礼之于人，好比箭竹上有青皮，松柏中间有圆心一样，贯穿四季而不会改变枝叶，君子要做到持之以恒地践行礼，就必须做到真心实意，"外谐内而无怨"。践行礼的关键在于是否有尊敬的态度，符合礼的心理行为应该是个人内外和谐一致的表现。古人认为："忠信，礼之本也；义理，礼之文也。无本不立，无文不行。"（《礼记·礼器》）"故礼也者，义之实也。"（《礼记·礼运》）礼对于人来说，需要长期的积累学习，好比酒之有酒曲一样，所谓"君子以厚，小人以薄"。（《礼记·礼运》）人情就好比人的田地，修礼就是耕作，陈明义理就是播种，学习就是除草，古人以礼仪为器，将礼视为一种指导生活行为的工具、一种行为训练、一种治理人情和耕种道德的劳动过程。（《礼记·礼器》）礼对于国家来说，如《春秋左传·僖公十一年》所说："礼，国之干也。敬，礼之舆也。不敬则礼不行，礼不行则上下昏，何以长世？"礼是维护社会稳定的重要保障，而敬则是维持这种社会机制的心理前提。

二、"礼，始于谨夫妇"

中国传统礼仪文化贯通人的一生，从出生、成年、婚姻、生育到死亡，无处无时不有礼的问题。从发展心理学的角度来看，人生阶段每一个环节的际遇和社会化过程对于人的健康成长、人格塑造和一生的幸福的确都有很大的影响。其中婚姻前后之礼的发明是非常有意义的。家庭是社会的细胞，而家庭始于婚姻和夫妻关系的建立，以下礼节被证明对于维护良好的婚姻关系是非常重要的。

其一，婚前礼的教育的内容与重要性。《礼记·昏义》中要求对准备出嫁的女子在婚前三个月进行妇德教育，曰："是以古者妇人先嫁三月，……教以妇德、妇言、妇容、妇功。"女子在婚前要接受德行、言语、仪容、手工知识和技能的学习。为何《礼记》只讲女子婚前教育和"成妇礼"，而不讲"成夫礼"？这可能是因为新娘只身一人嫁入夫家，这意味着新娘需要面对比男子更多的新家庭环境的适应性问题，再加上古代的女子接受教育的机会远远少于男子的缘故。遗憾的是，很多现代青年人在婚前讲究准备的是房子、票子和车子，而不是修德。事实上，每一个人都是从"自然的人"通过家庭和学校教育等学习和社会影响的过程而成长为一个社会成员，这一过程就是所谓的社会化（socialization）。每一个人都会经过不同方式、不同内容和不同质量水平的社会化过程而被塑造为具有千差万别不同性格的个体，而其中人格和社会角色行为模式就是社会化所产生的两个产物，这是你之所以成为你、她之所以成为她的"天理"，每一个准备结婚的人或已经组成家庭的人都应该懂得这些人之为人的基本道理，并且要经常反思自己在家庭中实际表现出来的角色行为。

其二，要懂得婚礼蕴含的意义和牢记结婚时的初心。何谓婚礼？婚礼的目的与重要性有哪些？《礼记·昏义》开篇就回答了这个问题："昏礼者，将合二姓之好。上以事宗庙，而下以继后世也，故君子重之。"可见，结婚是两个不同姓氏的男女之间为了繁衍后代，继往开来而缔结的一种重要社会关系。"婚"与"昏"通假，意味着婚礼应选择在黄昏之时进行，对此，大儒湛若水的解释是："取诸阳往阴来之义也，取诸阴阳交际之间也。阴阳倡和而后变，倡和而交，然后人道成。故婚礼，人道之始也，不可不慎也。"[①] 可见，将婚礼选择在黄昏时刻的寓意十分明显，此时，太阳下山，月亮初现，昏礼规定男子家人对新娘要"拜迎于门外"，之后再升堂拜父母，夫妻"共牢而食，合卺而酳。所以合体，同尊卑，以亲之也"。通过这一系列礼仪，要让新人明白：男子家人将新娘庄重地迎娶进家门，就要将其当作亲人对待，同尊卑，以亲之；

① 湛若水. 湛若水全集：第 2 册 [M]. 黄明同，主编. 上海：上海古籍出版社，2020：562.

而新娘从此也要尊敬夫家父母，与家人同尊卑，以亲之，更不要擅自弃家出走此门。婚礼是组建家庭和夫妻之道的开端，一般来说，婚礼越隆重，场面越大，那么新人在众人面前所做出的承诺就越应具有自信心和信任度，所以古人非常看重婚礼的立义。因此，笔者希望每一对吵闹不休的夫妻应该好好回顾一下自己在婚礼时的那颗初心，反省一下自己是否将另一方赶出了家门，或者曾负气离家走出了家门；是否为守住这个家门，防止外贼侵入家庭而付出过努力。中国历来有祭祀门神的风俗，其寓意可见。

婚礼是古人极其重视的再社会化环节。《礼记·郊特牲》中说："夫昏礼，万世之始也。"婚礼的意义在于："敬慎重正而后亲之，礼之大体，而所以成男女之别，而立夫妇之义也。"（《礼记·昏义》）在社会化意义上，婚礼提示家庭组建的开始，确定了夫妻角色和家务分工；婚礼，亦称为"成妇礼"，对于妇女来说，这是学习做媳妇和"母道"修养的标志。不少现代年轻人将婚礼办成了展示面子的豪华奢侈的宴会，其实，婚礼的原义只是一种礼的教育形式。《礼记·昏义》中说："昏礼者，礼之本也。"古时在女孩即将嫁入夫家之前，其父送女时要叮嘱的话是："戒之敬之，夙夜毋违命。"其母叮嘱的话是："勉之敬之，夙夜无违宫事！"（《仪礼·士昏礼第二》）对比一下今天不少父母为维护自家孩子的利益而与亲家发生争吵的情形，是否觉得古人对孩子的教育更为有利于和谐家庭的建设呢？事实证明，只有"妇顺备而后内和理，内和理而后家可长久"。（《礼记·昏义》）从社会心理学来看，家庭是社会的细胞，夫妻关系是人间最亲密的关系，是组建家庭的开始，这种关系的好坏直接影响了后续建立的基于婚姻中的各种亲属关系，以及子女教育、个人的情绪状况和生活质量。孔子说："古之为政，爱人为大。所以治爱人，礼为大。所以治礼，敬为大。敬之至矣，大昏为大。"（《礼记·哀公问》）夫妻的相敬如宾就是恭敬的最高体现，所谓"礼，始于谨夫妇"。（《礼记·内则》）如果说一个人的人际关系模式来自对父母行为观察的话，那么，父母关系即是从婚姻中双方的相互尊重和尊敬开始形成的。临床心理咨询经验也充分证明，个人的幸福感或各种人间悲剧几乎全系于婚姻的组建状况。所以，儒家总结道："君子之道，造端乎夫妇，及其至也，察乎天地。"（《中庸》第12章）

其三，懂得男女有别，立夫妇之义，明确角色定位与分工。婚礼只是夫妻之道的开始，但两个来自不同家庭的青年人要结成一个同食同眠同心德的同体之人谈何容易，需要有足够的爱情、宽容和耐心。古人给出的经验之道是："敬慎重正而后亲之，礼之大体，而所以成男女之别，而立夫妇之义也。男女有别，而后夫妇有义；夫妇有义，而后父子有亲；父子有亲，而后君臣有正。故曰：'昏礼者，礼之本也。'"（《礼记·昏义》）这段经文包含几层意思：①尽管夫妻之间有肌肤之亲，但相互之间仍需要保持相敬如宾、举案齐眉般的相互尊重，慎重谨言，态度端正，而不能胡言乱语、秽言污语、信口雌黄、无端猜忌、无休止唠叨，至少要做到没有语言上的伤害，才可能有进一步的"亲之"，这是夫妻之礼的大体！不难发现，不和谐的夫妻首先没有在言行上做到"敬慎重正"，例如对方给你倒了一杯茶，给你削了一个苹果，给你转了一些钱等，你为何都舍不得说一声"谢谢"呢，而平时你却会对一个同事，或者一个服务员说"谢谢"。如果将对方的付出都看成是"应该"，而变得视而不见，理所当然，夫妻之间的爱和亲热的冲动自然会逐渐消退。②男女之别是立夫妇之义的基础，懂得男女有别，夫妇才懂得应该各守其道，各司其职。男女之间在生理、心理上的差异是天生和明确的，但并不是每个人都会懂得尊重这种差异的必要性和重要性，那些性别认同障碍者、性指向障碍者、男权主义者或女权主义者就是这种传统文化的叛逆者，结果受伤的只会是自己。湛若水认为，在家庭生活中不遵循男女之别分工的规律几乎是导致家庭一切混乱问题的根源，他说："男女之不尽道也，皆生于无别也。"所谓夫妻之义，古时"义"与"仪"通，表示仪容、状貌、法度，或正义、合宜的道德、行为或道理，善与美等。夫妇有义指的就是夫妇要懂得和遵循各自在家庭生活中的角色分工与职责，既不要失位，也不要包办代替对方的功能。通俗地说，少做为不及，而做得太多则是过犹不及。

家庭角色的定位与分工是影响夫妻关系最常见的因素。所谓社会角色（social role）是个体与其社会地位、身份相一致的行为方式及相应的心理状况。个体的社会角色的形成既与性别等先天因素有关，更重要的是通过后天的学习过程而获得，父母和教师要帮助孩子从小形成与其性别一致的角色观念，也要传授其必要的角色行为和技能。当然，归根结底，每个人的角色需要经由自己亲自扮演的实践过程来体验和内化，尤其要有对自己扮演角色的领悟和理解的能力，要懂得父母和社会对每种角色的期待以及每种角色与主流文化相应的理想角色状态是什么，例如成语"夫唱妇随"出自周朝思想家关尹子语录："天下之理，夫者倡，妇者随。"就是关于如何做到夫妻和谐的一条历史经验。

古人将丈夫确定为以智慧扶持和统帅家庭成员的人，所谓"夫也者，夫也。夫也者，以知帅人者也"。对丈夫家庭责任的强调是非常明确和正确的；同时将妻子的角色确定为"从人者也"。（《礼记·郊特牲》）但这并不意味着妻子的地位没有得到尊重，孔子就明确表示："昔三代明王之政，必敬其妻子也有道。妻也者，亲之主也，敢不敬与?"（《礼记·哀公问》）经验表明，中国传统社会对夫妻的角色定位与分工是有利于维护和谐家庭关系的。因为我们可以在许多哺乳动物那里观察到类似的雌雄分工的关系，即雄性动物担负寻找和捕捉猎物的主要责任。可见，人类家庭成员的角色分工既有生物进化的先天原型成分，也与经济社会中的男女分工习俗有关，而并非一个封建

173

道德问题。基于男女的社会分工的不同，传统礼教也提出了"阴礼"与"阳礼"之别。据俞樾在《群经平议·周礼一》中的解释，阴礼指妇人之礼，阳礼指男子之礼。"凡祭祀、宾客、丧纪之礼，妇人皆得与焉；惟乡射、饮酒，纯乎男子之事，而妇人不与，故曰阳礼。"无论是从心理行为的性别特点，还是依据现实需要，在某些礼节上区分男子礼与女子礼是十分有必要的。例如女子站立或坐时双腿并拢就是一个具有女性特点的礼仪，而且这一行为规范的本质有利于保护女性的人身安全，而不是社会强加给女性的。反对这些社会传统习俗的人大多是文化心理学和性心理的无知者和女权主义的傲慢者。在现实生活中，有不少夫妻会出现"角色失调"的行为，例如怎样处理女强人与贤妻良母的角色冲突，如何处理在同时做父亲、儿子和丈夫或者母亲、女儿和妻子等不同角色时出现的角色不清或角色缺乏，再如丈夫不给没有足够收入的妻子和子女生活费，或者妻子不会或不愿意做家务等。每个人的角色既有先天赋予的，例如父亲和母亲的角色是由性别和生育所决定的，也有后天赋予的，如丈夫和妻子的家务分工角色是婚后通过互动磨合所习得的。在家务方面，任何一方的过度付出、包办代替或角色缺位或无所作为，都会积累演变而成满腹牢骚，或致冲突矛盾、寻求外遇等家庭功能失调，甚至让家庭解体分裂。

要解决夫妻因为角色扮演失败所带来的冲突矛盾，关键是当事人首先要具备察觉自己角色失调行为的能力，懂得对自己的角色行为进行自我分析。同时，要去学习传统文化传承下来的行为规则。

其四，"成妇礼，明妇顺"是新媳妇嫁入夫家的第一课。何谓妇顺？《礼记·昏义》说："妇顺者，顺于舅姑，和于室人，而后当于夫。"事实上，那些夫妻关系不和谐的人往往大多与公婆和夫家其他家人关系不良，他们不懂得丈夫首先是属于他那个家庭的成员，妻子如果将他的父母和家人都得罪了，或者疏远了，又怎么可能让丈夫爱妻子呢？先顺于这个新的家，然后才能适合于自己的丈夫，才能最终可能"接替"婆婆这个主妇的地位，这种因果先后关系是非常重要的家庭之道与术。因此，古人总结道："是故妇顺备而后内和理，内和理而后家可以长久也，故圣王重之。"（《礼记·昏义》）

其五，建立良好的亲子关系。良好的亲子关系将有助于子女进入社会后构建建立良好人际关系的能力。上述四个步骤或四个阶段的因果递进关系清晰而有经验确定，为人之父母不能不明！有人以为，夫妻有矛盾就离婚，或者带孩子远离另一方可以避免对孩子的负面影响，殊不知，夫妻之间身心不和谐的状况几乎很难逃脱子女敏感心灵的察觉，在家庭中形成的"亚系统"状况（即拉着孩子与自己亲近而疏远另一方）更容易导致孩子心灵上的失落、孤独和双重约束、假感应和分裂现象等不良心理。而孩子在从原生家庭中观察和习得的不良心理自然会影响到他在未来人生中人际关系处理的能力。

在现代中国社会，婆媳关系紧张几乎成了家庭冲突中最常见和严重的社会心理现象，但在中国传统社会反而不是一个凸显的问题，究其原因，可能与传统社会对新嫁入夫家的媳妇的言行都做了详细的指导有关。如《礼记·内则》中就提出了许多具体可操作的规则，例如要求媳妇要像对待自己的父母一样孝敬公公婆婆，礼仪相待，勤勉家务，行为有度，树立"内言不出，外言不入"、家内与家外有别的意识。《礼记·大传》中特别强调有些人伦规则是不能改变的，如"亲亲也，尊尊也，长长也，男女有别，此其不可得与民变革者也"。对比一下当下的现实，诸如乱伦、啃老和家庭冲突等哪一种行为不是违背了古礼而产生的。古人已经确定了男女各有行为之道的原则，即"其夫属乎父道者，妻皆母道也。其夫属于子道者，妻皆妇道也"。（《礼记·大传》）

其六，男子婚前和婚后的德教同样重要，而且只有男女皆受教，父道和母道和睦时，才能内外和顺，家才可以长久。《礼记·昏义》里说："天子立六官、三公、九卿、二十七大夫、八十一元士，以听天下之外治，以明章天下之男教，故外和而国治。故曰：天子听男教，后听女顺；天子理阳道，后治阴德；天子听外治，后治内治。教顺成俗，外内和顺，国家理治，此之谓盛德。""男教不修，阳事不得。""天子修男教，父道也；后修女顺，母道也。"《易经》里有"恒"卦，卦辞已经将刚上而柔下、刚柔相应的夫妻之道说得很明白了。从古训里可以明白如下夫妻相处之道：男主外、女主内这种家庭角色分工的传统既符合经济社会的现实情况，也符合男子自尊与好胜之心较强的天性，而女性则应更多地担当家庭内务管理的责任，学习做家务，扮演好自己顺道的角色。当然，丈夫要尊敬自己的妻子，孔子就明确表示："昔三代明王之政，必敬其妻子也有道。妻也者，亲之主也，敢不敬与？"（《礼记·哀公问》）

如何协调家庭或家族内的亲属关系，主要体现在家务分工、经济赡养、称呼、生活照顾、男女关系及性生活等实践之中，但是，对如此重要的家庭人际关系，西方社会学和社会心理学都没有提出多少成型的指导性理论或操作性规则。相比而言，《礼记》几乎是一部关于家庭成员行为指导的百科全书。事实上，这些规则有助于指导每一个进入新家庭的成员减轻来自各方面的人际压力，保护自己的安全和建立融洽的家庭人际关系。

总之，从男教、成妇之礼，到学会践行父道和母道，成为一个合格的丈夫和妻子、父亲和母亲，是每个成年人所必经的成长之路，懵懵懂懂、犯些错误、困惑迷惘都是很常见的，即使是圣贤都有可能犯错，但只要能有内观反省之心，知错能改都是难能可贵的。

三、"民之所由生，礼为大"

礼不是可有可无的东西，而是人生存所必须具备的文化技能。孔子为何说"民之所由生，礼为大"（《礼记·哀公问》），这是因为礼是调节人与自然、人与社会文化、人与人之间关系的社会规则。懂这些规则的人适应环境，有助于和谐人际关系的建构，而违背这些规则的人则会遇到各种生存困难。虽然人与自然、社会文化和人际关系都很重要，但是其中的人际关系对人的心理健康和精神障碍发生发展的影响极大。因此，如何最优处理现实社会中的各种人际关系始终是礼教的核心目标。

马克思认为，全部社会生活在本质上不仅是实践的，而且从来就没有孤立的个体，人的本质只能理解为"类"，"人的本质不是单个人所固有的抽象物，在其现实性上，它是一切社会关系的总和"[①]。礼节是礼仪与节制的简称。古时的六礼覆盖了冠、昏、丧、祭、乡、相见等社会生活的主要领域，可以认为，在《礼记》这部古老的典籍中，我们所看到就是"一切社会关系的总和"，包括从君臣、父子、夫妻、兄弟、朋友等各种人际关系，到人的日常饮食起居、行走坐卧、婚嫁、生日和祭祀、养老与葬礼等各种社会活动，礼的习俗及其文化规定无所不在。如果说，破坏一切人际关系、民族关系和国家关系的核心就在于"争"，那么华夏之礼的主旨就是"让"，曰："让，礼之主也。"（《春秋左传·襄公十三年》）从社会心理学和精神分析相比较的角度来看，中国的《礼记》可称为一部调节各种社会活动中人际关系，促进健康心理社会化和预防相关人际冲突的实用知识和经验规则。由东西方心理学比较可知，《礼记》仍具有强烈的现代应用价值。

美国精神分析学家哈里·斯塔克·沙利文（Harry Stack Sullivan，1892—1949）在《精神病学的人际关系理论》（1953）一书中指出，人的本质是人的社会性，这种社会性主要表现为人际关系。人格是在人际关系中形成和发展的，人格不可能脱离人际关系的背景，人格就是在人际情境中经常表现出来的一种生活方式，而精神疾病就是来源于人际关系困境造成的人格障碍。我们必须从个人所生活于其中的人际关系来考察人格。从这种意义上说，中国传统的礼文化就是一种帮助社会成员尽快融入和适应各种人际关系，预防出现人际冲突矛盾的学问，知书达礼具有促进人格成熟和维护人际和谐的重要意义。

要处理好人际关系，不仅要正确看待自己，也要正确看待别人，克服自己的偏见。

---

① 中共中央马克思恩格斯列宁斯大林著作编译局. 马克思恩格斯选集：第 1 卷［M］. 北京：人民出版社，1995：56.

最难做到的也许是能"爱而知其恶，憎而知其善"。（《礼记·曲礼上》）爱一个人时也能看到其不足，恨一个人时亦能了解其优点，这就是具有很高境界的一种"恕道"。当有成绩或过失时如何归因，最能体现出人的修养，并能影响人际的信任关系。传统礼教总结了有利于人际和谐的归因观，即："君子贵人而贱己，先人而后己，则民作让。""善则称人，过则称己，则民不争；善则称人，过则称己，则怨益亡。""善则称君，过则称己，则民作忠。""善则称亲，过则称己，则民作孝。""君子弛其亲之过，而敬其美。"（《礼记·坊记》）即使从现代社会心理学关于归因的学说来看，儒家上述这种严于律己，宽以待人，成功时将功劳归于他人，而当有过错和失败时多检查自己的归因取向是有利于促进人际和谐的。与人交往要态度端庄，有所思考，言辞谨慎，即"毋不敬，俨若思，安定辞，安民哉！"（《礼记·曲礼上》）懂礼意味着谦虚谨慎，自卑而敬人，所谓"富贵而知好礼，则不骄不淫；贫贱而知好礼，则志不慑"。（《礼记·曲礼上》）在人际交往中，要注意"不窥密，不旁狎，不道旧故，不戏色"。（《礼记·少仪》）即不要窥探别人的秘密，不要在陪坐时态度轻佻，不要谈论以往的不合时宜的旧事，与人交谈不要嬉皮笑脸。"毋拔来，毋报往。"（《礼记·少仪》）即不要仓促地没有准备地去会见别人，而又匆忙地离去。事实上证明，以上这些交往礼仪规则非常实用、有价值。

言语表达和交流是人的一个特点，儒家十分重视符合礼义的言语表达、内容与方式，如对别人讲话的目的与动机应该是引人为善，阻止作恶的行为，即"君子道人以言，而禁人以行"。（《礼记·缁衣》）讲话既要有诚信，还要讲究言语表达的技巧，所谓"情欲信，辞欲巧"。（《礼记·表记》）先哲不断强调讲话要谨慎，因为经验表明君子的灾难常源自不谨慎的言论表达，例如苏轼一生被多次贬官流放，无不与自己在奏章和诗词中表达的牢骚或对时局的评论言辞有关，正与《礼记·缁衣》中描述的那种情景相似，即"不合时宜"的"君子溺于口"，"口费而烦，易出难悔，易以溺人"。不谨慎的言论等于给政敌提供了迫害自己的把柄，所以，古人劝诫"君子寡言而行，以成其信"。

四、"玉不琢，不成器；人不学，不知道"

礼并非天生就懂就会，只有经过学习训练才能将其成为自己的习惯，所以"如欲化民成俗"，治理社会，就必须"教学为先"，而且人"学然后知不足，教然后知困"，礼教是人格培养中的有机组成部分。礼是后天习得的文化，是逐渐社会化的结果，那么，如何培养一个人的礼，即礼的家庭教化，从来就是古代儒家素质教育的基本内容。

礼教教什么内容？《周礼·地官司徒第二》中列举了六德，即知、仁、圣、义、忠、和；六行，即孝、友、睦、姻、任、恤；六艺，即礼、乐、射、御、书、数。学礼要有合理的教学顺序与方法才能做好，即"禁于未发之谓豫，当其可之谓时，不陵节而施之谓孙，相观而善之谓摩"。（《礼记·学记》）这就是说预防性的早期教育、随年龄心理发展需要的针对性教育，以及相互观摩切磋的学习教育都是需要的。礼的教育教学要注意善于以比喻说理，"道而弗牵，强而弗抑，开而弗达"。（《礼记·学记》）而教学也要避免贪多杂或孤陋寡闻，学得太浅薄，或浅尝辄止。礼的教与学是相辅相成、相互促进的，所谓"教学相长"。（《礼记·学记》）

学习礼的目的就是使人成为大器，完善人格。所谓"礼器，是故大备。大备，盛德也"。（《礼记·礼器》）儒家认为道不远人，远离日常生活小事的那些空谈的修养是不能真正接近和达到道的，因此，礼的培养一定是从日常生活行为的每一个细节开始。《礼记·礼运》中说："夫礼之初，始诸饮食。"这是因为虽然人和动物都以食为天，但只有人类不仅学会了用火加工食物，而且创造了丰富复杂的饮食文化。从发展心理学、社会心理学，以及精神分析学派的研究来看，从哺乳开始的饮食并不仅仅只是营养，还是影响儿童人格和性心理健康的最早的途径和方式。从《礼记》来看，传统中餐的食礼是非常讲究和细微的，例如要求在吃饭时不要吃得满嘴喷饭，不要喝得满嘴流汤，不要吃得嘴中作响，不要搅和羹汤，不要当众剔牙，不要专吃一种菜肴，与别人一同吃饭时不要只顾自己吃饱等，这些要求看似十分普通，却处处投射出修养的意义。吃饭常常少不了喝酒，那么，喝酒就有喝酒之礼，所谓"酒以成礼，不继以淫，义也。以君成礼，弗纳于淫，仁也"。（《春秋左传·庄公二十二年》）《仪礼》中有"乡饮酒礼"，对饮酒礼仪有许多规定，例如"乡饮酒义"中对饮酒行为明确了禁忌的边界，即"饮酒之节，朝不废朝，暮不废夕"。（《礼记·乡饮酒义》）经验表明，饮酒行为的确可以作为一种观察个人或地区或民族性格的窗口和推断一个人修养的境界。孔子也认为，从观察一个地方的人饮酒的风俗习惯便可知晓王道是否在此地容易推行。

如果人格就是行为总和的话，那么，礼教就应该向行走、坐卧、说话、对视、倾听等日常生活细节渗透。即"礼义之始，在于正容体、齐颜色、顺辞令"。（《礼记·冠义》）例如关于注视行为，《礼记·曲礼下》对与不同身份的人在交往时的视线高度都提出了详细的指导意见，即"天子，视不上于袷，不下于带；国君，绥视；大夫，衡视；士，视五步。凡视，上于面则敖，下于带则忧，倾则奸"。笔者在临床上曾见到过一些对视恐惧的神经症患者，他们的苦恼正源于这种对视线所指之处的不知所措，而大多数心理医生似乎对患者这些问题也提不出任何有可操作价值的视觉行为的建议。

礼仪既然规定了许多正确的行为，当然也有一些关于听、说、行、站立的文化禁忌，例如《礼记·曲礼上》指出"毋侧听（即歪着头听别人讲话），毋噭应（即粗声粗气地说话），毋淫视（即斜着眼睛看别人），毋怠荒（即无精打采地接待别人）。游毋倨（即大摇大摆地行走），立毋跛（即歪脚斜肩地站立），坐毋箕（即叉开双腿的坐姿），寝毋伏（即趴着伏卧）"。事实上，我们可以通过这些不良行为的评估与判断观察对象的人格发展情况。毋庸置疑，那些所谓没有修养的人即人格不健全的人。

礼教的内容在人成长的不同社会化阶段而有所不同，或者说有所侧重，尤其在人生的一些重要转折点上的礼仪具有其特别的意义。这些仪式不仅提醒当事人，同时也是对周围人的广而告之。例如古人非常重视进入成年阶段的"冠礼"，所谓"冠者，礼之始也"。（《礼记·冠义》）加冠以后，人就要称其名，并以成人相对待了。《礼记》认为，君臣关系、父子关系、长幼关系、夫妻关系是人际关系中的核心关系，但这些关系都只有在行成年冠礼，穿着正装，仪容体态端正，神情态度严肃，言语辞令通顺达意之后才有可能形成。社会中的一切教育都是为了将孩子培养成为成人，"成人之者，将责成人礼焉也"。（《礼记·冠义》）古人以非常隆重的形式敬重冠礼就是要提醒进入成年的年轻人：从现在起要用成人的道德标准来严格要求自己了！在行加冠之礼时的祝辞是："弃尔幼志，顺尔成德。""敬尔威仪，淑慎尔德。眉寿万年，永受胡福。"（《仪礼·士冠礼第一》）一个人只有确立了孝悌、忠顺的行为，才可以做一个合格的人，进而才可以服务于社会。所谓"故孝弟忠顺之行立，而后可以为人，可以为人，而后可以治人也"。可见，家庭教育是成年后走入社会、成教于国的基础。

男女既为生物性别，也在心理特质和社会角色上各有差异，因此，注意把握男女之礼教的差别，不仅有助于性心理发展的健康，也是华夏礼节中的重要原则，所谓"男女之别，国之大节也"。（《春秋左传·庄公二十四年》）"男女有别，然后父子亲。父子亲，然后义生。义生，然后礼作。"（《礼记·郊特牲》）为了提醒男女早期教育的区别，古人也发明了一些具有象征性的仪式，如在《礼记·射义》中记载，如果家中有男孩出生，就在侧室门左边挂一张弓，并要行"射礼"，"射礼"不仅在男孩出生时要举行象征性的仪式，即以桑木做弓，蓬草箭六支，射向天地四方，象征男孩必先有志于其所有事，然后才敢喂养他。在古代，射礼的意义被认为是"内志正，外体直"的心理投射，射的本义就在于释放，或曰舍，如果射手能做到心平体正，持弓箭而瞄准就可以射中目标。在古人看来，射箭不只是一种技能，更重要的是一种观察和评价男子心理的方法，所谓"射者，仁之道也。射求正诸己，己正而后发，发而不中，则不怨胜己者，反求诸己而已矣"。类似这些男子社会化礼仪的意义在于培养男子正确的竞争意识，这对于其成年后在社会活动中的竞争行为具有深远的影响。

五、"礼有五经，莫重于祭。唯贤者能尽祭之义"

有生就有死亡，对于人类来说，死亡不仅仅只是生物生命的结束，而且将带来许多社会心理问题，甚至造成家庭成员的精神创伤。由《礼记》收集的有关丧葬和祭祀礼仪的古文献可知，古人十分重视丧葬和祭祀礼仪对后人心理的影响。这些要点包括：其一，参加丧礼时要做到知（恭敬）、情（悲伤）、意（脸色）的统一，即"敬为上，哀次之，瘠为下"。（《礼记·杂记》）所谓恭敬是指要将已逝世的人当神明来对待，而不是当死人或活人来看待。此时要保持严肃、庄重、虔诚和恭敬的态度，所谓"诚信之谓尽，尽之谓敬，敬尽然后可以事神明，此祭之道也"。（《礼记·祭统》）其二，当亲人刚去世时，家人要有正常的哭泣等悲伤反应，即"始卒，主人啼，兄弟哭，妇人哭踊"。（《礼记·丧大记》）有关应激心理学的研究证明，基于哀伤事件刺激而引起的悲痛哭泣是有利于身心健康的，如果强忍不哭，反而可能会造成日后的创伤后综合征。古人强调哀伤应顺其情绪的自然变化，既不要夸张刻意表现，也不要压抑自然的悲伤情绪，所谓"丧礼，哀戚之至也。节哀，顺变也"。（《礼记·檀弓下》）其三，在丧葬祭祀期间，亲人还应有一段哀伤情绪的消化阶段，这时的哀伤者只能粗茶淡饭，即使在安葬之后的相当长的时间内也不能与别人一起娱乐；不涉及丧事的事就尽量不说话或少说话；亲人不穿艳丽的服饰；祭祀之礼既不可太烦琐，也不能过于简疏，太烦琐可能反而会显得不恭敬，过于简疏则会使人怠惰忘恩。其四，祭祀时追忆先人，是为了提醒活着的人反求本始，不忘记自己从何而来，不要忘记先人一生的劳绩，这也是孝道的一种表现，所谓"祭者，所以追养继孝也"。（《礼记·祭统》）"礼也者，反本、修古，不忘其初者也。"（《礼记·礼器》）

古人正确地认识到祭祀的根本目的都是为践行人道，所谓"祭祀以为人也，民，神之主也"。（《春秋左传·僖公十九年》）从心理健康的角度来看，祭祀的大义不只是表达哀伤，释放悲痛，也是教育后人珍惜今日、活好当下的一种机会。古人认为，活着的人们应该很好地利用和把握这一个顿悟人生的教育机会，而不是马马虎虎、急急忙忙地料理完丧事之后就马上投入忙忙碌碌的生活激流中。例如，当世人经历了新冠肺炎病毒全球流行，死亡人数急剧增加的痛苦时期，真的需要冷静下来，歇一歇，痛定思痛，好好反思一下人类发展与生态的关系、竞争与和平的关系。

六、孝道是培养仁义的基础

子女应如何对待老人是家庭礼教中的重要组成部分，古时还特设"养老礼"以示重视。如何才是符合礼的养老行为呢？曾子说："孝子之养老也，乐其心不违其志，乐其耳目，安其寝处，以其饮食忠养之。"（《礼记·内则》）对待老人不仅只是提供温饱和居所，更重要的是让老人开心快乐。经验表明，老人在家庭内得到尊敬，一家人和睦相亲，家庭气氛也会好。《礼记》中有许多关于践行孝道的具体要求，至今也特别有指导意义。对于如何解决亲子关系紧张的问题，笔者观察到在不少亲子关系紧张的案例中，子女对父母的抱怨是比较突出的问题，抱怨的主要问题有父母唠叨、监督或管束自己太多，尤其是那些常用"原生家庭影响"和"父母控制"这类流行词汇来看待和评价自己父母的人，通常在工作、事业、经济、感情、人际等方面缺乏成就和自我效能感，并且将自己不成功的原因外归因到父母或家庭。如果这些人能在过去接受一些中国传统礼教，而不是精神分析的话，是否会有这样的归因取向呢？《礼记·坊记》认为下述这种内归因取向值得称赞，即："善则称人，过则称己。""善则称君，过则称己。""善则称亲，过则称己。""君子弛其亲之过，而敬其美。"笔者仔细研究了舜帝这个案例，认为舜帝克己以奉，感动了上苍，也让厉鬼内疚退隐，尧则以女相许，三载考绩，最后舜终成了一代勤政无逸、气正风清的圣王贤君。仁者无敌，人皆可为尧舜，帝王并非天生，有德民亲，人人都是天生之子，就看你是否愿意践行本就有的厚德仁心。弗洛伊德理论有时也会有不足，家庭并非决定了孩子的心性，天生自性，由己做主，日子再苦，良知不能息泯，孝思不匮，德之深根，孝而恕，天香自馨。由舜帝的故事可见，古人发明的孝道伦理是可以改变亲子关系中的认知方向的。现实生活中，尤其在多子女的家庭中，无论是父母对孩子，还是孩子对父母的感情都很难做到均衡相等，在这种情况下，古人提出的"父母爱之，喜而弗忘；父母恶之，惧而无怨"（《礼记·祭义》）的伦理要求是非常难能可贵的。

孝顺老人不仅是儿女忠孝的表现，更具有对下辈示范教育的重要作用。在中国古代，帝王也十分敬重老人，或效仿老人，或向老人请教，或保养老人的气力，或记录老人的善行，反映了国君对有经验知识和仁义德行的人的尊重。一个尊敬老人蔚然成风的社会，必定和谐安宁。《春秋左传·隐公元年》引《诗经》"孝子不匮，永锡尔类"一语，认为孝心与孝行是可以举一反三、推己及人的一种共情能力。因此，孝顺的心理意义是一种从家庭到社会的可以迁徙的优秀品格。在儒家看来，孝悌是能检验人格和道德之善的评价指标，尤其是当个体升官发财、飞黄腾达之时，看其是否还能保持孝悌之心，所谓"至孝近乎王，至弟近乎霸"。（《礼记·祭义》）如果一个人对至亲有孝悌之心，那么就可以预测其应该有较好的推己及人的共情能力。

孝与爱人并不是阿谀奉承、不讲原则，而是成人之美德，助人克服毛病。曾子说："君子之爱人也以德，细人之爱人也以姑息。"（《礼记·檀弓上》）这就是说，君子爱人是使人有德，而小人爱人则是姑息迁就。如父母有过失虽不要直接指责，但要委婉地进行劝谏。

七、"国家之败，由官邪"，"故坏国，丧家，亡人，必先去其礼"

古人已经认识到，在所有人道中，政治是最要紧之事，故曰："人道，政为大。"（《礼记·哀公问》）从宏观来看，礼教是关于如何用礼实现社会治理，建构一个理想和谐社会的宏大叙事。古圣贤认为："国家之败，由官邪也。"（《春秋左传·桓公二年》）参与社会治理的各级政府官员的道德修养，以及君王和君臣关系对于社会的稳定、国家的强大和民族的兴盛就显得十分重要。为此，官员的礼仪和礼教与管理制度的建设成了儒学经典中的重要内容。例如《周礼》又称《周官经》，记述的就是春秋战国时各种不同官员的分工与职责制度，宋代王安石还曾以《周礼》为依据制定新法，尽管他的变法失败了，但传统礼教中有关官德的要求迄今还是具有积极意义的。摘要其中几条可见其思想的杰出：

其一，作为从事社会治理的官员首先要牢记立政的主旨就是"大道之行也，天下为公"（《礼记·礼运》），而这必须从自己做起。孔子说过："苟正其身矣，于从政乎何有？不能正其身，如正人何？"（《论语·子路》）"政者，正也。君为正，则百姓从政矣。"（《礼记·哀公问》）如果"政不正，则君位危，君位危，则大臣倍，小臣窃"。（《礼记·礼运》）"政亡，则国家从之，弗可止已。"（《春秋左传·成公二年》）因此，"君天下，生无私，死不厚其子；子民如父母"（《礼记·表记》）应成为执政官员的基本信念，并且只有选择那些"贤与能，讲信修睦，不独亲其亲，不独子其子"的公仆才能做到天下为公。用孔子的话来讲，官员应该像"天无私覆，地无私载，日月无私照"那样"奉斯三者以劳天下"。（《礼记·孔子闲居》）作为官员，谈论道德应从自我开始，而制定法令则应从民众利益出发，曰："议道自己，而置法以民。"（《礼记·表记》）对比不难发现，那些贪官污吏的行为正好反其道而行之，道德要求总是指向别人，制定的法令也不顾百姓的实际利益与需求。

其二，官员要明确自己参与社会治理的根本任务是：在国家层面，以经邦国，以安邦国，以和邦国，以富邦国；在政府层面，以治官府，以教百官，以统百官，以正百官，以刑百官；在社会层面，以纪安民，以谐王民，以纠万民，以生万民。围绕实现以上社会治理任务，《周礼·天官冢宰第一》中已经制定了"八法""八则""八柄""八统"和"九职""九赋""九式""九贡"等具体的执政要求和方法。这些法则顺应的是天下之公和百姓之心理。

其三，"君臣上下父子兄弟，非礼不定"。（《礼记·曲礼上》）任何时代的政治和社会治理结构都是一个系统，为保证政令畅通，有令必行，在这个系统中就必须有"君令而不违，臣共而不贰"（《春秋左传·昭公二十六年》），"事君慎始而敬终"

（《礼记·表记》）等组织制度和道德要求。对君王而言，礼的关键在于重视人才，善用人才，宽以纳言；而对臣子而言，要确立一个对上对下的人际交往准则，即"君子上不僭上，下不逼下"（《礼记·杂记下》），按照艮卦"止"的精神行事做人。

其四，人常见有"骄、奢、淫、泆，所自邪也"。（《春秋左传·隐公三年》）古人还发现，"俭，德之共也；侈，恶之大也"。（《春秋左传·庄公二十四年》）观察当下的贪官污吏，有哪一个不是从奢侈开始腐败？因此，对于手握权力和拥有利益分配机会的官员来说，其道德自律尤为重要，必须公私分明，不能以权谋私。有观察表明，失去知耻之心是腐败的前奏。儒家认为官员应该懂得的行事之礼是：居其官位，不发表不适宜的言论；耻有其言而无相应的行为；耻其既已获得而又失去的跌落；耻其自己地有余而民众不富足。（《礼记·杂记下》）当下贪腐之官几乎无一例外是"耻有其辞而无其德，耻有其德而无其行"。（《礼记·表记》）

其五，官员的言行尤其要谨慎，以避免人祸，笃行善道以避免困迫，以恭敬而远离耻辱。（《礼记·表记》）按照礼仪安排自己的一切活动，以社会治理为自己的快乐，"不骄不淫"，这样才能立于不败之地，即做到"处其所存，礼之序也；玩其所乐，民之治也。……故君者立于无过之地也"。（《礼记·礼运》）古人注意到，君臣上下官员会见、会谈、对话是一种工作常态，但如不合礼制则可能造成祸害，所谓"君子溺于口，大人溺于民"，因此，要求"君子寡言而行，以成其信"（《礼记·缁衣》），尤其要注意"公事不私议"（《礼记·曲礼下》）。但是当君王或上级有过失时，下属则应直言劝谏，不必过于委婉，也不要加以宣扬，这才是对天下大道忠诚的表现，而不是为了私利。（《礼记·表记》）在《仪礼·士相见礼第三》中还讨论了官员正式的和非正式的言行，以及有关话题、视线、体态容颜等生活中的礼的行为规范，这些礼仪迄今看来都是适用的。

其六，在任何时间、地点，对任何级别官员的言行和执政状况的监督都不能缺失。因为事实上，对于礼的修养和社会规范总会出现一些"不举""不敬""不顺""不孝"和"不从"的现象，古人发现，官员失德总是从受贿开始，即"官之失德，宠赂章也"（《春秋左传·桓公二年》），为此，《礼记·王制》中提出了对官员进行监控的原则与方法。从礼教的角度来看，贪污腐败、以权谋私、欺行霸市和坑蒙诈骗等人间妖孽现象，都与这些人抛弃礼的训诫有关，所谓"妖由人兴也。人无衅焉，妖不自作。人弃常则妖兴，故有妖"。（《春秋左传·庄公十四年》）总结历史经验，古人已经明白，礼是不可以废止的，无论是亡国，还是败家、丧失自我，无不与不遵循礼道有关，即"故坏国，丧家，亡人，必先去其礼"。（《礼记·礼运》）

八、"礼也者，合于天时，设于地财，顺于鬼神，合于人心，理万物者也"

礼是人际沟通和情感表达的形式，而送礼与受礼是人世间的一种常态。《礼记·礼器》中记载，古时的礼有大有小，有明显的也有隐微的，大的不可以减损，小的不可以增益，明显的不可以掩盖，隐蔽的也不可以故意凸显。纲领性的礼有三百，细节性的礼有三千，但其所要达到的目的却都是一致的。

如何送礼大有学问，礼既要顺应自然四时的规律，更要顺人性常情，所谓"凡礼之大体，体天地，法四时，则阴阳，顺人情，故谓之礼"。（《礼记·丧服四制》）礼的意蕴是丰富的，因人因时灵活变通，皆取法于满足人情的需要，即礼应该"有恩有理，有节有权，取之人情也"。（《礼记·丧服四制》）礼，并不是要铺张浪费和满足虚荣的形式，而是要实事求是，量力而行，因时因人而异。《礼记·礼器》中提出了准备礼物和送礼的原则，即"礼，时为大，顺次之，体次之，宜次之，称次之"。这就是说，作为礼，顺应时节最为重要，其次是人伦关系，再次是具体表现和实际意义，看看是否配合恰当；认为礼仪既不可以多，也不可以少，只在于相称，所谓相称就是指礼与时节、身份、经济、情境等因素相适应。如孔子认为，对于贫穷人家来说，在父母活着的时候虽然吃稀饭，喝清水，但能使他们欢喜，就是孝；如果父母去世了，敛藏其手足形体，随即下葬，即使没有棺椁，只要符合自己的财力，也是符合礼的。（《礼记·檀弓下》）

儒家一方面主张人与人之间要礼尚往来，但另一方面又强调，施礼于人，并不是为了图求回报，也不能要求别人做得令自己十分满意，所谓"君子不尽人之欢，不竭人之忠，以全交也"。（《礼记·曲礼上》）君子不可要求朋友违背意愿来故意迎合自己或无止境地喜欢自己，也不可要求朋友无保留地竭力爱戴自己，这样才能保持人与人之间可持续发展的交情。事实上，生活中有人际困惑的人往往就是在人际关系上过于执着十全十美的标准。其实所有主流文化中，礼的设置都是为节制过分行为而有伤本性的经验规则。

九、"毋变天之道，毋绝地之理，毋乱人之纪"

从内容和数量上看，古人制定的礼仪数量与形式的确非常繁杂，但礼的核心就在于围绕调节人际关系和人与自然关系、荀子概而言之："礼有三本：天地者，生之本也；先祖者，类之本也；君师者，治之本也。"（《荀子·礼论篇》）这就是说，礼的意向性主要包括人与天地自然、人的历史和人的社会适应性三个维度，并且将人与天地的关系视为生存之根本。《礼记·月令》就是最集中阐述如何处理人与自然关系、维护生态平衡的篇章。人不仅来自于自然，属于自然，而且终结于自然，因此，人的生产活动、生活节奏与文化活动都应该与天地自然规律保持相适应的关系，这也是人类机体和心理行为适应环境变化的历史结果。因此，那些时令的礼仪意义在于：其一，从自然中所获得的收成直接影响人道德心理的变化。孟子观察到"富岁，子弟多赖；凶岁，子弟多暴，非天之降才尔殊也，其所以陷溺其心者然也"。（《孟子·告子上》）人类的农业生产行为要适应不同季节自然物候的相应变化，尤其要避免出现那些破坏自然生态的错误行为，例如在春天要禁止伐木，不要毁坏鸟巢，不要扑杀幼兽、胎兽、初飞的小鸟，不要取卵。其二，不同的季节，气候不同，也有不同的疾病流行，人的饮食和睡眠行为也应作出相应的调整，例如，在夏至之时，"日短至，阴阳争，诸生荡。君子戒斋，处必弇，身必宁，去声色，禁嗜欲。安形性，事欲静，以待阴阳之所定"。（《吕氏春秋·仲冬》）其三，在不同的季节还应该从事相应的祭祀等文化行为，如在孟春正月要祭祀门户，以提醒爱家护家；孟夏四月祭祀灶神，以懂得爱惜粮食；等等。其四，古人重视在春分秋分、夏至冬至、立秋立冬必定要观察记录云气物候变化，为抗灾作好准备。其五，在儒家看来，天地自然物候变化无不具有教化的意义，因为天地是"三无私"的象征，即"天无私覆，地无私载，日月无私照"，故人崇拜太阳月亮运动不息，好像无所作为而万物生成的功效可见的天道。（《礼记·哀公问》）所以说："天有四时，春秋冬夏，风雨霜露，无非教也。地载神气，神气风霆，风霆流行，庶物露生，无非教也。"（《礼记·孔子闲居》）总之，人的一切生产与社会文化行为必须循天地之道，与自然生态变化相协调，而不得违反自然之时令，即人道必须顺应天地之道，这是人类健康生存的基本原理。古人虽然十分重视观察天地阴阳之事，但也不断强调"凶吉由人""善败由己"（《春秋左传·僖公二十年》）等人的主体精神。

十、礼教是一种精巧的文化机制

美国著名的人类学家莱斯利·怀特（Leslie A. White，1900—1975）在其专著《文化的科学——人类与文明的研究》[①] 中认为，人类行为是由心理和文化这两类独特的因素构成的复合体。不同人种之间的意识差别是由文化传统的差别造成的。对人类意识问题进行比较的人种学研究使我们认识到，意识的许多属性根本不像以往假定的那

---

① 怀特. 文化的科学：人类与文明的研究 [M]. 沈原，黄克克，黄玲伊，译. 济南：山东人民出版社，1988.

样，是由先天"人性"造成的，而是由外部文化刺激的差别所引起的。所谓"人性"的东西根本不是自然现象，而是文化现象。所谓"人性"的大部分现象，只不过是在神经、腺体、感官和肌肉等组成的屏幕上投射出来的文化。事实上，人类的每一成员一出生便被抛到一个由信仰、习俗、工具和艺术表现等构成的文化环境，以及由气候、地貌、动植物群落所构成的自然之中。文化是一种精巧的机制，其主要功能就在于使本民族群体的生活安稳可靠地延续发展下去。从这种意义上看，民族精神也不过是超有机体的文化机制在社会成员身上的心理表现形式。怀特认为，心理学和文化学对于综合解释人类行为都是不可缺少的。从这种意义上说，华夏礼文化正是一种深深地嵌入了中华民族性格的力量。了解华夏礼文化也是理解和解释本民族精神风貌的一个窗口和研究路径。由此也可以推理，没有对本民族文化的自信，也就没有了个人的自尊与自信。

从整体来看，礼教的全部目的就是试图通过点点滴滴的生活行为习惯的培养和行为规范来实现三个层次的目标：其一，要培养一个具有人格完善和成熟的社会公民，所谓"修六礼以节民性，明七教以兴民德，齐八政以防淫"（《礼记·王制》）；培养一个具有自觉道德性的君子，即"君子动则思礼，行则思义，不为利回，不为义疚"。（《春秋左传·昭公三十一年》）其二，建构一个和谐的家庭系统，即"父慈而教，子孝而箴；兄爱而友，弟敬而顺，夫和而义，妻柔而正；姑慈而从，妇听而婉"。（《春秋左传·昭公二十七年》）其三，建设一个社会有序，人际和谐，君民、君臣上下同心协力的幸福社会。

华夏传统礼教具有人类文化心理学的广阔视野，并不机械，也不死板。华夏幅员广大，民族众多，古人早认识到"五方之民，皆有性也，不可推移"。（《礼记·王制》）因此，礼教应因地因人因时制宜，"所谓修其教，不易其俗；齐其政，不易宜"。先贤认为，伟大的德行在于能依具体情境采取适宜的实际行动，真正的道义不拘于具体的事物，真正的信义不需要事先约定，就像那天地大自然之道并不整齐划一，却按规律默默地运行那样。（《礼记·学记》）

通过礼来实现仁义是一种人格培养、家庭建设和社会治理的理想，但真正做到仁义并不是一件容易的事，孔子用比喻说道："仁之为器重，其为道远，举者莫能胜也，行者莫能致也。"既然如此，君子不要以自己所能做到的来讥讽别人，也不要以别人所不能做到的来羞愧别人。（《礼记·表记》）当哀公向孔子请教礼时，孔子谦虚地说："丘也小人，不足以知礼。"（《礼记·哀公问》）所以，世界上并没有至善至美的人，只要不失善心，自觉坚持去践行礼之仁道就是值得赞赏的。

第十三章 《乐记》的音乐心理学思想

音乐是人类创造的独特文化形式。《乐记》在全世界最早发现了人声与情感之间的对应心理效应，即："其哀心感者，其声噍以杀。其乐心感者，其声啴以缓。其喜心感者，其声发以散。其怒心感者，其声粗以厉。其敬心感者，其声直以廉。其爱心感者，其声和以柔。六者，非性也，感于物而后动。"《乐记》还在世界上最先认识到个体对音乐选择的偏好与人格有关，认识到不同的乐器所演奏出的声音具有不同的心理效应，最早将音乐视为一种教育方式。所谓"乐者，德之华也"。儒家认为乐教与政道相通，与礼教相辅。"致乐以治心"，"音乐者，所以动荡血脉，通畅精神而和正心也"，这是世界上最早对音乐治疗的精辟概括。音乐教化的特点是言说方式的温文尔雅，对人的影响潜移默化，述说伦理而没有说教之弊，令人欢欣鼓舞而又不至于使人玩物丧志。

夫上古明王举乐者，非以娱心自乐，

快意恣欲，将欲为治也。

正教者皆始于音，音正而行正。

故音乐者，所以动荡血脉，通流精神而和正心也。

——司马迁《史记·乐书》

不少人以为儒家只是克己复礼的严肃说教，其实这是一种很大的误会，儒家不仅发家于礼乐之职，而且将乐教纳入儒学教育的基本内容，音乐被视为儒门弟子必须掌握的六艺之一。（《周礼·保氏》）在古圣贤看来，知乐和用好乐是社会治理中不可缺少的一个维度，曰："礼节民心，乐和民声，政以行之，刑以防之。礼、乐、刑、政，四达而不悖，则王道备矣。"（《礼记·乐记》）

音乐与心理的关系密切。《吕氏春秋·适音》中说："乐之弗乐者，心也。心必和平然后乐，心乐然后耳目鼻口有以欲之，故乐之务在于和心，和心在于行适。"本章以《乐记》为主，结合《吕氏春秋》中的"大乐""侈乐""适音""古乐""音律""音初""制乐"和《史记·乐书》等其他典籍中记载的有关音乐心理的论述和故事，梳理国学经典中的音乐心理与音乐治疗的思想与方法。

一、孔子与音乐

作为儒学创始人的孔子是一位热爱音乐的教育学家。首先，孔子是一个认真学习音乐，并且追求理解音乐心理的人，有许多典籍中记载了孔子学习音乐和练习唱歌的故事，如《史记·孔子世家》中记载了孔子学鼓琴于师襄子时精益求精的态度，他不只是学习曲目弹奏的技巧，而且将理解乐曲的精神和学习做人作为学习音乐的最终追求。《论语·述而》中记载了孔子对美妙音乐欣赏的着迷状态"子在齐闻《韶》，三月不知肉味"，以及孔子向优秀歌唱者学习的谦虚态度"子与人歌而善，必使反之，而后和"，即当孔子见到善歌者就一定要请他再唱一遍，然后跟着他学唱。孔子对音乐观察仔细，而且善于思考与总结乐理，曰："乐其可知也：始作，翕如也；从之，纯如也，皦如也，绎如也，以成。"（《论语·八佾》）

其次，孔子将音乐当作一种喻仁义道德之教于其中的手段。《史记·孔子世家》说："三百五篇，孔子皆弦歌之，以求合《韶》《武》《雅》《颂》之音，礼乐自此可得而述。"为此，孔子注重音乐的表达主题、内容与音调的道德内涵，音乐需要加以鉴赏和选择才能推荐给民众，他认为"《关雎》乐而不淫，哀而不伤"，"《韶》尽美矣，又尽善也"，"《武》尽美矣，未尽善也"。（《论语·八佾》）据《论语·先进》中的记载，孔子善于通过音乐来评价和教育自己的弟子。有一次，性情刚勇的子路在孔子门口弹奏瑟曲，因为其弹奏的音调刚猛而不平和，孔子不太高兴，说这样的曲子为何要在我这里弹奏呢？其他弟子并未真正理解老师的话，而因此对子路表现出不太尊敬的态度，见此，孔子再用"升堂入室"的比喻来引导弟子们对音乐境界的理解，他说："由也升堂矣，未入于室也。"可见，孔子的本义是希望弟子加强对乐思进一步的领会，通过音乐实现心静的目的，而不只是简单地学习弹琴的技巧。

其三，孔子将音乐作为励志的工具。据《庄子·让王》所载，孔子有一次被困于陈国和蔡国之间，七天没有进食，但他还"弦歌于室"。子路与子贡十分不理解老师为何能这样乐观豁达。孔子反问弟子说：难道我们如此状况就是穷困了吗？君子关于穷和达的标准是："君子通于道之谓通，穷于道之谓穷。"意思是现在我来推行仁义之道，只是不幸遭到乱世之患而已，怎么说是穷困了呢？只要我们"内省而不疚于道，临难而不失其德"，做人像松柏那样，"天寒既至，霜露既降，吾是以知松柏之茂也"。在孔子乐观人格的感染下，"孔子削然反琴而弦歌，子路扢然执干而舞"。在这个故事中，我们可以看到，演奏音乐是孔子在遇到挫折和困难之时安慰自我、激励意志、平和情绪的一种方法。

从孔子对古乐的整理、爱好、学习和应用的故事来看，乐教是儒家学说的重要组成部分。相传由孔子的再传弟子公孙尼子（约生于前498）所著的《乐记》就是儒家音乐教育思想集大成的著作。书中关于音乐心理、音乐文化、音乐与情感之间的关系，音乐教育与人格培养和心理健康的关系，德音与溺音的不同社会心理效应，礼与乐教化功能的比较等系列论述都具有很高的学术价值和现实意义，对于我们建立具有中国文化特色的音乐治疗模式很有裨益。

二、"凡音之起，由人心生也"

音乐与心理的关系首先源出音乐的来源与创作。从音乐发明的历史来看，音乐是对自然界天籁之音的模仿和再创作的升华。《吕氏春秋·古乐》上有这样的传说：古人观察到"鸾鸟自歌，凤鸟自舞"（《山海经·海外西经》），于是，黄帝令伶伦作乐律，听凤凰之鸣而发明十二律和竹笛；帝颛顼很喜欢风声发出的熙熙凄凄锵锵的声音，于是令飞龙作效八风之音；尧帝命臣子仿效山林溪谷之音以歌。故古人认为，"乐由天作"，人类创作音乐应该做到"大乐与天地同和"，以实现"乐者，天地之和"。（《礼记·乐记》）《吕氏春秋·大乐》总结道："凡乐，天地之和，阴阳之调也。""形体有处，莫不有声。声出于和，和出于适。和适，先王定乐，由此而生。"从音乐舞蹈艺术的创作动机来看，创作音乐和舞蹈就是为了促进身心健康的需要。《吕氏春秋·古乐》记载了许多关于音乐舞蹈器乐发明的传说，例如关于五弦琴的发明："昔古朱襄氏之治天下也，多风而阳气蓄积，万物散解，果实不成，故士达作为五弦瑟，以来阴气，以定群生。"关于舞蹈的创作："昔陶唐氏之始，阴多滞伏而湛积，水道壅塞，不行其原，民气郁阏而滞著，筋骨瑟缩不达，故作为舞以宣导之。"

音乐创作的大量主题源出百姓的劳动生活，以满足其精神需要，所谓"饥者歌其食，劳者歌其事"（《乐记·乐象篇》）。"昔葛天氏之乐，三人操牛尾投足以歌八阕：一曰《载民》，二曰《玄鸟》，三曰《遂草木》，四曰《奋五谷》，五曰《敬天常》，六曰《建帝功》，七曰《依地德》，八曰《总禽兽之极》。"（《吕氏春秋·古乐》）司马迁在《史记·乐书》中用短短的一句话就对音乐在生理、心理和社会教化三个方面的作用做了最精辟的总结："音乐者，所以动荡血脉，通流精神而和正心也。"在世界音乐史上恐怕再找不出比这更精彩的评语了。

声音是物理的，而音乐的本质是心理的，所谓"情动于中，故形于声。声成文，谓之音"，"夫乐者，与音相近而不同"。（《礼记·乐记》）也就是说，音乐的产生和表达并不是天性所然，也不是无中生有和无病呻吟，而是人的意识对外部环境事物和情境的反映，是人内心情感世界的主动表达。虽然人和动物都有意识，但只有人类才有能力将这种意识用语言表达出来，从根本意义上说，音乐就是一种符号语言。音乐产生于主体与环境的相互作用之间，所谓"乐者，音之所由生也，其本在人心之感于物也"。（《礼记·乐记》）古人还发现了在音乐与情感表达之间存在着一种对应的关系，即有"其哀心感者，其声噍以杀。其乐心感者，其声啴以缓。其喜心感者，其声发以散。其怒心感者，其声粗以厉。其敬心感者，其声直以廉。其爱心感者，其声和以柔。六者，非性也，感于物而后动"。（《礼记·乐记》）从生物进化和物种比较学的角度来看，动物亦有"哀嚎"和"欢雀"等表现，但音乐并不就是动物直接发出的声音，而是声音的有意识的组合。所谓"声音动静，性术之变，尽于此矣"。"感于物而动，故形于声。声相应，故生变；变成方，谓之音；比音而乐之，及干戚羽旄，谓之乐。"（《礼记·乐记》）可见，音乐是人类创造的用于情感表达的独特的文化形式。音乐舞蹈是人内心世界的真情流露，不像说话可以花言巧语，口是心非。儒家认为，诗言其志，歌咏其声，舞动其容。三者本于心，感情深厚而音调清明，意气旺盛而变化神妙，积蓄于心的情感华发于外表，因此，音乐的快乐是不可以伪装作假的。

三、音乐的作用

古人发现音乐有影响人的心理状况，甚至改变事态发展走向的一种力量，"十面埋伏"和"四面楚歌"的故事（《史记·项羽本纪》）都证明了这个道理。在古圣贤看来，乐是社会治理中不可缺少的一个维度和一种方式方法，曰："礼节民心，乐和民声，政以行之，刑以防之。礼、乐、刑、政，四达而不悖，则王道备矣。"（《礼记·乐记》）与其他几个维度与方式不同，音乐有其独特的作用。如果说礼仪可将人之间的贵贱相区别的话，那么乐则有助于人之间"同"的和谐，即"乐文同，则上下和矣"。与从外部培养教育学习的礼不同，乐是由人之内心自然而生发的，因此，像礼仪通达就没有争斗一样，用不同的音调来协同演奏音乐表达亲爱，音乐通达就能使人没有怨气。"论伦无患，乐之情也；欣喜欢爱，乐之官也。"（《礼记·乐记》）可见歌辞与歌曲配合得体，是乐的实情；使人高兴喜欢，是乐的功能。

音乐与礼的道德教化相通。人与禽兽相比，动物"知声而不知音"，与那些"知音而不知乐"的人相比，只有"礼乐皆得，谓之有德"。因此，在圣贤看来，"乐也者，圣人之所乐也，而可以善民心，其感人深，其移风易俗，故先王著其教焉"。（《礼记·乐记》）音乐不能仅仅被当成一种娱乐的技艺，而应理解为道德教育、塑造人格和移风易俗的方式。

音乐教育并非只是教授歌唱舞蹈之技巧，更重要的是寓于音乐教育中的道德教育，曰："以乐德教国子，中、和、祗、庸、孝、友；以乐语教国子，兴、道、讽、诵、言、语；以乐舞教国子，舞《云门》《大卷》《大咸》《大韶》《大夏》《大濩》《大武》。以六律、六同、五声、八音、六舞大合乐，以致鬼、神、示，以和邦国，以谐万民，以安宾客，以说远人，以作动物。"（《周礼·春官宗伯第三》）为此，古时设置了"乐师"一职，掌其国学之政，治其乐政，以教国子音乐舞蹈。

学习音乐就是为了促进心理健康，因为音乐可以促进人的平易、爽直、慈爱、善良品格的塑造，而这些健康的心理将带来内心的快乐，快乐则使人安定持久，持久则使人像天一样悠然自得。

礼乐、政治、刑法是一种分治而统一的社会治理系统，所谓"礼节民心，乐和民声，政以行之，刑以防之"。正如用礼制来引导人们的思想，用政令来规制民众的行动，用刑法来防止犯罪一样，音乐的主要作用是"和其声"和"同民心而出治道"，所谓"致乐以致心，则易、直、子、谅之心油然生矣。易、直、子、谅之心生则乐，乐则安，安则久，久则天，天则神"，终归"致乐以治心者也"。（《礼记·乐记》）但乐与礼、政、刑是内外相辅相成的社会治理方式，即"乐也者，动于内者也，礼也者，动于外者也。乐极和，礼极顺。内和而外顺，则民瞻其颜色而不与争也；望其容貌，而众不生慢易焉"。（《礼记·祭义》）可见，音乐教化的特点是言说方式的温文尔雅和对人影响的潜移默化。音乐述说伦理而没有说教之弊，音乐令人欢欣鼓舞而不至于使人玩物丧志。儒家并不主张压抑人性，而是提倡利用音乐舞蹈的各种形式宣泄表达其情绪情感，即"发以声音，而文以琴瑟，动以干戚，饰以羽旄，从以箫管"。（《礼记·乐记》）以致最后达到"乐至则无怨"的局面，可见，音乐是尽人之性的文明行为。

从社会心理的角度来看，在古时，观看音乐舞蹈表演还是君王奖赏诸侯的一种方式。《礼记·乐记》中记载："故天子之为乐也，以赏诸侯之有德者也。"音乐也成了五谷丰登、社会发达兴旺时人们奖励自己的一种方式，所谓"德盛而教尊，五谷时熟，然后赏之以乐"。在古时，规定音乐舞蹈的表演主题、内容与形式还应该与民情相应，与应用音乐的目的一致，曰："其治民劳者，其舞行缀远；其治民逸者，其舞行缀短。故观其舞，知其德；闻其谥，知其行也。"（《礼记·乐记》）由此可见，先王之所以制定礼乐，并不是用它来满足人们口腹耳目的欲望，而是用来"教民平好恶而反人道之正也"。（《礼记·乐记》）乐教的作用就是为了促进人与人之间的亲近、上下和睦和协调一致。所谓"乐者为同"，"同则相亲"，"乐统同"，"乐文同，则上下和矣"。（《礼记·乐记》）乐教生动地体现了儒家"和而不同"社会心理治理的理念。

无论是在宗教壁画中，还是在现实社会生活中，有许多关于佛乐、道乐、圣乐等音乐演奏的场景，可见，音乐有助于给信徒营造一个改变心理状况的积极想象的世界，所谓"乐者敦和，率神而从天"。（《礼记·乐记》）

四、音乐是了解民情和人之心理状况的窗口

古人认为音乐带来的快乐是人的情绪情感的自然反应，所谓"声音动静，性术之变，尽于此矣"，"乐者，心之动也；声者，乐之象也。文采节奏，声之饰也"。（《礼记·乐记》）因此，音乐是反映人的心理投射而不可能伪装的艺术。如《吕氏春秋·

音初》中说："凡音者，产乎人心者也。感于心则荡乎音，音成于外而化乎内，是故闻其声而知其风，察其风而知其志，观其志而知其德。"音乐的创作总是负载一定的意向性和意向构造，故称之为"乐思"。音乐的旋律、节奏所表达的语言是一种象征性语言，音乐的主题、内容、文采和节奏可以赋予各种深远的象征，即"律小大之称，比终始之序，以象事行。使亲疏贵贱、长幼男女之理，皆形见于乐。故曰：乐观其深矣"。（《礼记·乐记》）基于音乐与心理的这种关系，音乐行为可以成为一种评估心理和社会风气的手段，即"审声以知音，审音以知乐，审乐以知政，而治道备矣"。（《礼记·乐记》）

首先，音乐是人情、民情、国情的风向标，曰："治世之音安以乐，其政和。乱世之音怨以怒，其政乖。亡国之音哀以思，其民困。声音之道，与政通矣。"（《礼记·乐记》）古人在音乐与政道之间甚至建构了一种隐喻同构关系，即："宫为君，商为臣，角为民，徵为事，羽为物。五者不乱，则无怙懘之音矣。宫乱则荒，其君骄。商乱则陂，其官坏。角乱则忧，其民怨。徵乱则哀，其事勤。羽乱则危，其财匮。五者皆乱，迭相陵，谓之慢。如此，则国之灭亡无日矣。"（《礼记·乐记》）在流行音乐与社会风尚之间似乎存在着一种关联的现象，即："世乱则礼慝而乐淫。是故其声哀而不庄，乐而不安，慢易以犯节，流湎以忘本。广则容奸，狭则思欲，感条畅之气而灭平和之德。"（《礼记·乐记》）"乐愈侈，而民愈郁，国愈乱，主愈卑，则亦失乐之情矣。"（《吕氏春秋·侈乐》）据史籍载，古时的社会治理者常派人去民间观察和收集有关流行的民歌，以观察社会风情和心理的变化。

其次，古人认为"乐者，通伦理者也"。（《礼记·乐记》）而且认为并不是所有的音乐都是有益身心健康的，"乐所由来者尚也，必不可废。有节有侈，有正有淫矣"。（《吕氏春秋·古乐》）如果以道德价值取向为标准的话，那么"乐思"则有好或坏，音乐的价值导向有积极向上的"德音"和消极颓废的"溺音"之分，两种不同的音乐对人健康的影响有好坏之别，即"凡奸声感人，而逆气应之；逆气成象，而淫乐兴焉，正声感人，而顺气应之；顺气成象，而和乐兴焉"。（《礼记·乐记》）儒家认为，只有那些与德行相伴的虔敬和美的德音才是良好的音乐，具体而言就是："奋疾而不拔，极幽而不隐。独乐其志，不厌其道；备举其道，不私其欲。是故情见而义立，乐终而德尊。"（《礼记·乐记》）德音可促进君臣上下的和敬、长幼之间的和顺、父子兄弟的和亲与身心和谐健康，所谓"乐者，德之华也"，"乐者所以象德也"。（《礼记·乐记》）古人将道德价值取向不可取的音乐称之为"溺音"，并认识到那些"其声哀而不庄，乐而不安，慢易以犯节，流湎以忘本"的"溺音"就像"土敝则草木不长，水烦则鱼鳖不大"的不良环境一样，可能会导致其人容奸狭思色欲，灭平和之德的坏结果。

（《礼记·乐记》）按照春秋战国儒家古乐的标准，郑、卫一带的流行音乐为乱世之音，孔子曰："恶紫之夺朱也，恶郑声之乱雅乐也，恶利口之覆邦家者。"（《论语·阳货》）"郑声淫。"（《论语·卫灵公》）孔颖达在《礼记正义》解释道："郑国之音好滥淫志，卫国之乐促速烦志，并是乱世之音也。"对此，《礼记·乐记》从政治角度的解释是："郑卫之音，乱世之音也，比于慢矣。桑间濮上之音，亡国之音也，其政散，其民流，诬上行私而不可止也。"从心理学角度的解释则认为："郑音好滥淫志，宋音燕女溺志，卫音趋数烦志，齐音敖辟乔志；此四者皆淫于色而害于德。"《礼记·乐记》中记载了魏文侯请教子夏的一段对话，魏文侯坦言自己听古乐时唯恐会睡着，而听郑卫之音时则不知疲倦。这种情形正如《中庸》所说的"德辑如毛，民鲜克举之"的道理一样，要以德音自觉地修身养性实属不易。对古籍中关于郑卫之音的评价，现代学者却有不同的看法，有人认为那些歌颂爱情的活泼的俗音乐不仅抒发了百姓真实的情感，而且打破了西周以来雅乐一统天下的僵化的局面，促进了五声音节、节奏和旋律等古代音乐变革的新乐运动，具有一定的积极意义。[①]

五、"致乐以治心"，音乐治疗的功能与方法

《史记·乐书》中记载："成王作颂，推己惩艾。"艾，通"刈"，指创伤和苦痛，悲彼家难。可见，周成王作《周颂》就是为了疗愈自己的心灵创伤和国家灾难带来的悲哀。古人认为，发明礼乐的目的就是调节和安定身心，曰："礼乐不可斯须去身。致乐以治心，则易、直、子、谅之心油然生矣。易、直、子、谅之心生则乐，乐则安，安则久，久则天，天则神。天则不言而信，神则不怒而威，致乐以治心者也。"（《礼记·乐记》）古人认为"夫乐有适，心亦有适"。（《吕氏春秋·适音》）所以针对不同的对象选择合适的音乐曲目是音乐治疗中最关键的考量。

其一，要考虑音乐的道德价值取向，古人认为，"凡奸声感人，而逆气应之，……正声感人，而顺气应之，顺气成象，而和乐兴焉"。（《礼记·乐记》）类似的，在西方音乐教育与音乐治疗学派中，匈牙利著名作曲家、音乐教育家柯达伊·左尔坦（1882—1967）非常重视将音乐教育与国家和民族自信心培养和长远利益结合起来，把提高全民族的音乐素质作为音乐教育的最高目标，主张以唱歌为基础，推崇合唱教学，培养集体主义精神，重视音乐的早期教育。

其二，要考虑结合对象的个性来选择音乐类型，即"宽而静、柔而正者宜歌

---

① 陈宗花. "郑卫之音"问题研究综述［J］. 郑州大学学报（哲学社会科学版），2003，36（4）：53－57.

《颂》。广大而静、疏达而信者宜歌《大雅》。恭俭而好礼者宜歌《小雅》。正直而静、廉而谦者宜歌《风》。肆直而慈爱者，宜歌《商》"。(《礼记·乐记》) 换而言之，不同的道德修养、兴趣与性格、情绪情感、社会境遇都对个体的音乐主题、旋律风格的选择爱好产生明显的影响，而且具有一定的稳定性，例如有些人喜欢温柔抒情的，有些人则喜欢激情豪迈的，有些人喜欢流行歌，而有些人则偏爱经典老歌等。

其三，要考虑不同的音乐旋律、音色、音高、音程等声学物理特性对人的心理有不同的影响效应。即"志微噍杀之音作，而民思忧。啴谐慢易、繁文简节之音作，而民康乐。粗厉猛起、奋末广贲之音作，而民刚毅。廉直、劲正、庄诚之音作，而民肃敬。宽裕肉好、顺成和动之音作，而民慈爱。流辟邪散、狄成涤滥之音作，而民淫乱"。(《礼记·乐记》) 如果是采取器乐演奏，基于联想机制，古人认为，不同的乐器所演奏出的声音具有不同的心理效应，即钟声铿锵，以它发出的号令使人振奋勇武，而且使人联想到那些勇武的战士；石声磬磬，聆听磬声，就令人联想起那些誓死保卫疆土的人；丝弦声哀，哀有助于人的廉正之心立，听琴瑟之声可令人想起忠义之臣；竹管之声收敛，促使人的凝聚，听竽笙箫管之声，就容易使人想起那些安抚畜聚之臣；鼓鼙之声欢，可以鼓动民众，听鼓鼙之声，则使人想起那些统率民众的将帅。因此，欣赏音乐的时候不要只听到乐器发出的声音，而应理解音符之后隐藏的乐思。正如礼仪的极致是恭顺一样，学习音乐的最高境界是达到内心和谐，如一个人能达到"内和而外顺"，那则是最高的境界了。

其四，选择音乐曲目要与健康养生的法则保持内在同一。在古人看来，好的音乐就是顺应自然节奏的天籁之音，因为音乐的本质是"乐由天作"，"乐者，天地之和也"，"大乐与天地同和"，"乐者敦和，率神而从天"。(《礼记·乐记》) 中医认为，保持与春夏秋冬自然四时变化一致的生活节奏是预防疾病、维持健康的基本准则，认为"人与天地相参"(《灵枢·岁露论》)，"春生夏长，秋收冬藏，是气之常也，人亦应之"(《灵枢·顺气一日分为四时》)，"阴阳四时者，万物之终始也，死生之本也，逆之则灾害生，从之则苛疾不起，是谓得道"。(《素问·四气调神大论》) 因此，一个优秀中医的调理准则就是"顺者为工，逆者为粗"。(《灵枢·顺气一日分为四时》) 与中医四季养生观念一致的是《乐记》中也有"圣人作乐以应天，制礼以配地"的理念。这里所说的"乐"就是一种人与自然关系和谐的状况，即"地气上齐，天气下降，阴阳相摩，天地相荡，鼓之以雷霆，奋之以风雨，动之以四时，暖之以日月，而百化兴焉。如此，则乐者天地之和也"。(《礼记·乐记》) 音乐创作的源泉就在于从人与自然的和谐关系中获得的积极体验，所谓"流而不息，合同而化，而乐兴焉"。"夫礼乐之极乎天而蟠乎地，行乎阴阳而通乎鬼神，穷高极远而测深厚。"(《礼记·乐记》）说的就是音乐的节奏与人体的生理节奏和自然四季变化的节奏是同构的道理。现代研究表明，无论是人体内的细胞活动、生理系统的气血变化和各种生理指标的变化，还是情绪情感、脑部的神经活动都具有明显确切的生物钟规律，而音乐节奏就是启动人体生命自然节奏的一种积极力量。古人认为，音乐对人的生理功能也具有明显的影响，好的音乐可以促进人的生生之气的和谐，即实现"阳而不散，阴而不密，刚气不怒，柔气不慑，四畅交于中而发作于外，皆安其位而不相夺"的目的。（《礼记·乐记》）

其五，更有效的音乐治疗是全身心投入的表达性治疗。在古人看来，诗歌、语言、音乐和舞蹈原本就是一个有内在联系的心理活动，所谓"歌之为言也，长言之也。说之，故言之；言之不足，故长言之；长言之不足，故嗟叹之；嗟叹之不足，故不知手之舞之、足之蹈之也"。（《礼记·乐记》）中国古代的音乐观主张"大音希声""大乐必易"（《礼记·乐记》），主张回归原始音乐的本性，简洁易行，自己参与，而不是当一名旁观的聆听者。西方音乐治疗学派中，瑞士日内瓦音乐学院的达尔克罗兹（1865—1950）教授提出的律动音乐治疗与中国《乐记》的观点相似，达尔克罗兹认为音乐的核心是律动，而律动本身就是人体的一种常见的生理现象。他提出通过"体态律动学"的音乐教学方法，要求受训者通过身体的律动或将身体作为乐器，随着音乐节奏而将其再现出来就可以实现最佳的音乐治疗效果。与之类似，德国的卡尔·奥尔夫（1895—1982）也是一位主张回归原本性的音乐教育的作曲家和教育家。所谓原本性的音乐就是指那种将音乐和舞动、语言紧密结合在一起的自己参与其中的原始朴素的音乐活动，而不只是作为欣赏音乐的听众。从这种意义上说，音乐治疗就是一种直达情感世界的艺术表达方式。

其六，古人认为，音乐不能没有一定的表现形式，但表现就一定得合乎正道，否则就会引发心理混乱。所谓"乐得其反则安"，就是说音乐行为要得到适当的礼的节制，才会使人安宁。为此，古人发明了欣赏与演奏音乐的一些文化禁忌。如《周礼·春官宗伯第三》规定，凡发生日食、月食、地震、天地异变、大瘟疫、大饥荒、大水灾、火灾以及国难、大臣死亡之时，娱乐音乐都应该停止；而在建国大庆等节庆之时，尤其要禁止淫靡、悲凉和堕慢不恭的音乐。在家里有人患病时，患者需要斋戒，而伺候患者的人也要斋戒，撤去琴瑟，使其心志专注照顾患者。（《礼仪·既夕礼》）即使对于邻里也要做到这样："邻有丧，舂不相；里有殡，不巷歌。"（《礼记·曲礼上》）音乐既然是情绪情感的真实表现，音乐行为自然应该与当时的社会境遇相适应，据《礼记·檀弓上》记载，孔子在参加了祥祭（即亲丧满13个月或25个月的祭祀）之后，自然情绪情感的流露状况是"五日弹琴而不成声，十日而成笙歌"。又如表达男女之间的爱恨恩怨，相从而歌亦是古今中外音乐的一个主题，如《诗经·关雎》里就有"窈窕淑女，琴瑟友之。窈窕淑女，钟鼓乐之"的记载。但古人认为"乐胜则流""乐极则忧"，因此，任何音乐行为不要沉湎于其中而不可自拔，应该保持"敦乐而无忧"的适度节制。君子应该自觉"反情以和其志，比类以成其行"，"五色成文而不乱，八风从律而不奸，百度得数而有常"。（《礼记·乐记》）音乐的主旨是充实精神，但充盈了就要有所抑制，而不要让奸邪的声色和淫靡的音乐侵害自己的灵魂，不要让惰慢邪辟之气滞留于身体。音乐是施与性的，也是彰显德行和娱乐自己的行为，所谓"乐，乐其所自生"。音乐带来欢乐，君子为得到修养而欢乐，而必须"以道制欲，则乐而不乱"；相反，小人则是为满足欲望而欢乐，常"以欲忘道，则惑而不乐"。对音乐带来的快乐无所抑制易导致放肆的行为。（《礼记·乐记》）

欣赏和演奏音乐的目的是获得快乐，但快乐需要有所节制，还要知道为何快乐，怎样快乐。《史记·乐书》中说："凡作乐者，所以节乐。君子以谦退为礼，以损减为乐，乐其如此也。"为何快乐需要节制？荣格在其自传性的日记《红书》中深有体会地说："因为过度的快乐可能会导致走向愿望的反面。快乐是魔鬼，或魔鬼是快乐的想法令你担心。我为此彷徨一周，担心自己思考的还不够。当我发现魔鬼就是快乐的时候，我必定想和它立约。但是，你无法和快乐立约，因为它会稍纵即逝。魔鬼是一种邪恶的元素。那快乐呢？如果你跟着它，你会发现快乐里也有魔鬼，因为在你到达快乐时，就会从快乐直接进入地狱，到你自己特定的地狱，每一个人的地狱都与别人的不同。""通过与魔鬼达成一致，他接受了我的部分严肃，我也接受了他的部分快乐。这些给了我勇气。接受快乐永远是一件危险的事情，但快乐能将我们带回生命和它令人失望之处，从而我们的生命才变得完整。""接受魔鬼的存在并不意味着倒向他那一侧，也不是变成魔鬼，更确切地说是达成一种理解，因而接受你的另外一种立场。这样，魔鬼就完全失去自己的基础，你也是如此。这或许是一件好事。"①

音乐是影响人道德和心理的重要途径与方式，在社会生活中时时处处可闻可见，尤其在智能手机非常普及的今天，音乐对人的影响是多方面的，尤其是对有关两性情感、人生态度、人际关系等方面的影响尤为潜移默化。因此，无论是家庭和学校，还是国家与社会相关部门都应该对音乐普及有一个正确的引导。

① 荣格. 红书［M］. 索努·沙姆达萨尼编译，周党伟译. 北京：机械工业出版社，2017：193-194.

第十四章　《心经》的自我心理学思想

《心经》是在中国历史上流行最广，影响最深，翻译次数最多，译成文种最丰富，并最常被念诵的重要佛教经典。简而言之，此经是讲述如何用思维之智慧使自己超脱一切烦恼痛苦的修行指南。世人问："神是什么？"恩格斯的回答是："神是人，人只须认识自身，使自己成为衡量一切生活关系的尺度，按照自己的本质去评价这些关系，根据人的本性的要求，真正依照人的方式来安排世界，这样，他就会解开现代的谜语了。不应当到彼岸的太虚幻境，不是超越时间和空间，不是到存在于世界之中或与世界对立的什么'神'那里去寻找真理，而应当到最近处，到人的心胸中去寻找真理。"世间万物只有人才有自我意识，心既生万法，也生烦恼，这也许正是《心经》教人"观自在菩萨"的缘由。

无挂碍故，无有恐怖，
远离颠倒梦想，究竟涅槃。
——《心经·离弃正觉篇》

　　阅读佛教经典首先要有一个正确的态度，否则可能会因为带有排斥或反感的情绪而无法认真领会，甚至生出许多误解，迷惑了自己，也误人子弟。"佛陀"之名及其在中国能看到的佛经都是由古印度梵文翻译过来的，梵文相传为佛教守护神大梵天王所造，因此称此语为梵语或梵文。梵语属印欧语系—印度语族，是现今印度法定的22种官方语言之一，据统计，在21世纪初仅有1.4万余人掌握该语言，是印度官方语言中使用人数最少的语言。梵语对汉藏语系有很大的影响，学界认为，梵语与拉丁文、古代汉语一样，是语言学研究的活化石。

　　在梵文中所称的"佛陀"，汉语音译为"佛"，原义是指智慧、觉悟。所以，对"佛教"最简明通俗的理解就是：关于智慧觉悟的教育教学。帮助弟子认识本心自性就是其核心的教学目标，而诵读经典、朝暮礼拜、恭敬燃灯等一切形式都是因人而异促进觉悟的"方便"之途径与方法而已。

　　《心经》是《般若波罗蜜多心经》的略称，原为600卷《大品般若心经》中的一节，后世认为这是整个《大品般若心经》的内容提要。该经在历史上曾有7个汉语译本，其中由后秦鸠摩罗什（343—413）和唐代玄奘法师（602—664）所译版本最为出名。中文版的《心经》只有260个汉字，在佛教三藏十二部近万篇的经典中，是字数最少、思想最深刻、流传最广泛、译成语种和翻译次数最多、最常被信众念诵的重要经典，也是对中国古代文化产生巨大影响的佛教著作。相传此经源出佛陀的十大弟子之一舍利弗怛罗（梵语 Shariputra 的音译）与观自在菩萨的一场问答，后经释迦牟尼认可。传说当时观自在菩萨正在观修《般若波罗蜜多心经》，专注思维观修，此经可视为《大品般若心经》20万颂、640万言精要的浓缩，即为观自在菩萨教导弟子如何修习般若的总纲。在中国佛教中，观自在菩萨亦译作"光世音"或"观音菩萨"，为梵文 Avalokitesvara 的意译，他是阿弥陀佛的左胁侍，是中国佛教信奉的四大菩萨之一。在佛教艺术中，观音有各种不同的称呼和不同样貌的形象，常见有 33 种变化的人身形象，称三十三身，女相观音的造像约始于南北朝，盛于唐代以后。将观音造出各种人身形象源出民众之心的不同需求，但"自在佛"的造型和名称最贴近《心经》思想表达的形象。"自在"便是悟道后的自由，而这种自由是对自性本质的透彻洞察，这正是《心经》宣讲的核心思想。笔者在一座庙宇里见过一尊自在佛的造型，观音的一只脚放在地面，另一只脚则抬起踏在蒲团之上，与平时所见的正襟危坐的造型有很大的不同，给人印象尤深。其实，学佛的觉悟不是要否定和压抑人性，反而是要深刻认识自我，还原自性，将人从各种贪嗔痴癫和诸法执着的钳制中解放出来。从这种意义上说，《心经》讲述的就是关于认识自我意识的心理学和认识论。

一、何谓"般若"和"心"

如何解读《心经》的语义，我们首先需要解决古代和现代、佛学和心理学、东方和西方之间的跨文化比较的认识问题。众所周知，在不同领域的学问、不同的理论、不同的文化类型、不同的时代、不同的学者之间，有时候好像在谈论同一个概念或术语，但其所指概念的内涵与外延可能是有很大差异的，如有时所指对象相同，但含义却不同；有时含义相近，意指对象又可能不同；有时使用了不同的词汇和话语方式，但谈论的却是同一回事。例如，佛学里讲的"般若"（为梵语 Prajna 的译音）字面上可以汉译为"智慧"，但它也并不等值于心理学上所讲的"智力"或"智能"，也不是指一般的聪明才智，而是指一种能透彻理解和领会宇宙与人生之根本原理的洞察力，故佛经翻译家们认为还是保留"般若"的音译较好。将"波罗蜜多"（为梵语 Paramita 的音译）一词分拆来看，所谓"波罗"是指到达与此在现实世界相对的另一个超脱世俗的彼岸，笔者认为这个"彼岸"应该理解为一种想象中的精神境界，而不是指长生不老的天国或某种虚无的世界；所谓"蜜多"意指无极和无限的状况。因此，"般若波罗蜜多"是指一种能领会世界本源和心之本质的大智慧，相当于现代哲学所讲的包括本体论、认识论和方法论的一种元哲学。

用汉语"心"一词翻译梵文 Hrdaya，至少有两种不同的含义，而且由于古汉语中对这两种不同含义的用法并没有清晰地加以区别，以致常常被通假使用，这也是造成不少人误读经典的重要原因。汉语中的"心"一字依不同的语境，有时指胸腔内主导血液循环的心脏，有时则是指大脑中主导思维的意识，具体意指对象需要依据具体语境来判断，但不能将两者相混淆。不过可以理解，在科学还不发达的古代，无论对于心脏，还是意识，古人当然都没有可能弄清楚心脏的生理结构，尤其是对于意识来说，现代脑科学、认知心理学、现象学也都未必说得明白，所以，佛家只好借助许多为人们可以感受到的自然现象和生活场景来比喻，以解释意识的性质和功能。不难想象，如何向广大的信众来阐述这种抽象的元哲学实属一件很不容易的事情。

不难理解，《心经》中所讲的"般若"既然是指大智慧，自然只是指意识之心的功能，而这种认识功能人人生而有之；意识是大脑各部分功能整合后所产生的一种新的系统功能，所以它无形无状，只是一种流动或活动的状态；又因为意识功能是生物进化而来的先天之属性，"我思故我在"，所以不生不灭；意识的意指性无限，思载千里，瞬息万变，故说其思量无穷，圆通神妙。由此可见，《心经》所讲的"心"、《坛经》里讲的"自性"其实都是在讨论意识之本性。从这种意义上说，读《心经》之难，就在它是一部精简的关于意识本性的哲学著作。

二、"观自在菩萨，行深般若波罗蜜多时，照见五蕴皆空，度一切苦厄"

这是置于《心经》首句的第一个全称命题，"观自在"指的是修行者的一种内观自我的路径与方法，这是佛学解决一切精神痛苦的基本认识取向。从心理学的角度来看，就是从外归因转向内归因来探寻痛苦的因缘，因为只有向内求因，当事人才可能有机会由自己来解决自己的精神痛苦问题，而任何外归因的结果却只会导致愤怒和仇恨。"行深般若"是指需要通过有智慧的思考过程，才能"照见"或发现导致各种烦恼和痛苦的"五蕴"原来都是由意向性所构造出来的东西；所谓"皆空"是指从根本性上看，一切由意向性构造的东西不过都是由语言构成的"名"，故曰皆空。"五蕴"之"蕴"是梵文的音译，含义为积聚或和合，五蕴包括色蕴、受蕴、想蕴、行蕴、识蕴。除"色蕴"为有形物质之外，其他四蕴均指人的心理活动状况，用心理学的术语来解读，"受蕴"是指五官和意识对外界事物的感知和对苦乐的感受与意指现象，"想蕴"是指意识想象各种事物的现象，"行蕴"指善恶等一切言行，"识蕴"指意识认知与区别事物的现象。佛学借"色蕴"来意指世间一切有形之物，是因为人眼所见之物皆有颜色之故，而颜色不仅取决于物体自身结构对光线的反射，更取决于人眼睛的结构和大脑皮层的分析过程，因此，即使是人对世间一切事物的感知也离不开人意向性参与的观照与构造。于是，佛学便将人之心内外感知的一切事物和意向性全部都放在"空"的框架里面，从而为引导信众解脱精神痛苦而奠定了自己的哲学基础。通俗地说，在佛学看来，那些导致人精神痛苦的所见、所闻、所思的一切事物、念想和行为都是由意向性所构造的一种人为的东西，明白了"万法由心生"这个根本的原理，凡人的一切执着将可能放下，一切苦厄自然也就不复存在了。

所谓"空"，可指没有任何物体，如《素问·六元正纪大论》曰："阳光不治，空积沉阴。"在《广韵》中解释为空虚，如《灵枢·本脏》中曰："肝下则逼胃，胁下空。"在佛教经典的不同语境中，"空"有不同的含义，在本句中，"空"特指修行者对于五蕴不再心动，不再执着，"视而不见"和"听而不闻"的境界。换而言之，人对任何事物的感受都离不开感觉器官和大脑的分析这两端，求佛修心的就是大脑中那个管认知、分析和体验的意识之心。那些曾经让人痛苦的事情可能仍然还在，它却不能再引起人的痛苦，这才是佛经里所说的"空"。有人将"空"误解为"忘记"或"抛弃"那些痛苦，或"放空自己的大脑"，这些解释是不能让人真正从痛苦中解脱出来的，因为这些做法只是暂时回避了痛苦，而没有从意向性这个根上祛除痛苦的根源。

如何才能从根本上解决人生中的痛苦？对这个问题的回答与如何理解痛苦的来源密切相关。世人大多将自己的痛苦归因于不良的环境刺激，或自己的运气不好，或是他人故意与自己为难，因此，对于这些来自外部的不良因素，当事人自然觉得无可奈何、无能为力、无所作为。然而《心经》解决这个问题的思路却是从自己内观自我意识入手，或者说是从自我的内归因开始切入的。笛卡尔说"我思故我在"，并认为这是所有理论中唯一可靠的具有自明性的出发点，这与佛家从"观自在"入手来寻找解脱苦难出路的方案是异曲同工的。觉者认为世间万物只有人才有自我意识，心既是产生所有法的源泉，也是感受"五蕴"痛苦的关键。只要修行者彻底明白了这个道理，那么，人就能放弃贪嗔痴一切迷恋和超越生死恐惧等一切苦难。求佛的过程实质上就是从世俗的此岸达到认识清明彼岸的质的变化，用完形心理学的观点来看，就是一种对象与背景的认知完形的转换。正如从正襟危坐的佛到"自在菩萨"的认识变化，这其实是一种识心见性的象征。拜佛，其实是对无所不能的意向性及其良知良能天理的敬重，而不是求佛保佑升官发财，本末倒置是现实中许多人假皈依和假信佛的表现。

三、"色不异空，空不异色，色即是空，空即是色"

觉悟成佛并不只是一种信仰，而是要从思想根底上彻底解决自我执着的认识论问题。《心经》从"色"与"空"这对范畴入手，阐述了《心经》中的核心思想，即空论。我们先说说"色"这个概念，所谓"色"本义指颜色，对于人的眼睛来说，因为有光，万物因反射光而有颜色，人也因此才能看见世间各种存在之物，所以，佛学以"色"来比喻世上形形色色的物质存在。"空"本义指虚无、虚空或空间。佛者常以杯或碗等容器来形容"空"的作用。杯或碗等容器实体由陶土制作而成，但其真正的功用却体现在它能装载东西的那个虚空。基于实体与虚空的这种辩证关系，佛学以"空"来指人心能"任物"的功能，而且心容量之大是无限量的。如何理解"色不异空，空不异色，色即是空，空即是色"这个晦涩难懂的命题呢？其实，这是一个需要经过多步还原推理才能阐明的有关"存在与意识关系"的哲学话题。佛学认为，色与空无异，色与空是互蕴等值的概念，这是因为色与空都只是一种意指对象，它们都与意识的意向性和意向构造性有关。以颜色为例，人对颜色感知实际上可以分解为许多具有因缘关系的因素，如物体本身对光的反射性、光源的种类、眼睛的生理结构和大脑视觉分析皮层的功能等，正是就这种关系而言，"色"经过如此的分解后，"色"这个概念就分解成了无数个其他的事物，而与"空"几乎就无差别了，于是，"色即是空"，佛学这一命题与孟子"万物皆备于我"的观点非常相似，不过两者所论证的方式看起来是反向的，其实都表达了以下这样的观点，即对所有物质的认识都离不开意向性和意识的构造作用。反过来看，为何"空不异色"和"空即是色"呢？这是因为自然界中的所有空间其实都为各种物质所充满，包括可见的物质和不可见的暗物质，不仅没有绝对的虚空，而且也没有虚空的意识，因为意识的本质就是其所思、所想都有其意指的对象，意识永远是一种意向性行为。"色"与"空"是人类发明的两个词汇，是为了意指所有存在的一体两面性。一切色都可化解为空，而一切空皆为色充盈。《心经》对"色"与"空"两个概念等值关系的阐述，用意在于突破众人对存在与意识关系对立的印象，从意识的根底上破除人对物质世界的痴迷和对功名利禄的执念。从逻辑的角度言之，"佛教逻辑的最高宗旨就是要说明运动的实在与静止的思想构造的关系"[1]。俄罗斯佛教学研究专家舍尔巴茨基（1866—1942）在其著作《佛教逻辑》中指出，佛教逻辑不仅是一种认识论逻辑的体系，还是一种"否认神、否认灵魂、否认永恒不朽，除了转瞬即逝的事件的迁流"的批评性逻辑。[2]从色与空概念关系的讨论可见，《心经》逻辑的旨趣是提倡每个人成为掌握自己思想和命运的主人，而这把钥匙就在每个人的手中，或者说仅仅在于自己对意识，即心之本质的认识。

如果将佛学与现象学作一个跨文化比较，可以发现两者有许多旨趣相近，例如佛学与现象学都有一种对存在为何存在、怎样存在的问题的追问的兴趣，对所有知识可靠性的质疑和悬置，对认识构造的还原，对内观或内在体验的重视等。现象学认为纯粹现象的总和构成意识，认识者从来没有也永远不会超出他的体验联系之外；我在，或一切非我都只不过是现象，都消融在现象联系之中；不仅自我创造对象，而且在认识中构造现象。现象学与佛学一样，"在认识批判的开端，整个世界、物理的和心理的

---

①② 舍尔巴茨基. 佛教逻辑 [M]. 宋立道，舒晓炜，译. 北京：商务印书馆，2009：7，6.

自然，最后还有人自身的自我以及所有与上述这些对象有关的科学都必须被打上可疑的标记。它们的存在，它们的有效性始终是被搁置的"①。现象学认为，存在物（being）不等于存在（to be），人是能揭示其他存在的唯一的存在，而且意识在观照事物之时，总是参与构造和进行意义赋予的，因此，任何存在都是一种由人作为认识主体的显现和揭示，任何色的意义归根结底都依人这个此在而确立，离开了人这个认识主体、审美主体和体验的主体，一切色将变得毫无意义！从这种意义上说，人既是万物的尺度，也是一切快乐和烦恼的源头！由此可见，如果一个修行者能明白：是人自己的意向性决定了自己所见、所感、所思，参与了存在的构造和意义赋予，那么，就能从根本上铲除五蕴烦恼的根基。色与空互蕴的"色空不二"的观点是大乘般若思想的精粹，禅宗往往用俊俏机锋来促进弟子体证一切现象的空性，其积极意义在于有助于克服众人容易出现的两种极端：消除贪嗔痴癫于功名利禄的"执色"带来的无明烦恼，或避免堕入枯木顽空的"沉空滞寂"。

四、"诸法空相，不生不灭，不垢不净，不增不减"

根据对"空性"理解的不同，佛教有大乘佛法和小乘佛法之分。小乘佛法持"我空法有"观，而大乘佛法持"一切法空"观。以龙树菩萨为代表的大乘佛教认为，要使人得到彻底的解脱，除了破除对自我的执着之外，还必须破除对一切法的迷信，防止将佛说的四谛法、十二因缘等视为教条，或视为实有的东西。"诸法空相"用一个全称判断句，畅快淋漓地阐明了大乘佛教的坚定信仰：一切法都是虚幻不实的！虽然法的存在有助于学习者修行，但切不可将这些法则当作束缚自己的教条，否则解脱将是不彻底的。

"法"，在这里是指意识中缘起产生的种种认识的结果，诸法之所以是空相，不生也不灭是指诸法性本空，原本自有；不垢不净是指自性或空性先天本净，没有污染；不增不减，是指自性亦不会因为证得才有，也不会因为没悟而失去。所有法无非都是依因缘而起的人之言说和人之所想的现象，并没有实体，也无实性，所以都是虚幻不真的，或者说一切所谓的"法"都只是人类意识构造的产物。正如人所居住的自然界就是一个物质不灭、能量守恒的世界一样，大自然是人类构想一切法的楷模。恩格斯说："既然我们面前的物质是某种既有的东西，是某种不能创造也不能消灭的东西，那么运动也就是不能创造也不能消灭的。只要认识到宇宙是一个体系，是各种物体相互

① 胡塞尔. 现象学的观念［M］. 倪梁康，译. 上海：上海译文出版社，1986：28.

联系的总体，那就不能不得出这个结论来。"① 佛家认为，一切诸法本因缘和合而成，世界上没有能够脱离其他法而存在的法。辩证法也认为，"相互作用是一切事物的真正的终极原因。我们不能追溯到比对这个相互作用的认识更远的地方，因为在它的背后没有什么要认识的了"②。用这种观点来看世间，就会发现世界上从来就没有孤立的事件，没有可以孤立成立的所谓"法"，也没有可以离开人的意向性和意识构造的"法"。佛教认为，生与灭、垢与净、增与减都是因人才有分别，相对而成立的概念，自然界并没有这些对立，这是佛家对万物齐同、一切法空认识的进一步阐述。这些观点对于那些自以为是的修行者来说是一个有深意的提醒：切记不要以为觉悟者的内心就不再有妄念杂生，就变得绝对纯净，没有了烦恼，其实，在觉悟者，那些东西仍然存在，只是不再成为挂碍的负担而已。

五、"是故空中无色，无受想行识"

《心经》在阐述诸法空相的观点之后，进一步列举了佛性先天的若干个"无"的特征，这就是："空中无色，无受想行识，无眼耳鼻舌身意，无色声香味触法，无眼界，乃至无意识界，无无明，亦无无明尽，乃至无老死，亦无老死尽。无苦集灭道，无智亦无得，以无所得故。"以上所说的佛性之"无"可以看作"圣人以无为法"的一个注解。佛学认识到视、听、嗅、味、触觉是人从外界和身体获得各种刺激的入口，故将眼、耳、鼻、舌、身"五根"称之为"色根"；并将思维器官发出的意向性，即"意根"称为"无色根"，即意指、识别、判断和推理各种刺激信息的心理机制。换句话说，五官所接受的刺激是否会成为一种应激或成为一种什么样的刺激，关键在于大脑是否接受或如何处理这些刺激信息，即"五根"必须通过"意根"才能完成自我意识的活动。意识之心若无物欲、情欲、名欲、财欲之类的"意念"，当然就不会对外在的功名利禄患得患失，以及对疾病和死亡恐惧害怕，就可以远离凡夫俗子的种种幻想和贪嗔痴癫。

前面说"空即色"，现在又说"空中无色"，似乎有些矛盾，借用现象学的话语来解读，前一句可以理解为意向所指的对象的属性，即意识总为意指对象的色所充斥；而后一句可以理解为：如果经过现象学还原，就能明白人的所有感知、思想、眼界或无意识界的一切，对老死的恐惧和愚痴都是后天意识的内容，而非意识先天的本性，故"空中无色"，或者说，如果修行者回光守中、返璞归真、明心见性的话，就知道离开了文字所造成的虚相之后，一切苦集灭道就会化为乌有。

---

① ② 恩格斯. 自然辩证法 [M]. 北京：人民出版社，1975：54，209.

六、"无挂碍，故无有恐怖，远离颠倒梦想，究竟涅槃"

佛家认为人的一切莫名的恐惧、一切贪嗔痴癫的颠倒梦想，都源于人之意向性对某些执念的挂欠。同理，一切神经症等心理障碍者也是执着于某种情结，或将某种信念当成教条，成了某些"名相"的牺牲品。

学佛的终极目的是什么？《心经》提出了"究竟涅槃"的标准。所谓"究竟"在佛语里犹言至极的最高境界，即达到超越一切功名利禄，使人格获得重生的境界。涅槃（梵文 Nirvana 的音译）意思是"灭渡"或"重生"。据印度史诗《罗摩衍那》中的传说：在天方国，有一种神鸟，雄为凤，雌为凰，满五百岁后，集香木自我焚烧，再从灰烬中获得重生，从此成为辉煌永生的火凤凰。这一神话隐喻着：人只有在经受了艰苦的磨砺之后，才能获得美好永生的生命。从完形心理学的角度来看，这个新生就是一种人格完形转变的过程。《金刚经·威仪寂静》中一语道破了这种转变的本质："若有人言，如来若来若去，若坐若卧，是人不解我所说义。何以故，如来者，无所从来，亦无所去，故名如来。"可见，学佛，获得的觉悟仅仅只是一场内心刻骨铭心的转身而已，良知良能本来就一直在吾心。

在佛家看来，正等正觉本心的空性亦是涵盖或遍及"过去""现在"和"未来""三世诸佛"的，而不只是仅仅限于一时一事。从现象学的观点来看，意向性参与了意识内的时间构造，过去是记忆，未来是想象，只有当下的刹那才是真实的。现象学与佛学一样，认为不仅空间，而且时间等一切现象都具有意识构造的空性，也正因为人执着于空间的色和时间的过去与未来，而产生了人类独特的神经症等心理问题、历史问题和对未来的焦虑问题。

七、"故知般若波罗蜜多，是大神咒，是大明咒，是无上咒，是无等等咒，能除一切苦，真实不虚"

何谓"咒"，是指向神明祷告，祛除厄运和不祥，祈求福报时诵念的密语。为什么说《心经》是能除一切苦厄的威力无穷的"大神咒"，能除一切愚痴的"大明咒"，没有任何经典可与其相提并论的"无上咒"呢？简而言之，《心经》虽然简短，却抓住了人的自我意识这个人之为人的根本枢纽。人之所见、所闻，人与世界的一切关系，以及人对自己的一切看法和情绪情感都起源于意向性与意识的构造，可谓纲举目张。想当年惠明追问慧能，学佛是否有"密语密意"，慧能答："与汝说者，即非密也。汝若反照，密在汝边。"（《坛经·行由品第一》）用一句"密在汝边"道破了求佛的所有秘密都在自我的意识之内。一语见底。恩格斯也曾说过有关"神"之秘密的隐喻：世人问：神是什么？恩格斯回答："人是斯芬克斯谜语的谜底。""神是人，人只须认识自身，使自己成为衡量一切生活关系的尺度，按照自己的本质去评价这些关系，根据人的本性的要求，真正依照人的方式来安排世界，这样，他就会解开现代的谜语了。不应当到彼岸的太虚幻境，不是超越时间和空间，不是到存在于世界之中或与世界对立的什么'神'那里去寻找真理，而应当到最近处，到人的心胸中去寻找真理。"① 由此可见，《心经》是一部帮助众人识心见性、认知一切痛苦和烦恼根源的纲领。我们如果能顿悟佛学的这个根本原理，那么，人心就不再为外界诸相所困惑，就不再在五蕴之中痛苦流浪。

通过跨文化比较可见，佛学和现象学两者都认为，通过识心见性的认知溯源，以及对所见所闻现象和法则建构的还原，我们明白了自我意识是人类感知、认知和建构世界的根本出发点，这是人先天的第一性②，是我们把握自我命运的基本原理。

---

① 中共中央马克思恩格斯列宁斯大林著作编译局. 马克思恩格斯列宁斯大林论宗教和无神论 [M]. 北京：人民出版社，1999：213－214.

② 胡塞尔. 现象学的观念 [M]. 倪梁康，译. 上海：上海译文出版社，1986：47.

第十五章　《坛经》的自性心理学思想

人对身外的任何东西都不难认知，唯有人的本性难以自明。一字不识的慧能为何能成为与孔子、老子并称的"东方三圣"？他独具慧眼，能把准"本性是佛，离性无别佛"，"学道常于自性观"这个能"除千年暗，能灭万年愚"的智慧枢纽，将学佛转而变为对自性的认识过程。慧能对人之自性的认识和以定慧为本的明心见性的方法与西方完形心理学、荣格自性心理学殊途同归。

学道常于自性观，
即与诸佛同一类。
——《坛经·忏悔品第六》

慧能（638—713），唐代高僧，禅宗南宗的创始人，佛教史上称为禅宗六祖。据《宋高僧传》等古籍记载，慧能父亲原籍河北范阳卢氏，曾官至监察御史，唐武德三年（620）被流放至岭南新州（今广东新兴县）为民，632 年成亲，638 年生慧能，640 年在慧能三岁时病故，留下孤儿寡母艰难度日。据慧能回忆，他 20 岁有一次买柴时在客店外见一客人在诵读佛经，"慧能一闻经语，心即开悟"。（《坛经·行由品第一》）那客告知慧能，当时五祖弘忍门下弟子一千有余，既有出家人，也有在家自耕自食的俗众，弘忍常向门人讲，如能坚持念诵《金刚经》就可以"即自见性，直了成佛"。经这位客人资助，慧能安顿好母亲之后就直奔蕲州黄梅东禅寺去礼拜五祖弘忍。

初始，慧能被安排在厨房里从事砍柴舂米的工作，一干就是 8 个月。但为何一字不识的慧能却从弘忍整日诵经的众多弟子中脱颖而出，成为能真正继承发扬禅宗思想的六祖，被唐宪宗追谥为大鉴禅师？他又是如何从岭南偏远乡下的寺庙影响世界，成为英国伦敦大不列颠国家图书馆广场上矗立的世界十大思想家中的一尊雕塑，被世人称为与孔子、老子并列的"东方三圣"？这不能不说是中国文化史上的一个奇迹。慧能究竟掌握了什么样的诀窍，能在不长的时间里就顿悟了芸芸众生一辈子都寻觅不到的佛理，彻悟了人间精神痛苦的根源，并找到解决这一问题的方案？本章基于《坛经》和《金刚经》等经典，梳理和阐述慧能有关自性心理学的主要观点。

所谓"自性"是一个有悠久历史的概念，佛教认为，"一切诸法若无常者，即物物皆有自性"。（《坛经·顿渐品第八》）自性多指万物或诸法各自本具有的不变不灭之性。时间穿越 1 200 多年后，在西方有一位智者开始接触中国佛教文化和道家文化，并从中获得了般若的领悟，发展出心理自性化学说，他就是瑞士心理学家卡尔·荣格（Carl Gustav Jung，1875—1961）。荣格深刻洞察了禅学和炼金术等古典文化关于自性的象征意义，认为人格中有两个"自我"，即意识自我（ego）和原型自我（self），并将后者叫作"自性"，以示与传统文化中的"自性"概念在发生学上的关系。当然，荣格也传承了精神分析学的潜意识概念，并创造性地提出了"集体无意识"的概念，认为自性就是集体无意识中一个具有自主组织性、能整合其他原型和情结等人格要素到自己周围，并使它们处于一种和谐稳定状况的核心原型，是自性使得个体获得自我人格的一体感和稳定感。因此，他认为自性的发展和完善就是人格发展的目标。通过跨文化比较，我们不难发现，慧能的"见心识性"的学说与荣格分析心理学所说的"自性化"意指的对象和蕴含的意义大同小异，两者都是对人类灵魂深处那个天生而又具有自主性的意识原点的溯源性探索。荣格认为："心理学的自性（self）是一个超越的概念，表达的是意识和无意识内容的整体。因此，只能用二律背反的术语进行描述。"① 我们不要将"自性"与"自我"两个概念相混淆，简单地说，自我是指个人意识活动的主体，是自己容易感受和认识的意识活动和人格特点；而"自性是一种原型，它始终不变地表达一种可以把自我包含在内的情境，所以，和每一种原型一样，不能把自性局限在个体的自我意识中，而是表现得像是一种周边氛围，无论在空间上还是在时间上，都无法给它设置明确的界限"②。意识的指向不仅能够无限扩展，而且意识生长可以扎根在个体不能清晰感知的无意识领域。因此，"一方面，自我建基于完整的意识领域基础之上；另一方面，建基于全部的无意识内容基础之上"③。"根据定义，自我附属于自性而且与自性有关，就像其整体的一部分。""自性也会像客观发生的事实一样对自我产生影响。"④ 可见，自性概念的外延远远大于自我这个概念的外延。

按照佛家的一般说法，因为一切法皆从自性起用，故诸佛说，一切法不离自性。如果说，成佛即觉悟，那么，所谓觉悟即识心见性，在这里，"性"即指自性。由此可见，认识自性对于修身养性的重要性。佛教传入中国后，对自性的性质、自性的功能、识心见性的途径与方法等问题阐述得最多和最为清晰的大师非慧能莫属。他门述的《坛经》是唯一由中国人讲述的"佛经"。为了更好地理解慧能的自性之说，认识自性的本质，我们将《坛经》中的关键概念与意动心理学、格式塔心理学、分析心理学和现象学进行适当的跨文化比较是有所裨益的。

――――――――――――――

①②③④　荣格. 伊雍: 自性现象学研究［M］. 杨韶刚，译. 南京: 译林出版社. 2019: 88，230，3，5.

一、慧能对自性的顿悟

慧能初次拜见弘忍，便受到了一连串的拷问："欲求何物？"慧能答："惟求作佛，不求余物。"能将求物和求觉悟相区别，表明慧能有学佛的正确动机和需求。弘忍继续追问："汝是岭南人，又是獦獠，若为堪作佛？"慧能答："人虽有南北，佛性本无南北。"说明慧能已经明了佛性人皆有之的天理。他还很自信地向五祖表白了自己的体悟："弟子自心常生智慧，不离自性，即是福田。"可见，这时的慧能已经触及自性这个决定觉悟的根本问题。对此，弘忍对这位从南方新来的俗家弟子的悟性给予了首肯："这獦獠根性大利。"（《坛经·行由品第一》）也许为了进一步考察慧能的天赋，五祖安排慧能先在寺庙从事砍柴舂米的工作，他一做就是 8 月有余，自述"还未曾行到堂前"听五祖讲经。此时的慧能已有 30 多岁。

有一天，慧能听闻一名经过碓房的童子在诵读神秀写的偈语："身是菩提树，心如明镜台。时时勤拂拭，莫使有尘埃。"慧能一听，便知此偈未见自性，这时他才知道弘忍想要通过偈语见性的方法选拔嗣法弟子的事情。慧能请该童引至那偈前，因慧能不识字也不会写字，他只得请当时正在观看偈语的一位官员为他诵读了一遍，慧能听后，又请求那官员代他执笔写下自己悟出的偈，即"菩提本无树，明镜亦非台。本来无一物（此句按敦煌本《坛经》作'佛性本清净'），何处有尘埃"。与神秀所写的偈语相比，慧能的偈既是对神秀偈的一种否定，也表明了自己对佛性的体悟，令众人吃惊不小。在这之前，五祖一方面肯定了神秀"依此偈修，有大利益"。但另一方面，又对神秀说："汝作此偈，未见本性。只对门外，未入门内。"（《坛经·行由品第一》）虽然五祖再次向神秀解释了"无上菩提，须得言下，识自本心，见自本性"的含义与"言下须见"的要求，并给予神秀重新作一偈语的机会，可遗憾的是神秀神思不安，行坐不乐，终未能作出一个新偈。相比而言，慧能的偈让弘忍看到了慧能对禅学真谛的顿悟，于是，弘忍巧妙地单独约见了慧能，并在自己的禅房里专门为慧能讲授了《金刚经》的要旨。据说，当慧能听到"应无所住而生其心"之语时，表示"言下大悟"，并向五祖表达了自己当时的感悟："何期自性本自清净！何期自性本不生灭！何期自性本自具足！何期自性本无动摇！何期自性能生万法！"（《坛经·行由品第一》）弘忍知道慧能已经顿悟了，于是便将衣钵传授给慧能，作为六祖的信记，还向慧能表达了要"善自护念，广度有情，流布将来，无令断绝"的殷切期望。慧能离开祖师后一直躲藏在岭南四会一带的山林之中，以避恶人的追杀。经过 16 年的韬光养晦，慧能才于 676 年在广州法性寺现身，并因他在由寺庙举办《涅槃经》的一场讨论中插话而结识印宗法师，得以剃发为僧，正式出家受戒，即"遂于菩提树下，开东山法门"。

次年，慧能离开法性寺，回到曾经去过的韶州曹溪宝林寺，开创了南宗"直指人心，见性成佛"的顿悟法门。当时韶州刺史韦璩特意请慧能到州城的大梵寺讲法。慧能教示之言经弟子法海记录整理而成《六祖法宝坛经》，后流传于世。慧能在曹溪传法30余年，逐渐形成与神秀在北方倡导的"渐悟"不同的南宗，故史称"南顿北渐"或"南能北秀"。武则天和唐中宗都曾想召慧能入京，慧能皆加以谢绝。慧能圆寂后，唐宪宗追谥其为"大鉴禅师"。据典籍记载，慧能有嗣法门人43位左右，享誉于后世的有青原行思、南岳怀让、菏泽神会、南阳慧忠、永嘉玄觉五人。他们悟道后，都各自成一家，其中以青原、南岳二家弘传为盛；南岳下传衍为临济、沩仰二派，青原下传分为曹洞、云门、法眼三派，形成了禅宗五派法流兴盛的景象。

慧能觉悟的故事告诉我们，识心见性与个人的文化程度并不成正比，慧能没上过学，不识字，也不会书写，入堂听经的机会也很少。但经五祖的几次面试，发现慧能对佛法的领会的确更符合禅宗精神。慧能认识到，了解自性并不是一个通过持诵佛经或听课就可以明白的事情，而是一个需要亲身体验、直觉、智慧，或者说一种类似格式塔心理顿悟的能力。事实上，自性既是造成人类各种精神痛苦的渊薮，也是找到解脱这些痛苦途径与方法的关键。在慧能看来，成佛只是一种没有什么秘密可言的顿悟过程，他将高不可及、神秘莫测的成佛还原为人人可及的一种自我内观的精神境界，将那朝圣之地看成为当下自己可以耕种的心田！

二、《金刚经》对慧能的影响

佛家的自性之说源于《金刚经》，在禅宗四祖道信之后，《金刚经》就逐渐取代《楞伽经》的地位，成为信徒诵念的主要经典。慧能在家乡第一次听人诵读的就是《金刚经》，黄梅东山寺弘忍开示他的佛经也是《金刚经》。后来，慧能为了助人破除文字相，亦传有朴实无华的《金刚经解义》口诀，可见《金刚经》对慧能见性成佛的影响至深。据说，《金刚经》是释迦牟尼在波斯匿王的国都舍卫大城为1 250位徒众所作的宣讲，后由其堂弟和随侍者阿难尊者结集诵出，阿难尊者在世尊的引导下已悟得自性本心，所以他也是一个菩萨。将《金刚经》翻译成汉语的译者主要有鸠摩罗什和唐玄奘等。在三藏十二部佛经中，《金刚经》文字简练，思想深奥，在中国受欢迎的程度远胜于其他经典。

慧能认为尽管诵读此经的人无数，称赞者和注解者不少，虽见解不同，但法的本质只有一个，所谓"法即无二"。他认为，《金刚经》教化的目的主要有：一是"如来所说善法，为除凡夫不善之心"。祛除各种执着于相的不善之心是内观自性的前提，烦恼不净，自性难见。基于自性这一概念不容易理解，慧能善于用许多比喻来加以阐述。

他先用金刚喻佛性（或自性），殺羊角喻烦恼，认为佛性虽坚，但为烦恼所乱，而烦恼虽坚，般若大智能破。又曰："身喻世界，人我喻山，烦恼喻矿，佛性喻金，智慧喻工匠，精进勇猛喻鑿凿。身世界中有人我山，人我山中有烦恼矿，烦恼矿中有佛性之宝，佛性宝中有智慧工匠，用智慧工匠，凿破人我山，见烦恼矿，以觉悟火烹炼，见金刚佛性，了然明净，是故以金刚为喻，因为之名也。"（《金刚经六祖口诀序》）二是强调要把握求佛见性的正确方向，防止"世人身外觅佛，向外求经，不发内心，不持内经"。（《金刚经六组口诀序》）其实"众生性中本有"，只有内观自性，方才能实现觉悟。慧能基于自己顿悟的体会，认为此经佛意不在文字，有些人只是整天诵读经文，而不悟本心，其实这是方向与路径的错误。所谓"经"，路径也，顾名思义，《金刚经》的本义就是破除各种执着烦恼，向内心认识自性的路径指南。慧能开悟见性得益于《金刚经》，五祖给他传授点拨的也是此经，于是，他在弘扬佛法时总极力称赞般若法门，鼓励弟子持诵《金刚经》，认为此经能引人"悟理见性"。①（《金刚经六组口诀序》）

《金刚经》的核心思想是什么？慧能的理解是："夫金刚经者，无相为宗，无住为体，妙有为用。"（《金刚经六祖口诀序》）何谓"相"？汉语里的字义是指容貌、样子、形象、状态、物体的外观或表象，物体运动的行迹等，如"月相"。在佛教中，"我相"是指自我之心不虚空、滞而不化的状况；"众生相"是指对贪癫痴爱的色受想行；"寿者相"是指焚香祷告求长生不老的行为。执着于上述任何一相时，人就无法见性，因为这些执着于"相"的心就是虚幻之心。从概念关系来看，"相"是相对于"性质""本质"而言的一个概念。虽然万物皆有相，但佛教认为，"相"是不真实的，它只是人的一种习惯的、执着的甚至深信不疑的表浅的认知。《金刚经》说教的核心目标就是要破除众人心中执着的各种相。佛教中将是否执着各种"相"当作区别菩萨和非菩萨的分界线，如《金刚经·第三品大乘正宗分》中说："菩萨有我相、人相、众生相、寿者相，即非菩萨。"简单来说，离相见佛性，迷性则见诸相。"相"不仅只有人相等观念，也有"身相"和布施等行为之相，所以，学佛者也应该"虽行而不着于行"，所谓"不住于相"。（《金刚经·第四品妙行无住分》）所谓"不住"即不停留、不停滞之意。具体而言，学佛者的意识指向不能在任何人和事物上执着停留，即"不应住色生心，不应住声、香、味、触、法生心，应生无所住心"。（《金刚经·第十四品离相寂灭分》）推而广之，只有那种不求任何福报的"无相布施"才是有智慧的布施；同样，有般若大智慧的觉者也不住一切法，或者说，世间并没有固定的法，只

---

① 阿难. 金刚经［M］. 史东梅，编. 昆明：云南人民出版社，2011：434－435.

有各人理解不同而存在差别的法，所谓"一切圣贤，皆以无为法而有差别"。（《金刚经·第七品无得无说分》）即使是对于佛法本身也不要执着，如来所说之法其实不过是为众生解黏去缚，随众生根器大小，应机而说，并没有定法可说，故曰："说法者，无法可说，是名说法。"（《金刚经·第二十一品非说所说分》）"所言一切法者，即非一切法，是故名一切法。"（《金刚经·第十七品究竟无我分》）"所谓佛法者，即非佛法。"（《金刚经·第八品依法出生分》）因为佛从般若出，而般若无形相，故佛即非佛，只是假名为佛法。由此可见，"凡所有相，皆是虚妄。若见诸相非相，即见如来"。（《金刚经·第五品如理实见分》）在佛者看来，只有将所有相全部破除，才能让诸妄尽除，即使是所谓的佛三十二相，也是非相，是称呼三十二相而已。推而广之，用这种眼光重新看世界，"世界，非世界，是名世界"。（《金刚经·第十三品如法受持分》）同样用这种非相的眼光看人之心，"诸心，皆为非心，是名为心"。（《金刚经·第十八品一体同观分》）看时间构造，时间也是一种由人心所生的相，而正是这种时间之相导致了抑郁和焦虑这类人类独有的神经症问题，即抑郁症总是执着于过去的失意和悲伤，焦虑症则执着于未来，强迫症和恐惧症则陷于当下莫名其妙的恐惧，故"过去心不可得，现在心不可得，未来心不可得"。（《金刚经·第十八品一体同观分》）总而言之，万事万物，从自然到人心和一切法等，均是人心二分法所构造的东西，能否意识到存在与意识的意向性和构造关系的这个根本原理需要超凡的眼光，于是，《金刚经·第十八品一体同观分》中根据人认识眼界的差异，分为可看见物质现象的凡人肉眼，看见众生心事的天眼，看见众生的根性的慧眼，照见现象本质的法眼和无事不见、无事不知、无事不闻的佛眼五种境界。与能见色的肉眼不同，天眼、慧眼和佛眼皆属于"心眼"，这是指一种基于智慧大小看世界的见解或见地。

建立了一切"无相"和"无住"的信念之后，接下来就要明确修心的方向，因为般若妙法本是自家物，所以无所谓得，也无所谓失。故说"如来者，无所从来，亦无所去，故名如来"。（《金刚经·第二十九品威仪寂静分》）从这种意义上说，心、佛、与众生是没有差别的。众人在成佛的道路上是机会平等的，所谓离众生无佛，离佛无众生，离心无佛也无众生。我们不要在佛与众生之间划出人为的界限来，其实"如来说非众生，是名众生"。（《金刚经·第二十一品非说所说分》）简而言之，《金刚经》不断地强调：不要为语言所言说的各种区别、为眼睛看到的一切"相"所蒙蔽，不要让心留在一切"相"之上，甚至不要为"心"本身所迷惑，人之心体，本来虚净，一切贪嗔痴癫都是妄念，故诸心皆为非心。通过对比就不难发现，《金刚经》是慧能自性思想的源头。

三、如何理解慧能第一偈的意蕴

通过《坛经》中记载的故事，我们知道当慧能口述的偈被众徒看到时，大家"无不嗟讶，各相谓言：奇哉！不得以貌取人！何得多时，使他肉身菩萨！"（《坛经·行由品第一》）可见，慧能的一偈就已经表明了他对自性之本质的顿悟。我们不妨借助于意动心理学和现象学方法将慧能与神秀两人所书写的偈进行一番比较，就可以明白两偈之间的差异，及其两者对禅理领悟水平的高低。

神秀在偈中将心比喻为实物一样的"明镜台"，并将学佛的过程比喻为天天打扫明镜台的一种修身养性的行为，从五祖对此偈"未见本性，只到门外"的评价可见，神秀阐述的只是祛除贪嗔痴癫的修行过程，而没有表达出对心性本质的认识。虽然慧能所讲述的偈语句句针对和否定神秀的说法，但他也借此表达了自己对心性和佛性本质的理解，他连用"无树""非台"和"无一物"三个否定词，说明了应该将"求佛"理解为"心行"，即内心的一种意向活动，而不是日日诵经和求福报的行为。慧能与神秀两偈所反映的对心性理解的差别与西方心理学史上的构造心理学和机能心理学，或者说内容心理学和意动心理学的对立与分歧的情形有些类似。

与结构心理学将心理看成一些元素和经验相反，意动心理学认为，心理是动词而非名词，所见、所闻和所思是心理内容，而见、闻、思维就是意动。只有意动才是心理现象的本质，因为意动是一个非静止的、个体可以自己经验的过程，因此，对心理现象只能采用反省（retrospection）的方法进行研究，即对刚刚成为过去的在记忆中仍呈现鲜活状的心理现象及变化进行内部知觉或体验的方法，后来这一方法发展成为现象学方法，这与五祖所讲的"于一切时中，念念自见，万法无滞"（《坛经·行由品第一》）的意思相近。就像用心的"意动"代替心的"实体""元素"或"结构"的这一认识转向在心理学发展史上具有重要的意义一样，慧能胜出的关键就在于他正确地理解了心之本性是"意动"，而所有的识心见性的形式和深奥难懂的佛法都只是为了帮助修行者认识自己的本心，而不是求福报或长寿之类。在羊城法性寺关于风动还是幡动之辩的故事中，慧能一语"不是风动，不是幡动，仁者心动"语惊四座，令人刮目相看，关键就在于他指出心的意动才是产生存在与意识关系的根底。慧能与意动心理学家一样，洞察了意识活动的意向性、主动性、活动性和整体性等内在对象性的特征，并由此彻悟了所谓本心或自性的奥旨。

慧能继承发扬了五祖"须得言下识自本心，见自本性"的思想，重点围绕自性是什么，自性具有怎样的性质和存在样态，怎样才能明心见性，即自性如何被觉悟的途径与方法这一主线进行"以心传心"的讲法活动。

四、自性的基本性质

慧能继承了《金刚经》关于破除一切相之观点，但他并没有停留在这里，而是要继续从根本上铲除执着一切相的根源，他想彻底地超越成佛觉悟道路上的那些兜兜转转的漫长的说教之路，径直奔向自性这个一切问题的根基。

何谓"自性"？佛教的不同派别对其会有不同的理解，例如在佛教"有部"一派看来，自性是指一切法自有、自成、恒有、不变、非因果存在的本性；而"中观家"一派的看法则与此相反，认为宇宙间一切有为现象，都是因缘和合而生起的，一切有为法也皆从因缘生，如果自性是自有，则无需因缘，否则就不能叫"自性"，所以他们认为，诸法中皆无自性。发展到"唯识学派"时，他们所理解的"自性"则是指因缘聚合而成的现象并具有别于他者的质义，认为法中还是有"自性"的。至达摩所传的禅宗时，"自性"被理解为人心的本原或本性，或称为佛性，或"真如"。五祖弘忍是这样讲解的："无上菩提，须得言下，识自本心，见自本性，不生不灭；于一切时中念念自见，万法无滞。一真一切真，万境自如如，如如之心，即是真实。若如是见，即是无上菩提之自性也。"（《坛经·行由品第一》）由此可见，弘忍已经认识了"自性"具有可以被自我知觉的意向活动等性质，当慧能听到弘忍给他讲授《金刚经》中"应无所住而生其心"一句之时，便顿时"言下大悟"。当下，慧能便一口气就将自性的基本性质讲了一个透彻："一切万法，不离自性。""何期自性本自清净！何期自性本不生灭！何期自性本自具足！何期自性本无动摇！何期自性能生万法！"（《坛经·行由品第一》）慧能关于"自性"的思想可以从如下几个方面来解读。

其一，自性是人人皆有的本心，自性不是指某种精神实体，而是指意识具有的先天本质，自性或真如本身是纯粹清净没有内容的，它的功能是一种具有自足性的"道"，所谓"真性不易"。（《坛经·忏悔品第六》）"处凡愚而不减，在贤圣而不增；住烦恼而不乱，居禅定而不寂。不断不常，不来不去，不在中间及其内外；不生不灭，性相如如。常住不迁，名之曰'道'。"（《坛经·护法品第九》）用现象学的话语来解释，"自性"不是意指的对象，不是思维的内容与形式，也不是记忆，不是情感，而只是指意识先天具有的意向性和意识的构造活动。现象学与禅学一样，都是以意识活动本身为观察对象，用直接体认的方法去感知意识活动的规律，认为自性或人的意识功能是唯一不依存于他者的存在，是一种绝对的"先天"的存在，这是指自性或意识在构成方式上是先于任何认识的第一存在，而且被规定为一种非实在的观念的存在，所以被称之为纯粹的存在。为何称之为"纯粹"，因为它无涉道德等超我内容，慧能是这样解释的："汝若欲知心要，但一切善恶都莫思量，自然得入清净心体，湛然常

寂，妙用恒沙。"(《坛经·护法品第九》)

其二，慧能认为，念是自性的本性，自性是心的妙用，自性"去来自由，心体无滞"。(《坛经·般若品第二》)从现象学来看，"念"即意识的意向性，而意向性当然是来去自由和不会停滞的意指和意识的构造活动，这是意识的本质属性，所谓"念念无滞，常见本性"。(《坛经·疑问品第三》)意识的意向性正是决定悟或迷的关键，如慧能所说："一念悟时，众生是佛。"(《坛经·般若品第二》)从认识界限的角度而言，念或意向性的对象，即意指的对象和范围当然可以无限广大，遍周世界，所谓"心量广大，犹如虚空。无有边畔，亦无方圆大小"，"自性真空"，"心如虚空，名之为大"。(《坛经·般若品第二》)自性就像一种可以容纳任何多的和任何大的意指对象的无形无边际的虚空。

其三，"只汝自心，更无别佛"。(《坛经·机缘品第七》)慧能将认识自性看作解决所有烦恼和实现觉悟的枢纽，同时也认为自性是产生一切法的根源，所谓"自性能含万法是大，万法在诸人性中"，"一切般若智，皆从自性而生，不从外入。莫错用意，名为真性自用"。(《坛经·般若品第二》)因此这也决定了修行者认知行为的方向，即"菩提自性，本来清净。但用此心，直了成佛"。(《坛经·行由品第一》)这与现象学认为意向活动就是意识的一种构造活动，本质上就是"意义给予"和"意义实现"的过程之观点在本质上是相同的。

为了认识自性的本质及这一概念的历史渊源，荣格从西方神话、基督教的传说、占星术和炼金术的研究入手，认为"基督就是自性原型的例证。他代表一种神圣或天国的整体，一个光荣的人，一个没有罪恶污点的上帝之子"，而"反基督者就相当于自性的阴影"。[①]他认为："我们内心世界的人就是仿照其相似的意象制作而成的，是不可见的、无形的、不朽的和不死的。""我们心中的上帝意象是通过谨慎、正义、节制、价值、智慧和纪律呈现出来的。"[②]通过比较不难发现，作为原型，荣格与慧能都认为自性具有先天性、普遍性、永恒性、无形性、不可见；而作为个体的人格特征，自性则是静态的和独特的。在关于自性的结构和自性的具体意象方面，中西方是有文化差异的。荣格认为，作为一个整体，可以将心理自性分为对立统一的四个元素，即精神的和物质的（或光明和黑暗的）、善的和恶的。他还认为："自性也同样既包含着男性也包含着女性，因而具有婚姻四元素的象征。"他认为："在经验的自性中，光明

①② 荣格，伊雍：自性现象学研究 [M]，杨韶刚，译，南京：译林出版社，2019：58，52 - 53.

和阴影形成了一个自相矛盾的统一体。"① "自性被体验为对立的一半之婚姻的结合。"②当然，荣格也看到了"只有无意识才不在善与恶之间作出区分"③。而慧能则反复强调："佛法是不二之法"，"佛性非善非不善，是名不二"，"无二之性，即是佛性"。（《坛经·行由品第一》）由比较可见，荣格认为心理自性是包含对立统一的矛盾体，而慧能则将自性之"净"的先天性属性和善恶是由意念指向性所决定的行为进行了更清晰的区分，这是非常难得的认识水平。

五、本性是佛，离性无别佛，决定了心理疗愈的取向

明白了什么是自性，以及了解了自性的基本性质之后，那么，就容易明白认识自性与求佛觉悟的努力方向了。五祖曾告知慧能学佛觉悟的目的或标准是"若识自本心，见自本性，即名丈夫、天人师、佛"。（《坛经·行由品第一》）这里所谓的"丈夫"和"天人师"都是"如来""佛"的别称。慧能曾自问："佛在何处？"自答："各自观察，莫错用心！"禅修者应该"自归依佛"，若"自佛不归，无所依处"。（《坛经·忏悔品第六》）可见，自我觉悟，认识自我是禅学追求的唯一目标，这是一个朴素和纯粹的目标。慧能继承弘扬了这一思想，用更通俗易懂的语言将这种境界解读为认识自己先天的本心或自性的过程，而且这种过程人人皆可以去践行。他说："自性若悟，众生是佛；自性若迷，佛是众生。自性平等，众生是佛。"（《坛经·付嘱品第十》）"本性是佛，离性无别佛。"（《坛经·般若品第二》）这就是说，每个人皆有天生的自性，只要能认清自己的本心自性，就都有觉悟的可能。求佛不再拘于只是向圣贤求教或靠不断诵读佛法的形式，也不是依靠所谓的积德修福之善行，学佛的正确道路应该是"自修自行，自成佛道"。基于这一理解，经典的翻译家们将"禅"翻译为"思维修"或"静虑"是非常贴切的。禅定被认为与一切不反观自性的"外道"方法不同，而与认知心理学的疗愈取向是异曲同工的。

荣格与慧能一样，都将内观"见自本性"作为疗愈一切心理疾病和解决一切心理困惑的基本取向，但为何见自本性就可以实现疗愈呢？荣格认为，这是因为"每当自性原型占据支配地位时，由此而导致的不可避免的心理后果就是产生某种冲突状况"④。或者说当个体没有意识到意识内部的矛盾时，其意识或人格就可能会被撕裂成对立的两半。换而言之，见自本性的目的是让意识的理智能正确认识、接纳和圆通自性，而不是拒绝、恐惧和排斥自性的冲动，以便认识人的整体性和完整性，避免自性

---

①②③④ 荣格. 伊雍：自性现象学研究［M］. 杨韶刚，译. 南京：译林出版社，2019：58，90，74，98.

化受到压抑而产生不愉快的后果。可遗憾的是，自知之明的做法可能会因为意识与无意识的对话和整合而让道德超我笼罩的个体感到害怕，进而遭到个体的拒绝。

荣格和慧能都认识到人的自性并不会因为人的堕落而消失，而只是发生了损坏或被贪念所遮蔽，但可以通过修炼和顿悟而得到恢复。心灵原初状况的恢复、复兴或转变，在心理学上相当于集体无意识的整合。荣格认为，这是所谓自性化过程的基本方面。①"无意识的整合给现代的医生和心理学家设置了问题，只有沿着历史追溯的路线才能得到解决。"②于是，那些表现集体无意识过程的神话传说，甚至童话故事，由于反复讲述它们而使得无意识过程被激活和重新收集起来，从而使意识与无意识的联系得以重建。事实上，正是由于两者的分离导致人格分裂，或者神经症。

荣格关于自性化的思想源于对古印度《奥义书》和炼金术等历史文化的研究，在这些经典里，自性往往被看作"梵"，并认为"居住在所有存在之中的他，但又在所有存在之外，任何的存在都不知道它，他的身体就是'有'的存在，他从内部控制着所有的存在，他就是你的自性，那个内部控制者，那个不朽的人"③。因此，从这个角度来看，心理疗愈的关键就在于促进意识和无意识之间的矛盾取得和解的自性化。荣格指出："像一条换皮的蛇一样，如果不想使得古老的神话失去其疗效，就必须要在每一个更新的时代给它穿上新衣。"④例如梦的解析、积极想象、沙盘、绘画、佛家发明的多种方法和道家炼内丹术都是古人发明的可以帮助识心见性的路径与方法。

禅学和荣格都认为，观察一个人是否识心见性或完成了自性化这种无形的心理转化，可以看对象是否已经产生了一种先验的整体化的自性意象。这种意象可能是由圆和方构成的曼陀罗花，圆形的坛城、月亮或镜子。荣格认为："自性常具有其兽形的象征作用。"⑤例如马、公牛、鸟、蛇、乌龟、蜗牛等。他说："无意识在自性化过程中产生的整体意象就是某种先验原型（曼陀罗）的类似的'重新形成'。"⑥如果仅仅从患者的绘画作品来看，自性化的过程在绘画中的表现是其作品的构图和颜色的混乱状况逐渐向有中心和整体感、色调协调的转变。

六、求佛有密语密意吗

当年慧能得法南行时，有一位叫惠明的佛徒在楚粤边界追上了他，向他讨教求佛有什么"密语密意"，慧能回答："汝若返照，密在汝边。"（《坛经·行由品第一》）这就是说，如果我向你说了那就不是秘密，而你如果反观自己，秘密就在你那里了。

①②③④⑤⑥ 荣格．伊雍：自性现象学研究［M］．杨韶刚，译．南京：译林出版社，2019：55，247，308，247，312，55．

据说，惠明当下闻此，即大悟。惠明听了慧能的一席话可能知道了求佛的方向，但未必就真的知道"返照"自己的内心会知觉到什么。后来，直到慧能在韶州讲法时，才阐述了他体验到的"密语密意"。他说："念者，念真如本性。真如即是念之体，念即是真如之用。"（《坛经·定慧品第四》）笔者以为认真领会慧能的这句话，对于理解自性的本质尤为重要。如果从唐朝跨越到800多年后的明朝，我们不难发现贯通儒道释三教的王阳明心学的四句教"无善无恶心之体，有善有恶意之动，知善知恶是良知，为善去恶是格物"与慧能对自性的认识何其相似，两者都正确地将意识的意向性和意识的内容进行了区别。所谓念，即意念，即意识的意向性，这是意识的根本属性。真如或自性就是意识的本体，而意念就是自性的功能。因此，自性可以通过有念或无念、一念或杂念、正念或妄念的不同状况来进行自我体察。只要人活着，醒着的时候，意念或意动就会不停地运行着，而且"当念之时，有妄有非"。所以善与恶、智与愚的区别并不是自性决定的，而是体现在每时每刻的意向性的选择之中，慧能如是说："一切处所，一切时中，念念不愚，常行智慧，即是般若行。一念愚即般若绝，一念智即般若生。"（《坛经·般若品第二》）于是，求般若智慧的关键就在于把握好这个流动不居的意识的指向性，即"一念修行，自身等佛"。基于这样一种认识，所以慧能认为，在一念或杂念、正念或妄念、智慧与愚昧之念之间的转变并非难事，也非需要漫长的时间，而是可以通过顿悟立刻实现的，即所谓"前念迷即凡夫，后念悟即佛；前念著境即烦恼，后念离境即菩提"。（《坛经·般若品第二》）"迷"即迷惑，"著"即执着，"悟"即觉悟，"离"即脱离，可见，把握意念的关键就在于不要让意念执着于某事某物。所谓"不悟即佛是众生，一念悟时，众生是佛"。（《坛经·般若品第二》）从格式塔心理学的观点来看，从迷到悟，从烦恼到觉悟需要的只是一个从背景到对象的格式塔转换，而这种"一念"的转化可以是在极短时间内的一次转身。如慧能所说："若起正真般若观照，一刹那间，妄念俱灭，若识自性，一悟即至佛地。"（《坛经·般若品第二》）简而言之，把握自性化的途径与方法就是回光守中，即一种专注自己意念运动不息的内部知觉或现象学方法，只有认识了意向性的本质，才能彻底明白"凡所有相皆虚幻"的原理，也才有可能实现觉悟成佛的正果。（《坛经·般若品第二》）

七、如何才算是"见自本性"，自性法门何在

接下来的问题是：怎样才算是"识自本心，见自本性"呢？或者说要顿悟见性的自性是一种什么体验的内部知觉呢？慧能在不同的语境下对此有过不同的表述，一说："烦恼尘劳常不能染，即是见性。"二说："于一切法，不取不舍，即是见性成佛道。"（《坛经·般若品第二》）三说："自性真空。"（《坛经·般若品第二》）四说："归依自

性三宝：佛者，觉也；法者，正也；僧者，净也。"（《坛经·忏悔品第六》）五说："学道之人，一切善念恶念，应当尽除。无名可名，名于自性。"（《坛经·顿渐品第八》）他还说："无常者，即佛性也；有常者，即一切善恶诸法分别心也。"（《坛经·顿渐品第八》）尽管慧能从不同的角度阐述了自己证悟自性的体验，但对于现代的凡人来说仍然难以准确解读这些话的真实语义。笔者借助于意动心理学和现象学的话语体系来解释，自性的本质是意识的意向性功能，而不是善恶的意识内容！善恶是由意向性的选择所决定的，而不是自性的本身！王阳明"四句教"中的"有善有恶意之动"是对慧能之说的正确解读。

慧能基于对《金刚经》思想的继承和对自性的领会，将识心见性之法门的要点概括为："先立无念为宗，无相为体，无住为本。"（《坛经·定慧品第四》）笔者认为，是否实现了这"三无"也是对是否见性的判断标准。所谓"无念"不是指没有念，而是在一切情境中，其心不为外境所染，念念之中能做到无杂念，即"若见一切法，心不染著，是为无念"。（《坛经·般若品第二》）所谓"无相"不是指没有任何东西的虚空，而是指能看透一切现象的本质，不为任何事物的幻相所迷惑，也不执着于任何人造的法相，如慧能所说："成一切相即心，离一切相即佛。"明白一切相都源于人心所构造，并可以摆脱对一切相的执着就是觉悟的佛。（《坛经·机缘品第七》）所谓"无住"是指"念念无滞"，即不让意向性停留在任何意指的对象，也不住于一切法之上，所谓"内外不住，去来自由，能除执心，通达无碍"。（《坛经·般若品第二》）只有念念无滞，才能常见本性。（《坛经·疑问品第三》）慧能认为，有智慧的人看世界和观察自我是"于相离相，于空离空"。能做到无所执念、无所执相和无所执住就是"正念"，就常生智慧，识本心见自性，就能"开佛知见，即是出世"。相反，"外迷着相，内迷着空"。有执念、执相、有住就成邪。（《坛经·机缘品第七》）自《金刚经》以降，禅学首次将"以无为法"作为该宗派修行秉持的根本法则。禅学常将圆镜的功能比喻为自性，镜湛然空寂，圆明不动，但可映照万物，而不留痕，故称为"镜智"。以镜智观照万事万物，于一切法不取不舍，即见性成佛，如慧能所说："悟无念法者，万法尽通；悟无念法者，见诸佛境界；悟无念法者，至佛地位。"（《坛经·般若品第二》）从现象学的角度来看，其实慧能所说的无念、无相和无住只是从不同的角度来说同一件事，这就是意识变动不居和参与认识构造的本质。现象学认为，要有真见，就必须先"搁置"意识中原先存储的所有成见，这与禅学主张的"三无"方法论是内在一致的。从这种意义上说，现象学与禅学的认识论和方法论异曲同工。

八、"诸佛妙理，非关文字"

识心见性自然少不了听大师们讲解经典或诵读佛经，但见性与文字和言说的关系却十分微妙，一方面，知理见性少不了通过文字和言语教导的途径，如《金刚经·第六品正信希有分》中说："闻是章句，乃至一念生净信者。"说明文字对于启迪智慧还是十分必要和重要的。五祖弘忍明确告知弟子："见性之人，言下须见。"(《坛经·行由品第一》)可见，检验门徒是否真的识心见性必须通过偈语等表达方式。例如慧能和神秀对自性参悟的差别也是依偈说而得以区分的。禅者不得不说法，不得不言语，只是要求说话真诚、实在、合理和有智慧，而不要说欺骗的和怪异的话，即"如来是真语者，实语者，如语者，不诳语者，不异语者"。(《金刚经·第十四品离相寂灭分》)另一方面，识心见性的顿悟体验或内部知觉又与文字无关。佛经有曰："言语道断，心行处灭。"指意义深奥微妙的佛理还是无法用言辞完整清晰地表达，或者说对自性本质的认识还必须靠自己去内观体验。曾有一个比丘尼向慧能请教佛经中的文字，慧能说："字即不识，义即请问。"那尼姑感到十分诧异，说："字尚不识，焉能会义？"慧能答曰："诸佛妙理，非关文字。"(《坛经·机缘品第七》)这说明道本无言，经书只是解释"道"，但解说的"道"并不是道本身，人之自性亦是如此，只有经过自己的内观体验才可能被领会。故禅宗一直提倡"法则以心传心，皆令自悟自解"。(《坛经·行由品第一》)这种自悟自解的方法就是"但用此心，直了成佛"。(《坛经·行由品第一》)何谓"直了"？意即不需要借助外人与外力的中间环节，直达对意指对象的领会。与榜样示范、行为模仿进而行为训练、依文颂读、坐忘等方法不同，慧能主张的学习方式类似于现象学所提倡的"直面事实本身"的直觉(intuition)，这是指不受人的意志所控制，没有经过分析推理步骤就直接获得对事物之理的整体洞察，并且主体对直觉结果的正确性或真理性具有坚定信念的一种特殊的思维方式。从思维发展的历史来看，直觉是人类历史上最古老的一种思维方式。按照亚里士多德的观点，直觉是先于实验的、逻辑的、数学等一切证明的创始性根源，而且是先验的和独立产生的原始前提。慧能主张的"直了成佛"的"顿教"也与格式塔心理学所说的顿悟学习(insightful learning)相近，指通过重新组织知觉环境，并突然领悟其中各要素的关系而产生某种新的领悟的一种学习方式。顿悟学习与经验试错和模仿学习方式不同，这是一种基于以往经验的综合性运用和升华，并对当下问题的情境、目的和解决问题方法之间相互关系的整体(完型)所产生的豁然贯通的领悟。慧能虽不识文字，却有很高的天赋直觉能力，这也许使他更具有不容易为任何经文所遮蔽的优势。他说："一切修多罗及诸文字，大小二乘，十二部经，皆因人置，因智慧性，方能建立。若无世人，一切万法，本自不有，故知万法，本自人兴。一切经书，因人说有。"（《坛经·般若品第二》）"万法从自性生。"（《坛经·忏悔品第六》）这就是说，慧能洞察了一切文本皆因人所思、所想、所写、所解释这个精神世界和文本世界的投射关系。为了破除凡人在语言认识上的误区，慧能十分强调"不二法"的重要性，并举例"烦恼即是菩提，无二无别"，"明与无明，凡夫见二；智者了达，其性无二。无二之性，即是实性"。（《坛经·护法品第九》）所谓"菩提"（梵文 Bodhi 之音译）意指通晓道之智者，而菩提与烦恼其实都是人的意识所构造，即只是人为地发明了两个相对立的名称的意指而已。推而广之，所有二分对立的语词或概念都是人为设定的，切记不要为这种二分对立的词语所制造的幻象所迷惑，或为此苦恼。

与禅宗思想类似，现象学也认为，认识离不开语言，但这并不意味着语言就是通向真理的坦途，恰好相反，一切认识和陈述的对象总是被语言的视域所包围，语言还经常迷惑理智，掩盖真理，制造幻觉假象，真理甚至把自己隐身于语言之中，直至使自己变得不可辨认。从这种意义上看，禅学和现象学都有对语言与意识关系的深刻洞察力。慧能在晚年还针对那些"不用文字"的执空的人说："既云不用文字，人亦不合语言；只此语言，便是文字之相。又云'直道不立文字'，即此'不立'两字，亦是文字。"（《坛经·付嘱品第十》）可见，离开文字的说教无法实现识心见性的目的。为此，慧能在晚年主动召集了他认为日后可以传法的几个弟子，向他们传授了如何运用成对的范畴去讲授顿教法门的方法，他说，讲法时要"出语尽双，皆取对法，来去相因"，并且出入不落任何一对范畴的两个极端，认为只有这样，所有"二分法"就没有执着之处了。（《坛经·付嘱品第十》）慧能所指的三十六对法包括对法和外境无情五对、法相和语言十二对、自性起用十九对。以自性起用十九对为例，包括长与短对，邪与正对，痴与慧对，愚与智对，乱与定对，慈与毒对，戒与非对，直与曲对，实与虚对，险与平对，烦恼与菩提对，常与无常对，悲与害对，喜与嗔对，舍与悭对，进与退对，生与灭对，法身与色身对，化身与报身对。可见，慧能借助这十九对范畴来表达或描述自性的随缘起用，即意识的指向性应因时因地因事因人而变，对外可以涉及一切相而不执着一切相，在内心能放空而不执着于空，否则，执着于相会助长邪见，执着于空会增长无明。（《坛经·付嘱品第十》）由慧能提出的三十六个对立统一的范畴可见，禅学的睿智源自辩证思维的力量。

九、以定、慧等学，犹如灯与光

禅学的目的重在思维修，提高和深化对自性的认识，甚至可以"为法忘躯"。为了实现这一理想的目标，还必须有一定的修行形式和方法来保障修行者能静下心来。

这个方法的要点就是定慧二字。慧能说："我此法门，以定慧为本。"但马上又强调：切记不要将定、慧看成为两件事，其实"定慧一体，不是二。定是慧体，慧是定用；即慧之时定在慧，即定之时慧在定"。（《坛经·定慧品第四》）慧能以灯与光的关系来比喻定与慧的关系，即将灯比喻为光之体，而光则是灯之用，其实定与慧等学，"名虽有二，体本同一"。（《坛经·定慧品第四》）在禅学中，所谓的"定"就是调摄乱意，定心于一处，调息止身口意三业；所谓"慧"就是观照事理，故"定慧"又称之为"止观"。因为禅修常以坐姿示人，故禅道又有"坐禅"和"禅定"之称。何谓"坐禅"或"禅定"？慧能解释道："外于一切善恶境界，心念不起，名为坐；内见自性不动，名为禅。""外离相为禅，内不乱为定。""若见诸境心不乱者，是真定也。""外禅内定，是为禅定。"（《坛经·坐禅品第五》）可见，坐禅或禅定的核心是内观见性，妄念不起，并不只是简单的闭目打坐、身心安静的外观形式。实践过禅修的人都知道，坐禅时要手脚身躯不动并不难，难的是要做到心念不起，外离一切相，于是，禅家又发明了将意念集中于一呼一吸调气息虑的禅修之术，或将意念集中于绘画或沙盘游戏等；针对禅修中常出现的刻意追求观看心念或清净之态等偏差现象，慧能特别强调坐禅既不看心，亦不看净。如果起心看净，就产生了净、妄之别。净，本无形相，却因此反而产生了所谓虚妄的净相，这些都是阻碍明心见性的"障道"。

有人以为禅修需要某种能斩断胡思乱想或对境心不起的秘诀，慧能针对这种误解，用一偈幽默作了回答："慧能没伎俩，不断百思想。对境心数起，菩提作么长？"（《坛经·机缘品第七》）在慧能看来，禅修并不神秘，也无需特别的伎俩，只是平常心，需要在漫长的日常生活中去体悟。针对那种"住心观静，长坐不卧"的禅修现象，慧能讥讽道："住心观静，是病非禅。"（《坛经·顿渐品第八》）"道由心悟，岂在坐也。"（《坛经·护法品第九》）可见，学佛的核心在于反观自我的思维修，而不是那些装腔作势和花里胡哨的形式。

十、"自性五分法身香"，"此香各自内熏，莫向外觅"

对于心猿意马的凡人来说，静下心来进行思维修，实属不易。于是，古人发明了一种简便易行的嗅觉引导法，这就是佛堂寺庙里为何总有檀香缭绕的缘故。首先，嗅觉是一种在较远距离就可以感受到化学刺激的感觉。檀香气味营造的特别环境，使修行者感到心情舒畅，有助于诱导修行者进入禅修特定的积极正向的知觉境界。在嗅觉刺激的背景下，诵经和听法的视听效果将会提高。檀香之烟飘动的方向甚至有可能成为一种具有寓意的启示，如慧能逝世后，在广州、韶溪和新州三地都争迎其真身而无法抉择之时，最后采取焚香祷告的方式加以抉择，传言那时的香烟直贯曹溪方向，所

谓"香烟指处，师所归焉"。（《坛经·付嘱品第十》）

其次，借香味的美好联想来比喻佛理，方便为众人说法。如慧能就使用了"自性五分法身香"的比喻形象地阐述了"自性自度"的美好，即一曰戒香，指自己心中无非、无恶、无嫉妒、无贪嗔、无劫害；二曰定香，指目睹诸善恶境相，自心也能不乱；三曰慧香，即指自心无碍，常以智慧观照自性，不造诸恶，虽修众善，心不执着，敬上念下，矜恤孤贫；四曰解脱香，即自心无所攀缘，不思善，不思恶，自在无碍；五曰解脱知见香，即指自心既无所攀缘善恶，不可沉空守寂，广学多闻，识自本心，达诸佛理，和光接物，无我无人，直至菩提，真性不易。慧能担心信众误解他的说法方式，还特别强调以上提倡的诸香都是源于自性的正念，众人自性自度，佛不能度。"此香各自内熏，莫向外觅。"（《坛经·忏悔品第六》）在慧能的眼里，与从外部学法修行的"外熏"相比，自性是一种从内心发出的本觉之真如，可以自我实现熏陶的"内熏"。

向善祛恶是学佛社会教化的功能，然而，世间凡人之心却常被浮云遮蔽。所以，若要识心见性还必须经过察觉、忏悔和除去一切不善之心等步骤，这些不善之心可能包括"嫉妒心、诳曲心、吾我心、诳妄心、轻人心、慢他心、邪见心、贡高心"。（《坛经·忏悔品第六》）然而，与那些争论性本善还是性本恶的诸子百家不同，慧能从自性的本质出发，认为善恶道德并非自性的先天属性，而与自性发出的"意根"亦称之为"转识"有关，即由意识的意向性决定了善或恶的选择。所谓："若不思万法，性本如空。一念思量，名为变化，思量恶事，化为地狱；思量善事，化为天堂。""善恶虽殊，本性无二。"（《坛经·忏悔品第六》）"自性若邪，起十八邪；自性若正，起十八正。若恶用即众生用，善用即佛用。用由何等？由自性有。"（《坛经·付嘱品第十》）可见，一念之别决定了当事人看到的世界是什么，也决定了其选择行动的方向。禅修与完形治疗异曲同工，都是一种有创意的心灵探险，禅学的顿悟途径因人而异，从来就没有固定的程式和统一的方法，但所有顿教都只是提升当事人处理困境、解决未竟事务和对自我的察觉能力。可以说，每一个禅修开悟的故事就是一次独特的有创意的自性化过程的历程。具体而言，慧能要求门徒要在身所做、口所说和意所思三个方面除去那些不善之心，实现心口行如一的彻底完整的修行。尽管慧能一直在讲自性的本质和悟自性的途径与方法，将一切法的生成皆归于自性，但慧能说："无名可名，名于自性。"（《坛经·顿渐品第八》）他最终还要将这个称之为"自性"的名相予以铲除，他不想让这个被特别强调的词语又成为众人悟道的障碍，可见其自性思想革命的彻底性。

慧能在弥留之际留下一首《自性真佛偈》，对自己的顿教法门做了最后的总结，他说："真如自性是真佛"，这是他留给后人最后的，也是最精辟的修道之感悟。

第十六章 心学的意识心理学思想

心学源于孔孟，开端于北宋"二程"和南宋陆九渊，由明代陈献章沙传承，湛若水和王阳明集之大成。所谓心学，就是成就圣人之学，就是反躬自问的自我意识心理学，即"君子之学，惟求得其心"，心学就是强调主体自我、自信、自强、自律、自为，追求自我实现的新儒学。"万物有备于我心"，心学深刻洞察了在认识过程中意向性的决定性作用，敢于"悬搁"一切信念和理论，回到事物本身的直观自得。中国心学与西方现象学及存在主义在许多基本命题上具有跨文化的同一性，心学与现象学都是关于认识批判的学说，也是关于理解人的存在的方法论。两者在关于通过摒除语言假象来揭示现象本质，如何在时间筹划中把握人的存在等方面具有高度的一致性。

圣人之学，心学也。何谓心学？

万事万物莫非心也。

——湛若水

心学作为中国儒学在宋明时期兴起的一个新儒学形态，不仅弥补了先秦儒学在本体论、认识论方面的不足，而且打通了儒、释、道之间思想互通的渠道。何为心学？明代大儒湛若水用最简练的语言作了一个概括："圣人之学，心学也。何谓心学？万事万物莫非心也。"[①] 心学，作为中国儒学的一个学派、一种认识论和方法论，也是一种具有中国本土文化特色的关于自我意识的心理学。

心学思想发端于战国时的孟子，但作为一门自称为"心学"的学问究竟始于何人，史学界却有多种看法。[②] 本章基于历史与逻辑相统一的研究原则，依照历史人物及其思想表达的时间顺序，围绕心学的核心观念，系统梳理了心学思想演变的历史轨迹。同时，为了更容易明白心学基本思想的现代含义，我们将心学的基本概念与现代心理学和现象学进行跨文化的比较，发现心学的基本观点与现代自我意识心理学、现象学在旨趣上有许多相通之处，虽然这些相隔几千年的古今学派所使用的术语名称有所不同，但其思想内核却有高度的一致性，而这种发现对于传统文化的创造性发展与创新性转化具有十分重要的现实意义。

---

① 湛若水. 湛甘泉先生文集（四）[M]. 桂林：广西师范大学出版社，2014：1128.

② 刘玉敏. 心学源流：张九成心学与浙东学派 [M]. 北京：人民出版社，2013：2–20.

一、孟子提出的心学命题

心学的核心概念是"心",而对"心"的认识历史悠久。据《尚书·虞书·大禹谟》中记载,舜帝对大禹传授治理天下的经验时就说过这样的话:"人心惟危,道心惟微,惟精惟一,允执厥中。""罔失法度。罔游于逸,罔淫于乐。任贤勿贰,去邪勿疑。疑谋勿成,百志惟熙。""德惟善政,政在养民。""好生之德,洽于民心。""满招损,谦受益,时乃天道。"从以上句子的语境来看,"人心"或"民心"所指的即人的意识状况,而这些观点主要涉及心的道德品性。到孔子《论语》时,论及"心"的文字并不多,如:"七十而从心所欲。"(《论语·为政》)"回也,其心三月不违仁。"(《论语·雍也》)"子击磬于卫。有荷蒉而过孔氏之门者,曰'有心哉!击磬乎!'"(《论语·宪问》)"饱食终日,无所用心。"(《论语·阳货》)从这些简短的言论中,可见孔子所言之"心"大多是就具体人物或情境所发表的意见,"心"在这些语境中皆指人的自我意识。也许基于当时社会治理的需要,孔子将思考的重点放在恢复仁义道德的社会治理任务之上,而较少涉及"心"的本体论和认识论等纯粹的哲学问题,如子贡评价夫子那样:"夫子之言性与天道,不可得而闻也。"(《论语·公冶长》)孔子很自谦地说:"述而不作,信而好古"(《论语·述而》),认为自己只是在阐释先人早已提出来的思想。即使如此,弟子们还是感叹夫子学说的高深精妙,曰:"仰之弥高,钻之弥坚。"(《论语·子罕》)或认为,"夫子之道至大,故天下莫能容"。(《史记·孔子世家》)所以,当孔子逝世以后,其众弟子争相不断阐发孔子之说,孔子门户被分成多个学派,其中子思一派被认为是正宗,其著作千载流传,如曾子作《大学》,其门徒子思著《中庸》,子思再传孟子,孟子弟子记其平日教学言论而成《孟子》一书。在《孟子》中有关心的概念和心的性质、心的功能等论述突然变得丰富起来,仅就有关"心"的认识或关于自我意识心理学的心学而言,孟子继承了孔子等前人的思想遗产,孟子曾引孔子的话说:"'操则存,舍则亡,出入无时,莫知其乡。'惟心之谓与?"(《孟子·告子上》)可见,孟子已经认识到心念(意识)的运动性、意向性和能动性。孟子对心学的贡献主要有如下几个方面:

其一,明确指出了心与物的认识关系。孟子说:"万物皆备于我矣。反身而诚,乐莫大焉。"(《孟子·尽心上》)从现代哲学和心理学的视角来看,孟子注意到"我"这个主体在认识世界万物时的主动建构作用,所谓"万物皆备于我"一语的含义是指世界上的所有存在都必须为人的意向性所指,并纳入人的认知图式才能被认知。事实上,人类如果没有空间、时间、物质、精神这些基本概念或范畴,就无法将这个世界的所有存在纳入自己的精神世界和写出知识的文本。因此,从这种意义上说,"我",

这个被海德格尔称之为"此在"的存在是认识世界的前提，笛卡尔说"我思故我在"，我们其实还可以说："我在，世界才在。"所以孟子又说："尽其心者，知其性也。知其性，则知天矣。"（《孟子·尽心上》）这就是说，人只有先认识了心的本性，才可能认识自然万物，这一原理被认为是心学的核心思想。

其二，指出了人类良知和良能之心存在的普世性。孟子认为："仁，人心也。"（《孟子·告子上》）人心区别于其他动物意识的根本点是人有仁义道德，而动物行为只受本能驱动。他举例说："人皆有不忍人之心。"又说："恻隐之心，仁之端也；羞恶之心，义之端也；辞让之心，礼之端也；是非之心，智之端也。"（《孟子·公孙丑上》）孟子认定，恻隐、羞恶、辞让和是非之心是人所具有的良知，犹如人有四肢一样，有四肢而"自谓不能者"，那就是自暴自弃的"自贼者"，如果无恻隐、羞恶、辞让和是非之心，那就简直不配称之为人。对比现代心理学，孟子所讲的道德之心与弗洛伊德所讲的"超我"类似，但两者又不尽相同。孟子认为，良知是心无须思考就知、不学就会的一种天赋功能，曰："人之所不学而能者，其良能也；所不虑而知者，其良知也。"（《孟子·尽心上》）他进而认为，仁、义、礼、智这四种由良知上升到文化教养层面的道德伦理，也只能靠自我养成，故曰："仁义礼智，非由外铄我也，我固有之也，弗思耳矣。"（《孟子·告子上》）在现象学看来，人心先天就具有的这种功能就是意识的意向性。意向性不仅决定了心的认知功能，也决定了良知良能的道德取向。关于心的认知功能，孟子说："心之官则思，思则得之，不思则不得也。此天之所与我者。"（《孟子·告子上》）但孟子更多地强调心的良能和良知的功能，甚至将学问之道的根本目的认定为找回失去的本心，曰："学问之道无他，求其放心而已矣。"（《孟子·告子上》）

其三，论证了良知在圣贤和平民之间的平等性。孟子指出："故凡同类者，举相似也，何独至于人而疑之？圣人与我同类者。"（《孟子·告子上》）为了避免误读，孟子进一步指出了这种所谓的"心同"是指义和理，曰："心之所同然者何也？谓理也，义也。圣人先得我心之所同然耳。"（《孟子·告子上》）孟子同意"人皆可以为尧舜"的说法（《孟子·告子下》），这一观点不仅与释家关于人人可觉悟成佛的观点是内在一致的，还分析了造成圣贤与凡人道德区别的根本原因，其中，很重要的原因来自自我对良知的摧毁。孟子以牛山之木为例，山上的树木原本是很茂盛的，但人常用斧子砍伐，或在这里放牧牛羊，树木又怎么可能茂盛起来呢？所以，孟子认为善良之心只要存心养护就可以光亮起来。他说："故苟得其养，无物不长；苟失其养，无物不消。"（《孟子·告子上》）

其四，指出了识心见性的方向与方法。孟子说："存其心，养其性，所以事天也。

夭寿不贰，修身以俟之，所以立命也。"(《孟子·尽心上》)陆九渊认为，孟子所说的"存"字就可使人明白"此理本天所以与我，非由外铄。明得此理，即是主宰。真能为主，则外物不能移，邪说不能惑"①。本性虽天生，但亦需人自求之，所谓"求则得之，舍则失之，是求有益于得也，求在我者也。求之有道，得之有命，是求无益于得也，求在外者也"。(《孟子·尽心上》)可见，一方面，孟子指出了虽然"四端"是先天就具备的人之本性，但仍需要自求自得，而不能自暴自弃；另一方面，仁义道德的自求自得不仅有方法，而且还需要靠天生的条件。无论如何，仁义道德的自求自得与寻求身外之物并无关系。什么是自求自得的正确方法，孟子给出的第一个方法就是推己及人的共情方法，曰："强恕而行，求仁莫近焉。"第二个方法则是自律的方法，即"无为其所不为，无欲其所不欲，如此而已"。第三种方法是行为习惯养成法，即"鸡鸣而起，孳孳为善者，舜之徒也；鸡鸣而起，孳孳为利者，蹠之徒也"。(《孟子·尽心上》)也许有人以为孟子所说的几种方法都很平常，事实上，道不远人，但"习矣而不察焉，终生由之而不知其道者，众也"。(《孟子·尽心上》)这就是圣贤的觉悟和凡人不悟的区别。

道德修养的最难之处就在于无人看到的地方和自己或穷或富贵、或得志或不得志的时候，所以孟子说："古之人，得志泽加于民，不得志，修身见于世。穷则独善其身，达则兼善天下。"要做到"仰不愧于天，俯不怍于人"。(《孟子·尽心上》)孟子认为修身养性应遵循"心勿忘，勿助长"(《孟子·公孙丑上》)顺其自然的原则。有一次，公孙丑问孟子，如果你当上了齐国的掌权者，并且可以实现自己的理想的时候，你的内心会因此而变化吗？孟子坚定地回答："否，我四十不动心。"(《孟子·公孙丑上》)孟子还讲述了自己如何做到"不动心"的方法，简单地说就是要培养一种集合正义和大道的浩然之气，而这种勇气也是体现在平常生活具体事项之上的，而不是故意做作的。

二、儒学的复兴运动：周敦颐援佛道入儒

在汉以后相当长的历史时期内，中国社会独尊儒术。但到了魏晋时期，大一统王朝崩溃，南北政权更迭频繁，社会动荡剧烈，两汉时经学的笺注烦琐不再受青睐，而崇尚《老子》《庄子》和《周易》"三玄"的新道学勃兴，与过去儒学只谈仁义道德等治国治民等实际社会问题的旨趣不同，此时有关本体、天道、义理、本末有无、语言与思想、万物存在之根据等形而上学的元哲学问题得到了前所未有的关注。隋唐时，

---

① 陆九渊. 陆九渊全集（上）[M]. 叶航，点校. 上海：上海古籍出版社，2022：5.

由南亚传入的佛教也得到了统治阶级的扶持，大量的佛经传入中国，佛经关于"识心见性"的观点与方法开始流行，并对中国社会学界和民众心理影响深远，儒、释、道三家鼎足而立的多元化局面打破了以往独尊儒术的传统。在这种社会背景下，唐代的韩愈和李翱等儒家开始以"道统"自居，倡导古文运动，力辟佛、老，致力于振兴儒学，注重对儒家原创思想的弘扬。至北宋时，周敦颐、张载、邵雍、程颢与程颐等人由原先简单斥佛、排佛的态度一变而为"援佛入儒"，开始重视儒学形而上学元哲学的建设，逐渐建立起有史以来儒家最为精致的哲学形态，即理学和心学。

宋明理学和心学的形成都源于这一时期儒学的复兴运动，但两者并非泾渭分明，不仅在师承关系、学理阐发、学术交流等多方面相互交织，而且其关注和讨论的往往都是共同的焦点，只是在有关心、性、理几个概念的关系看法上有细微的差别而已。这种差异的分野始于北宋时期的思想家、文学家和教育家周敦颐（1017—1073），字茂叔，号濂溪，道州营道楼田堡（今湖南省道县楼田村）人，世称濂溪先生，有《太极图说》和《通书》等文章留世。他汲取了《易经》和道家思想，提出了无极、太极、阴阳、五行、动静、主静、至诚、无欲、顺化等概念来充实发展儒学在本体论和认识论上的不足，而成为宋明理学和心学的开山祖。周敦颐对后学的发展所做的贡献主要有以下几个方面：

其一，援佛入儒，始建儒家本体论。通读周敦颐《通书》的内容即可明白，他所论述的观点正是建立在博览群书、儒释道跨文化比较的基础之上的，他从中领悟了三家观点在核心思想上的内在融通性。他借道家《太极图说》的解释，提出了一种"无极而太极"的宇宙本体论，认为"无极"是宇宙的本原，无极生太极，"太极"则基于动静而产生阴阳，人与万物都从阴阳二气交感所化生出来，所谓"二气五行，化生万物。五殊二实，二本则一。是万为一，一实万分。万一各正，小大有定"。（《通书·理性命第二十二》）认为圣人模仿"太极"建立"人极"，由太极天理推及人极社会规则，因而把人性和道德都看成天成进化的结果。这种自然哲学论证工作为后来理学和心学都重视的"天理"之说奠定了思想基础。

其二，确定了人在认识万物中的主体作用。他说："惟人得其秀而最灵"，并强调圣人在确立人极方面的标杆引领作用，曰："故圣人立教，俾人自易其恶，自至其中而止矣。故先觉觉后觉，暗者求于明，而师道立矣。师道立，则善人多。善人多，则朝廷正，而天下治矣。"（《通书·师第七》）认为圣人最先确定了人类社会道德心理的规则："圣人定之以中正仁义，而主静，立人极焉。"（《通书·附录太极图说》）所谓"人极"即"诚"，认为"诚"是由"太极"派生出来的"纯粹至善"阳气的体现，是"五常之本，百行之源"和道德的最高境界，进而提出了贯通儒道释三家"主静"

和"无欲"道德修养的取向。他自问自答:"圣可学乎?"回答是肯定的。问:学习有无要点?回答也是肯定的,而且要点只有一个,这就是:"一为要。一者无欲也。无欲则静虚、动直。静虚则明,明则通;动直则公,公则溥。"(《通书·圣学第二十》)他以孔门弟子颜回为榜样,提出了理想人格培养的目标,即"至贵至富,……见其大而忘其小焉尔!见其大则心泰,心泰则无不足,无不足则富贵贫贱处之一也"。(《通书·颜子第二十三》)简而言之,就是以天下为公的无私之心的宽阔眼界去观察和处理一切人间事务。

其三,确定了人之道去伪存真、实事求是的准则。周敦颐进一步传承发扬了孟子和子思关于"诚"是天下之道和人之道的思想,认为"诚"的概念是天道、人道和天人合一最高境界的表述。在当时的语境中,无论指天道,还是人道,"诚"的本义都是指真实无妄,实事求是。这既指宇宙存在的实在,也指为人之道的去伪存真。《礼记·乐记》中也明确了这一原则,曰:"著诚去伪,礼之经也。"周敦颐极力推崇先人确立的"诚"之说,并且将这一思想贯通于宇宙万物和人类社会活动的解释,即万事万物都具有真实可信的本性,同时强调了"诚"在修身养性方面的核心作用,曰:"诚者,圣人之本。'大哉乾元,万物资始',诚之源也。'乾道变化,各正性命',诚斯立焉。纯粹至善者也。"(《通书·诚上第一》)又说:"圣,诚而已矣。诚,五常之本,百行之源也。"(《通书·诚下第二》)他说:"道义者,身有之,则贵且尊。"(《通书·师友下第二十五》)不仅论证阐述了修身养性的天理基础,而且为修身养性指明了前行的方向。通过跨文化比较,不难发现这一思想与慧能禅学"直心是净土"(《坛经·定慧品第四》)所蕴含的意义是相通的。

其四,强调了心的理性思维作用,克服了以往哲学多依靠直觉和简单类比说理的方式。既往前圣的思想多表现为直觉命题的只言片语,而未留下思想系统的完整著述,对思维的逻辑规则和思维方法重视不足,而周敦颐特别强调理性思维在建立圣学中的核心作用,他说:"思曰睿,睿作圣。无思,本也;思通,用也。几动于此,诚动于彼。无思而无不通为圣人,不思则不能通微,不睿则不能无不通。是则无不通生于通微,通微生于思。故思者,圣功之本,而吉凶之几也。"(《通书·思第九》)显然,这与被称之为"思维修"的禅学精神是非常一致的。

其五,强调艺术对识心见性和道德教化的作用。艺术教育自古以来就是国民人格教育体系中的有机组成部分。《周礼·保氏》中说:"养国子以道,乃教之六艺:一曰五礼,二曰六乐,三曰五射,四曰五驭,五曰六书,六曰九数。"可见"六艺"中包括音乐、舞蹈、诗歌、书法等艺术内容。从《论语》和《史记》等古籍记载的故事来看,孔子是善于诗歌和古琴演奏的。为什么圣人之学需要艺术的助力呢?笔者认为人类发明了语言，并通过语言标识、命名和记录世界，但语言的边界即人认识世界的边界，语言文字对于表达无形的道总有书不尽言、言不尽意的不足，如《周易·系辞》中说："形而上者谓之道，形而下者谓之器，化而裁之谓之变；推而行之谓之通，举而措之天下之民，谓之事业。"可见超乎形器之上的形而上者的天理，无声无臭，谓之道；而形而下者有色有象有形，谓之器。于是，"圣人设卦观象"（《周易·系辞上》第二章）或"圣人立象以尽意"。那么，象来自何处呢？《周易·系辞上》第八章中说："圣人有以见天下之赜，而拟诸其形容，象其物宜，是故谓之象。"可见，卦象其实是基于对天地人事观察后的抽象。例如"豫"卦，象征"重门击柝，以待暴客，盖取诸豫"。（《周易·系辞下》第一章）并以门的开与关作为天下事物变化的原型，曰："阖户谓之坤，辟户谓之乾，一阖一辟谓之变，往来不穷谓之通。见乃谓之象，形乃谓之器；制而用之谓之法，利用出入，民咸用之谓之神。"（《周易·系辞下》第十一章）周敦颐认为，卦其实就是圣人表达思想的一幅图解，曰："圣人之精，画卦以示；圣人之蕴，因卦以发。卦不画，圣人之精不可得而见。"（《通书·精蕴第三十》）张载也表达过类似的观点："由象识心，徇象丧心。知象者心，存象之心，亦象而已，谓之心可乎？人谓己有知，由耳目有受也；人之有受，由内外之合也。知合内外于耳目之外，则其知也过人远矣。"（《正蒙·大心篇》）许多人对艺术在传道授业中的重要作用却认识不足，为此，周敦颐特别论述了这个问题，曰："文，所以载道也。……文辞，艺也；道德，实也。笃其实，而艺者书之，美则爱，爱则传焉。贤者得以学而至之，是为教。故曰：'言之无文，行之不远。'"（《通书·文辞第二十八》）

艺术的根本目的在于自得，艺术可以歌颂、赞美生活和自然，但那只是艺术的一种功能和一个侧面，至少不是每一个非职业艺术家所追求的目标。从艺术起源的历史和艺术的原始功能来看，真正的艺术或本真的艺术是面向和表达自性、充实自我的。艺术对心还具有疗愈的作用。心理活动不仅复杂多变，而且其研究的对象就在研究者的头脑中而难以被观察、评估和疗愈，因此，历史上，无论是儒道释三家，还是哲学家、文学家、音乐家、艺术家都常常借助于艺术想象、比喻、夸张、分割与重新组合等方法来表述那些细微复杂的心理活动和叙述心理世界的情感故事，而正是这种阳光下的艺术表达给处于黑暗中的心理问题带来了神奇的疗愈效果。周敦颐在《爱莲说》的散文中以不同的花来比喻不同的人格，尤为直观生动："水陆草木之花，可爱者甚蕃。晋陶渊明独爱菊。自李唐来，世人甚爱牡丹。予独爱莲之出淤泥而不染，濯清涟而不妖，中通外直，不蔓不枝，香远益清，亭亭净植，可远观而不可亵玩焉。予谓菊，花之隐逸者也；牡丹，花之富贵者也；莲，花之君子者也。"可见，将景物与心的意向性的拟人化联系起来，心才可见，花才有了由心构造的意义。南宋心学开山鼻祖陆九渊认为："艺者，天下之所用，人之所不能不习者也。游于其间，固无害其志道、据德、依仁，而其道、其德、其仁亦于是而有可见者矣。故曰：'游于艺'。"① 这就是说，艺术让人的心志、道德、仁义等内在的品质变成可见的形象。艺术和道就是内容与形式的关系，所以，"艺即是道，道即是艺，岂惟二物，于此可见矣"②。

三、从二程到陆九渊的心学奠基

到北宋时，生活在洛阳的程颢（1032—1085）与程颐（1033—1107）兄弟二人经父亲的举荐，拜周敦颐为师，二程认为圣人之学，"周公没，圣人之道不行；孟轲死，圣人之学不传……先生生于千四百年之后，得不传之学于遗经，以兴起斯文为己任，辨异端，辟邪说，使圣人之道焕然复明于世。盖自孟子之后，一人而已。"（《宋史·程颢传》）二程立志传承孔孟圣学，以发扬圣人之道为己任，世人将其宣扬的儒学观点称为"洛学"。据说，二程在年轻时，也有"泛滥于诸家，出入于老、释者几十年，返求诸六经而后得之"（《宋史·程颢传》）的曲折探索过程，可见，二程在坚守孔孟儒学基本立场的同时，也继承了周敦颐从释、道等诸学中博采众长的治学方法，如二程提出的"天理"的概念，就直接取鉴于禅宗"一物之理即万物之理"的观念，提出了"穷理尽性""格物致知"等主张，进而构造出包括自然观、认识论、人性论在内的思想体系。程颢说："吾学虽由所受，天理二字却是自家体贴出来。"（《外书》卷十二）可见，将"理"或"天理"作为世界万物的最高本原始于二程。"天理"一词强调的是"理"的先验性，或超越个人经验的客观性。将《大学》《中庸》抬举到与《论语》、《孟子》、"六经"并立地位也始于二程。《宋史·程颐传》对此有一个概括："颐于书无所不读，其学本于诚，以《大学》《语》《孟》《中庸》为标指，而达于六经。"二程所创建的思想体系将代表客观精神的"理"和主观精神的"心"共同看作世界的本原和哲学思辨的最高范畴，提出了"天者理也"和"性即理也"等命题，认为人的本性即人所禀受的天理。故其认为"人与天地一物也"，对于人来说，要学道，首先要认识天地万物本来就与我一体的道理，如能明白这个道理，并能达到这种精神境界，即为"仁者"。其还认为人心本有良知良能的"明觉"，故人可以凭直觉领会天理。理学亦自称为"道学"，是因为他们自认继承了尧舜禹汤文武周公的"道统"，宣称自己的学问以"明道"为目标。又因理学虽以儒家礼法和伦理思想为核心，但大胆吸收和融合了释、道的哲学精粹，因而被称之为"新儒学"。就二程学说的主

---

① 陆九渊. 陆九渊全集（上）[M]. 叶航，点校. 上海：上海古籍出版社，2022：329.
② 陆九渊. 陆九渊全集（下）[M]. 叶航，点校. 上海：上海古籍出版社，2022：584.

旨而言，兄弟俩的主张相同，但在穷理方法上，程颢"主静"，强调"正心诚意"；程颐"主敬"，强调"格物致知"。程颢倾向于以心解理，启发了陆九渊和王阳明心学思想的开创；而程颐将理与气、理与心性作为相对的范畴来论述，为朱熹理学一派所传承。

四、朱熹理学与心学的区别

朱熹（1130—1200），南宋人，早年也出入释老之间，至30岁左右始归返儒学，拜程颐的二传弟子南宋学者李侗（1093—1163）为师，李侗是朱熹之父的同窗，同师罗从彦。李侗认为万物统一于天理且只是天理的变化，提出"理与心一"的观点，主张"默坐澄心，体认天理"的认识方法。李侗对弟子朱熹十分器重，把自己贯通的二程"洛学"传授给朱熹。朱熹进而在闽地弘扬二程学说，以格物致知为先，明善诚身为要，集理学之大成，于是被后人称之为"程朱理学"。当时的理学界认为《中庸》所提出的一个重要命题是讨论"心"之本质的一个切入点，即"喜怒哀乐之未发，谓之中；发而皆中节，谓之和。中也者，天下之大本也。和也者，天下之达道也"，被儒学界称为"旧中和说"。受程颐"凡言心皆为已发"之说的影响，朱熹提出了"心统性情"的"中和新说"，认为心与性自有分别，灵底是心，实底是性。灵便是那知觉底，如向父母则有那孝出来，向君则有那忠出来，这便是性；如知道事亲要孝，事君要忠，这便是心。性便是那理，心便是盛贮该载、敷施发用底。他还认为，性虽虚，都是实理。心虽是一物，却虚，故能包含万理。心是神明之舍，为一身之主宰。性便是许多道理，得之于天而具于心者。发于智识念虑处，皆是情。性是未动，情是已动，心包得已动未动。盖心之未动则为性，已动则为情，故认为"心统性情"。（《朱子语类》）由此可见，朱熹继承发扬了程颐关于"体用"范畴的思想来阐述心—性之间的关系，如程颐认为，卦爻辞与卦爻象是有形而显见，而其义理则无形微妙，曰："至微者，理也；至著者，象也。"理是体，象是用。体与用，以一体两面不相分离，认为"体用一源，显微无间"。朱熹认为，天地之间有理有气，所谓理是指形而上之道，生物之本；所谓气指形而下之器，生物之具象。人禀此气才有形和生命，禀天理然后有心性，虽然两者集于一身，但道器之间、身心之间界限分明不可乱。他认为"仁人心也"是说体，"恻隐之心"是说用，必先有体而后有用，这就是他所讲解的"心统性情"之义。（《朱子语类》）二程儒学经由朱熹的发扬光大，在元朝及其后的朝代中成为统治阶级认可的官学，影响中国社会数百年。

五、陆九渊建构的心学框架

在宋代时期，围绕如何看待心性的本质及如何解释心、性、理的关系有不同的认识取向。其中有一位比朱熹小9岁而很有个性的学者陆九渊（1139—1193），世称象山先生，他就不赞同朱熹的观点，两人甚至就许多问题进行了多次的论辩。陆九渊认为，如果按照朱熹的观点，那个具有认知功能的心在本质上非理非气，非性非情，虽然包具性情，但这种统包只是一种空间式的容纳，而非本质性的同一。事实上，心性能动而灵动自如，如果心与性缺少同一性，"性"便成了不会活动的死理，"性"就不具有现实的发展动力，道德实践也就缺少了内在的自觉性。朱熹认为以理为外，而陆九渊认为，心与理是不可分割的，万事万物皆由心而生发。史学界一般认为陆九渊是心学的开山祖，主要是因为他不仅最先明确提出了心学的几个重要论点，而且找到了一条在儒道释三者之间进行跨文化比较的治学道路。具体而言有如下几点：

其一，在陆九渊时代，天下学派众多，而大抵可以分为儒道释三家。陆九渊与那些执着一家而排斥其他的学者不同，他认识到儒道释三家在得失、是非、说与实、浅与深、精与粗、偏与全、纯与驳之间各有所长，亦各有所短。仅以"义利"或曰"公私"二字判别，他认为，儒家着眼于人为天地之间灵于万物、贵于万物的基点，主张天道、地道和人道并立，故儒家取义，或曰公；而释家以生死为大，故曰取"利"，或曰"私"。进而"惟义惟公，故经世；惟利惟私，故出世"。他同时冷静地看到在本体论和认识论方面，"吾儒之所病者，释氏之圣贤则有之"[1] 的情况，从而大胆地汲取释家关于心性认识的哲学精粹。陆九渊对儒释的客观比较评价和开放的学术思想也直接影响了王阳明的思想取向。陆九渊一生也在与释家的交往中获得许多感悟，如有诗记述："自从相见白云间，离别尝多会聚难。两度逢迎当汝水，数年隔阔是曹山。客来濯足旁僧怪，病不烹茶侍者闲。不是故人寻旧隐，只应终日闭禅关。"（《与僧净璋》）"春日重来慧照山，经年诗债不曾还。请君细数题名客，更有何人似我顽。"（《题慧照寺》）

其一，陆九渊明确地表述了自己的治学立场是维护孔孟之说原旨的，这与当时儒门纷争，弟子各自标新立异，另立门户的人不同。陆九渊针对时弊指出："今时学者，悠悠不进，号为知学耳，实未必知学；号为有志耳，实未必有志。"[2]例如，"自得""力行"之说本于孟子，但当世儒门之徒好其辩论，失其正，无所至止，与《孟子》

---

①②③　陆九渊. 陆九渊全集（上）［M］. 叶航，点校. 上海：上海古籍出版社，2022：21，80，68.

《中庸》中的旨意相异。他指出："仁、智、信、直、勇、刚，皆可以力行，皆可以自得，然好之而不好学则各有所蔽。倚于一说一行而玩之，孰无其味，不考诸其正，则人各以其私说而傅于近似之言者，岂有穷已哉？"③陆九渊在坚守儒家圣学之正的方向上，又针对当时的弊端，对被曲解的儒学基本理念的语义进行了新的表述。例如，围绕心性修养的取向而言，他说："'大道若大路然，岂难知哉？'道不远人，自远之耳。若的实自息妄见，良心善性乃达材固有，何须他人模写，但养之不害可也。"① 这一思想与禅学自修自成佛的思想是完全一致的，这也是心学对传统儒学的最重要的补充。

其三，陆九渊一方面指出天理充塞于宇宙，未尝有所隐遁，人不得无私而不顺此理②；另一方面，又强调心在人之善恶、动静，人与万物的关系等一切与人相关的活动中所具有的决定性作用。例如针对当时许多人崇尚静坐之习，他说："心正则静亦正，动亦正；心不正则虽静亦不正矣。若动静异心，是有二心也。"③就人与万物的关系而言，陆九渊指出人的存在在观察、命名和认识宇宙万物的过程中的基石性作用。据《宋史·陆九渊传》，陆九渊在古籍上看到"宇宙"一词的注解是："四方上下曰宇，往古来今曰宙"，他豁然顿悟，曰："宇宙便是吾心，吾心即是宇宙。""宇宙内事乃己分内事，己分内事乃宇宙内事。"④从认识论意义上，他认为，我生万物生，我死万物死，断言天理、人理、物理只在吾心之中，认为心与性与理具有同一性。陆九渊一方面要求儒生认真考据古代圣学的原著，另一方面也主张"发明本心"，用心去体验，即"我不注六经，六经皆我注脚"⑤。他用一首诗表达了自己读书的体验："讲习岂无乐，钻磨未有涯。书非贵口诵，学必到心斋。酒可陶吾性，诗堪述所怀。谁言曾点志，吾得与之偕。"（《初夏侍长上郊行分韵得偕字》）

其四，确立了心之良知和认知逻辑规律的先天性和普世性，为普天下人的心性修养道路奠定了思想基础。陆九渊汲取了禅学"真性不易"（《坛经·忏悔品第六》）、"自性若悟，众生是佛；自性若迷，佛是众生。自性平等，众生是佛"（《坛经·付嘱品第十》）、"本性是佛，离性无别佛"（《坛经·般若品第二》）的思想，认为"理乃天下之公理，心乃天下之同心，圣贤之所以为圣贤者，不容私而已"⑥。"此心之良，人所均有"⑦，人皆"良知具存"⑧，认为千万世之前或之后，有圣人出焉，皆同此心，同此理。他指出"为善为公，心之正也；为恶为私，心之邪也"⑨，并认为"同此心，同此理也"⑩，可见，陆九渊从心性上阐述了"人皆可以为尧舜"（《孟子·告子下》）

①②③④⑥⑦⑨⑩ 陆九渊. 陆九渊全集（上）［M］. 叶航，点校. 上海：上海古籍出版社，2022：70，177，72，339，146，85，311，339.

⑤⑧ 陆九渊. 陆九渊全集（下）［M］. 叶航，点校. 上海：上海古籍出版社，2022：677，588.

这一观点的逻辑依据。他还用"良心正理"的学说弘扬了孟子的四端之说，明确指出了修身养性的方向，认为"大人者，不失其赤子之心"，"人皆有是心，心皆具是理，心即理也"①。可以说，陆九渊的系列论述奠定了心学的世界观、认识论和真理观的理论框架，其视野是宏大的，如他所说："正大之气当塞宇宙，则吾道有望！"②

其五，陆九渊继承了《尚书·多方》"惟圣罔念作狂，惟狂克念作圣"的观点，强调了心之意向性为心之本质的观点。他说："念虑之正不正，在顷刻之间。念虑之不正者，顷刻而知之，即可以正；念虑之正者，顷刻而失之，即是不正。此事皆在其心。"③这一观点与慧能之说完全一致，慧能说："一念悟时，众生是佛。故知万法尽在自心，何不从自心中顿见真如本性？"（《坛经·般若品第二》）通过比较不难发现，陆九渊关于念虑之正与不正的观点直接为王阳明"有善有恶是意动"致良知之说的先声。

史学界一般认为，陆九渊以心学标榜著于当时，大讲"心即理""吾心即是宇宙"之说，开拓出一条自吾心上达宇宙的认知路线，为宋明新儒学从朱子理学到阳明心学的转向奠定了学理上的基础，从而被认为是心学的开山祖。王阳明称赞道："象山之学简易直截，孟子之后一人。"④ 陆九渊有一首《少时作》的诗歌表达了他那种基于心学眼界的宏大气魄："从来胆大胸膈宽，虎豹亿万虬龙千，从头收拾一口吞。有时此辈未妥帖，哮吼大嚼无毫全。朝饮渤澥水，暮宿昆仑巅。连山以为琴，长河为之弦。万古不传音，吾当为君宣。"

推动宋代儒学流派兴盛的中坚力量之一是张载（1020—1077）的"关学"。张载从苦读儒学《中庸》开始，遍读佛学和道家之书，再回到儒家经世致用之道，从儒、佛、道互补、互相联系的顿悟中建立起"关学"的曲折经历正是那一时代儒门诸子的典型写照。张载写下的豪迈之句"为天地立心，为生民立命，为往圣继绝学，为万世开太平"（《横渠语录》）代表了那个时代新儒学家们所追求的人生理想。

六、明代心学的集大成

如果说宋代确立了程朱理学显学地位的话，那么，进入明代后，理学的地位就受到心学的挑战。岭南儒家陈献章（1428—1500），世称白沙先生，他曾拜理学大家吴

---

①②③　陆九渊. 陆九渊全集（上）［M］. 叶航，点校. 上海：上海古籍出版社，2022：186，96，336.

④　王守仁. 王阳明全集（上）［M］. 吴光，钱明，董平，等编校. 上海：上海古籍出版社，2015：154.

与弼（1391—1469）为师。吴与弼潜心于程朱理学，学有所成，但一生清贫，不愿入仕途，他强调以"天理""居敬""践行"作为自己日常行为的规范，以及倡导"深悟、静虚、动直"的认识方法。经过半年多的跟师学习后，陈献章回到江门白沙村，他足不出户，潜心读书，阅读范围也扩大到道家和佛家典籍。陈献章注重内省体验天理，设馆教学十余年，门人弟子从游者众，其思想体系也逐渐形成。他爱吟诗书法，以性理诗为教，游历于山水间，养浩然之气，提倡"学贵知疑"，认为"君子一心，万理完具。事物虽多，莫非在我"①。提出了"此学以自然为宗者"②，"为学当求诸心"，以及强调了心与事合，心与理合，心无内外、理无内外，内外合一，读书学习贵疑论和重在自得等重要的心学观点，并基于自己的体验，提出了"静坐中养出端倪"的修身养性方法。事实上，陈献章不仅是明代早期心学的奠基者、江门学派的创始人，他还善于古琴、书法、国画。宪宗皇帝曾下召授予陈献章翰林院检讨的官职，陈献章73 岁时去世，明神宗下诏为其修家祠，并赐额联"崇正堂"和"道传孔孟三千载，学绍程朱第一支""圣代真儒"及祭文肖像，诏准其从祀孔庙，追谥为"文恭"。据考证，在明朝 270 余年的历史中，仅有陈献章和王阳明等四人获此官方授予的殊荣。陈献章的门人将其所写作的诗文和往来信函整理成《陈献章集》刊行于世。

在陈献章的传人中，湛若水（1466—1560）是最得老师之学真谛的弟子，他立志守正传承和弘扬先生的心学观点，博览群书，勤奋写作和教书育人，直至 95 岁高龄去世。生前著有《二礼经传测》《春秋正传》《古乐经传》《圣学格物通》《心性图说》和《白沙诗教解注》等大量文章，系统地阐述了基于心学视角研究儒家经典的心得，表达了"明心即道，然则人心亦道矣"，"随处体认天理"等心学的重要观点。湛若水与王阳明是志同道合的心学知己，两人以复兴孔孟圣学为己任，学术上相互切磋，人生道路上相互鼓励，《明史·儒林传》有如下评论："时天下言学者，不归王守仁，则归湛若水。独守程、朱不变者，惟柟与罗钦顺云。"可见当时王、湛之说不仅影响大，而且与程朱理学的认知取向已经明显不同。

王阳明（1472—1529），浙江余姚人，字伯安，幼名云，5 岁时改名守仁，号阳明子，世称阳明先生。他一生颠沛流离，境遇曲折。在《传习录·上》中有如下的自述："吾亦自幼笃志二氏，自谓既有所得，谓儒者为不足学。"18 岁时曾拜访过江西的理学大师娄亮，先是崇拜朱熹之说，但因格物致知不得要领，又因肺病需要调养，转而求学于释家道学，直到 30 岁时，渐悟佛道脱离世间人伦之常之非，而不能帮助他实现做圣人的远大志向，于是再次返回儒家治学的道路上来，回归周敦颐、二程学说，

---

①② 陈献章. 陈献章集（上）[M]. 孙通海，点校. 北京：中华书局，1987：55，192.

似乎有所得。后来他与大自己 6 岁的湛若水同朝为官而成为知己学友，两人"一见定交，共以倡明圣学为事"。后来王阳明因上书得罪了权臣，被廷杖四十贬谪贵州修文县龙场镇。阳明在山中觅得一偏僻的钟乳洞，取名为"阳明小洞天"，常在那里读书自省，钻习《易经》。有一天，王阳明在参悟中顿悟，"始知圣人之道，吾性自足，向之求理于事物者误也"。后人将其这一思想转折称为"龙场悟道"。直到 40 岁时，他才回到京师。之后一段时间，王阳明与湛若水、黄绾三人常聚在一起讲学，切磋学问，一时间，学术影响日增。1528 年 10 月，王阳明经两广回老家，途经广东增城，除了去拜祭曾在岭南不幸遭海寇杀害的先祖王纲的忠孝祠外，他还顺道走访了甘泉旧居，在其墙壁上题了《题甘泉居》表达希望移居增城，与湛若水比邻而居的美好心愿："我闻甘泉居，近连菊坡麓。十年劳梦思，今来快心目。徘徊欲移家，山南尚堪屋。渴饮甘泉泉，饥餐菊坡菊。行看罗浮云，此心聊复足。"在《书泉翁壁》一诗中则直接抒发了对知音的真挚的感情："落落千百载，人生几知音？道通著形迹，期无负初心！"可见，王湛两人友情至深。11 月，王阳明积劳成疾，于次年在返回家乡的路上于江西境内去世，年仅 57 岁。临终之际，弟子问他有何遗言，王阳明说："此心光明，亦复何言！"湛若水应阳明之子的请求，为阳明写下了总结其一生经历和功勋的墓志铭。王阳明因平定宁王叛乱有功，皇帝封阳明为特进光禄大夫、柱国、新建伯；后又追赠为新建侯，谥文成，准从祀于孔庙。学界普遍认为，王阳明在"悟道"并完成心学集大成的过程中，不仅受到陈、湛江门心学，也受到道家和禅宗等多种因素的影响，但终究离不开其对儒家经典的潜心研读和儒学经世致用价值观的这条主线，尤其与他对古本《大学》的重新阐释有关。他创新地发展了孟子关于"良知"的学说，以"致良知"为主旨，开创了姚江学派，留下《大学问》和《传习录》，以及弟子们编辑的《王阳明全集》。

从以上心学思想发展的脉络来看，心学思想的传承并非遵循严格的师承关系，重要的代表人物分布于东南部多个地方。从心学的核心思想来看，心学并非传统的儒学，而是汲取了释道两家哲学精粹而被重新阐释的儒学新形态，虽与理学同宗同根，但思维取向又各不相同。在不同历史时期的心学家的观点尽管也有所差异，但在哲学旨趣、基本观点和研究取向上却有基本共识，从这种意义上说，与其说心学是一种哲学形态，还不如说是一种哲学运动更为贴切。

七、心学的研究对象与哲学旨趣

人是这个世界上唯一能对其他存在进行命名的存在，而且这种命名必须凭借人的意向性和语言的意指来完成，于是古今中外的哲学家一直将存在与意识的关系当成哲学永恒的核心课题。在中国古代，先有佛（禅）和道家注意到这个问题，然后才是儒家心学深入思考了这个问题；而在西方哲学界，柏拉图、康德、黑格尔和现象学对这个问题的思考尤为精细。如果对禅学、道家、心学和现象学的观点进行多角度的跨文化比较，既有助于国人理解心学的哲学特点，认识心学的现代学术价值，也有助于外国同行了解中国心学与自诩最严谨哲学的现象学的异曲同工之妙。

以心学的研究对象和研究取向而言，心学从心出发研究心与理、自然、良知和礼等社会行为之间的关系，或者说研究心的本性和功能在理和礼建构中的核心作用。笛卡尔说："我思故我在"，人能思维是确认自己存在的前提，这被认为是一个不证自明的真理。与此类似，禅学、心学和现象学都一致认为，只有认识了人的心性或自我意识的本质才能正确认识宇宙万物。在禅学看来，"故知万法，本自人兴"；在心学看来，"万物皆备于我"，"宇宙便是吾心，吾心即是宇宙"；在现象学看来，"所有实体通过'意义给予'而存在"①，现象学还原就是"把现象学的目光从对存在者的把握引回对该存在者之存在的领会"②，说的都是同样的认识论原理。大体上来说，心学中所说的"心"即相当于慧能所说的"自性"和西方心理学和现象学所说的意识，意动心理学和现象学阐明了"意向性"是心或意识的本质属性，正是因为意向性和在意指过程中意识自动参与的构造作用决定了人对所有其他存在的理解、领会和对"天理"的建构、认识和把握。基于意识在人的认识和行动中所具有的如此重要作用，于是心学、禅学和现象学都将心或意识作为哲学聚焦的核心论题，他们在研究对象上具有同样的旨趣和相近的观点。

八、心学对心本质的认识

心学既然以心的本性、作用和功能为研究对象，那么，其对心的本质的看法究竟如何？由跨文化比较可见，心学不仅受禅学思想的影响，并与现象学有着相近的认知。其要点如下：

其一，慧能说："自性真空"。（《坛经·般若品第二》）心或自性或意识的先天本质就是"本自清净""不生不灭""本自具足""本无动摇"，这话虽出自慧能之口，却是禅学、心学和现象学都赞同的观点。慧能清晰地认识到，自性或心或意识的本质就是意动，他说："念者，念真如本性。真如即是念之体，念即是真如之用。"（《坛经·定慧品第四》）"真如"是梵文 Tathatā 或 Bhūtatathatā 的意译，指宇宙万有的本

---

① 胡塞尔. 现象学的方法 [M]. 倪梁康，译. 上海：上海译文出版社，2005：175.
② 海德格尔. 现象学之基本问题 [M]. 丁耘，译. 上海：上海译文出版社，2008：25.

体，亦即永恒存在的实体或实性。在这句话的语境里，"真如"可代指永恒存在的心或自性的本体。如果将意向性和意指的对象与内容相区别，意向性当然是先天的功能，本自真空，无所谓善恶。禅学对心、自性和意识先天本质的这些认识在意动心理学和现象学那里以现代的语言形式给予了更清晰的阐述。意动心理学强调只有意动才是心理现象，而意动总是要指向或包含一定的内在的对象或客体，这种意指的内在的对象性与外部世界的物理现象并不同，意识所见、所闻和所思是内容，而只有见、闻、思是意动，意动才是心理学应该研究的对象。简而言之，古今中外哲人所说的心、自性或意识的本质就是指意识先天所具有的意动性或意向性的功能。只要意识存在，意向性就一定存在，这种由生物进化获得的功能当然是先天具足，不生不灭、本无动摇的。胡塞尔接受了意动心理学的基本观点，将意向性看作意识的本质属性，并以意向性中所渗透的先天范畴，及其参与认知的构造作用作为现象学的主要研究对象。胡塞尔说："现象学的任务在于研究对象区域和与其相联系的意向行为的本质状况。"① 简而言之，现象学就是研究意识如何完成认识的本质的哲学。

其二，心学认为，心的本质属性就是意向性和意识构造，当然这种功能是无止境的，故有"心能生万法，心无量广大"，或者"万物皆备于心"，或者"宇宙内事是己分内事，己分内事是宇宙内事"② 之类的观点，这不仅是指心或自性或意识及其意识所创造的语言是一切智知的逻辑出发点，而且心也是决定内观自身，决定思想觉悟或痴迷、幸福与悲观的主宰。慧能讲得很彻底："只汝自心，更无别佛。"（《坛经·机缘品第七》）心或自性，或意识的意向性是人人天生皆有的本性，所以，百姓与圣人同此心，同此理，如慧能所说："自性平等，众生是佛。"（《坛经·付嘱品第十》）陆九渊也说："千万世之前有圣人出焉，同此心，同此理也；千万世之后有圣人出焉，同此心，同此理也；东南西北海有圣人出焉，同此心，同此理也。"③ 就意识与存在的关系而言，禅学、心学和现象学都认识到，人的自性或意识功能是唯一不依存于他者的存在，是一种绝对的"先天"的存在，即指自性或意向性是先于任何认识的第一存在，并且是一种非实在的观念性的存在，故也被称之为纯粹的存在。因为心的本性无涉道德等超我的内容，所以慧能解释道："汝若欲知心要，但一切善恶都莫思量，自然得入清净心体，湛然常寂，妙用恒沙。"（《坛经·护法品第九》）这也是王阳明"夫心之本体，即天理也"④ 和"无善无恶心之体"观点的思想渊源。

① 胡塞尔. 现象学的方法 [M]. 倪梁康，译. 上海：上海译文出版社，2005：20.

②③ 陆九渊. 陆九渊全集（上）[M]. 叶航，点校. 上海：上海古籍出版社，2022：339.

④ 王守仁. 王阳明全集（下）[M]. 吴光，钱明，董平，等编校. 上海：上海古籍出版社，2015：972.

九、心学对心与"天理"关系的认识

心学从心的本性出发来看心与理的关系，陈献章说："君子一心，万理完具。事物虽多，莫非在我。"① 王阳明亦说："心外无物""心外无理"。"人者，天地万物之心也；心者，天地万物之主也。心即天，言心则天地万物皆举之矣，而又亲切简易。故不若言'人之为学，求尽乎心而已。'"② 心学家的这些认知与慧能看待一切法与自性在发生学上关系的认识论是完全一致的，他说："一切修多罗及诸文字，大小二乘十二部经，皆因人置，因智慧性，方能建立，若无世人，一切万法，本自不有，故知万法，本自人兴。一切经书，因人说有。"（《坛经·般若品第二》）"万法从自性生。"（《坛经·忏悔品第六》）正因为这样，慧能和一切心学家都以同样的眼光来看待经典上所说的"法"或"理"的相对性，及这些法理与心的关系。慧能说："一切万法，不离自性。"（《坛经·行由品第一》）陆九渊则说："学苟知本，六经皆我注脚。"在现象学看来，所有真理的建构与认识都离不开主体的意向性和意识参与的建构过程，世间根本就没有离开此在意向性作用的所谓"真理"。但我们不应将心学关于心与天理关系的观点理解为"唯心主义"。实际上，心学与程朱理学有着千丝万缕的联系，理学以"理"为最高范畴，强调"理高于一切"，朱熹认为，"天""帝""道""理"都是同一本体的不同称呼；而心学并非否定"天理"的存在，只是想强调"理"的建构与心的意向性和构造作用不可分。在现象学看来，世界上的任何存在都是对人意识的显现，意识的本质是指向其他存在的意向性，或者说意向性是意识的基本性质，被意识指向的对象被称为"意指对象"。由于在不同的文化背景下，人的认识兴趣、认识角度、认识水平和认识方法会对人的意向性产生一定的影响，所以，即使是对同一事物或事物的不同侧面的认识也可能形成不同的意指对象，甚至决定了意识与意指对象关系的不同判断标准。现象学认为，"意识是一个内在的存在"，而且是一个无条件的绝对既与的存在，是一切可能的其他存在者在其中构成自身的存在，是其他的存在者在其中才得以原本地"是"其所是的存在。也就是说，"一切其他的作为实在的存在都只是在与意识的联系中，就是说相关于意识才是存在的"。"只有当一种意指，即一种意识存在时，在最广泛意义上的被意指者在根本上才能够存在。"③ 如果从现象学的

① 陈献章. 陈献章集（上）［M］. 孙通海，点校. 北京：中华书局，1987：55.

② 王守仁. 王阳明全集（上）［M］. 吴光，钱明，董平，等编校. 上海：上海古籍出版社，2015：181.

③ 海德格尔. 时间概念史导论［M］. 欧东明，译. 北京：商务印书馆，2009：140-141.

视角来领会"君子一心，万理完具。事物虽多，莫非在我"这个心学命题，其理自明，这不过是一种基于对意识在认知过程中绝对第一性的认识。

基于心、自性或意识参与所有意指对象和"理"的建构过程，禅学、心学和现象学都认为，真理是一个与此在意向性相关的概念，意向性、意指对象和意识构造不同，则造就的所谓真理各异。虽然许多哲学家都认为真理是人的认识与客观事物的统一或符合，但禅学、心学和现象学却指出，主客观统一的这种真理只有通过意识的意向性结构才可能实现。胡塞尔说："正像知觉一样，每一种意向的体验——正是它构成了意向关系的基本部分——具有其'意向性客体'，即其对象的意义。或者换个说法：有意义或'在意义中有'某种东西，是一切意识的基本特性，因此意识不只是一般体验，而不如说是有意义的'体验'，'意向作用的'体验。"① 也就是说，就认识关系而言，一切存在都只是在与意识关联中才是被纳入认识框架的存在。可见，作为认识主体的人的意识并不只是机械地反映事物，而是从意指某对象开始就建构着被意指的对象。胡塞尔说："注意的射线作为从纯粹自我中射出的东西呈现着自身，并终止于对象，即指向着它或从其转离。这个射线并未脱离自我，相反，它本身就是一个自我射线并始终是一个自我射线。"② "'客体'作为目标被击中，并被置入对自我的关系中（而且是被自我本身），但其本身不是'主体的'。"③ 可见，禅学、心学和现象学有着相似的真理观。

十、对善恶认知机制的认识与德性之敬

禅学、心学和现象学对善恶道德认知机制的看法也有着高度的一致性。慧能说："自性变化甚多，迷人不能省觉。念念起恶，常行恶道；回一念善，智慧即生。此名'自性化身佛。'""世人性本清净，万法从自性生。思量一切恶事，即生恶行；思量一切善事，即生善行。"（《坛经·忏悔品第六》）进而这种善恶的意向性对人的命运产生重大影响，所谓"思量恶事，化为地狱；思量善事，化为天堂"。（《坛经·忏悔品第六》）湛若水亦有类似的说法："一念得其正时，则为仁义之心；一念不得其正时，则为功利之心，利心生于物我之相形。"④ 后来王阳明表述："无善无恶心之体，有善有恶意之动。"已经非常接近意动心理学和现象学的现代语言了，按照这种说法，善恶与心的先天本性无关。善恶道德是由意向性所决定的，而且这种意向性在刹那间是可以

---

① ② ③　胡塞尔. 纯粹现象学通论 [M]. 李幼蒸，译. 北京：商务印书馆，2002：185，376，192.

④　湛若水. 湛甘泉先生文集（四）[M]. 桂林：广西师范大学出版社，2014：1168.

发生变化的。仔细辨析这种区别意义非同小可，对善恶道德认知机制作如是理解，不仅可以超越性本善或性本恶之争的窘境，而且为人行善去恶的行为选择阐明了学理基础。

回顾当今现实社会中不少贪官污吏蜕变的案例可以很好地说明禅学、心学和现象学对善恶认知机制观点的现代价值。有善有恶全在意动，这样就将从善去恶的主动权交回给每个人了，而那些关于犯罪原因的外因诱惑论、世风影响论、不得已而为的托词可以息矣。王阳明强调，"君子之学，务求在己而已"①。阳明就有这样深切的体验："一克念，即圣人矣。"②"十余年来，虽痛自洗剔创艾，而病根深痼，萌蘖时生。所幸良知在我，操得其要，譬犹舟之得舵，虽惊风巨浪颠沛不无，尚犹得免于倾覆者也。"③人之心天生就具有意向性，问题在于个人是否懂得如何致知和是否愿意践行良知。阳明说："区区所论致知二字，乃是孔门正法眼藏。""知此者，方谓之知道；得此者，方谓之有德。"④

陈献章先生曾在给弟子的诗教中总结了自己修身养性悟道的核心经验："圣人之学，惟求尽性，性即理也，尽性至命。理由化迁，化以理定。化不可言，守之在敬。有一其中，养吾德性。"⑤ 在他看来，敬不仅是儒家关于修身养性、反躬内省的一个重要概念，也是进入道德修养的门径。可见，"守之在敬"是心学修身养性和道德实践的重要特征。但何为敬，敬的对象是什么，如何敬，是值得深入研究的。

"敬"字的历史久远，其语义几经演变。据考证，在周代金文中，"敬"字已经常见于诸子百家典籍之中，其语义因语境而有所差异。"敬"是一个会意兼形声字，从"苟（jí）"，从"攴（pū）"。初文象征人屈膝鞠躬礼拜之形；增"口"字作为词素，会意恭敬时应保持谨慎言语；再加由"攴"字演化而来的反文旁"，意指如用棍子敲打的鞭策。故"敬"是指一种崇拜的严肃的和谨慎的态度，如《说文解字》中说："敬，肃也。""敬"字后又孳乳为"警""儆""憼"等字，如《释名》曰："敬，警也。恒自肃警也。"《说文解字》中对"警"的释义就是"戒也"。《玉篇》说："敬，恭也，慎也。"《易经·坤卦》中说："君子敬以直内，义以方外。敬义立，而德不孤。"可见《易经》已经将敬作为君子自我告诫、自我反省、矫正自己思想偏差的方法总纲。所以，"敬"字初义应为自我反省的自觉鞭策和对自我察觉的警觉。敬的首要对象是道德，如《尚书·周书·召诰》中有这样的记载："王敬作所，不可不敬德。"如不敬德，后果严重："惟不敬厥德，乃早坠厥命。"敬德是君王和君子不得不

①②③④ 王守仁. 王阳明全集（下）[M]. 吴光，钱明，董平，等编校. 上海：上海古籍出版社，2015：175，961，174，157.

⑤ 陈献章. 陈献章集（上）[M]. 孙通海，点校. 北京：中华书局，1987：278.

警觉的大事，如《易经·乾卦》卦辞说："君子终日乾乾，夕惕若厉，无咎。"《诗经·小雅·小旻》面对人间时局，言君子"战战兢兢，如临深渊，如履薄冰"。

敬的基本作用是养神，如《左传·成公十三年》中说："礼，身之干也。敬，身之基也。""是故君子勤礼，小人尽力，勤礼莫如致敬，尽力莫如敦笃。敬在养神，笃在守业。"古人认为，敬的态度应该通过行为和一定的礼仪形式来表现，如《尚书·洪范》中说"敬用五事"，即形象要恭敬，言语要正当，观察要明白，聆听要聪敏，思考要通达。《礼记·曲礼上》说"在貌为恭，在心为敬"，"礼主于敬"，"五礼皆须敬"，而五礼皆以拜为敬礼。可见敬与礼，一内一外，不可分割。在儒家看来，礼是处理人际关系的一种行为规范，而敬则集中表现了一个人对待他人的态度，如《左传·僖公三十三年》中说："敬，相待如宾。""敬，德之聚也。能敬必有德，德以治民，君请用之。"《论语》中有"修己以敬"（《论语·宪问》），"敬事而信"（《论语·学而》），"居处恭，执事敬"（《论语·子路》），"言忠信，行笃敬"（《论语·卫灵公》），"居敬而行简"（《论语·雍也》）等多个关于敬的道德命题。孟子甚至认为，"爱人"与"敬人"是维持良好人际关系的两个关键："爱人者，人恒爱之；敬人者，人恒敬之。"（《孟子·离娄下》）可见，敬在中国古代既是关于一个人内心道德修养的自我警戒，也是关乎如何处理人与人之间关系的一个重要概念。

敬与静既有联系，又有区别。在儒家中首倡静坐之功的是宋代理学开山祖周敦颐，提出以"至诚"和"主静"为宗的道德论。后又为弟子程颢和程颐相传授，二程不仅认为"仁之体"就是"万物同一"，而且要"识得仁体，以诚敬存之"，最重要的是，他们将前人所说的持敬的认识变成为心性修养的一种可操作的功夫，这就是独特的儒家静坐。为了与佛道清净寂灭之法相区别，二程援引《周易》中"君子敬以直内"中的"敬"来替代"静"的说法，认为敬可以生静，而静则不一定意味着持敬。这一改动非同小可，意味着从身体之静的修行向灵魂敬畏的提升与自我意识的飞跃。二程的持敬方法由弟子杨时、罗从彦和李侗等人传习，偏好追求《礼记·中庸》中所描述的情志未发之时的内观体验。所谓"喜、怒、哀、乐之未发，谓之中。发而皆中节，谓之和"，一时成为新儒家践行心性修养的纲领。然而传至朱熹，他坦诚自己在导师那里始终没有亲身获得那种期待的万物一体的体验，于是，在质疑的心态下，他转而问学于周敦颐开创的湖湘学派。该学派的旗手胡安国（1074—1138）认为，心性修养应从已发之心处着力，而不是在未发之性处劳神。"学以立志为先，以忠信为本，以主敬为持养之道。"其子胡宏（约1102—1161）继续发展了这一观点，认为"接而知有礼焉，交而知有道焉，惟敬者为能守而勿失也"。（《知言》）胡宏亦是二程的再传弟子，他在临终时对弟子说："圣门功夫要处，只在一个敬字。"另一位拓展湖湘学派的一代学宗是胡宏的弟子，与朱熹、吕祖谦齐名，时称"东南三贤"之一的张栻（1133—1180）继续弘扬持敬之说，认为求仁之方就是"持敬主一"，提出敬是存心的关键，是孔子学说的精髓。张栻与朱熹就心性修养的许多重要问题进行过多年的学术论辩，虽然张栻英年早逝，但对朱熹理学及其持敬之说的影响是毋庸置疑的。朱熹一方面认同了湖湘学派将持敬作为涵养功夫的观点；但另一方面，又不同意湖湘学派向内细察本心、明心识性的方法，认为这种以心察心的方法几如说禅，缺乏平日里致知格物的具体功夫，容易流于虚谈。整合历代持敬的不同观点，朱熹最后形成了自己的中和持敬观，即"涵养须用敬，进学则在致知"。湛若水对朱熹的观点评论道："晦翁恐人差入禅去，故少说静只说敬，……然在学者，须自度量如何。若不至为禅所诱，仍多着静，方有入处。"① 陈献章在那首出名的《和杨龟山此日不再得韵》的诗中提到自己持敬之说的渊源："吾道有宗主，千秋朱紫阳。说敬不离口，示我入德方。"② 至此，明代儒家在心性修养方向上开启了用"敬"替代"静"认知范式的转向。

湛若水对陈献章继承的持敬学说曾点评道："盖敬者圣人之心，法圣德莫大于敬，则入德莫要于主敬。主敬以剖义利，则圣可学可见。圣学匪难，要在心臧而已。心者敬之主宰，万善所由发端者也。"③ 在湛若水看来，虽然万般善行善意都源出心灵，但敬之心是步入道德殿堂的入口，是向圣贤学习、接受道德启蒙的必要条件。湛若水也因此认为陈献章的结庐静坐之功源于儒家，而非禅道。他对动静之功的形式和心之敬的关系作了简约的辨析："夫先生主静而此篇言敬者，盖先生之学，原于敬而得力于静。随动静施功，此主静之全功，无非心之敬处。世不察其源流，以禅相诋，且以朱陆异同相聚讼，过矣。"④ 如果说张栻与朱熹关于持敬方法与取向主要限于理论之论辩的话，那么，陈献章则用自己的亲身体验践行和阐释了如何持敬的理念与方法。陈献章守敬的对象是"以自然为宗"，在他看来，天理与天性并非二事，正如《中庸》开篇所言："天命之谓性，率性之谓道，修道之谓教。" 敬并不是崇拜外在的圣贤，压抑人性，而是顺其天命，率性自然。他说："去去凌九霄，行行戒深沟。敬此之谓修，怠此之谓流。"⑤ 在陈献章看来，"诚敬一也，能敬则诚矣"。有人问："敬何以和乐？"湛若水曰："敬者一也，一者无欲也，无欲则洒然而乐矣。"⑥ 可见，以自然天理喻自我本性，视守敬的规则就在天地云水之间，形成了陈献章独特的心学风格。湛若水说："勿忘勿助，其敬之规矩矣乎。"⑦ 就是对陈献章心学之敬的准确领会。

当我们将眼光从古代转向现代，从中国放眼海外异域时，蓦然发觉儒家持敬之说

---

①②③④　陈献章. 陈献章集（下）[M]. 孙通海，点校. 北京：中华书局，1987：701 - 702.

⑤　陈献章. 陈献章集（上）[M]. 孙通海，点校. 北京：中华书局，1987：300.

⑥⑦　湛若水. 湛甘泉先生文集（一）[M]. 桂林：广西师范大学出版社，2014：110，116.

不仅影响了日本、朝鲜学界，而且竟然与三四百年之后的德国哲学家康德和海德格尔的现象学关于道德人格的探索异曲同工。海德格尔认为："康德对敬之现象的阐释确是我们从他那里得到的最精彩的道德现象之现象学分析。"对东西方哲学关于持敬的观点进行跨文化的比较将有助于我们认识心学持敬学说的世界性意义，提升心学的现代价值，扩展心学研究方法的视角。众所周知，主客体关系是西方近现代哲学思考的一条主线，胡塞尔认为，正是"在意识与实在之间存在着一个真正的意义鸿沟"。而这个似乎不知道深渊之底的意义主要与如何理解主体精神存在的本质问题密切相关。康德在《实践理性批判》中列举了人的规定性有三个要素，即动物的生物性、人的理智性和人的责任性或人格性，但他认为，在这三个要素中，只有道德自我意识才能算作真正属于人的人格特征，也就是说，"本真的个性乃是道德的人格性"①。但是，这种本真的个性或道德的人格性又是如何被个体自我感知或彰显出来的呢？与敬又有何种关系呢？海德格尔认为，要理解康德关于持敬与道德人格关系的观点，就必须先从他关于感受结构有两个环节的观点入手。康德认为，在广义上，感性不仅包括感觉机能，而且同时具有愉悦或不悦的苦乐感受。例如人在欲求某某的"乐"和对于某某的"乐"的同时也总是经验到或自感到取乐的方式。对此，海德格尔解释："对某某有感受总同时也包含了一种自感，而自感中则包含了'自我彰显'的一种样态。"②以此为据，康德有以下对敬的理解："首先，敬是对某某有感受；其次，作为这个'对某某有感受'，它是对'自—感者—自身'之彰显。"换而言之，道德感受是敬，道德的自我意识（或道德的人格性）在敬中彰显自己。

　　海德格尔认为，康德见解的杰出之处是他已经认识到敬的本质——"敬是对作为道德行动之规定根据的法则之敬"③。这种法则是来自外界或圣贤或经典上的吗？否！康德见解的精彩之处正在于他认识到，"对法则之敬乃是行动着的自我对作为吾身的自己自身之敬"，"敬作为对法则之敬同时便与人格相关"。④有趣的是关于敬的对象是什么的答案似乎越来越绕，越来越吸引人去寻思探秘。康德认为，敬在任何时候都是意指人的，而非意指物的，人能自觉将自己置于道德法则之下或听命于那种克制一切出自自矜和自大意义的感性偏好的纯粹理性，使人变得谦卑，而且这种对法则之敬并非来自经验性的东西，而是被理性自身所引发的感受，或被某种肯定的东西——法则所规定的感受。敬作为对道德行动之规定根据的法则之敬，就是对道德律的敬，就是一种对道德的自我感受。海德格尔评论道："对道德律的敬乃是一种通过智性根据发挥效

　　①②③④　海德格尔. 现象学之基本问题［M］. 丁耘，译. 上海：上海译文出版社，2008：174，175，176，192.

用的感受，该感受是我们能够完全先天地认知并洞察其必然性的唯一感受。"① 在此，我们仅以此为例来对照一下中国儒家与西方哲人关于道德人格的观点，既有助于中国人理解康德和海德格尔晦涩的理论，也有益于西方哲人了解中国古人的智慧。孟子说："恻隐之心，人皆有之；羞恶之心，人皆有之；恭敬之心，人皆有之；是非之心，人皆有之。恻隐之心，仁也；羞恶之心，义也；恭敬之心，礼也；是非之心，智也。仁义礼智，非由外铄我也，我固有之也，弗思耳矣。故曰：求则得之，舍则失之。""故有物必有则；民之秉夷也，故好是懿德。"（《孟子·告子上》）由此可见，中西方古代和近现代哲人都一致地认为人所遵循的道德法则具有先验性和内在性，当人甘心听命于来自于自身中的道德法则之时，就是把自己提升或彰显为自己自身，展示为尊严中的我自身！海德格尔用存在主义的话语风格解释道："敬是自我之'即—自己—自身—存在之方式，自我藉此乃不自弃其灵魂中的英雄。""道德感受是自我领会自己自身的一种卓越的方式，自我以此直接地、纯粹地、自由摆脱一切感性规定地把自己自身领会为自我。"② 无论是西方的康德，还是中国的心学大师们都一致认为，正是因为敬作为动机首先构成了行动之可能性，因此，敬也就融会贯通于人的认知和行为的各个方面，成为万善之源。由此可见，当一个人从简单的身心安静修炼开始，进阶领悟到持敬的境界时，他将成为一个有尊严、自强、和乐与自由的人。敬其实就是诚心地解剖自己，接受自己，面对自己灵魂的拷问。儒家认为"君子诚之为贵"。子思说："诚者，天下之道也；诚之者，人之道也。"（《中庸》）只有至诚，才能使人性得到最大的实现。湛若水先生一语道破"诚敬一也"③，许多心学家正是用一生的经历为后世建树了这样一座至诚守敬灵魂的英雄塑像。

十一、"此学以自然为宗"与回到事物本身

有不少人误认为，心学像禅学和现象学一样都是主观唯心主义取向的，其实这都是因为并不真正了解其思想的缘故。其实，无论是研究心或自性或意识，还是万物天理，心学、禅学和现象学都主张以自然为宗，面对事实本身。就心性认识和心性修养而言，这个自然就是初心，即原来的心之本性，如慧能所说："一切般若智，皆从自性而生，不从外入。莫错用意，名为真性自用。"（《坛经·般若品第二》）"自佛智不归，

①② 海德格尔. 现象学之基本问题［M］. 丁耘，译. 上海：上海译文出版社，2008：178，180.

③ 湛若水. 湛甘泉先生文集（一）［M］. 桂林：广西师范大学出版社，2014：116.

无所依处。"（《坛经·忏悔品第六》）王阳明亦说："存心养性之外，无别学也。"①"学于古训乃有获"，"获也者，得之于心之谓，非外烁也"②。为何要以自然为宗？陆九渊汲取了《周易·系辞上》第四章关于"易与天地准，故能弥纶天地之道"的思想，认为人既然生于自然，所以人应遵循自然之天理，他说："宇宙间自有实理，所贵乎学者，为能明此理耳。"③"塞宇宙一理耳，学者之所以学，欲明此理耳。此理之大，岂有限量？"④"此理在宇宙间，未尝有所隐遁，天地之所以为天地者，顺此理而无私焉耳。"⑤陈献章完全赞同陆九渊的这一观点，明确提出了"以自然为宗"作为心学的宗旨，认为："人与天地同体，四时以行，百物以生。若滞在一处，安能为造化之主耶？古之善学者，常令此心在无物处，便运用得转耳。学者以自然为宗，不可不着意理会。"⑥可见，所谓自然，即天地人自然而成的规律。故人将其称之为"道"，其实，道即时，即事物在天地时序中绽放出自身存在的过程。陈献章用诗意般的口吻说："易曰：'天地变化，草木蕃'，时也。随时屈信，与道翱翔。"他自问自答："天寒日短，谁为致之？不如待时。时维仲春，阳道既亨，万物得时。和风披披，人情熙熙。博采众方，泛泛轻航。驾言出游，不泥一邦。"⑦表达了他能耐心地待时、潇洒地顺时而为的君子气度，这与道家"人法地，地法天，道法自然"的信念也是完全相同的。

自然之时、自然之现象、自然之运动也是人伦之道，亦是心性之理。例如《易经》恒卦"象曰：刚上而柔下，雷风相与，巽而动，刚柔皆应，恒。恒，亨，无咎，利贞"，在这里，自然之理贯通天地与夫妻人伦。事实上，人不仅来自大自然，死后也回归于大自然，不仅人的生死是自然的，而且人的身心本性先天具有，并无什么神秘。如陈献章所说："此身一到，精神具随，得吾得而得之矣，失吾得而失之耳。"⑧人既要承认天道自然，也要知晓自己的心性之自然，尽量发挥其心性的功能。正如孟子说："尽其心者，知其性也。知其性，则知天矣。"（《孟子·尽心上》）湛若水认为，这便是孟子所说的心学之法，因为"良知良能皆出于天"⑨。所以，以自然为宗即意味着识心见性就是要遵循意识活动先天所具有的自然规律。心学以自然为宗意味着对自我与自然天理关系的领会，以自然为宗并不意味着人是被动的，反而会获得一种与天地同根同气的豁达，是人的能动性意识的觉醒。因为在这个世界中，只有人具有能揭示其

①② 王守仁. 王阳明全集（上）[M]. 吴光，钱明，董平，等编校. 上海：上海古籍出版社，2015：154，156.

③④⑤ 陆九渊. 陆九渊全集（上）[M]. 叶航，点校. 上海：上海古籍出版社，2022：228，201，177.

⑥⑦⑧ 陈献章. 陈献章集（上）[M]. 孙通海，点校. 北京：中华书局，1987：192，71，55.

⑨ 湛若水. 湛甘泉先生文集（四）[M]. 桂林：广西师范大学出版社，2014：1114.

他存在的能动性，故湛若水说："人者，天地之心，心出于天。天无内外，心亦无内外。"①

与心学、道家以自然为宗的信念一样，直面事实本身也是现象学的核心主张。现象学主张对现象和存在本质的探究应该从自然的立场出发，即要回到知觉的现象和意识本质之开端，从最直接的自身给出的存在者出发，因为现象常常受到一些东西的遮蔽，所以研究现象就要抛弃一切理论和文化的前提，将那些前置的、传统的或现代的理论，教条的、信念的所有既定的东西都放进括号内加以"悬搁"（epoche）起来，停止判断等操作步骤，实现纯粹意识（或先验意识）的还原，以便将意识的本质内涵作为自己的研究课题。现象学以研究现象为对象，所谓现象，是指在人的意识活动中或在人的存在过程中所显现出来的内容，而不是指不依赖于意识而存在的物质实体。"现象不是任何一种在其背后还存在着某物的东西，现象所给出的东西恰恰就是那自在自足的东西"②，相信自我直观的"自明性"或"明证性"（evidence）。何为自明性？就是指不证自明的公理或性学家说的"天理"。

十二、直观的自明性与自得

认识自我之本心或自性，或意识的本质并不是一件容易的事，无论禅宗、道家、心学，还是心理学和现象学都将探究认识自我的途径与方法作为最艰难的任务。陆九渊说："理只在眼前，只是被人自蔽了。"③ 因此，认识自我，只能靠自己自得，故慧能说："自识本心，自见本性。"（《坛经·定慧品第四》）虽然听课、读书有助于自我或自性的觉醒，但与榜样示范、行为模仿的行为训练、依文颂读、枯坐等方法不同，禅学、道家和心学都主张靠直观的自明性和个人体验的自得。慧能提出了"但用此心，直了成佛"的顿悟方法，认为天理"法则以心传心，皆令自悟自解。"（《坛经·行由品第一》）何谓"直了"，即不需借助外人与外力，直达对意指对象的理解和领会。陈献章主张君子求学问当求之于本心，学贵知疑，得之于自我，而不要尽信书，为前人的说教所束缚，他说："以我观书，则随处得益；以书缚我，则释卷而茫然。""千卷万卷书，全功归在我，吾心能自得，糟粕安用耶！"④ 他大胆地宣称："吾能握其机，

---

① 湛若水. 湛甘泉先生文集（四）[M]. 桂林：广西师范大学出版社，2014：1220.
② 海德格尔. 时间概念史导论 [M]. 欧东明，译. 北京：商务印书馆，2009：115.
③ 陆九渊. 陆九渊全集（下）[M]. 叶航，点校. 上海：上海古籍出版社，2022：559.
④ 陈献章. 陈献章集（上）[M]. 孙通海，点校. 北京：中华书局，1987：288.

何必窥陈编?"① 他要求弟子们摒弃一切外物对耳目的影响,不为外物所累,做到"以无所著之心行于天下"。他说:"自得者,不累于外物,不累于耳目,不累于造次颠沛,鸢飞鱼跃,其机在我。"②心学的这些观点对于纠正当时"今之学者,各标榜门墙,不求自得,诵说虽多,影响而已"③的社会风气具有积极的意义。陈献章在求学的过程中也体验过那种靠书册寻之,废寝忘食,历经数年也"未知入处"的苦恼和迷茫。"所谓未得,谓吾心与此理未有凑泊吻合处也。"后来,他"舍彼之繁,求吾之约,惟在静坐"之后,久而久之,终于见到"吾心之体隐然呈露,常若有物。日用间种种应酬,随吾所欲,如马之御衔勒也"④。顿悟之后的陈献章如一匹卸掉了重负,可以在原野上纵横的骏马一样快乐,当时他自信地说:"体认物理,稽诸圣训,各有头绪来历,如水之各有原委也。于是,焕然自信曰:作圣之功,其在兹乎!"陈献章总结道:"虽使古无圣贤为之依归,我亦住不得,如此方是自得之学。"⑤经典再好,需要有人去阅读和践行,才会有鲜活的生命力,所谓"圣贤久寂寞,六籍无光辉"⑥,说得有多自信。由此我们可以看到陈献章在经历了一场艰辛的求真过程后,终于悟出了一个与现象学殊途同归的道理,这就是必须先悬搁一切现成的和传统的教条与信念,才能直观到那些自明性的真理。

王阳明也是赞赏直觉的,他对直觉是这样解释的:"从目所视,妍丑自别,不作一念,谓之明。从耳所听,清浊自别,不作一念,谓之聪。从心所思,是非自别,不作一念,谓之睿。"⑦ 他也一如既往坚持心学传统的这种先己后物的治学取向,说:"君子学以为己。成己成物,虽本一事,而先后之序有不容紊。"⑧"凡看书,培养自家心体。"⑨湛若水则提出了"随处体认天理"的认知路径,与现象学提倡的"直面事实本身"的直觉(intuition)有些类似。就意识与存在的关系而言,现象学认为,自然世界作为意识相关物,"我们的直观世界是最终的世界,在它后面根本不存在一个物理世界"⑩。因此,胡塞尔说现象学方法具有反思的特征,而这种方法要求"我首先作为'朴素的'人进行沉思。我在事物的切身性中看到事物本身"⑪。可见,心学与现象学反躬自问的认知取向是内在一致的。

---

①②③④⑤⑥　陈献章. 陈献章集(上)[M]. 孙通海,点校. 北京:中华书局,1987:279,825,191,145,133,281.

⑦⑨　王守仁. 王阳明全集(下)[M]. 吴光,钱明,董平,等编校. 上海:上海古籍出版社,2015:965.

⑧　王守仁. 王阳明全集(上)[M]. 吴光,钱明,董平,等编校. 上海:上海古籍出版社,2015:163.

⑩⑪　胡塞尔. 现象学的方法[M]. 倪梁康,译. 上海:上海译文出版社,2005:165,146.

十三、语言是存在之家，但"道不以（言）状，为难其人也"

禅学、心学和现象学都意识到语言与认识自性、理解世界、揭示存在之间所具有的复杂的和不满意的状况。一方面，要看到运用语言来认识自性、理解世界和揭示存在也有许多弊病和不足，即使是对于"自性"这个禅学的核心概念，慧能认为这也只是无可奈何之举的假名，曰："无名可名，名于自性。"（《坛经·顿渐品第八》）另一方面，认识自性，理解世界和揭示存在又离不开语言这个工具，如慧能要求："须得言下识自本心，见自本性。"（《坛经·行由品第一》）"既云不用文字，人亦不合语言。只此语言，便是文字之相。"（《坛经·付嘱品第十》）这就是说，识心见性既不能不表达，又不能执着于文字之相。王阳明曾有过这种言下识自本心的体验，说"吾良知"二字"一语之下，洞见全体，真是痛快，不觉手舞足蹈"①。

为了克服这种识心见性过程中既要运用语言，又不能执着文字相的困境，慧能看透了世间语言二元对立的状况束缚思想的弊端，认为那种习惯以现象与本质、内在与外在、主观与客观、精神与物质、人与物的两分法为基础来阐述所谓"理"的二分法都是人为的，或名义上的，其实事物本身"其性无二"，所以慧能说："无二之性，即是佛性。"（《坛经·行由品第一》）于是他教授弟子如何运用三科法门和三十六对法通贯一切经法，出入即离两边的中道智慧，这种方法有助于问法者消除或超越所有二元对立范畴所造成的分别相。心学家也注意到语言与揭示存在的复杂关系。陈献章曾有这样的自问自答："道可状乎？"曰："不可。此理之妙不容言，道至于可言则已涉乎粗迹矣。"他认为，言不尽意，即"心得而存之，而口不可得而言之"②。即使是自得，也可能"恐更有自得处，非言语可及也"③。那么，是否可以用物体的形状来解释道呢？陈献章认为也不可以，因为物体受制于具体的形状，不可能完整地表达渗透于各种事物的道。道既不可言状，但又无可奈何地离不开语言。王阳明最担心的是那种"学者堕在语言，心实无得，固为大病"④ 的情况。那么，怎样做才是合适的路径与方法呢？陈献章认为有两种：一是"举一隅而括其三隅，状道之方也"；二是"据一隅

① 王守仁. 王阳明全集（下）[M]. 吴光，钱明，董平，等编校. 上海：上海古籍出版社，2015：963.

②③ 陈献章. 陈献章集（上）[M]. 孙通海，点校. 北京：中华书局，1987：56，161.

④ 王守仁. 王阳明全集（上）[M]. 吴光，钱明，董平，等编校. 上海：上海古籍出版社，2015：120.

而反其三隅，按状之术也"①。可见，重视具体的、特殊的、个案体验的研究方法是心学与现象学共同的偏好。

海德格尔认为："当人思索存在时，存在也就进入了语言，语言是存在之家，人栖居在语言之家。"尽管如此，存在并不等于言语所表达的存在物，语言与存在不能分离又永不统一的矛盾是摆在人类面前一道无法逾越的难题。现象学和存在主义者也同样苦恼的是，现在的语言倾向只是适合于表达存在者而不是存在。海德格尔说："以叙事的方式去报道存在者是一回事，而要去捕捉存在者之存在就是另外一回事了。对于后一项课题即捕捉存在者之存在而言，我们常常缺乏的不仅是语词，而且在根本上还缺少语法。"② 海德格尔认为，西方哲学两极对立的思维方式已经穷尽了一切继续发展的可能，而应该让位于诗的语言，因为"诗人愈富诗性，其言说就愈自由"③。诗人荷尔德林写道："人充满劳绩，但还诗意地安居于大地之上。"海德格尔十分欣赏这些诗句，他评论道："诗并不飞翔凌越大地之上以逃避大地的羁绊，盘旋其上。正是诗，首次将人带回大地，使人属于这大地，并因此使他安居。"④ "诗是真正让我们安居的东西。"⑤ "有诗人，才有本真的安居。"⑥海德格尔认为，如果说人通过建筑而达于安居的话，那么，让我们安居的诗的创造就是一种建筑。我们惊奇地看到，尽管陈献章一生仕途不顺，身患疾病，但他诗赋不辍，乐观通达，我们在陈献章的草庐里看到了一个安居的诗人。关于心学概念，陆九渊和陈献章等心学大家都极少长篇大论，却留有大量的诗词、赋、题跋、墓志铭、祭文、书信、墨宝、随笔，心学家们似乎更乐于从自己对自然和生活的体验来揭示人的此在，而不是通过长篇大论来构建一种所谓的知识体系。诗是一只方便超越语言二元对立框架的飞鸟或自由穿梭的鱼，所以心学家很乐意使用"鸢飞鱼跃"的意象来表达渴望自在的志向。

根据现代美国现象学家赫伯特·施皮格伯格（Herbert Spiegelberg）的分析，尽管现象学研究和观点多种多样，难以统一，但"至少在目前阶段上，它的最独特的核心就是它的方法"⑦。其中，重视研究特殊现象和一般本质，观察显现的方式，观察现象在意识中的构成，解释现象的意义是现象学方法的核心。正因如此，现象学方法可以被广泛地推广和应用到所有的科学、艺术、文化和生活等一切领域，反过来说，在一

---

① 陈献章. 陈献章集（上）[M]. 孙通海，点校. 北京：中华书局，1987：56.

② 海德格尔. 时间概念史导论 [M]. 欧东明，译. 北京：商务印书馆，2009：204.

③④⑤⑥ 海德格尔. 人，诗意地安居 [M]. 郜元宝，译. 桂林：广西师范大学出版社，2002：72，73－74，71，77.

⑦ 施皮格伯格. 现象学运动 [M]. 王炳文，张金言，译. 北京：商务印书馆，2011：889.

切有人类意识参与的领域就一定有合适现象学还原分析的对象或案例。通过跨文化比较可见，禅学、心学和现象学虽然产生于不同的时间和地域，但其根本目的都在于尝试揭示人意识的本质，以及意识在认识和建构"理"中的作用，虽然他们各自所使用的术语不同，但意指却归于一处，即期望通过对自我或自性或意识本性的认识而获得思想自由的愿景是相通的。陈献章发现："儒与释不同，其无累同也。"① 王阳明则将"致知"二字解读为"孔门正法眼藏"②，这是哲人们经历多年思考后得出的"智者察同"的感悟。

十四、道义之门岂容私立门户

无论是禅学、心学，还是现象学的大师们都表现出一种谦虚的博大胸襟，陆九渊说："谦，德之柄也。"他希望心学只是一种理解自我之心的方法，而并不是要另立一个独家门户。其实，这不仅是心学家普遍的气度，也是现象学家做学问的态度。陆九渊十分鄙视那些认为学者非要立个门户的做法，认为："人共生乎天地之间，无非同气。扶其善而沮其恶，义所当然。安得有彼我之意，又安得有自为之意？"③ 这种谦虚并不是虚饰的客套，而是基于对天理公义的理解，其曰："道义之门，自开辟以来一也。岂容私立门户乎？""学者惟理是从，理乃天下之公理，心乃天下之同心。颜、曾传夫子之道，不私夫子之门户，夫子亦无私门户与人为私商也。"④胡塞尔也明确表达了这样一种谦虚的气度："现象学要求现象学家们自己放弃建立一个哲学体系的理想，作为一个谦虚的研究者与其他人一起共同地为一门永恒的哲学而生活。"⑤ 这话说得太妙了。的确，现象学与心学、禅学、道家一样，不只是限于研究，更是一种必须由学者践行的生活态度与生活方式。禅学、心学和现象学都认为，研究自性或本心或意识都可以促进人实现真正的自由的快乐和顿悟的智慧。慧能说："去来自由，心体无滞，即是般若。"（《坛经·般若品第二》）陆九渊说："人之生也本直，岂不快哉！岂不乐哉！"⑥ 陈献章亦说："自然之乐，乃真乐也。"⑦ 王阳明也有这样的体验，说："故人

① 陈献章. 陈献章集（上）[M]. 孙通海，点校. 北京：中华书局，1987：225.
② 王守仁. 王阳明全集（上）[M]. 吴光，钱明，董平，等编校. 上海：上海古籍出版社，2015：169.
③④ 陆九渊. 陆九渊全集（下）[M]. 叶航，点校. 上海：上海古籍出版社，2022：495，659.
⑤ 胡塞尔. 现象学的方法[M]. 倪梁康，译. 上海：上海译文出版社，2005：202.
⑥ 陆九渊. 陆九渊全集（上）[M]. 叶航，点校. 上海：上海古籍出版社，2022：229.
⑦ 陈献章. 陈献章集（上）[M]. 孙通海，点校. 北京：中华书局，1987：192-193.

之生理，本自和畅，本无不乐。观之鸢飞鱼跃，鸟鸣兽舞，草木欣欣向荣，皆同此乐。""乐是心之本体。""良知即是乐之本体。"[①] 可见，心学之乐是指在看待人与自然关系上所获得的顿悟之后的心灵自由，是无欲的潇洒。王阳明解释道："君子之所谓洒落者，非旷荡放逸之谓也，乃其心体不累于欲，无入而不自得之谓耳。"[②] 这种洒脱的自在也许就是学习和践行心学的回报吧！

———————

① 王守仁. 王阳明全集（上）[M]. 吴光，钱明，董平，等编校. 上海：上海古籍出版社，2015：164.
② 王守仁. 王阳明全集（下）[M]. 吴光，钱明，董平，等编校. 上海：上海古籍出版社，2015：972.

第十七章　陈献章的心学诗教思想

　　不平凡的人生经历和人生挫折，更加坚定了岭南大儒陈献章放弃仕途，追求复兴圣学的志向，促进了他从理学向心学的转向。他以道鸣天下，不著书，独好为诗，诗富有哲理，其道亦因诗教而益彰。陈献章留有哲理诗作 1 977 首，涉及楚辞、古体、近体、绝句、律诗等各种体裁，数量超过历代任何一个心学家所写的诗歌，经门人整理有《白沙诗教解》传世。

作为一种技艺，诗可以在哲学的思辨体系内
体面地占有一个应该属于它的位置。

——亚里士多德《诗学》①

历史上凡有成就的人物大多有不平凡的人生经历，正如孟子所总结的那样："故天将降大任于是人也，必先苦其心志，劳其筋骨，饿其体肤，空乏其身，行拂乱其所为，所以动心忍性，曾益其所不能。"（《孟子·告子下》）在明朝初期，陈献章就是有过这样人生经历的一位心学大家。

一、人生挫折与心学的体认自得

陈献章，字公甫，号石斋，因家住岭南新会白沙里，故世称白沙先生。20 岁时参加乡试获得第九名，次年入京参加礼部会试，中副榜，入选国子监读书；后又再次参加会试，但因得罪权臣而落第。27 岁时赴江西崇仁县拜理学家吴与弼（号康斋）为师，在这里不仅熟读了朱熹编辑的《伊洛渊源录》，系统了解了理学的思想源流，还受到康斋先生弃官不做、在家讲学的教育精神的深刻影响。跟师学习了半年，他便拜辞先生回到家乡江门白沙村，在小庐山麓之南，搭建了一间书舍，题名"春阳台"，闭门十年，专心研读经典，静坐冥思，舍繁取约，终有所自得，决定在春阳台设馆开始讲学授徒。但次年因友人劝导，38 岁的陈献章再上京师，复游太学。国子监祭酒邢让以"和杨龟山《此日不再得》诗"为题面试这位才子，陈献章一口气写下五言古诗《和杨龟山此日不再得韵》，在这首有关个人成长史的叙事诗中，他回顾了自己苦读圣

① 亚里士多德. 诗学 [M]. 陈中梅，译. 北京：商务印书馆，1999：287.

学的心得体会，诗里有"圣途万里余，发短心苦长"，"枢纽在方寸，操舍决存亡"等哲理金句。经推荐，陈献章在吏部做了抄缮校核、封发递送的小吏。42 岁时其再次参加会试，因小人陷害而再次名落孙山，他放怀一笑，再次返回江门。55 岁时受两广总督和广东左布政使等人的推荐，第三次上京应诏，但仍受权臣的作梗为难，于是，陈献章只好以回家侍奉年老久病的母亲为由，上呈了《乞修养疏》奏章，皇帝批准了他的请求，并封赠了一个"翰林院检讨"的官衔给他。自此，陈献章便居家乡讲学直至病逝于故土，终年 72 岁。

屡遭受屈辱和人生挫折的不平凡经历，也许更加坚定了陈献章放弃仕途，追求复兴圣学的志向，也极大地促进了他从理学向心学的转向。陈献章生前留下大量的圣学教学言论、律诗和诗赋、杂论，为他人书所写的序、题跋、祭文、墓志铭、书信等文稿，后由门人整理成《陈献章集》刊行，其中以诗作为最多，涉及楚辞、古体、近体、绝句、律诗等各种体裁的诗作 1 977 首，数量超过历代任何一个心学家所写的诗歌。就诗的表现形态和内容来说，有叙事诗、抒情诗、哲理诗、田园诗等，经门人整理有《白沙诗教解》传世。陈献章设馆讲学授徒，门下有"四方来学者不啻数千人"，其中衣钵传人湛若水后来身兼南京礼、吏、兵三部尚书，陈献章心学思想亦由湛若水继续发扬光大，时称为"陈湛之说"或"江门学派"。

任何学派的诞生与意义都与当时的历史背景有关，在明代初期，宋儒程朱理学已经成为官学，儒学似乎到了后人只需要恭敬与躬行的僵化的状况，但在陈献章看来，"今之学者，各标榜门墙，不求自得，诵说虽多，影响而已"①。陈献章依据自己对经典的研读和人生体验，提出了与朱熹提倡的熟读四书有别的自得之说，这是一种主张学贵知疑，不要尽信书，求学问当求之于本心，得之自我，不为前人说教所束缚，解放思想的革命。陈献章还要求君子摒弃一切外物对耳目的影响，不为外物所累，而将注意力转向以自然为宗的观察与体验，他说："自得者，不累于外物，不累于耳目，不累于造次颠沛，鸢飞鱼跃，其机在我。"② 陈献章像陆九渊那样，主静而崇敬，"舍彼之繁，求吾之约，惟在静坐，久之，然后见吾心之体隐然呈露，常若有物"。他悟道后，犹如一匹卸掉了马嚼子，可以在原野上纵横的骏马一般自信，说道："体认物理，稽诸圣训，各有头绪来历，如水之各有原委也。于是，焕然自信曰：'作圣之功，其在兹乎！'"陈献章对自己的治学之道有这样的总结："虽使古无圣贤为之依归，我亦住不得，如此方是自得之学。"③陈献章阐述了心学最核心的思想，这就是必须先悬搁一切

①③　陈献章. 陈献章集（上）[M]. 孙通海，点校. 北京：中华书局，1987：191，133.
②　陈献章. 陈献章集（下）[M]. 孙通海，点校. 北京：中华书局，1987：825.

书本的教条，才能直观到事物本身，必须明白一切现象都经心的构造，才能真正理解事物的本质，所谓自得就是吾心与自然之理的吻合而已。

陈献章不仅是儒学教育家，而且一生善写诗，工于书法，善古琴，他以诗为教，诗富有哲理，因此也被称为心学诗学。清代乾隆年间佛山学人陈炎宗在陈献章诗集《重刻诗解序》中评论道："族祖白沙先生以道鸣天下，不著书，独好为诗。诗即先生之心法也，即先生之所以为教也。先生之道因诗教而益彰矣。"① 这就是说，陈献章的诗首先是他心学思想的结晶，陈献章说："君子一心，万理完具。事物虽多，莫非在我。"② 其次，诗是陈献章心学教育的主要载体和重要特色。以陈献章的哲理诗为研究对象，探究白沙心学的主要观点、诗教的特点与内容，并且与黑格尔和海德格尔的诗学观进行跨文化比较，是一件有意义的课题。白沙心学诗道不仅与西方诗学观具有高度的内在一致性，而且其诗篇具有贯通历史与现实、语言与非语言、理性与情感、艺术与哲学的多样化功能，堪称心学思想史上的一块璞玉。

陈献章自得之说的意义决不仅仅只是局限于一种读书方法，也是诗歌创作的根底，一种具有现象学特征的认识论与方法论。现象学主张面向事实本身，而所谓的事物本身是指在人的意识活动中或在人的存在过程中所显现出来的内容（即现象），而不是指那种不依赖于意识而存在的物质实体。当然，现象常常受到遮蔽。现象学认为，哲学要以事物本身或现象为研究对象，就要抛弃一切理论的和文化的前提，将那些前置的、传统的或现代的理论，教条的、信念的所有既定的东西都放进括号内加以"悬搁"起来，而相信自我直观的"自明性"。由此可见，在认识论取向上，心学、禅学与现象学有着高度相似的哲学旨趣。领会这一点，是理解陈献章心学诗道的前提。

二、中国诗教的悠久历史

在中国，诗教有悠久的历史。《周礼·春官宗伯第三》早就有关于诗教目的和内容的记载，曰："教六诗：曰风，曰赋，曰比，曰兴，曰雅，曰颂。以六德为之本，以六律为之音。"从郑玄和朱熹等各家的注释可知，古人早就发现不同的文体和修辞手法具有不同的教育功能，具体来说，就是言贤圣之道，民之遗俗为"风"；直叙其事以言情谓之"赋"，如直铺陈今之政教善恶；情附物，以彼物托情谓之"比"，如因物喻志，见今之失不便斥言则取比类而言之；触景生情谓之"兴"，如见今之美避之媚谀则取善事以喻劝之；雅即正，言今之正以为后世法曰"雅"，如借事喻劝；颂诵今之

---

① 陈献章. 陈献章集（下）[M]. 孙通海，点校. 北京：中华书局，1987：700.
② 陈献章. 陈献章集（上）[M]. 孙通海，点校. 北京：中华书局，1987：55.

德，广以美之曰"颂"。早在《周礼·地官·大司徒》中就有诗歌艺术要以道德为根基的教育理念，曰："教万民而宾兴之，一曰六德：知、仁、圣、义、忠、和。"郑玄注："知，明于事；仁，爱人以及物；圣，通而先识；义，能断时宜；忠，言以中心；和，不刚不柔。"古时，诗总是被吟诵歌唱的，所谓六律包括阴阳各六的古乐十二律，按乐音高低十二个音阶排列，奇数调叫律，指黄钟、太簇、姑洗、蕤宾、夷则、无射六阳律；偶数调叫吕，包括大吕、夹钟、仲吕、林钟、南吕、应钟六阴律。阴律阳律合称为律吕。因为诗言志，所以古时君王命令太师陈列诗歌来观察民风世俗风情，即"命大师陈诗，以观民风"。（《礼记·王制》）孔子认为，诗人的志向，或曰心的意向性与作诗、礼教和快乐是内在一致的，曰："志之所至，诗亦至焉。诗之所至，礼亦至焉。礼之所至，乐亦至焉。"（《礼记·孔子闲居》）

在孔子时代，文学、书法和音乐艺术是教育体系中的重要内容，"子曰：志于道，据于德，依于仁，游于艺"。（《论语·述而》）这说明艺术成为志于道、据于德、依于仁的一种载体和表现形式。孔子还亲自重新精简编辑了《诗经》，以用作对儒家弟子进行有关历史人文、爱情婚姻和家庭人伦教育的读本。孔子说："诗三百，一言以蔽之，曰思无邪。"（《论语·为政》）"不学《诗》，无以言。"（《论语·季氏》）汉儒在《礼记·经解》中概括了诗教的特点："入其国，其教可知也；其为人也，温柔敦厚，诗教也。"由此可见，在古时，诗教已经是一种德育、人格和情感等心理健康教育的重要形式。

三、作诗切莫迷失本真，有诗人，才有本真的安居

何为诗？东汉许慎（约58—约147）在《说文解字》中释义："诗，志也，从言。"南朝刘勰（约465—520）在《文心雕龙·明诗》中的解说则是："诗言志"，"在心为志，发言为诗。……诗者，持也，持人情性"。说明古人看重诗所表达的志向、心意和真实的情感，而并不在乎其辞藻的华丽。解读诗也应重点看其诗蕴含的意义，孟子曰："说诗者，不以文害辞，不以辞害志。以意逆志，是为得之。"（《孟子·万章上》）陈献章深谙诗教的这一本质要求，反对那种只顾追求诗的词句修辞而忘记作诗本质的形式主义。

基于《诗经》产生于百姓生活的事实，陈献章认为，作诗只要是发自内心的真实情感，那么人人天生皆可为诗人，他说："受朴于天，弗凿以人；禀和于生，弗淫以习。故七情之发，发而为诗，虽匹夫匹妇，胸中自有全经。此《风》《雅》之渊源

也。"针对明朝初期诗学界的不良风气，陈献章指出："诗家者流，矜奇眩能，迷失本真。"① 那时的诗者过于拘于声律、工整对偶，皓首穷经，粉饰文貌，但无补于世。在陈献章这样的心学诗人的眼中，即使当时号称诗圣的李白和杜甫，其诗也没有达到他所期待的诗教目标。

写诗和读诗的意义和作用有哪些呢？孔子曾说："诗，可以兴，可以观，可以群，可以怨。"（《论语·阳货》）有人视诗为小技，其实，将诗教用之于大或小全在乎人。诗足以感动人心，朗朗上口，充斥听闻，传播于世间市井，诗道岂能小觑。诗不仅仅只是一种表达情感的文学体裁，一种可以助人理解自然和社会存在的认识方式，更是贯通六经的学习方式，促进健康的手段。孔子说："《诗》之好仁如此，向道而行，中道而废，忘身之老也，不知年数之不足，俯焉日有孳孳，毙而后已。"（《礼记·表记》）曾有一位后学向陈献章请教作诗的意义："君子之所以学者，独诗云乎哉？"陈献章答："一语默，一起居，大则人伦，小则日用，知至至之，知终终之，此之谓知。其始在于立诚，其功在于明善，至虚以求静之一，致实以防动之流，此学之指南也。"②陈献章以天道为例说明诗道教育的特点："天道不言，四时行，百物生，焉往而非诗之妙用？会而通之，一真自如。故能枢机造化，开阖万象，不离乎人伦日用而见鸢飞鱼跃之机。若是者，可以辅相皇极，可以左右六经，而教无穷。"③在陈献章看来，天道运行的神机妙算几乎就是一本有韵律的诗篇。

诗看似充满想象和浪漫，但实际上却表达了那些不好用白话直说的真实情感和体验，换而言之，诗的想象并不远离人的本真和现实生活。海德格尔特别欣赏荷尔德林的诗句："人充满劳绩，但还诗意地安居于大地之上。"他认为荷尔德林重复强调诗意地安居在这块大地上绝不是多余的，因为这道出了诗与生活关系的本质："诗并不飞翔凌越大地之上以逃避大地的羁绊，盘旋其上。正是诗，首次将人带回大地，使人属于这块大地，并因此使他安居。"④ 人是世界上唯一会制造劳动工具和用劳动创造生活的高级动物，但为什么如此辛劳的凡人却还需要诗意地安居这块大地之上？这是因为诗的特性使得人类可以从劳绩中抽身而出获得思想的解放，以及给生活赋予某些意义。人是追求意义的高级生灵，如果说树洞、巢穴能为动物挡风遮雨的话，那么，诗能让人的灵魂安居。因此，海德格尔说："诗首先让人的安居进入它的本质"，"有诗人，才有本真的安居"。⑤如何理解这种本真的安居呢？借陈献章赞张进士廷实的话来说，

---

① ② ③　陈献章. 陈献章集（上）[M]. 孙通海，点校. 北京：中华书局，1987：11，25，11 - 12.

④ ⑤　海德格尔. 人，诗意地安居 [M]. 郜元宝，译. 桂林：广西师范大学出版社，2002：74，

75.

就是"以自然为宗，以忘己为大，以无欲为至，即心观妙，以揆圣人之用"①。安居的本质是心安，而这种心安来自于自我的自信自养，曰："自信自养以达诸用，他人莫能与也。"②陈献章认为心安其实就是一种可以感受到的精神充实，曰："切脉可以体仁，仁，人心也。充是心也，足以保四海，不能充之，不足以保妻子。"③"四海"在这里泛指华夏大地，在中医《灵枢·海论》中特指髓海、血海、气海、水谷之海这人身之四海。观上下语境，陈献章此语隐喻身体之四海似乎更为贴切，因为在传统中医看来，心的状况关乎五藏六腑的健康，有云："心为五藏六腑之主"，"心动则五藏六腑皆摇"，在圣贤看来，只有志闲少欲，心安不惧，形劳不倦，气从以顺，各从其欲，皆得所愿，人才能合于道，皆度百岁，德全不危。（《素问·上古天真论篇》）可见，安居本真的直观意义就在于心身状况的平和安稳。

四、诗与思，诗让人看到内在无限自由的心灵

亚里士多德为何只著《诗学》而不是其他文论？黑格尔为何认为"诗的原则一般是精神生活的原则"？诗在文学、艺术和哲学等跨界领域中为何具有如此崇高的地位？要解答上述这些问题，就必须溯源诗的本质属性，以及追问诗与存在之思的关系，或者说诗道与心学有何内在的关系。

海德格尔注意到这个有趣的问题，并对两者的关系作了最富有诗意的阐述，他说："思服从（存）在的声音，就须寻觅言词，以便使（存）在的真理得以表出。……说'类似'，意味着有'差别'。诗与思在照看语言这一点上极其相似，但它们同时又各有所司。思者道说存在，诗人命名神圣。"④"在思中，（存）在成为语言，语言是存在的家。在其家中住着人，那些思者以及那些用语词创作的人，是这个家的看家人。"⑤海德格尔并不看好思（考）对认识存在的作用，他认为存在之思既是一种高级的漫游，也是一种非常困窘的事情，是一条无法回避的幽僻的小径，至多不过是一条不会带来什么簇新的智慧，也会迟早放弃的田间小道。⑥海德格尔为何对科学与哲学的那些关于存在之思并不寄予厚望呢？这是因为他认为建立在概念基础之上的思对于存在来说是贫乏的、有偏见的、狭隘的和不够自由开放的。例如，It is... 这种符合形式逻辑的语句只能将观察的对象限制性地表述为一种单一意义的东西，而关闭了其他可能的想象。亚里士多德和黑格尔都曾注意到诗具有哲学思考的性质，亚里士多德说：

①②③　陈献章. 陈献章集（上）[M]. 孙通海，点校. 北京：中华书局，1987：12，12，28.
④⑤⑥　海德格尔. 人，诗意地安居 [M]. 郜元宝，译. 桂林：广西师范大学出版社，2002：27，24，31.

"诗是一种比历史更富有哲学性、更严肃的艺术，因为诗倾向于表现带普遍性的事，而历史却倾向于记载具体事件。"黑格尔进一步提升了诗与思的关系，说："诗艺术是心灵的最普遍的艺术。"他之所以这样看待诗对心灵自由开放的作用，是因为创作诗的心灵本身已经得到自由，诗力求摆脱外在形成材料（或媒介）的重压，不受为表现用的外在感性材料束缚，而只在思想和情感的内在空间与内在时间里逍遥游荡。① 黑格尔和海德格尔都认为作诗是一种与思非常相近而又不相同的活动。在黑格尔看来，当人意识到自己的内心活动，这种内心活动就变成了自己的对象，这时，心灵既是认识主体，又是认识对象，这样它才是自觉的。这就是说，创作诗的过程就是一个自我觉察和自我认识的过程。与思相比，作诗还必须寻找合适的文字来贴切地表达自己的观念和情绪体验。黑格尔认为使用艺术来表达思的必要性，就在于通过把心灵的生气灌注于外在的现象，让眼睛看得见的现象成为灵魂的住所，让人从有时间性的环境和有限的事物行列中浪游的迷途中解脱出来。②艺术的理想本质就在于使外在的事物还原到具有心灵性的事物，使外在的现象符合心灵，成为心灵的表现。③艺术借用形象要比思用概念更容易让人看到自己的内心世界，因为思的抽象的普遍性和特殊性并不是真实的和现实的，理念的现实性只有在具体个别事物里才能得到。显然，哲学和科学都是抽象的，而艺术则是具体的、个别的和现实的，因此，相比而言，诗更接近真实的内心世界和现实生活。

接下来的问题是：为何唯独诗是最适合思表达的艺术形式，而不是美术和音乐等艺术形式呢？黑格尔认为，这是因为"诗所特有的材料就是想象本身，而想象是一切艺术类型和艺术部门的共同基础"④。海德格尔甚至说："一切艺术本质上都是诗。"⑤由于诗可以去表现一切可以纳入想象的内容，而不必受其形式的约束，所以，黑格尔认为："艺术类型发展到最后阶段，艺术就不再局限于某一类型的特殊表现方式，而是超然于一切特殊类型之上。""诗既是人类最早的源始的母艺术，也是一种超然一切艺术之上的最后阶段的普遍艺术。"因此，"诗比任何其他艺术的创作方式都要更涉及艺术的普遍原则"⑥。在各门艺术之中，只有诗才可能这样向多方面发展。诗的表现所用的材料不像建筑、绘画、雕塑等艺术形式强烈地依赖于外在的具体感性的媒介，而是以内心的观念和观感这些精神性的媒介代替了感性的媒介。诗可以用各种内在和外在的形象显出心灵对存在思的最大的自由度。

---

①②③ 黑格尔. 美学第一卷［M］. 朱光潜，译. 北京：商务印书馆，1994：113，195，201，13.

④⑥ 黑格尔. 美学（第三卷）［M］. 朱光潜，译. 北京：商务印书馆，1994：13，14.

⑤ 海德格尔. 人，诗意地安居［M］. 郜元宝，译. 桂林：广西师范大学出版社，2002：90.

五、"诗人的天职是还乡"①

陈献章在《归田园三首》中吟道:"我始惭名羁,长揖归故山。"② 他为何放弃在外漂泊继续求功名而回归家乡故里?当时的社会环境正值贵族弄权、英宗复辟等社会动乱时期,宋以来的程朱理学占据了意识形态的统治地位,思想界如同一潭死水,陈献章两次参加科举会试不中,一身学问但仕途无望,落第后再拜理学大师为师,然未知入处,他返乡闭门不出,十年间废寝忘食地在书海中探索。最后他终于明白"学人言语,终是旧套"③,逐渐对旧学有了质疑和批判的眼光:"圣贤教人,多少直截分晓而人自不察。索之渺茫,求诸高远,不得其门而入,悲乎!"④他终于领悟到"疑者,觉悟之机也。一番觉悟,一番长进。章初学时亦是如此,更无别法也"⑤。他筑春阳台,"舍彼之繁,求吾之约,惟在静坐,久之,然后见吾心之体隐然呈露,常若有物。日用间种种应酬,随吾所欲,如马之御衔勒也"⑥。如此修炼,陈献章的胸襟和眼界发生了质的变化,如他诗中所说:"游目高原外,披怀深树间。禽鸟鸣我后,鹿豕游我前。冷冷玉台风,漠漠圣池烟。闲持一觞酒,欢饮忘华颠。逍遥复逍遥,白云如我闲。乘化以归尽,斯道古来然。"⑦自此,陈献章完成了由崇尚读书穷理的程朱理学向主张求之本心的心学追求的转变。如此看来,陈献章选择弃京师返回家乡自修自得对于存在之思是有利的,甚至说是必要的。海德格尔就有过这样的体验,他曾自问自答一个类似的问题:"我为什么住在乡下?"这是因为那里更适合哲学思考,"思深深扎根于到场的生活,二者亲密无间。……我的工作就是这样扎根于黑森林,扎根于这里的人民几百年来未曾变化的生活的那种不可替代的大地的根基"。虽然只身一人在乡下研修会令人感到孤独,但海德格尔认为,即使在城市里不会感到寂寞,但绝对想象不出来这份孤独。他认为:"孤独有某种特别的源始的魔力,不是孤立我们,而是将我们整个存在抛入所有到场事物本质而确凿的近处。""惟其如此,那种源始单纯的生存才会重新向我们言说它自己。"⑧ 海德格尔借诗人荷尔德林"满怀赤诚,返回故园"的诗句而发挥道:"接近故乡就是接近万乐之源(即接近极乐)。故乡最玄奥、最美丽之处恰恰在于这种对本源的接近,绝非其他。所以,惟有在故乡才可亲近本源,这乃是命中注

---

① 海德格尔. 人,诗意地安居 [M]. 郜元宝,译. 桂林:广西师范大学出版社,2002:68.

② 陈献章. 陈献章集(下)[M]. 孙通海,点校. 北京:中华书局,1987:737.

③④⑤⑥⑦ 陈献章. 陈献章集(上)[M]. 孙通海,点校. 北京:中华书局,1987:174,176,165,145,292.

⑧ 海德格尔. 人,诗意地安居 [M]. 郜元宝,译. 桂林:广西师范大学出版社,2002:67 - 68.

定的。"① 海德格尔提出这样一个看似很朴素的问题："还乡又意味着什么呢？"他说："还乡就是返回与本源的亲近。但是，惟有这样的人方可还乡，他早已而且许久以来一直在他乡流浪，备尝漫游的艰辛，现在又归根返本。因为他在异乡异地已经领悟到求索之物的本性，因而还乡时得以有足够丰富的阅历。"② 显然，陈献章完全具有海德格尔所说的这样一种哲人归隐的处境和游历。还乡对于陈献章来说，就是实现"进修在我，成我者天也"③ 的人生诗道之目的。

返乡的根本目的与意义在于亲近本源，这种本源从字面上看就是返乡者的出生地——属于自己父母的故土，从哲人的眼光来看则是存在之思的根基和心学逻辑之起点。陈献章开诚布公地说："此学以自然为宗者也。"④因此，"诗人的天职是还乡"就是对存在之思的寻根问祖。陈献章曾有诗教于弟子湛若水："有学无学，有觉无觉，千金一瓠，万金一诺。于维圣训，先难后获。天命流行，真机活泼。水到渠成，鸢飞鱼跃。得山莫杖，临济莫渴。万化自然，太虚何说？绣罗一方，金针谁掇？""圣人之学，惟求尽性，性即理也，尽性至命。理由化迁，化以理定。化不可言，守之在敬。有一其中，养吾德性。"⑤从这些诗句可以看出诗人笔下的故土隐喻的就是诚实淳朴的自性之乡。

六、诗承其志，以达诸言

前人说"诗言志"，但诗何以言志，以及诗如何言志？怎样的诗又表达怎样的志？前人并未将这些问题阐述清楚。作为陈献章的衣钵传人的湛若水在《白沙先生诗教叙》一文中不仅对老师的诗教观进行了评价，而且还就诗的风格与人的志向投射关系做了较为系统的阐述。

陈献章对言辞与情志的关系有以下说法："言辞不能尽人，辞气足以见人，有诸内形诸外，识者观之，思过半矣。故老朽尝谓文字之学非也。学岂在诗也。"⑥可见，在陈献章看来，尽管不能凭借言辞将人观察透彻，但从其所投射出来的气质还是可以观察其内心所想所思的。湛若水传承了陈献章的观点，认为诗是承担并实现志向表达的方式，即所谓"承其志以达诸言也"。"志"是人的意向所指，人的志向会产生相应的情感，而"情则不能无所之"，用现象学的话来说，就是意识和情绪情感一定是有意

---

①② 海德格尔. 人，诗意地安居 [M]. 郜元宝，译. 桂林：广西师范大学出版社，2002：69，69.

③④⑤⑥ 陈献章. 陈献章集（上）[M]. 孙通海，点校. 北京：中华书局，1987：172，188，278，177.

指对象的。既然有意指对象，"故不能不发而为言，言有文，故不能不叙而为诗"。诗歌因为言简意赅，又多以象征表达其内心的心理活动，故其意向和情感便借诗歌的情语而倾泻出来。

湛若水认为，诗可以兴，但基于诗的不同意向和伴随的不同情感，诗的志向与诗的风格，以及让受教者心里感动的效应是不同的。他认为，所谓"兴"即发动也，故诗教就是以诗之志鼓动受教者的志向，让"其志同也"。诗的感染和鼓动作用巨大，甚至"可以动神人，可以动天地，可以动鸟兽"。他发现的规律是："其志正者其诗雅，其动也直。其志和者其诗婉，其动也乐。其志诚者其诗确，其动也孚。其志邪者其诗媚，其动也淫。其志荡者其诗放，其动也溺。其志贰者其诗靡，其动也乖。"① 进而在每一种被鼓动出来的情感状况下，人的表情和内心感受是有差别的。湛若水认为，如果孔子说"吾志在春秋"的话，那么，白沙先生之志当然并不是在乎诗，而是在于以诗鼓动受教者的志向。湛若水从正德十六年（1521）前后开始编纂《白沙诗教解》一书，重点收集、整理和注释了陈献章创作的166首古体诗赋所表达的圣贤之道。例如陈献章有一首短小的赋《家庙钟铭》写道："其质重，其声迟，其动静有时，永以为神之依。"② 湛若水认为这是一首赋而比的诗作，隐喻人之为学，所积者厚，则其事业亦晚发。钟扣则鸣，不扣则不鸣，比喻人之动静语默应合其时宜；或者比喻积德之厚者，则其裕后必远，固自有时。钟声动则神感，隐喻精神应依钟声而自醒。由此可见，心学诗教形象生动而使受教者印象深刻。陈献章以诗为教的方法与禅学偈语的作用与形式相似，其类比和隐喻到处可见。如慧能以大圆镜智比喻自性清净一样，陈献章在《梦作洗心诗》中将返璞归真的修身养性比作"洗心"，曰："一洗天地长，政教还先王。再洗日月光，长令照四方。洗之又日新，百世终堂堂。"③ 这首诗借梦的奇特想象，用"洗心"的夸张和比喻，阐述了明心与所见光明世界的关系。湛若水后来对"洗心"也有一个解释，说："惟圣人以言乎己，则察见道体，私意不容，而本体澄澈，故曰'洗心'。"④ 这与慧能之说旨趣相同，他说："若言看净，人性本净。为妄念故，盖覆真如。"（《坛经·坐禅品第五》）洗心也好，镜智也好，隐喻的都是怎样恢复自性本净的努力。

在湛若水看来，融于诗中的情志、期望既可以对诗的作者，也可以对读者带来潜移默化的影响，即"是故移斯志也，期贤则贤，期圣则圣，期天地万物合一之道，是

---

① 湛若水. 湛若水全集：第16册［M］. 黄明同，主编. 上海：上海古籍出版社，2021：168.
②③ 陈献章. 陈献章集（下）［M］. 孙通海，点校. 北京：中华书局，1987：707，745.
④ 湛若水. 湛若水全集：第8册［M］. 黄明同，主编. 上海：上海古籍出版社，2020：36.

亦与天地万物一而已矣"①。可见，共情和移情作用是诗教产生效果的重要心理机制。

七、诗可以使凡人获得永生

什么样的诗才是一首杰出的诗，除了有韵律之美的形式之外，更重要的是要看它表达了什么，或者说它为欣赏者贡献了什么独特的东西。亚里士多德说："诗人绝不是无所作为的"，他将诗人归为先知、医生和木匠一类的实干家，诗人需要有艺人的敏捷和工匠的灵巧，称"诗人是用自己的本领为民众工作的人"。因此，"一部作品之所以被誉为杰作，是因为它具体地体现了一些可供人分析、总结、参考和借鉴的东西"②。但是诗歌与理性思考的方式大不相同，亚里士多德说："诗是神给人的恩赐，诗人的成功离不开神的助佑。"③"神把诗和做诗的灵感赐给了世上的聪明人，使凡骨肉胎的芸芸众生得以在劳作之余分享神的愉悦。"④其实这里真正想表达的意思是：作诗需要一种灵感，一种在不同事物之间看出某种相似性的想象，而这种想象的灵感往往涌现得非常突然和偶然，完全不是理性推理的结果。

亚里士多德说："古希腊人相信，神的生活需要诗的点缀，人的生活更需要诗来充实。诗可以博得神的欢心，也可以给凡人带来欢乐。"⑤在古希腊荷马时代与中国《诗经》时代一样，诗被称为生活中的盛宴之冠，可以平息积怨，消解忧愁，使人忘却悲伤，振作精神，如《诗经·大雅·烝民》中就有"吉甫作诵，穆如清风。仲山甫永怀，以慰其心"，说的就是作诗具有宁心静气的作用。

诗并不只是诗人的自言自语，杰出的诗篇往往拥有整个民族和历史的读者，也可以对民族的集体无意识带来潜移默化的影响。如荷马就被称为希腊民族的老师；如在柏拉图和亚里士多德看来，诗是一种由韵味的语言制造的便于记忆的有魔力的"药物"，他们认为真正的好诗与哲学是一致的，不仅可以给人带来美的享受，还表现人的睿智、责任和求索的精神，诗人应该用诗来伸张正义，针砭时弊，承担起民众教师的责任。

精彩的诗句往往是流传千古、劝人善德懿行的格言。诗就像长了翅膀的云和鸟，就像用语言筑成的纪念碑，是人文历史、社会生活、人物个性、英雄功德的化石。无论在哪个民族和时代，能够被诗人关注并写成诗来吟诵是幸运的，因为"诗可以使注定要死亡的凡人在某种程度上获得永生"⑥。陈献章的诗，尤其经过他茅龙笔书写的诗篇石碑在南粤大地上留下永恒的印记。

---

① 湛若水. 湛若水全集：第16册［M］. 黄明同，主编. 上海：上海古籍出版社，2021：175.
②③④⑤⑥ 亚里士多德. 诗学［M］. 陈中梅，译. 北京：商务印书馆，1999：284－286，283，281，278，279.

八、学岂在诗也

诗也有不可避免的软肋与魅惑理性的不足。柏拉图就是最早对诗的这一可能的消极面进行反思的哲学家。据亚里士多德在《诗学》中的介绍，柏拉图年轻时也是一位颇有抱负的诗人，他在遇到苏格拉底后就转而去研究哲学了。对此，亚里士多德评论道：在迷恋诗的情，还是追求理念的美，是轻松地摘取诗坛上的鲜花，还是费力地攀登哲学的高峰，柏拉图基于意识到的社会责任和使命，他勇敢地选择了后者这条更艰辛的道路！

希腊人认为，诗和哲学属于两个完全不同的世界，前者刻意追求对五光十色的世界和变化不居的情感进行刻画，而哲学则追求扬弃感觉表象之后而建立永恒不变的理性体系。从诗人到哲学家的柏拉图打破了诗与哲学这种井水不犯河水的局面，将诗与哲学看成长期抗争的对手，并对诗的非理性思维进行了系统的批判，开创了古希腊诗评的先河。柏拉图用哲人的眼光来批判诗和诗人，主要有以下观点：一是认为诗不是科学，诗的来源和性质不是理性的产物，而是非理性的，因而不受理性的规则所制约；诗创作的源泉源于神秘的灵感，他说："与其说诗人在使用灵感，倒不如说灵感在驱使诗人。"[1] 陈献章也说过："进修在我，成我者天也。"[2] 陈献章曾说"学岂在诗也"，他认为学诗不能只是学习文字功夫，而要将研习形而上的"道"作为推进诗歌创作的前提，他说："承欲学诗，自古未有足于道而不足于言者也。学人言语，终是旧套。"[3] 陈献章还曾在给湛若水的书信中坦露本想写一篇关于"言作诗之病"[4]的文章，但后来未能如愿。陈献章虽然爱读书、书法和作诗，但他从不自傲，而是保持对书本和诗作清醒的反思。例如对于阅读，他在肯定读书好处的同时，也提出了因时而用的提醒，曰："黄卷中自有师友，惟及时为祷。"[5] 对于做学问，他强调学习"心地要宽平，知见要超卓，规模要阔远，践履要笃实。能是四者，可以言学矣"[6]。陈献章也曾感叹有人读他的诗作时"只是读诗，求之甚浅"[7]，未解其心学之深意，即使是他也担心其诗作"恐更有自得处，非言语可及也"。他认为，无论是对于学诗，还是科举之学，"疑者，觉悟之机也。一番觉悟，一番长进"[8]。可见，创作一首诗的真正目的并不只是写几段有韵律的文字，而是诗中所表达的一种精神、一种情怀、一种境界、一种体验、

---

① 亚里士多德. 诗学 [M]. 陈中梅，译. 北京：商务印书馆，1999：259.

②③④ 湛若水. 湛若水全集：第16册 [M]. 黄明同，主编. 上海：上海古籍出版社，2021：172，174，189.

⑤⑥⑦⑧ 陈献章. 陈献章集（上）[M]. 孙通海，点校. 北京：中华书局，1987：134，134-135，161，165.

一种哲学、一种天理。陈献章认为："大抵论诗当论性情，论性情先论风韵，无风韵则无诗也。""性情好，风韵自好，性情不真，亦虽强说，幸相与勉之。"① 他认为，"诗贵融通妙密"②，例如陈献章诗写山水自然、鸢飞鱼跃，其实都是为了揭示天理，所谓"鱼跃鸢飞，乃见真机"③。陈献章有许多哲理诗，径直表达了自己的心学诗道："君心如逝水，一往不复旋。谁能万里浪，安坐驾此船？伤哉一何愚，由我不由天！仁者固有矜，智士乃自全。"④白沙心学并非高谈阔论的玄学，他要求人还要拥有实学，曰："文章、事业、气节，果皆从涵养中来，三者皆实学也。惟大本不立，徒以三者自命，所成者小，所失者大。虽有闻于世，亦其才之过人耳，志不足称也。学者能审乎此，使心常在内，到见理明后，自然成就得大。"⑤由此可见，陈献章心学与实学并进，只是要懂得心之本立，实学才会大成的因果关系。

归根结底，陈献章的心学诗道是为弟子传道解惑，他教弟子自有一套心学的方法。其一，要把握好教育的时机。他说："君子未尝不欲人入于善，苟有求于我者，吾以告之可也。强而语之，必不能入，则弃吾言于无用，又安取之？"⑥从咨询心理学来看，在建立良好的咨访关系之前，不仅来访者存在着较大的阻抗，而且根本不可能收到任何咨询效果。其二，要注意言语表达时的情境和语态。他说："学者先须理会气象，气象好时，百事自当。此言最可玩味。言语动静便是理会气象地头，变急为缓，变激烈为和平，则有大功，亦远祸之道也，非但气象好而已。"⑦语言的表达和沟通是人与人之间关系建立的最直接的纽带，语速和言语的抑扬顿挫不仅表达了言说者的个性和情绪，而且给聆听者以直接的影响；注意言语方式不仅可以助人成功，而且有助于避免"祸从口出"。在海德格尔看来，人此在的现身情态正是通过言说的语调和语速的变更而得到"传达"⑧。其三，主张静坐反躬自问。陈献章认为："若平生忙者，（静坐）此尤为对症之药。"⑨ 但为了避免与禅学混为一谈，心学"故少说静，只说敬"，用字不同，但以静为修行之道路却是相同的。陈献章发现，"儒与释不同，其无累同也"⑩。可见，心学与禅学和现象学虽然不同，但在去除遮蔽，认识自我之心，放下一切累赘，让自性获得彻底解放的道路上却是殊途同归的。

如果说陈献章的诗表达了他心学思想的内容，那么，他的书法则是他心学表达的艺术形式。从陈献章书法的书写形式上看，他的书法苍劲有力、洒脱自在、酣畅淋漓、

---

① ② ⑤ ⑥ ⑦　陈献章. 陈献章集（上）［M］. 孙通海，点校. 北京：中华书局，1987：203，228，66，158，159.

③ ④　陈献章. 陈献章集（下）［M］. 孙通海，点校. 北京：中华书局，1987：276，285.

⑧　海德格尔. 时间概念史导论［M］. 欧东明，译. 北京：商务印书馆，2009：365.

⑨ ⑩　陈献章. 陈献章集（上）［M］. 孙通海，点校. 北京：中华书局，1987：157，225.

粗狂淳朴；从审美情趣来看，则是以写心为书法的灵魂。他在一首五言诗《观自作茅笔书》中表达了自己对书法的心得："神往气自随，氤氲觉初沐。圣贤一切无，此理何由瞩？调性古所闻，熙熙兼穆穆。耻独不耻独，茅锋万茎秃。"他认为，之所以游于艺首先是为了自己的修身养性，每当他写书法之时，体会到动上有静，放而不放，留而不留，法而不囿，肆而不流，拙而愈巧，刚而能柔。形立而势如奔马，意足而奇溢。因此，他认为书法可"正吾心，以陶吾情，以调吾性"。由陈献章书法可见其人、如其志、如其才、如其性。陈献章的心学思想不仅溢于与友人、弟子书信的字里行间，也飘逸在他的书法和古琴声中，流传青史。

第十八章　湛若水的大心学思想

　　湛若水既是一个克勤克俭、完节全名的中兴大臣，也是一个学问宏深、蜚声翰苑的心学大儒，他与王阳明是推心置腹的至交，也是志同道合要守正圣贤心学宗旨的盟友。他认为："夫心广矣，大矣，古之训皆以明乎此而矣。明之至，至广至大，皆谓之尽心。"他坚持"大其心"的心学才是圣学正宗。在他眼中，"心、身、家、国、天下，何莫非意？"他坚持"随处体认天理而涵养之"的心学实践路线，主张敬天、敬民和正心修身之说。

大其心则能体天下之物，物有未体，则心为有外。

世人之心，止于闻见之狭。圣人尽性，

不以见闻梏其心，其视天下无一物非我，

孟子谓尽心则知性知天以此。

天大无外，故有外之心不足以合天心。

——张载《正蒙·大心篇》

　　湛若水（1466—1560），字元明，号甘泉，明代心学家、政治家和教育家。父亲早丧，由母亲抚养长大。27 岁时中举人，29 岁往江门拜师陈献章。他聪颖悟性高，深得陈献章赏识，第二年陈献章便将"江门钓台"作衣钵信物传给若水执掌，并作《赠江门钓台诗》："达摩西来，传衣为信。江门钓台，病夫之衣钵也！今与民泽收管，将有无穷之祝。珍重！珍重！"仅过 3 年，陈献章逝世，湛若水为之服丧 3 年，并成为陈献章学说的衣钵传人。几年后其北上求学，留读于南京国子监，参加科考，中进士第二名，40 岁后渐步入仕途，官至正二品，曾历任南京礼部、吏部、兵部三部尚书。他与王阳明成为论道学之友，后师从者甚众，声誉日隆，时称"王湛之学"。至 75 岁告老还乡，他拿出自己 20 多年的俸禄在家乡增城、番禺、南海、广州、博罗、曲江，以及扬州、徽州、武夷等岭南之外多地开设书院达 40 余所，遍布半个中国，讲授儒家经典，传播心学，诲人不倦，直到其 95 岁在广州病逝。据《广东新语》记载，当时相师从者有 3 900 余人。湛若水勤于著述，有《二礼经传测》《春秋正传》《圣学格物通》《心性图说》《书问》，以及回答弟子的许多语录，如《樵语》《新论》《雍语》《知新后语》《二业合一训》《大科训规》《金陵问答》《金台问答》《新泉问辨录》《问疑录》《天观语录》等，还有《湛若水诗集》《湛若水杂著集》和《书信集》等论著刊行于世，其著述数量远超过其他儒学大家，史称"甘泉之学"。湛若水逝世后，皇帝连下两道圣旨，其中在《赐葬敕谕》中称湛若水为岭海鸿儒，恪司职守，克效勤劳，慎以终始，完节全名，善行嘉言，施于后世。在《赐祭敕谕》中赞湛若水："卿性资笃厚，问学宏深；策骏贤科，蜚声翰苑；经帷进讲，启沃唯勤；史局翻书，是非不谬；懋著忠勤，赞予机务；许国之诚，不渝晚节。"可见，湛若水既是一名克勤克俭完节全名的忠臣，也是一个学问宏深、蜚声翰苑的大儒。

湛若水与他的导师陈献章一样，认为圣人之学就是心学，而所谓心学的核心就是认为万事万物莫非由心所指、所认识和所建构。[①]但湛若水与其他心学不同的是特别强调要用心学的眼光观察、体认自然与社会生活的全貌，而不只是执着于某一个"小其心"的论域。他说："夫心广矣，大矣，古之训皆以明乎此而矣。明之至，至广至大，皆谓之尽心。"[②]由此可见，甘泉认为"大其心"才是尽其心，才是圣人心学的正宗，这一观点源出孟子的"尽其心"之说，后来北宋张载作了进一步的发挥，他说："大其心则能体天下之物，物有未体，则心为有外。世人之心，止于闻见之狭。圣人尽性，不以见闻梏其心，其视天下无一物非我，孟子谓尽心则知性知天以此。天大无外，故有外之心不足以合天心。"[③]可见，"大其心"就是要扩大眼界，不要让心被所听所见等狭窄的感知约束，要知道天下每一件被人认识的存在都有心力投射的影子，只有通达了解了心的本性才能知道天理和天命的道理。

湛若水"大其心"的思想散见于他所留下来的文章、讲章和读书笔记之中，可以认为，湛若水大心学的特点就是将心学思想贯穿于易学、阴阳五行、社会治理、道德礼仪、家庭伦理、音乐诗教、风俗习惯等一切自然、历史和社会现实各领域，大大拓展了心学阐释的领域与哲学阐释功能。与以往历代学者的著作多由弟子们记录的言论相比，几乎没有一个哲人留存有如湛若水这般多的亲自撰写的文稿，他的读书注释引证全面而严谨，完整系统，具有典型的儒门传统的治学风格。本章就湛若水大心学本体论、认识论和方法论的主要观点和现代价值梳理如下。

一、什么是"大其心"的认知取向

对"心"概念内涵与外延如何理解和定义是心学的基石。湛若水和王阳明都多次将自己宣讲的心学与对方宣讲的心学观点进行比较，湛若水说自己讲的是"大其心"

---

①②　湛若水. 湛若水全集：第 12 册[M]. 黄明同，主编. 上海：上海古籍出版社，2020：256，94.
③　张载. 正蒙大心篇第七［M］//李敖. 周子通书　张载集　二程集. 天津：天津古籍出版社，2016：76.

之说，认为王阳明所阐述的则是腔子里的"小其心"之说，而王阳明则认为自己的致良知之说与湛若水的体认天理之说"本亦无大相远，但微有直截迂曲之差耳"①。有趣的是湛若水和王阳明都曾用树木培植来比喻心的作用，湛若水说："譬之木焉，心其根矣，政治其枝叶花实矣。培植其根，则生意滋息，枝叶花实固其一本之发也。"②王阳明则认为致良知之说是培其根本之生意而达之枝叶者，而体认天理之说是茂其枝叶之生意而求以复之根本者，但他承认两者最后殊途同归。其实，王湛之同在于共归于认识心的本质（即内涵），而不同则是两者对心外延（心量）强调的差异。澄清两人之间的同异不仅有助于促进我们对心学中有关心概念的认识，也有助于认识湛若水心学的思想内涵与特质，认识王湛之说各自认识取向的意义与价值。

何谓心？湛若水说："人之神明是也。""夫心也，性也，天也，一体而无二者也。心尽而性见，性见而天不外是矣。"③承陆九渊的"吾心即宇宙，宇宙即吾心"的观点，湛若水认为："故心也者，包乎天地万物之外而贯乎天地万物之中者也，中外非二也。天地无内外，心亦无内外，极言之耳矣。故谓内为本心，而外天地万物以为心，小之为心也甚矣。"④说的就是心认识功能的无限性。

何谓"大"？湛若水是以天地为判别标准的，曰："天地覆万物而不私，故称其大，圣人应万物而不与，故成其公。"⑤在这个语境下，"大"就是"公"。何谓"大其心"？必先知心为何可大。这一观点与禅学的思想有关。慧能说："自性能含万法是大，万法在诸人性中。若见一切人恶之与善，尽皆不取不舍，亦不染著；心如虚空，名之为大。故曰摩诃。"汉语中没有与"摩诃"语义对等的词汇，于是，慧能解释说："何名摩诃？摩诃是大。心量广大，犹如虚空。"（《坛经·般若品第二》）可见，大其心意指意向性的无限性，"自性能含万法是大"，这是指心构造功能的无限性，可见，只有懂得了心性之本质，才能明白为何心可以大。

湛若水对"心量广大"的认识与禅学十分接近，说："心者，广大而无外，周流而无穷者也。无远近、无大小、无显微，是故近而能远，小而能大，微而能著。故尽心存心，而天下之理尽之矣。"⑥可见，甘泉从心的意向性、运动性、内在性、无形性阐明了心的认知特点，即心无所不指，无所不达，无所不尽，无所不包。他认为："天

---

①②⑥　王守仁. 王阳明全集（上）［M］. 吴光，钱明，董平，等编校. 上海：上海古籍出版社，2015：184－185，295，184.

③⑤　湛若水. 湛若水全集：第12册［M］. 黄明同，主编. 上海：上海古籍出版社，2020：278－279，43.

④　湛若水. 湛若水全集：第14册［M］. 黄明同，主编. 上海：上海古籍出版社，2020：103.

地与人同一气，气之精灵中正处即心，故天地无心，人即其心。"① 天地自然无意识，故其宇宙间的所有存在皆依靠人之心的指称和命名，才能被认知，这也可以看成对陆九渊"宇宙即吾心，吾心即宇宙"大其心思想的进一步发挥。他认为，既然心量本性如此之大，故人就不要让心意执着一处，而应尽量彻底地发挥心的本性，去追求认识万事万物之天理。所以他给学生解释道："大其心，然后能全体天地之性，故曰'尽其心者，知其性也。'心之广大也，物或蔽之，物或偏之，乌乎尽？尽也者，复其大者也，而性之全体焉见矣。今之小其心者，如掩鉴焉，一隙之明，照者几希矣。故尽心知性知天。明乎此，然后存养有所措，学之能事毕矣。"② 由此可见，湛若水所谓的"大其心"可以通俗地理解为打开心灵，放下自我的执着，充分发挥心的无限量的思考空间。相对于"大其心"的认知眼界而言，"小其心"则是一种让人心累的状况。有弟子问："心为事累，何如？"湛若水答："心小故也。察见天理则廓然大公，物来顺应，奚其累？"③ 其实，所有的心累皆因"其意必固我之累"，故孔子有四绝之训诫。

能"大其心者"必然是"大人"，而何谓"大人"？曾有弟子请教孟子：众人都是人，为何有的人是大人，而有的是小人，孟子答："从其大体为大人，从其小体为小人。"孟子接着指出："先立乎其大者，则其小者弗能夺也。此为大人而已矣。"（《孟子·告子上》）依据孟子当时对话的语境可见，孟子所说的"大体"意指凭借先天赋予的人之思维去把握事物本性的整体观，而"小体"意指只是依据耳目之器官来感知事物的狭碍认识。湛若水在解释《大学》时指出："大学即是国学，人生十五入大学，教以大人之学。何谓大人？这个大人即《易》'大人者与天地合其德'的大人。大人浑然与天地万物为一体，物我体用全具的人，故大人之学。"④ 可见，"大其心"说的是一种懂得知行合一和体用全具的人的全面发展和整体观。

就认识论而言，"大其心"意味着一种大格局的眼界，如北宋周敦颐说："天地间有至贵至富、可爱可求，而异乎彼者，见其大而忘其小焉尔。见其大则心泰，心泰则无不足，无不足则富贵贫贱处之一也。"（《通书·颜子第二十三》）"大其心"也意味着一种我为主体标准的价值观，如以心看贫富，"贫富不系于心，则无怨无骄，而难易一矣"⑤。以心学思维取向的态度来读书，将吾心注入一切经典学习之中而达到自得的目的，也是陈献章和湛若水"大其心"之说的一种特色。湛若水说："夫学，觉也，警觉之谓也。是故六经皆注我心者也，故能以觉吾心。《易》以注吾心之时也，《书》以注吾心之中也，《诗》以注吾心之性情也，《春秋》以注吾心之是非也，《礼》《乐》以注

①②③④⑤ 湛若水. 湛若水全集：第 12 册 [M]. 黄明同，主编. 上海：上海古籍出版社，2020：256，7，92，258，78.

吾心之和序也。"①简而言之，"存心以立我，以我而读书焉，斯读书之大者已"，"存心以立我，以我而作文焉，斯作文之大者而已。二者得其大焉，是之谓道艺"。②所谓存心立我，即正心而后我立。湛若水认为，"六经"的作用只是帮助那些如梦如醉的人觉醒，打开和扩充原本就自有的良知，所以"大其心"也指一种从正心立我出发的宽阔眼界。

大其心的治学取向，也意味着学者应该关注比人伦道德更多、更高和更深的元哲学问题，湛若水非常注重对"道""天理""时间"这些哲学基本范畴的阐释，为"大其心"的主张奠定了视野宽阔的本体论和自然观。以"道"这个在中华文明中独特的术语为例，我们可以看出湛若水解决这一问题的超人智慧。众所周知，道，虽然从自然到社会和人心性，无处不在，无时不有，被诸子百家反复解释，但"道"这一语词的含义和指称却一直处于一种难以言表的窘境，老子在《道德经》二十五章中最早勉强地给"道"作出的解释是："有物混成，先天地生。寂兮寥兮，独立不改，周行而不殆，可以为天下母。吾不知其名，字之曰道，强为之名曰大。"老子之后，历代哲人对"道"一词语义的阐释各有自己的见解。如《周易·系辞上》先用阴阳关系来解释"道"，所谓"一阴一阳之谓道"。还有不少哲人将"道"与"理"互释，认为"道"就是事物自身发展的天理，如《庄子·缮性》说："道，理也。道无不理。"《管子·君臣上》说："别交正分之谓理，顺理而不失之谓道。"《韩非子·解老》索性将道与理说成同一词，曰："道，理之者也。""万物各异理，而道尽稽万物之理。"所谓"理"，原义指物体天生的纹路，古人之所以用"理"释"道"，就是因为"道"可以借此领会为各种事物运动现身的轨迹。道，虽然存在，但难以把握和表述，故陈献章不无感叹地说："道不可状，为难其人也。"③他认为："天道至无心，圣道至无意。"④道，既是不以人的意志为转移的自然之律，也是一种不可言状，但又通于物，彰显在"天命流行，真机活泼。水到渠成，鸢飞鱼跃"⑤等自然现象中的规律。也许因为中国古汉语中原本就缺乏联结主语与宾语的系动词"是"，于是，"道"就只得依靠各种具体事物的类比来进行意指了。道，起始当然是无名的，所以，老子无奈只得使用"道"这一语词来进行初始命名。可见，"道"只是老子等圣贤对日月无人燃而自明、星辰无人列而自序、禽兽无人造而自生自灭的自然规律的领会。道无所不在，道无边无际，故老子说："大曰逝，逝曰远，远曰反。"逝，通常指事物发展过程（时间）的流逝，如："逝者如斯夫，不舍昼夜。"（《论语·子罕》）"逝，往也。"（《说文解字》）"逝，行也。"（《广雅》）"倏而来兮忽而逝。"（《楚辞·九歌·少司命》）远，

---

①② 湛若水. 湛若水全集：第 12 册［M］. 黄明同，主编. 上海：上海古籍出版社，2020：278，135.

③④⑤ 陈献章. 陈献章集（上）［M］. 孙通海，点校. 北京：中华书局，1987：56，55，278.

指悠远的过去，如："穷高极远。"（《礼记·乐记》）"则筮远日。"（《仪礼·士冠礼》）反，可作往返、返回、重复之解，如《国语·越语下》中有"一日五反"；《汉书·龚胜传》中说："使者五反"，注曰："反，谓回还也。"由此可见，面对"道"表达的难题，老子最终选择了用"逝去""过去"和将来"往返"的时间结构来阐释"道"的解决方案。从长远来看，寰宇间各种事物的变化总是表现为周而复始的往返现身；从近处看，给人的感觉总是过去、现在和将来的时间流逝，湛若水终于慧眼洞察了道与时间的这种关系，认为对"道"的本质可以以转化为时间的形式来进行领会。他在《书问》一文中指出："道全在时字上，时即道也。"基于与现象学的比较，笔者认为湛若水将道转换为时间的表述方式达到了与现代西方哲学同样高的认知水平，甘泉之说完全可以为西方的哲学界所理解和接受。

有趣的是，现象学在解决"存在"表述问题上的困惑与中国古代哲学在"道"言说上的艰难一样，但最终殊途同归，即取道于时间意识的这条路径上来。胡塞尔说："时间性乃是存在领悟一般之可能条件；对存在的领会与概念把握是从时间出发的。"①海德格尔甚至将"从时间的展开来阐释存在"作为他对存在问题进行探索的主要路径，他说："在隐而不彰地领会着解释着存在这样的东西之际，此在由之出发的视野就是时间。"在回顾了整个西方存在论思想发展史后，海德格尔不无感慨地说："一切存在论问题的中心提法都根植于正确看出了的和正确解说了的时间现象以及它如何根植于这种时间现象。"②由比较可见，湛若水的论断虽然文字不多，但比西方哲学家更早领悟了时间立义在认识和把握存在中所具有的奠基性作用。

"大其心"不仅意味着心量宽大，其实也意味着对心与存在关系领会的辩证法。在湛若水眼中，"心、身、家、国、天下，何莫非意？"③认识到时间构造与认识宇宙万事万物存在之间的关系是从孟子"万物皆备于我"，到陆九渊"吾心即宇宙"，再到湛若水"大其心"思想的核心线索。

二、敬天、敬民与吾心

从"大其心"的思想视野来看，人本源于自然，生于自然，终归于自然，所以人必须敬畏自然，顺应自然，方才能活得健康心安。湛若水基于《易经》《尚书》《诗

---

① 胡塞尔. 现象学之基本问题 [M]. 丁耘，译. 上海：上海译文出版社，2008：375.
② 海德格尔. 存在与时间 [M]. 陈嘉映，王庆节，合译. 北京：生活·读书·新知三联书店，2012：21 – 22.
③ 湛若水. 湛若水全集：第 12 册 [M]. 黄明同，主编. 上海：上海古籍出版社，2020：87.

经》《春秋》等上古经典的考证，阐述了敬天的必要性和重要性，敬天的内容、形式与方法，厘清了修身养性与敬天、爱民的关系，成为"大其心"的核心思想。何谓敬？湛若水给出的定义是："敬者，心无所慢也。"① 在他看来，"敬"集中彰显了人的德性，而且具有重要的作用，他说："夫敬，德之聚也。敬则合内外、该心事、通众寡，物我两尽者也。"②敬天爱民的思想源出上古《尚书》等史书记载，但孔子最早给子路讲述了这个命题，他说："修己以敬"，然后"修己以安民"，再"修己以安百姓"。（《论语·宪问》）何谓天？其甲骨文为象形字或会意字，原义指至高无上，因为天上的太阳和月亮决定了人类的进化、命运与生理节律，因此，崇拜和敬畏自然成了古人最重要的信仰。孔子有如此之赞叹："大哉尧之为君也！巍巍乎！唯天为大，唯尧则之。"（《论语·泰伯》）如何将只有尧才做得到的事变成为所有人君皆应懂得的天理和追求的目标，这正是湛若水撰写《圣学格物通·敬天》的良苦用心。

人如何敬天？首先就必须认识天道的运行规律，《尚书》中记载了尧帝时期的第一个发明，即天文历法的制定，曰："乃命羲和，钦若昊天，历象日月星辰，敬授民时。"为了教导百姓如何把握天道，以及如何阐释人的存在这个难题，智慧的中国哲人与西方现象学—存在主义家都选择了从时间的路径来谋划解决的方案。如《周易·乾卦·象传》中说"大明终始，六位时成"，认为道之终始成就于时间之中。有趣的是，海德格尔用了一个倒装句表述了同样的思想："绽出的时间性源始地敞明'此'。"③人不仅在时间中回忆和解释着过去的历史，而且操持着自己的现在与将来的生活方式，因此，他认为，从生存论的意义上，"时间性构成了此在的源始的存在的意义"④。湛若水慧眼洞察了天道与时间建构的这种关系，他在《书问》中径直说："道全在时字上，时即道也。易六十四卦，三百八十四爻，全是时上。孔子所以异于伯夷伊尹柳下惠而为圣之大成，亦时而矣。明觉自然处正是天之聪明，即所谓天之理也。"可以说，湛若水将晦暗不明的"道"转化为可以确切感知和计量的时间进行阐述的方法是一个杰出的哲学洞见。湛若水明白了制定历法的心学原理，即"人时，谓耕获之候，凡民事早晚之所关也。夫在天成象，在人为时"。用现象学的话来说，时间是人观察天象所建构的系统。作为社会治理者"敬授人时"的终极目的是"敬天勤民之政"，因为

---

①② 湛若水. 湛若水全集：第 8 册［M］. 黄明同，主编. 上海：上海古籍出版社，2020：234，240.

③④ 海德格尔. 存在与时间［M］. 陈嘉映，王庆节，合译. 北京：生活·读书·新知三联书店，2012：399，270.

"人君代天理民者也，非敬则不能顺天度以历象，不顺即不敬也"①。既然敬，就必须祭告于天，以示内心之敬，这是华夏礼文化的习俗信仰，《虞书·舜典》中记载"肆类于上帝，禋于六宗，望于山川，遍于群神"。这说明在舜帝时望而祭之的六种自然对象为时间、寒暑、太阳、月亮、星辰、水旱等"群神"，显然这些都是与农业生产和生活密切相关的天文气象等人类无可奈何的自然力量，正是这些自然因素决定了人类的命运和农业生产。所以在这种意义上，湛若水解读道："上帝，天神也。"可见，"上帝"或"天神"的意象隐喻了一种不可抗拒的强大的自然伟力。湛若水认为，人祭祀天地百神的关键在于诚敬之心，不能"内以自欺，外以欺人，下以欺山川，上以欺天"②。人如若没有"畏天之心"，那么，天降祸异。敬天也意味着敬重人内在良知的天理。承接程颐"天人一也，更不分别"的观点，湛若水进一步论证道："故人性情形体皆天也，喘息呼吸皆天也，饮食起居，命讨典礼皆天也。""天与人，其气一也，其心一也，其理一也。""岂人之外别有所为天者哉。"③所以，"存天理，则天命眷之；失天理，则天命去之"。他说，无论隐显、大细、远近，天都在监视之，"人君当无一念而不敬，以合乎天理，则天命归之矣"。他认为"吾心即天也"，"吾身即天也"，"天人一理"，"敬立而天命自永矣"④。他还认为，君子有过如日月之食，人人皆知；但如果有过知改，人也皆仰视之。简而言之，敬天是保障健康长寿、心态平和、生命安全的前提。

在中国贤哲看来，敬天还意味着要以天地为人言行的宗师，为盛德之榜样，因为"天有四时，春秋冬夏，风雨霜露，无非教也。地载神气，神气风霆，风霆流形，庶物露生，无非教也"，"天无私覆，地无私载，日月无私照"，所以要"奉三无私以劳天下"。（《礼记·孔子闲居》）天地运行的规律不仅是天理，也是社会治理或做人的正道。湛若水引《国语·周语》邵公谏厉王的典故，借山川之口类比于民之口，阐述了圣贤君主应该畅通听政于民的渠道，坚持"为川者决之使导，为民者宣之使言"的执政理念，若壅其民众之口，"防民之口，甚于防川"，以致"国人莫敢言"之时，国将不国。

敬天的核心意义在于用天神来提醒和约束人的私心和狂妄之心，湛若水很赞赏《诗经》里的警句："战战兢兢，如履薄冰。"（《诗经·小雅·小宛》）"敬之敬之，天维显思，命不易哉。无曰高高在上，陟降厥士，日监在兹。"（《诗经·周颂·敬之》）湛若水在《圣学格物通·敬天》中引经据典，强调要敬畏天理，以至公无私之心与天地之德合，认为"人恒生于忧患，死于安乐"。他论证道："盖忧患则敬心生，安乐则

①②③④ 湛若水. 湛若水全集：第 8 册 [M]. 黄明同，主编. 上海：上海古籍出版社，2020：192，203，193，194.

怠心生，此死生之辨也。"① 所以《诗经·大雅·板》中有这样让人警戒的句子："敬天之怒，无敢戏豫。敬天之渝，无敢驰驱。"联想一下现实生活中的无数贪官污吏的案例、许多人为的病患和心理问题，哪一个不与缺乏敬畏天理之心有关。在湛若水看来，"人君之道，在体天之心而已矣。能体天心，则以一人治天下，而所以富寿安逸之者无不至矣"②。换句现代的话来说，顺其自然，为所当为，仁育义正，才会有幸福的生活。

对于人类社会来说，湛若水引刘向和齐桓公的一段对话阐述了敬天的另外一层深刻含义，即"所谓天者，非苍苍茫茫之天也。君人者以百姓为天。百姓与之则（国）安，辅之则强，非之则危，背之则亡"。所以，善观天者即善观民心而已。事实上，古今中外许多王朝兴亡的事实证明，君王的一念之微，将惠及天下，相反，则祸国殃民。正是在这种意义上，"王者欲弭灾异，莫如修德"③。湛若水用历史的故事来论述的道理就是"天民一理"，"能除民间疾苦之事，可谓得敬天之实矣"。而在他看来，"故敬天之实在恤民，恤民之要在修德"，因为"人者天地之心，即天也。人君能自敬，即敬天矣"，"故得乎民心则得乎天心"，如遇灾变，必警惧以反躬省察己过，思政之阙失。在孟子眼中，敬一定要知道孰轻孰重，曰："民为贵，社稷次之，君为轻。"（《孟子·尽心下》）湛若水专作《畏民》篇，就是强调执政者应谨记先贤提出的执政亲民的训诫，所谓"民可近也，而不可上也"。基于人生的经历，湛若水还特意举例宋仁宗命令粉碎通天犀牛角调配抗疫方以疗民疫的故事④，以阐述明君忠臣只有"爱敬其民如其赤子"，先服务于百姓，让百姓得到安宁，然后才会有自己的安身之处和福利的道理，所谓"得众则得国，失众则失国"。相反，那些自以为是、高高在上欺凌百姓的人，"骄心生，则人欲肆，乱之所由成也；惧心生，则天理长，治之所由成也"⑤。敬天的对象、内容和形式虽然都非常重要，但湛若水更强调敬天的本质是要懂得天心、民心和吾心的关系，他认为："天下大公而无我。""天下大公谓之仁域。"⑥ 所谓"人惟修其在己者，祸福之来则听于天"⑦。人唯一能自主做的就是修身养性，并勇敢接受来临的任何祸福。

三、随时随处体认天理而涵养之

"随处体认天理"是湛若水早年在跟随陈献章的时候就提出的命题，陈献章对此给予了充分的肯定，说："日用间随处体认天理，君以此鞭，何患不到古人佳处也。"⑧

①②③④⑤⑦ 湛若水. 湛若水全集：第 8 册［M］. 黄明同，主编. 上海：上海古籍出版社，2020：201，203，205，247，211，212.

⑥ 湛若水. 湛若水全集：第 12 册［M］. 黄明同，主编. 上海：上海古籍出版社，2020：12.

⑧ 陈献章. 陈献章集（上）［M］. 孙通海，点校. 北京：中华书局，1987：193.

湛若水的这一思想可能受张栻之说的影响。张栻曾说："盖人心甚危，气习难化，诚当兢业乎此。然随起随遏，将灭于东而生于西，纷扰之不暇。惟端本澄源，养之有素，则可以致消弭之力。"湛若水在注释张栻这段话时指出，"端本澄源之道，在体认天理而已矣"，因为"天理有见，则私欲自消，气习自化"①。

何谓"天理"，湛若水说："天理也者，天之道也。"② 他又说："理也者，吾之良知。学之者，所以觉其良知也，知也。"③ 在他看来，圣人不仅可以察觉和认知所谓的天之道，其心也参与了这个天道的建构，于是他便有这样的说法："《春秋》者，圣人之心，天之道也。"④ 他举例说："孟子亲授业于子思之门人，得天之道而契圣人之心者，莫如孟子。"⑤ 这可以说是典型的心学思维取向。读原典的目的是一个理解和领会作者之心的过程，他说："故观经以知圣人之取义，观传以知圣人所以取义之指，夫然后圣人之心可得也。"⑥ 可见，体认天理并非指直接对天地自然的观察，而是通过正确解读原典中的圣人之心来认识意识构造中蕴含的意义。他撰写《圣学格物通》100 卷，依照《大学》八条目，以格物为线索，统贯诚意、正心、修身、齐家、治国、平天下为六格，旁征博引，希望阅读者以一书之大旨，而达到以约知博，纲举目张，"然后随日逐条以尽书中所载之经训子史及祖宗圣制，而随处体认，开发涵养以自得"。他编纂这本书的目的就是"明圣学也"，由此可见，湛若水的随处体认天理之说，实质上就是指将人的修身养性贯彻在人一生的过程和生活的所有方面，最终实现"心事一贯，进修兼致，盛德大业日臻于高明，而尧、舜、汤、武之治可比隆矣"⑦的目标。《圣学格物通》集中了历代儒家经典中关于诚意、正心、修身、齐家、治国、平天下的思想精粹，涉及个人修养在从思维、性格、言行，到家庭、国家和社会各个方面的行为规范，内容面面俱到，从现代心理学的角度来看，这无异于一本关于人格培养的行动指南。"随处体认天理"的关键就在于事上磨，日日练，细微处看。从湛若水的大心学观来看，"意、心、身、家、国、天下之理，皆备于我矣"，归根结底，自我之心正了，一切随之皆正。他认为，"孔门一本无二之指"，"夫圣人之学，体用一原，本末远近兼致，知行并进者也"⑧。

关于随处体认天理的目的，湛若水解释："能随处体认大公之本体，则无我，私且退听矣。"可见，湛若水随处体认天理的归属是以天下为公的，具有很强烈的社会责任感和正义感，而不仅仅只是治学。践行这一方法所带来的收益是："学者苟知天理为本体而随处体认焉，则无过不及、勿忘勿助之间自有易简之道，而帝王心学之传在是矣。

①③⑧ 湛若水. 湛若水全集：第 8 册 ［M］. 黄明同，主编. 上海：上海古籍出版社，2020：289，20，21.

②④⑤⑥⑦ 湛若水. 湛若水全集：第 4 册 ［M］. 黄明同，主编. 上海：上海古籍出版社，2020：13，13，13，14，23.

谨以为圣明心学万一之助。"① 湛若水说："学者知其大皆我固有，而随处体认天理焉，此入圣之门也。"② 由此可见，随处随时体认天理是一种践行圣贤心学、预防过错的路径和可操作的方法。

随处随时，意味着随动随静而致养心，亦可见对天理领会的心迹，有一个小故事可以帮助我们领会湛若水眼光之大的含义。在古代，怀才不遇的文人或官员往往喜欢用诗来表达自己的情绪，明代就有一位地方太守曾为举子时，每因贫窭赋诗以自我调侃，曰："我有穷坑万丈深，要填除是斗量金。流行坎止皆由命，且学韩毫自在吟。"在湛若水看来，"此诗亦似知命，然非实知命安义也"。他认为，从诗句来看，作者将贫贱看得太重，而看得重就"不得不为其所陷"，这种关于义利价值观的"性分之缺"岂能够用斗量金来弥补？湛若水认为，如果要做到不为贫贱富贵所累心，就应该有一种大其心的定力，曰："惟是见大则心泰，心泰则无不足。使我大而物小，我有余而物不足，我重如泰山而物轻如鸿毛。"③ 可见，大其心就是扩大其"心量"，即提高自己心意的宽度、高度与深度。

处处体认天理的指南有助于将心学思想贯穿日常社会生活的全部，湛若水说："吾儒学要有用，自综理家务，至于兵农、钱谷、水利、马政之类，无一不是性分内事，皆有至理，处处皆是格物功夫。以此涵养成就，他日用世，凿凿可行。"④ 由此可见湛若水大心学经世致用的鲜明特点。

四、正心之学与修身养性

"正心"的命题最早由曾子在《大学》中提出，所谓"欲修其身者，先正其心"。为了阐明什么是"正心"，以及正心的途径与方法，湛若水专作《正心格》上、中、下三卷，构成湛若水大心学的重要内容。在他看来，"人君以正心为本，一心正则群邪不入"，"古先哲王皆以正心为正万事之要"⑤，"万事万变生于心，心正则莫不正矣"⑥。如何才能实现"正心"？湛若水认为，正心应以天地自然为宗师。他首先借助《易经》中咸卦"山泽通气"的象征，认为天下人心皆遵循相同的天理，人之心具有"无不兼知，亦无不兼感而应之"的认知特征，所谓"心之本体，天理也，感通之道也"⑦，而正是由于心的这一特性，"憧憧者，心之不正也"⑧。据说，咸卦本义为"感应"，却偏偏要去掉其"心"，是想表达"无心的感应"才是纯正的语义。所谓"心

①②⑤⑥⑦⑧　湛若水. 湛若水全集：第 8 册［M］. 黄明同，主编. 上海：上海古籍出版社，2020：264，282，275，276，254，254.

③④　湛若水. 湛若水全集：第 12 册［M］. 黄明同，主编. 上海：上海古籍出版社，2020：206，179.

正"就应该像天地感应而万物化生，山上有泽，水向下润泽山体，而下方的山则虚以吸收的天理，君子唯有虚心接受他人意见，不存任何私心成见，才可以称之为"心正"。湛若水说："所谓天地心普万物而无心，圣人情顺万事而无情者也。情而无情，心之本体正矣，本体正则天理尽矣。"① 基于跨文化比较的视野，心学的这一方法论与现象学为了确保面对事实本身，返回到先验的明见性的直观起点上，将其他一切理论和成见加上括号悬置起来的方法，在本质上非常类似。

湛若水再借艮卦之象，认为正心应该是一种谦虚的状况，而不是以自我为中心的和固执的。湛若水认为，帝舜告诫大禹"人心惟危，道心惟微。惟精惟一，允执厥中"，是万世心学之源和正心的根本大法，而要践行这一大法的关键就在于看清自己所处的位置和初心，像山那样，求艮止之道！即"思不出位，则吾心之本体而天理见矣"②，因为心为主宰思维的器官，即"夫思者，心之本体也"。事实上，任何人欲人心都是从心不正的邪念开始的，所谓"天理人欲不容并立，人欲长一分，则天理消一分"。湛若水解释，躯壳上起念，血气用事，谓之人心；义理上起念，德性用事，谓之道心。程颐曾有言："人心人欲，道心天理。"湛若水指出，如果能自我察觉此理，并笃行之事，便是知行并进，执中之功；而执中即不偏不倚、无过不及之天理。"私心亡则心正矣，心正则自无傲上，从康之事矣。此正心之要。"③山岳的心理原型意象隐喻的就是不越位，坚定不移。湛若水总结道："侈心一动，莫为防制，颠倒迷惑。"④古今中外的贪腐案例，现代的奢侈品消费、豪华婚礼等现象，无不与侈心迷惑有极大的关系。在湛若水看来，"夫人心本正也，而有不正者，人为害之也。得人以辅之，而己无所为焉，则心之本体正矣"。所以，正心的本质就是"守吾心之正而已矣"。⑤用对待正心的态度，可分辨君子与小人，如孔子所说："唯君子能好其正，小人毒其正。"（《礼记·缁衣》）湛若水认为，心正一定要内外合一，心之中正为有德，意诚、质朴，心中自然无所矫戾，内省不疚，不忧不惧，心常安逸，体用一源，显微无间。心正将给身心带来的益处，会无意显现在脸面、躯体和行为之上，如孔子所说："心庄则体舒，心肃则容敬。心好之，身必安之。"（《礼记·缁衣》）所以，湛若水说："容貌身体皆心也。"⑥从临床心理学的角度来看，许多表现为躯体化障碍的神经症可以为湛若水的这一论断提供无数的例证。

湛若水认为，思维是心之神，因此，心正就是"思无邪"，也即回到心之本体，而如果"人能随处体认，察见本体而涵养之，则内欲不萌，外诱不累，而心思之神澄然无事，是谓无邪"⑦。正心还表现为一种对待自我的人生态度和认知模式。湛若水认

---

①②③④⑤⑥⑦ 湛若水. 湛若水全集：第 8 册［M］. 黄明同，主编. 上海：上海古籍出版社，2020：260，256，257，261，262，265，266.

为孔子所说的"子绝四：毋意、毋必、毋固、毋我"是"圣门心学之要"，认为"夫四者既亡，则天理自见"①。按周敦颐的说法，其实，子绝四者可以归结为一个要点，那就是无欲，或者说没有私欲。公私之分是判断心正与否的一个很实用的操作标准，公即无私，私即公亡。《礼记·礼运》曰："大道之行也，天下为公。"笔者认为这应成为所有公务员入职的誓言。

正心需要自我察觉和自觉践行，孟子认为，人本皆有恻隐之心、羞恶之心、辞让之心、是非之心，如果有人说自己不能做到，那是自贼，而认为别人做不到，那是低看了别人。对于本心，君子应该"扩而充之"，"以仁存心"，"以礼存心"，做到无一意念有失仁礼，那么，就可以回复吾心本体之正。因此，湛若水认为，"君子之学，在于体认天理而存，随感而见，施之爱人则为仁，施之敬人则为礼，本立而道自生矣"②。之后，湛若水意识到，"正以明心之不可以顷刻失其养"，所以他又进一步强调"学者诚能随时随处察识此心之本体而涵养之"③。随时和随处意味着涵盖了一切时空，体认本心和践行良心就没有遗漏的死角了。想一想，如今八小时之外犯错犯罪、两面人格的贪腐之官何其多。孟子曾悲叹：有些人如果丢失了鸡犬会去寻找，而丧失了自己的良心却不知道去哪里寻，所以学问之道不是别的，就是为了寻找丢失的良心罢了。然而，这良心的确不好找，湛若水分析道："人之一心，至微而见，至隐而显，操舍之机在敬肆之间尔。"④

湛若水引《国语·周语·单穆公谏景王铸大钟》之言："若听乐而震，观美而眩，患莫甚焉。夫耳目，心之枢机也，故必听和而视正。听和则聪，视正则明。"强调由于心之所欲，往往来源于耳目受到的外界刺激，于是，为人君者，不能不慎耳目之好。子曰："非礼勿视，非礼勿听，非礼勿言，非礼勿动。"（《论语·颜渊》）这一切其实都是为了避免那些不良刺激对修身正心的干扰。对照一下笔者在临床上遇到的青少年案例，其中就有不少心理问题的确由所沉迷阅读的不良网络小说或淫秽的视频所诱发，这些人的心被污浊的东西所占据，所以上课时早已神思迷糊。湛若水认为只有"夫纯其心者，享神之本也"⑤，故心正也可谓之一纯。同理，许多官员往往是从耳目眩晕之境开启贪腐之心的。湛若水认为，自大好胜是阻碍或遮蔽正心中常遇到的问题，在历代君王中，楚怀王就是一个典型，最后导致人死国灭。君王的心正与否关乎国家的大局和安危，湛若水非常赞同朱熹提出的"正心术"，并得出历史性的结论："君心正则政莫不正，君心邪则政莫不邪。"湛若水认为，心若不正，才虽过人不足取，只有才德合一才是有用之才。

---

①②③④⑤ 湛若水. 湛若水全集：第 8 册［M］. 黄明同，主编. 上海：上海古籍出版社，2020：267，269，270，271，274.

在历代圣贤看来，内观反躬自问是君子必修的正心之功夫。曾子说："吾日三省吾身。"慧能亦说："常自见己过，与道即相当。"（《坛经·般若品第二》）王阳明博览群书，游学于儒道禅诸子百家，最后他感叹道："存心养性之外，无别学也。"古人所说的"三省吾身"和"存心养性"都是内观之道。

正心的过程包括收放心、养心（或沃心）与存心，而且是一个终身修养的过程，不能急功近利。程颐指出："学者须敬守此心，不可急迫，当栽培深厚，涵泳于其间，然后可以自得。但急迫求之，只是私己，终不足以达道。"孟子说其操作要点是在每一件具体的实务中去磨炼，做到"勿忘勿助长"。为何要勿忘勿助？对此，湛若水的解释是："夫助则过，忘则不及，皆不可以进道也。"他认为："道之进也，在于勿忘勿助之间而已。"① 联系当下社会现实，不难发现，凡那些坐火箭快速升迁的官员通常是精致的功利主义者，身败名裂的结局告诫世人：过高则危不稳，忘记初心则邪。

正心绝不是一劳永逸就可以完成的，而必须贯彻到活到老学到老的一生，因为人心和道心、私心和公心都是一心所为，所谓"人心之得其正即道心，道心之失其正即人心，非有二也"②。公与私之间并不是绝缘的，而是一对此盛彼衰的矛盾，所以，只能用随时随处的正心之功夫抵制私心的侵入，湛若水引典故阐述正心与人欲的辩证关系："仁爱之心生，则忮害之心息；正直之心存，则邪诐之心消；羞恶之心形，则贪鄙之心绝；忠悫之心萌，则巧伪之心杜。"③这也是为何湛若水将"随处体认天理"作为践行心学最重要准则的缘故。

心正与不正不只是一种内心的状况，还是一种与身体、言行内外投射与相呼应的关系，一方面，威仪者，内心之表，人的内心状况可以从外观行为来观察。湛若水认为："视听言动皆身之仪，见乎其外。而其所以视听言动者，则心也。"④故观其容而知其心，心不固则容不正。古人的经验是："观目可以知义，观足可以知德，观心可以知福。"⑤ "夫服，心之文也。"心中正则面貌行为庄重，对照联系一下当今社会中的贪腐官员，哪一个不是专横跋扈，独断专行，并有不良嗜好和不良行为的蛛丝马迹显现于生活之中？另一方面，心正也要从言行、服饰等生活习惯的每个细节要求做起，即举凡一切非礼的东西勿看、勿听、勿动就是很好的准则，试看哪一个贪腐之人不是从违反这几条礼规开始的呢？正心要靠自觉，而且是智慧人生的前提，如慧能所说："若能正心，常生智慧。观照自心，止恶行善，是自开佛之知见。"（《坛经·机缘品第七》）

———————————

①②③④⑤ 湛若水. 湛若水全集：第 8 册［M］. 黄明同，主编. 上海：上海古籍出版社，2020：283，93，293，306，314.

五、无逸之说的价值与意义

湛若水钟情阅读儒家经典原著，并同时参考其他历代多家注释，加以对照、考证梳理，求其本源，纠其一偏之知，删除那些"杂入"者的解释，厘正错落，由博返约，会意圣贤之心。

湛若水关于大心学的思考大多出自于国家治理的大格局，具有超越狭隘自我的远大目光，其中从古籍中提升出来加以宣扬的"无逸之学"尤其具有这一特质。

修身、齐家、治国、平天下是中国古代杰出帝王和儒门士子的人生理想，也是儒家区别于佛家和道家的重要分界线。要实现这一理想，君子就必须有一种不负天命、日日勤勉的社会责任与勤政的人生态度。湛若水说："逸者懈惰荒宁之谓。无逸则无懈惰荒宁而敬心存矣。敬者圣学之要，而帝王相传之心法也。"① 史学界一般认定周公为儒学之先贤，"无逸"作为君王修身养性的第一个心法载于古籍《尚书》中，在"无逸"篇中记载：周公在还政于年轻的成王之际，语重心长地对在位的大臣们说"君子所，其无逸"。这看似平淡无奇的一句话却用心良苦，寓意深刻，因为它反映了周公在总结了殷代历代君王治理国家成败的历史经验后得出的重要结论。他回顾说，殷王中宗、高宗、祖甲三代都恭谨、礼敬、小心、戒惧，不敢过度享乐，所以执政时间都很长，百姓拥戴，但是从三代以后，殷所立的君王，"生则逸，不知稼穑之艰难，不闻小人之劳，惟耽乐之从"（《尚书·无逸》），所以他们在位的时间都很短。周公呼吁周国以后继承先王的君主切记不要沉迷于台榭之乐，贪图安逸、游玩和田猎，而应当为百姓勤勉地处理政务。在"君奭"篇中，周公对自己的忠臣君奭说：天降下了灭亡之祸给殷国，我们的周国也已经接受了殷的国运，但我不知道，我们周人的功业会不会永远吉祥。我虽然已经承担了治理周国、发扬光大周国事业的重任，而我却不敢安逸地享受上天赐予的国运，也不敢不永远地为我们的民众考虑。只有做到了这些，民众才不会对我产生怨恨情绪，这一切都是人的作为所产生的结果。如果我们的子孙只知道过度享乐，不能继承祖先恭敬而光明的品德，"不知天命不易，天难谌，乃其坠命，弗克经历"（《尚书·君奭》），那么，就会断送前人所开创的光辉事业。周公呼吁：要永远记住这个历史鉴戒！由此可见，周公提出的无逸之说并非来自书本，而是来自对前朝兴衰历史经验的总结。除了从学史中明白无逸的道理，周公认为在位的君子们还可以从解百姓五谷种植耕耘之辛苦，盼望时雨或担忧涝灾的那份操心中去懂得无逸的必要。周公说："先知稼穑之艰难，乃逸，则知小人之依。相小人，厥父母勤劳稼穑，厥

---

① 湛若水. 湛甘泉先生文集（四）[M]. 桂林：广西师范大学出版社，2014：1117.

子乃不知稼穑之艰难，乃逸乃谚。"（《尚书·无逸》）在一个农业社会，民以食为天，稼穑是民众赖以生存的基础，所以，就个人成长历程来说，不知道父母辛勤劳作的儿女就容易滋生好逸恶劳的品性；如果就君王而言，不知道百姓的忧愁就难以树立勤敬之心。事实上，勤敬无逸就是尊重劳动精神的态度。《春秋左传·闵公元年》中也有类似的忠告："宴安耽毒，不可怀也。"用今天的话来说，"无逸"就是要君王勤政为民，因为君王勤政与否关乎一个国家的兴亡。

湛若水在他的讲章中第一次将周公无逸之说提升为"无逸之学"，不仅首次定义了"无逸"的内涵，而且强调了"无逸之说"在心学中的地位，阐述了"无逸之学"的入世意义，讲解了实现"无逸"的具体途径与方法。在湛若水看来，所谓"无逸"，其语义包括：一是勤政。君王治理国家必须勤勉无逸，无懈怠，没有懒惰，既不松懈，也不紧张。二是行为端正。意指君王没有荒谬、荒唐、荒淫、放荡的享乐行为。三是没有内心的操心不安。君王为何要做到无逸？或者说，无逸的意义何在？湛若水认为，首先，只有"无逸"才能明白天理。他说："天人一也，我心少懈，则天理息矣。"①如果"君能从事于无逸之学，则人心不死，天理常存"②。其次，无逸勤政是君王敬心的行为表现。何为敬心？即敬天敬民之心。湛若水认为："敬者，圣学之要。"③他阐述道："天人同是一气，人是天地之精，天无心，人民之心便是上天之心，民心之所在，即使天理之所在，此气此理通达无间。"④因为有些君王不知"敬其民以敬天"和"敬民之心如敬天"的道理，因此，周公将勤政而不懒政、常存敬畏之心、不敢肆意好恶当做传授给君王的最重要而又平常的心法。湛若水回顾总结了尧舜、文王和武王等帝王取得功德的历史经验，认为遵循"无逸之说"是君王体现在动静食息起居语默日常生活中用功体认的一种大智慧，认为"无逸之说"的意义在于明晰和指导了君王治理国家时应遵循的行为准则，这样其才能做好民众的表率，有助于民心稳定和国家的长治久安。

湛若水批评了那种以为"先知勤劳而后即可以安逸"的认识，认为"尧舜只是兢兢业业过了此生，岂有先劳后逸之理"⑤。这就是说，操劳操心本是百姓终生依赖的根本，他认为真正的安逸是"勤敬之心日履安地便是至逸"，而那些"其不知艰难而放逸者乃是履危地，所谓安其危利其灾实非真逸也"⑥。在他看来，真正的安逸只存在于兢兢业业的勤学和勤劳的忙碌之中。

无逸之学并不是一种形而上学的理论，而是指导为人君者的一种行动纲领。《尚书·虞书·大禹谟》中还阐述了"无逸"的具体要求，即"儆戒无虞，罔失法度。罔

① 湛若水. 湛若水全集：第12册［M］. 黄明同，主编. 上海：上海古籍出版社，2020：84.
②③④⑤⑥ 湛若水. 湛甘泉先生文集（四）［M］. 桂林：广西师范大学出版社，2014：1119，1116，1114，1120，1118.

游于逸，罔淫于乐"，告诫君王只有时刻警戒，才能无后顾之忧，不要违反规章法制，不要放纵安逸，不要淫乐。

湛若水在阅读《春秋》时，发现有如下一段记载："春，公观鱼于棠。"他认为这正是因为君王"远事逸游"的一个案例，所以春秋特书"观鱼"以表达讥讽之义。湛若水认为，君子"必实用力于无逸之学，乃能真知而行之不息"①。湛若水总结的"无逸之学"概括了历代圣贤的为人为政之正道，即"不敢荒宁之心以为之本"，"以所其无逸之学自力，终日乾乾而不息则天理日见"②。事实上，好逸恶劳、不劳而获是一切腐败的基础，那些沦为阶下囚的贪官污吏哪一个不是失去对自己行为的警戒，哪一个不是徇私枉法，好吃好赌贪色，才导致了其从公仆堕落到祸国殃民、尔虞我诈的罪犯。因此，"无逸之说"无论是对于青少年的人格培养、心理健康，还是对公务员的勤政为民的作风建设都具有极其强烈的现实意义。塑造无逸的信仰与品格是勤学有为、勤劳致富、国富民强、廉政防腐的法宝。

六、"礼也者，履也"，礼就是人格塑造的规则

道在自然为道，在人为礼，道和礼皆是天理。湛若水说："亲义序别，信由心生。"③ 因此，人伦之礼自然是湛若水大心学中的有机组成部分。为此，湛若水赞美了一个人杰的榜样："颜子克己故礼复，礼复则天理流行，与心为一。"④ 作为一个热心办学的教育家，湛若水留下了不少当时的备课讲章，其中对上古经典《曲礼》和《仪礼正经》的讲授尤为重视，他旁征博引了 22 位知名儒家的注释，对上述二经作了心学视角的解读，著有《二礼经传测》67 卷，其规模之大、注释之细致程度远胜前后诸儒，并将礼之道纳入大心学之范畴，这成为湛若水大心学的又一个显著特色。湛若水对古礼研究的心学方法是："近取诸心，远取诸文，会而测之，知圣人精意如此乎？如彼乎。"⑤ 远近比对，彼此共情，心即理，也即礼的本质。在湛若水看来，"盖万事万变皆本于心，千圣千贤皆是心学。"⑥

首先，湛若水对礼的伦理基础和重要性进行了阐述，指出："礼，理也；庄敬者，礼之本也。"⑦礼，并不只是拿来说教的，而关键在于践行。通过每个人脚踏实地履行礼，不仅能让礼取得效益，而且能让践行者的人格得以培植。所以，他特别指出："礼

①② 湛若水. 湛甘泉先生文集（四）[M]. 桂林：广西师范大学出版社，2014：1120，1122.

③ 湛若水. 湛若水全集：第 14 册 [M]. 黄明同，主编. 上海：上海古籍出版社，2020：111.

④⑥ 湛若水. 湛若水全集：第 8 册 [M]. 黄明同，主编. 上海：上海古籍出版社，2020：267，270.

⑤⑦ 湛若水. 湛若水全集：第 1 册 [M]. 黄明同，主编. 上海：上海古籍出版社，2020：14，31.

也者，履也。"强调"礼以履之，使民无邪行"①。礼贯彻人的一生的社会化全过程，如成年、结婚、饮食、祭祀、接人待物之礼等，礼教是人格塑造的主要途径与方法，在立德树人的根底上尤为具有基础性意义。

其次，湛若水认为，礼的本质是敬，而敬的作用是让相处的人觉得心情顺畅，曰："夫敬者，礼之质也，仁之聚也。"②基于对《曲礼》中"毋不敬，俨若思，安定辞，安民哉"一句的理解，湛若水认为，礼起源于人与人之间不敬现象的治理，礼一定要出于本心之敬，思而不邪，并用一定的言语形式表现出来，只有这样才会起到安定民心的作用。《曲礼》中指出，有四种妨碍践行礼的常见态度尤其要避免，即"敖不可长，欲不可纵，志不可满，乐不可极"。湛若水认为，这四个问题是阻碍恭敬的态度，如果这样做，敬的践行恐怕就不可能了。

礼无处不有、无时不在日常生活的处事做人和言语之中，礼在很多时候意味着节制、禁止和警戒。湛若水说："戒胜心，所以养让也；禁贪心，所以养廉也。"③湛若水认为："庄敬者，礼之本也。"一个人要在日常坐立行走的行为中处处注意礼的修养与实践。

礼尚往来是社会人际交往中的常见现象，"礼尚往来，往而不来，非礼也；来而不往，亦非礼也"。对此，《曲礼》中提出的送礼原则是："礼从宜，使从俗。"湛若水解释：礼从宜，是指行礼要法天之时，顺时节而为；从俗者是因地之利，符合地方民俗文化。礼是社会人伦中的天理，因此，礼不可不学，不能不践行。礼对于维持社会稳定、人际和谐具有重要的作用，所谓"君臣上下，父子兄弟，非礼不定。宦，学事师，非礼不亲"。《曲礼》提出警示："人有礼则安，无礼则危。"但礼尚往来一定要符合道义。湛若水说："礼也者，理也。"④礼应该是符合天理的理性交往，言行合于道，而不是为了奉承献媚，虚情假意，伪装自己这些有邪念的行为。礼也不可逾越规矩，不能轻慢，不能狎昵。在湛若水看来，德也者，理也，理无大小，故曰"体用一原"，显微无间。⑤即使在今天看来，湛若水充分肯定古人所定下的许多人际交往的礼节还是很有现实意义的，如听别人讲话时，要做到"正尔容，听必恭，毋剿说（不要打断别人说话）"；与人交往，"不窥密，不旁狎，不道故旧，不戏色"，"饮酒不至变貌"，等等。简而言之，在湛若水看来，礼是心之意向，是仁义、诚意、恭敬、知理、知行合一的外在表现，是塑造人格的阶梯，亦是明心见性的窗口，不可不重视。从大心学的意义上说，礼教是心学的实践论。

①②③④⑤ 湛若水. 湛若水全集：第 12 册［M］. 黄明同，主编. 上海：上海古籍出版社，2020：37，29，30，31，78.

七、关于湛若水大心学与佛老之学的关系

基于历史发展的背景和趋势，湛若水大心学的发展始终离不开与佛老之学的比较，也少不了对心性共性的认识，但与王阳明对待佛老的态度有别，湛若水更多地维护和坚守了儒释之分的界限。

我们先说说相同相通的方面。湛若水的大心学也意味着他的多闻多见、博采众长、开放的治学态度。以对天理和圣人共识的领会为例，湛若水说："千圣一心，万古一理。"① "千圣千贤皆是随处体认天理，同条共贯，东海、西海、南海、北海有圣人出，亦不能外此。非但圣人不能外此，虽东西南北海之人，亦不能外此也。盖无别天、别性、别心故也。"② 可见，湛若水认为无论是儒道释各路圣贤，还是天下百姓，其心的先天本性，以及所共享的世界和天理并无不同，就心的运行和思量的边际而言，心学与佛老之学都有相同的认识。慧能说："心量广大，遍周法界"，"来去自由，心体无滞"，"般若无形相"。（《坛经·般若品第二》）湛若水也认为："心者，广大而无外，周流而无穷者也。"慧能说："佛法是不二之法。"（《坛经·行由品第一》）湛若水也说："惟人心不可以二，二则支，支则离，是故用志不可以或分也。"③ 心学与佛老之学都是为了助人在事上自省觉悟，慧能说："佛法在世间，不离世间觉。"（《坛经·般若品第二》）孟子说："使先知觉后知，使先觉觉后觉也。予，天民之先觉者也；予将以斯道觉斯民也。"（《孟子·万章上》）湛若水也说："故学，觉而已矣。觉则正心生，不觉则邪心生，觉则达诸天，不觉则陷于人。"④

我们再看看不相同之处。湛若水追随心学圣贤，但并不盲目崇拜跟风，例如在他之前的不少心学大家多有援佛入儒的倾向，但湛若水并不赞同。湛若水对陆九渊有如下评论："陆亦求诸内者也，谓之禅吾不敢也，谓流而非禅，吾不信也，吾敬之而不敢学之。"⑤湛若水弟子蒋信认为湛若水为了维护孔孟之道的根本原旨，"辟佛也严"，认为"孔孟之学本乎易简，淆之以佛则乱"⑥。因此，湛若水较王阳明更多地注意到心学与释老之学的区别。如关于心性与生理关系，湛若水认为圣人心学与释氏的看法不同，"圣人言性乃心之生理，故性之为字，从心从生；释氏言性，即指此心灵明处便是，更不知天理与心生者也"，"释氏以此生理反谓为障，是以灭绝伦理。去圣人之道远矣"⑦。又如湛若水认为，释家"以知觉为道，但未知所知者何事"，而儒家以天地合

---

① 湛若水. 湛若水全集：第8册［M］. 黄明同，主编. 上海：上海古籍出版社，2020：260.
② 湛若水. 湛若水全集：第7册［M］. 黄明同，主编. 上海：上海古籍出版社，2020：10.
③④⑤⑥⑦ 湛若水. 湛若水全集：第12册［M］. 黄明同，主编. 上海：上海古籍出版社，2020：67，17，66，97，223.

德，坚持践行中庸之道，可入圣人之室。"儒释之分正在此。"① 湛若水还曾与人辩论，认为"圣人之学至大至公，释者之学至私至小，大小公私足以辩之矣"②。湛若水这里所说的"至大至公"意指儒学将人之身也置于天地万物之中的态度，而"至私至小"则是指释家要去耳目口鼻等六根、六尘的态度。他分析道："儒有动静，释亦有动静。夫儒之静也体天，其动也以天，是故寂感一矣。夫释之静也灭天，其动也违天，是故体用二矣。故圣人体天地万物而无我。释者外四体六根而自私。"③ 在关于心的意向性这一命题上，湛若水认为，心之所指所思所想离不开生活事件，曰："何事非心矣！何心非事矣！"④相比而言，他质疑"二氏均之无用焉尔矣，离事以语心也。圣人之学，心事合一，是故能开物而成务"⑤。

儒家主张学习要经世致用，不能闭门造车，空谈自我觉悟。与释氏论"空"、老氏言"无"不一样，湛若水认为"心事合一，圣人一以贯之学也，道事而语心，二氏灭伦之学也"⑥。湛若水也是这样践行的，他教弟子"以德业、举业合一进修"⑦，还专门写下《二业合一训》一文，按现代的话来说，就是既要"立德树人"，又要"又红又专""知行合一"。湛若水主张弟子应兼修德业与举业以立我，方才能兼体用，合内外，具备齐家、治国、平天下的本领。只有德业和举业兼修，学习者才能真正掌握"道艺"⑧，否则那只是雕虫小技的"小艺"，这一主张不仅符合孔孟圣人的做法，也是湛若水和他的导师陈献章人生之经验，更符合社会治理对人才能力的实际需要。由此可见，湛若水对待佛老之学的基本评价与王阳明的态度有很大的不同。

此外，湛若水对心学与道家之说也进行了区分。他说："老氏只炼精化气，专以调这些气为主，圣人则以气之得中正是理，全不相干。""老氏任气，儒学任理。任理则公，任气则私。"⑨但陈湛心学主张"以吾心之自然，而顺乎天地万物之化之自然"⑩，与道家的顺其自然的思想则是相通的。湛若水说："理只是一个理，而谓之天理者，明其为自然，不由安排耳。"⑪由此可见心学与理学的内在关系。湛若水认为："性也者，心之生理也，心性非二也。"⑫这与道家对修身养性的认识路径也是内在一致的。但湛若水为了捍卫儒与道家之间的藩篱，不得已而作《非老子》，认为道德上下篇并非老子所作，而且"无一言暨乎天理者"，"无一言发明乎六经之指者"，公允而论，湛若水的这些观点显然有些偏激。

---

① ⑨ ⑩ ⑪ 湛若水. 湛若水全集：第 13 册［M］. 黄明同，主编. 上海：上海古籍出版社，2020：89－91，27，105，93.

② ④ ⑤ ⑥ ⑦ ⑧ 湛若水. 湛若水全集：第 12 册［M］. 黄明同，主编. 上海：上海古籍出版社，2020：21，73，94，83，129，135.

③ ⑫ 湛若水. 湛若水全集：第 14 册［M］. 黄明同，主编. 上海：上海古籍出版社，2020：119，101.

湛若水和王阳明虽然是志同道合的挚友，但两人从不避讳在不少观点上的分歧和区别，例如王阳明批评"勿忘勿助，终不成事"，而湛若水则认为，天地万物一体，天理在心，求则得之，但求之有方，勿忘勿助才是唯一正确的方法。"须不费丝毫人力，欠一毫已便不是，才添一毫亦不是。""只勿忘助时，便添减不得，天理自见。"①换而言之，勿忘勿助即是熟之力②，因熟之至已成习惯，浑醇而化，不必刻意所为。又如王阳明说："随处体认天理，与致良知一般。"③可湛若水说："良知者何？天理是也。到见得天理，乃是良知，若不见得天理，只是空知，又安得良？"④"随处体认天理，是圣学大头脑，千圣千贤同此一个头脑，尧、舜、禹、汤、文、武、孔子、周、程，千言万语，无非这个物，岂有别物？同是这个中路，岂有别路？"⑤可见，在湛若水看来，良知只是天理之一，所以不能用"致良知"等同于"随时体认天理"的全部。

可以想象，在几百年前湛若水的学堂里，教学气氛是生动活泼的，因为在他的讲章里即使只是讲解一个观点，他都会引证多部经典，既有历史典故，又有自己的独特见解，夹叙夹议，阐述的哲理语句精辟而逻辑严谨，思想深邃。湛若水"大其心"之说，大就大在视野宽阔，随处随时，遍及生活世界的各个角落和每时每刻；大就大在心量无穷，以天下为公；大就大在熟读历史经典，然又凝聚简约于一心一理。湛若水说："心也者，万事万化之大原乎。"⑥这也许可看作其大心学的概貌。

---

①③④⑤　湛若水. 湛若水全集：第 13 册［M］. 黄明同，主编. 上海：上海古籍出版社，2020：91－94，92，16，42.

②　湛若水. 湛若水全集：第 14 册［M］. 黄明同，主编. 上海：上海古籍出版社，2020：121.

⑥　湛若水. 湛若水全集：第 8 册［M］. 黄明同，主编. 上海：上海古籍出版社，2020：277.

第十九章　王阳明的致良知心学思想

正因为王阳明经历了从佛、道再到儒学的曲折的求学和成长经历，他要比那些径直从孔门出来的儒家弟子有更宽阔的哲学视野。他大胆汲取了慧能自性之学的思想，并找到了一条为儒家本体论和认识论注入新解释的思路，重新阐释了儒家经典中有关心、性、理等若干核心概念和命题，创新了在新的历史背景下儒家思想的表述方式，为新儒学发展做出了不朽的贡献。王阳明的四句教——"无善无恶心之体，有善有恶意之动，知善知恶是良知，为善去恶是格物"是其心学集大成的结晶。

良知之在人心，

则万古如一日。

—— 王阳明《寄邹谦之》

王守仁（1472—1529），字伯安，浙江绍兴府余姚县（今属宁波余姚）人。因曾筑室于会稽山阳明洞，自号阳明子，故学者称其为阳明先生。王阳明曾历任刑部主事、贵州龙场驿丞、庐陵知县、左佥都御史、两广总督等职，官至南京兵部尚书、都察院左都御史，因平定宸濠之乱而被封为新建伯，隆庆年间追赠新建侯，谥号文成。王阳明是明代著名思想家、文学家、哲学家和军事家，还是儒家心学的集大成者。本章以《王阳明全集》所收录的语录、文录、别录、外集、续编等文本为考据，以儒学经典中有关心、性、理等若干元概念和重要命题为线索，阐述了王阳明集心学大成的几个主要成因，并就阳明心学与慧能自性之学和西方现象学的相通之处进行了跨文化比较，这将有助于我们理解阳明对孔孟之说的传承与创新的贡献，以及其致良知学说的现代价值与意义。

一、王阳明集心学大成的原因

要真正理解一个人的思想，就应先了解其求学与成长的经历。在心学思想发展史上，王阳明之所以被称之为心学集大成者，一定是有成就他的多种原因的。我们可以从阳明留下的文集中寻找到一些答案的线索。

其一，阳明认清了当时儒学发展面临的困境。他分析道："孔孟既没，圣学晦而邪说横。教者不复以此为教，而学者不复以此为学。""圣人之学日远日晦，而功利之习愈趣愈下。"① 当时学界对儒家经典六经解读已经出现了多种不良的倾向，阳明认定："《六经》之学，其不明于世，非一朝一夕之故矣。尚功利，崇邪说，是谓乱经；习训诂，传记诵，没溺于浅闻小见，以涂天下之耳目，是谓侮经；侈淫辞，竞诡辩，饰奸心，盗行逐世，垄断而自以为通经，是谓贼经。"②孔孟之圣学被这些人打着"尊经"的旗号，实则被割裂弃毁。在古代，许多学派的传承并不是一路顺畅，时有中断或失传的现象。早在孟子时，他就感叹由孔子到他那个时代仅隔百余年，离圣人之世并不远，然而，却没有圣学的继承人了。（《孟子·尽心下》）尽管当时朱熹理学为官方认可的显学，但王阳明年轻时亲历的"格竹"之事让他对理学产生了失望。他本想依照朱熹所说的"众物必有表里精粗，一草一木，皆涵至理"的观点去体验一番"格物穷理"的道理，恰好他父亲的官署里有很多竹子，于是王阳明便邀朋友一起"取竹格之"，结果"格物"数天不仅没有悟出什么"天理"，反而因耗费心力而病倒。王阳明因而感叹："圣贤是做不得的。"虽然现在看来，王阳明对朱熹言论的理解并不正确，而且格物的方法也不对路，但这种沮丧糟糕的体验却让他暂时中断了对理学的追随，转而去道家和佛家寻找天理。

其二，正由于王阳明曲折的求学和成长经历，他与那些径直从孔门出来的儒家弟子的知识结构有很大的不同，即有更善于跨学派比较的开阔视野。王阳明曾自述过早年的这段经历，说当时苦于众说纷扰，茫然不知方向，而求诸老、释之学，以为圣人之学在此，对于孔门之学虽措之日用但往往缺漏无归，且信且疑。尽管从仕途人生发展的角度来看，王阳明后悔自己在道、释二家消磨了20多年的光阴，但从思想资源的角度来看，他恰恰是从道学和释家心性之学的比较中发现了儒家心性本体论和认识论的不足，以及改进的思路。他说："释氏之说，亦自有同于吾儒，而不害其为异者，惟在于几微毫忽之间而已。亦何必讳于其同，而遂不敢以言；扭于其异，而遂不以察之乎？"③"夫禅之学与圣人之学，皆求尽其心也，亦相去毫厘耳。"④有一次，弟子请教王阳明："二氏与圣人之学所差毫厘，……但二氏于性命中着些私利，便谬千里矣。今观二氏作用，亦有功于吾身者。不知亦须兼取否。"王阳明毫不掩饰地回答："说兼取，便不是。圣人尽性至命，何物不具，何待兼取？二氏之用，皆我之用。即吾尽性至命中完养此身，谓之仙；即吾尽性至命中不染世累，谓之佛。但后世儒者不见圣学之全，故与二氏成二见耳。"⑤为了形象地说明儒道释三家的关系，王阳明还给弟子们

①②③④　王守仁. 王阳明全集（上）［M］. 吴光，钱明，董平，等编校. 上海：上海古籍出版社，2015：48－49，215，125，217.

⑤　王守仁. 王阳明全集（下）［M］. 吴光，钱明，董平，等编校. 上海：上海古籍出版社，2015：971.

打了一个比方，就好像一个三室一厅的房子，佛氏居左间，道家居右间，儒家则住中间。他还说："圣人与天地民物同体，儒、佛、老、庄皆吾之用，是之谓大道。二氏自私其身，是之谓小道。"[①] 王阳明一方面认为："夫佛者，夷狄之圣人；圣人者，中国之佛也。"[②] 强调"今学者不必先排仙、佛，且当笃志为圣人之学。圣人之学明，则仙、佛自泯"[③]的治学道路，既将佛、老、庄有用之识和方法为己所用，同时也认为"夫禅之说，弃人伦，遗物理，而要其归极，不可以为天下国家"[④]，不可学；另一方面则坚守儒家内圣外王、齐家治国平天下、亲民爱民的根本宗旨。由此可见，王阳明对待儒道释之间关系的态度与看法是开明开放的。当然，人到中年时，尤其是经过了谪官贵州穷乡僻壤的龙场，独居孤寂，动心忍性之余，几更寒暑，他方才恍然有悟，深刻体验到五经、四子所讲述的道理，此时有一种"沛然若决江河而放诸海"[⑤]的感觉，感叹原来圣人之道坦如大路之明朗。王阳明重拾正本清源儒学的志向，也梳理了儒家圣学传承的脉络："颜子没而圣人之学亡。曾子唯一贯之旨，传之孟轲，终又二千余年而周、程续。"[⑥]仔细考据以上人物传记就会惊奇地发现，原来周敦颐、程颢和程颐都有借佛和道援儒之哲学的做法，所以，从这个意义上说，王阳明继承了周、程学术之传统，在坚持儒学思想道统的旗帜下，大胆借用了佛、道对心性认识的思想精粹和方法，以新的视角重新阐释了儒家经典中的若干个核心概念和命题，创新了儒家在新时代背景下的表述方式。

其三，从传承的意义上说，王阳明的心学并不是另立门户的儒学，而是对儒家经典文本进行了重新解读的新儒学。因为在王阳明时代，儒学界尚功利、崇邪说的"乱经"，或以肤浅见解，只会习训诂、传记诵、忽悠天下的"辱经"，以及侈淫辞、竞诡辩、饰奸心、欺名盗世的"贼经"现象严重，当时"圣人之学日远日晦，而功利之习愈趋愈下"[⑦]，"后世人心陷溺，祸乱相寻，皆由此（圣）学不明之故"[⑧]。所以，王阳明不仅敢于质疑当时大儒朱熹的不少观点，而且决意正本清源，重新解读经典。如何正确理解孔孟先儒留下的经典是心学思想形成演化的逻辑起点，陆九渊就与朱熹有过多次著名的辩论。以"六经"这些儒学思想的主要经典为例，历代大儒都对其进行过注释或评述，如孔子就对"六经"的重要作用有过精辟的论述，曰："入其国，其教可知也。其为人也温柔敦厚，《诗》教也；疏通知远，《书》教也；广博易良，《乐》教也；洁静精微，《易》教也；恭俭庄敬，《礼》教也；属辞比事，《春秋》教也。故

---

① 王守仁. 王阳明全集（下）[M]. 吴光，钱明，董平，等编校. 上海：上海古籍出版社，2015：971.

②③④⑤⑥⑦⑧ 王守仁. 王阳明全集（上）[M]. 吴光，钱明，董平，等编校. 上海：上海古籍出版社，247，16，207，112，194，49，172.

《诗》之失愚，《书》之失诬，《乐》之失奢，《易》之失贼，《礼》之失烦，《春秋》之失乱。"（《礼记·经解》）所以，虽然历代"夫儒者以《六艺》为法"（《史记·太史公自序》），但在王阳明看来，《六经》之学，其实不明于世非一朝一夕了。他认为，只有将经典的精神领会正确了，才有"庶民兴，斯无邪慝"。如何突破以往那些"乱经""辱经"和"贼经"的解经乱象，需要有一条全新的路径。也许是受六祖慧能对解经思想的启发，王阳明也同样采取了用"心"解释儒家经典原旨思想的研究路径。慧能认为："一切万法，不离自性。"（《坛经·行由品第一》）一切佛家经典"皆因人置。因智慧性，方能建立。若无世人，一切万法本自不有。故知万法本自人兴，一切经书，因人说有"。（《坛经·般若品第二》）如此来看，圣人之学，自然也是心学，于是王阳明得出推论："《六经》者非他，吾心之常道也。""故《六经》者，吾心之记籍也，而《六经》之实则具于吾心，犹之产业库藏之实积，种种色色，具存于家。"在他看来，"盖《四书》《五经》不过说这心体，这心体即所谓道，心体明即是道明，更无二。此是为学头脑处"①。换成现象学的话来说，《六经》都是由意向性所构造的文本，照此再来解释经典，所谓"《易》也者，志吾心之阴阳消息也；《书》也者，志吾心之纪纲政事者也；《诗》也者，志吾心之歌咏性情者也；《礼》也者，志吾心之条理节文者也；《乐》也者，志吾心之欣喜和平者也；《春秋》也者，志吾心之诚伪邪正者也"②。表面上看，王阳明的上述评论只是在《荀子·劝学》和《庄子·天下》等前人述评的基础上增加了"志吾心之"几个字，但正是这几个字表明王阳明继承了陆九渊"六经注我，我注六经"的解经态度与读书方法，坚持用心学观点观照和注解《六经》的深刻用意。王阳明认为，"圣人之学无人己，无内外，一天地万物以为心"，故"圣人之学不出乎尽心"，"学以求尽其心而已"③。因此，用心学的方法来解读《六经》，有助于明确经典文本的创作与作者的意向性和意识构造的关系，有助于避免一些所谓自以为通经的权威对经典语义解释权的垄断，从而将经典的阐释权还给读者。在王阳明看来，"千圣皆过影，良知乃吾师"④，读书一定要自得，但"道有本而学有要"，他教导弟子"学贵专""学贵精"和"学贵正"，而且"学贵融会贯通"，例如他读孔孟经典就达到了"一以贯之"的境界。他说："凡看经书，要在致吾之良知，取其有益于学而已。则千经万典，颠倒纵横，皆为我之所用。"

从跨文化比较的角度来看，王阳明所做的工作与西方阐释学（hermeneutics）和现

①②③　王守仁. 王阳明全集（上）［M］. 吴光，钱明，董平，等编校. 上海：上海古籍出版社，2015：13，215，216－217.

④　王守仁. 王阳明全集（中）［M］. 吴光，钱明，董平，等编校. 上海：上海古籍出版社，2015：657.

象学（phenomenology）所追求的目标相同，即都是为了正确解读前人经典原创精神的一种方法。

心学与现象学都是从第一人称角度出发，研究意识和经验结构的一种哲学取向。虽然王阳明在儒家经典的诸多观点上敢说敢想，也有自己的独特见解，但他一直保持谦虚的态度，他劝告弟子既要保持自己的独立人格和学术立场，又"便不当自立门户，以招谤速毁；亦不当故避非毁，同流合污"①。他说："后世学术之不明，非为后人聪明识见之不及古人，大抵多由胜心为患，不能取善相下。"②在他病重之际，为谢绝那些来向他求学的人，他写下《壁帖》张于门前："守仁鄙劣，无所知识。"并劝来者"各请归而求诸孔孟之训可矣。夫孔孟之训，昭如日月。凡支离决裂，似是而非者，皆异说也。有志于圣人之学者，外孔孟之训而他求，是舍日月之明而希光于萤爝之微也，不亦缪乎！"③从这里，我们可以看清王阳明捍卫孔孟之说宗旨的志向。

二、王阳明对心学基本概念和命题的阐释

儒学中有许多基本概念和命题决定了其理论特色和哲学思考的取向，而正确解读这些元概念和基本命题成为心学立志要维护的圣学目标。所谓元概念和基本命题是指建立理论的初始假设。以下这些元概念和命题不仅是儒学，也是道学和禅学所共同关注的，虽然它们各自的解释有所不同，但王阳明融汇了儒、道、释思想的综合解释最为接近现代意动心理学和现象学的观点，这不能不令人感到惊奇。

1. 何谓心、性、意动

孟子说："尽其心者，知其性也。知其性，则知天矣。存其心，养其性，所以事天也。夭寿不贰，修身以俟之，所以立命也。"（《孟子·尽心上》）这是一个具有汉语顶真句型的命题，前一句为逻辑前件，后一句为逻辑后件。但孟子没有对上述命题加以详细的阐述，也没有对其中涉及心、性、天、命等几个基本概念的内涵进行定义，以致后学在谈到这些问题时要么各执一词，争论纷纭，要么概念区别不清，混为一谈。王阳明对朱熹关于心性的概念及这些概念之间关系的解释也感到不满意。④于是，他大胆汲取了慧能自性思想，对心、意，及其与理的关系做了革命性的重新阐释。

首先，我们来看看"心"这个元概念。何谓"心"？这是中国古代哲学中一直没

---

①②③　王守仁. 王阳明全集（上）［M］. 吴光，钱明，董平，等编校. 上海：上海古籍出版社，2015：231，175，232.

④　王守仁. 王阳明全集（上）［M］. 吴光，钱明，董平，等编校. 上海：上海古籍出版社，2015：38.

有被仔细辨析的概念，实际上，"心"一字两义，但常常被混为一谈。"心"本义指心脏，后引申指大脑意识，前者被称之为"血肉之心"，后者则可称为"神明之心"或"意识之心"。对于神明之心的本质属性，王阳明之前的学者并没有给出令人满意的和完整的解答。根据王阳明弟子的记录，阳明先生在不同的场合阐述了自己的观点，他说："身之主宰便是心，心之所发便是意，意之本体便是知，意之所在便是物。"① 如果用倒装句的形式也可以表述为："心者身之主，意者心之发，知者意之体，物者意之用。"② 其实，所有的概念定义是人为赋予的，而且可以依照不同的观察角度来进行定义，因此，王阳明又有下面的这种说法："但指其充塞处言，谓之身；指其主宰处言，谓之心；指心之发动处言，谓之意；指意之灵明处言，谓之知；指意之涉着处言，谓之物。"③ 如果用意动心理学和现象学的术语来解释上述观点，那就是说心或意识是个体思想和行为的主宰，而心或意识运动的本质就是"意动"，而意动包含意向性和意识的构造活动，能自我察觉和体验自己的意动就是知，意指的对象便称之为物。在现象学看来，其实所有意指的对象就是知觉中的一种现象。王阳明以儒家"非礼勿视、勿听、勿言、勿动"这一命题为例解释了"意者心之发"这一最核心的命题。他解释道：人的耳目口鼻这些感官和四肢并不能自动做到非礼勿视、勿听、勿言、勿动，而只能由自己的心（意识）来决定。所以，"这视听言动皆是汝心"。也就是说，有汝心之动，才有视听言动。所谓意动（德文 akt，英文 act）是指没有外化的意识动作。意动心理学认为，只有意动才是心理现象，而不是意识的内容，而心理现象与物理现象最大的不同是心理现象以内在对象性为特征，也就是说意动不能离开意指对象而独立存在，它总是要指向或包括一定的对象在内。即我们看必有所见、听必有所闻、思必有所思的对象，其中，所见、所闻和所思之物是意识的内容，而见、闻、思才是意动。现象学完全接受了意动心理学的这一观点，认为意向性就是意识的根本属性，所谓意向性就是意识活动总是指向某个对象的一种自然属性。由于意动不是静止的心理状况，而且只能是个体经验的，因此难以用实验的方法来分析研究，而只能靠个体对自己内部知觉的直接观察和体验来加以反省，后来胡塞尔将其发展为现象学方法（phenome-nological method）。由此也可以看出，为何心学、道家和禅学都会强调对心的认识都不能靠书本，也不是靠实践，而必须由自己去体认的缘故。

什么是性？朱熹说："性者，道之形态；心者，性之郛郭。"（《性理大全》）与朱

①③ 王守仁. 王阳明全集（上）［M］. 吴光，钱明，董平，等编校. 上海：上海古籍出版社，2015：5，80.

② 王守仁. 王阳明全集（下）［M］. 吴光，钱明，董平，等编校. 上海：上海古籍出版社，2015：981.

熹这种将心与性分开来看的认识不同，王阳明认为，如果将心和性分开来看，那么，性就变成了没有生命运动的抽象的东西。他说："天之所以命于我者，心也，性也，吾但存之而不敢失，养之而不敢害，如父母全而生之，子全而归之者也。"性就是来源于先天自然的心的本质属性，尽量发挥心的作用就是发挥性的天性，两者就是一回事，故说："夫心之体，性也；性之原，天也。能尽其心，是能尽其性矣。"① "性是心之体，天是性之原，尽心即是尽性。"②以上是心学与理学之间的微妙差异。

2. **什么是理，理与心性的关系**

基于心和性在认识和建构天理中的作用，王阳明说："人只要在性上用功，看得一性字分明，即万理灿然。"③这一思想与康德和现象学从先验范畴出发来阐述认识论的路径是很接近的。有弟子问：天下事物之理无穷，如果仅仅只是致吾之良知可以穷尽这些理吗？王阳明认为："人者，天地万物之心也；心者，天地万物之主。心即天，言心则天地万物皆举之矣，而又亲切简易。"④王阳明认为，"心"与"性"和"理"其实是一回事，只是谈论的角度不一而已。他说："心，性也；性，天也。"⑤ "夫心之本体，即是天理也。"⑥显然，没有人对世界上其他存在的意指、命名和思考，就没有所谓人所称呼的"天理"。在王阳明看来，"心之体，性也，性即理也"⑦。心外无性，性外无理，理外无心。"心即理也。天下又有心外之事，心外之理乎？" "心即理也，此心无私无欲之蔽，即是天理，不须外面添一分。"⑧既然性是心之体，所以也可以说："性即是理，性元不动，理元不动。"⑨可见，王阳明是想用"心即理"的"一理"来解答天下事物之理虽无穷，但皆由心建构的道理。用心理学和现象学的话来解释王阳明以上的话，一切"理"都是一种与意向性和意识构造性有关的思维产物，所谓"理也者，心之条理也"。这些规律不仅先于经验，而且是人类普适的，所以说"性元不动，理元不动"。尽管理的表现形式因具体意指对象而有所不同，但都是由意向性所决定的，天理就是人的意识所建构的"公理"，例如"是理也，发之于亲则为孝，发之于君则为忠，发之于朋友则为信。千变万化，至不可穷竭，而莫非发于吾之一心"⑩。慧能说："离体说法，名为相说。……一切万法皆从自性起用。"（《坛经·顿渐品第八》）通过跨文化比较可知，心学所说的"理"或禅家所说的"法"都只存在于人心之中，而且人人皆有，天下相同。不过因为天理常为各种私欲遮蔽，必须祛除遮蔽，才能识心见性，看到天理的本来面目。王阳明举例"孝亲"这件事来说明如

---

①②③④⑤⑦⑧⑨⑩　王守仁. 王阳明全集（上）[M]. 吴光，钱明，董平，等编校. 上海：上海古籍出版社，2015：38，5，14，181，222，233，2，22，232.

⑥　王守仁. 王阳明全集（下）[M]. 吴光，钱明，董平，等编校. 上海：上海古籍出版社，2015：972.

何才能见到天理，他说："孝亲之心真切处才是天理。"① 也就是说，天理是最纯粹、真诚、朴素的先验的意识规律。这与慧能所说的"自性无非、无痴、无乱，念念般若观照"（《坛经·顿渐品第八》）十分类似，天理是自然明澈的，"如明镜然，全体莹彻，略无纤尘染着"。"须是平日好色、好利、好名等项一应私心，扫除荡涤，无复纤毫留滞，而此心全体廓然，纯是天理，方可谓之喜怒哀乐'未发之中'，方是天下之'大本'。"②

如果从人的社会属性角度来讨论天理，那么，天理即明德，穷理即明明德。礼即理。所谓理之发见者谓之文，而文之隐微不可见者谓之理，其实都只是一物而已。由此可见，无论哪个领域的"理"，都有人的意识参与构造，于是，王阳明提出："要此心纯是天理，须就'理'之发见处用功。""随他发见处，即就那上面学个存天理。"③以现象学和存在主义的眼光来看，人是唯一可以给其他一切存在命名的存在，真理是一个关于联结此在与存在关系的概念，而不是一个单纯与主观或客观有关的概念；真理不仅具有真值的逻辑形式，而且与此在存在方式、时空条件、此在的意指和操作见面方式有关，并随历史和社会知识建构的过程而变化；理论随意指而异，真理依此在而变。现象学的观点与王阳明如下认识几乎是完全一致的："理虽万殊而皆具于吾心，心固一也，吾惟求诸吾心而已。"④知理是为了行，因为"君子之行，顺乎理而已，无所事乎矫"。其实，"理，一而已矣；心，一而已矣。故圣人无二教，而学者无二学"⑤。

基于现代脑科学、现象学的知识来解释，所谓"心之本体便是性"可以理解为：心（意识）的本性就是大脑天生所固有的组织和功能，王阳明从心与感知觉的关系来阐述心性理一体的关系，说："所谓汝心，却是那能视听言动的，这个便是性，便是天理。有这个性，才能生这性之生理，便谓之仁。这性之生理，发在目便会视，发在耳便会听，发在口便会言，发在四肢便会动，都只是那天理发生，以其主宰一身，故谓之心。这心之本体，原只是个天理，原无非礼，这个便是汝之真己。这个真己，是躯壳的主宰。"⑥结合现代生理学知识，不难明白王阳明所讲的"心"就是指大脑中主司感知觉、躯体运动和思维的意识活动；这种既能分析来自所有感官的信息，又能发出主动视听和躯体运动指令的功能是大脑意识先天的自然属性，故谓之"性"，而这种先天的属性既不会增加，也不会减少，故有"心之本体原自不动"之说。

---

① 王守仁. 王阳明全集（下）[M]. 吴光，钱明，董平，等编校. 上海：上海古籍出版社，2015：967.

②③④⑤⑥ 王守仁. 王阳明全集（上）[M]. 吴光，钱明，董平，等编校. 上海：上海古籍出版社，2015：21，6，221，222，32.

3. 意动与善恶的关系

在王阳明之前，诸子百家关于性本善或性本恶之争一直纷纭不决。王阳明受慧能关于自性观点的启发，对此给出了不同凡响的回答。慧能曰："何期自性本自清净！何期自性本不生灭！何期自性本自具足！何期自性本无动摇！何期自性能生万法！"（《坛经·行由品第一》）不难理解，慧能所说的本自清净、不生不灭、本自具足、本无动摇、能生万法等属性正是先天意识之心的属性。王阳明由此推理得出"无善无恶心之体"这样与既往诸儒不同的新命题。慧能说："念者，念真如本性。真如即是念之体，念即是真如之用。"（《坛经·定慧品第四》）由此，王阳明推出"有善有恶意之动"的命题。不难发现，慧能所说的"自性"与王阳明所说的"心之本体"同义，而慧能所说的"念"就是王阳明所说的"意之动"。可见，心学关于心之本体和心之意动的认知与禅学完全是一脉相承的。正是基于心或自性的意向性本质，慧能才有下面的智慧："前念迷即凡夫，后念悟即佛；前念著境即烦恼，后念离境即菩提。"（《坛经·般若品第二》）王阳明也由此明白了善或恶的选择和它们之间的转换全在于意向性。王阳明四句教中的前两句是阳明心学思想的核心，也是众人最难理解的高深之处。

与儒家既往关于性本善和性本恶的观点不同，慧能一方面从意动与善恶的关系来阐述善恶来源的本质，认为善恶只是意向性的转换或不同的选择而已，慧能说："思量一切恶事，即生恶行；思量一切善事，即生善行。"（《坛经·忏悔品第六》）另一方面，从心生万法的原理看，慧能认为"佛性非善非不善，是名不二"，"无二之性，即是佛性"。（《坛经·行由品第一》）"无常者，即佛性也；有常者，即一切善恶诸法分别心也。"（《坛经·顿渐品第八》）在禅学看来，"善恶虽殊，本性无二"。（《坛经·忏悔品第六》）所以，学禅者在任何时刻都要记住：不要受一切二元对立之名相的迷惑，这样就不会生出任何妄念，并远离对立两极的执着，所谓"无念念即正"。（《坛经·机缘品第七》）王阳明汲取了禅学对待意念决定善恶选择的智慧，却不赞同禅学无念的出世态度，而用"知善知恶是良知，为善去恶是格物"两句表达了有区别禅学的入世观。王阳明认为："知性则知仁矣。仁，人心也。"[①] 在他看来，"心""性""天理"和"仁"这几个概念的定义既是递归的，也是可以通假互用的，只是在不同语境下的不同表述而已。慧能说："自性能含万法，名含藏识。"（《坛经·付嘱品第十》）由此可见，王阳明"知善知恶是良知"的思想仍然蕴含了禅学明心见性、开觉

---

① 王守仁. 王阳明全集（上）[M]. 吴光，钱明，董平，等编校. 上海：上海古籍出版社，2015：128.

知见、示觉知见、悟觉知见、入觉知见的大智慧（《坛经·机缘品第七》），而"为善去恶是格物"则体现了对内圣外王儒家传统的传承。

4. 心与物的关系

"万物皆备于我矣"（《孟子·尽心上》）是孟子给出的最知名的心学命题，虽然这个命题指出了心与物的关系，但没有阐明心是如何将万物纳入我心的机理。对此，王阳明对意向性与意指之物的关系有了全新的阐述，他说："意之所在便是物"，"意之所用，必有其物，物即事也"①。用现象学的话来解释，意指对象就是现象，因为意向性总是有所指的，所以从认识论的意义上可以说，"心外无物"，"心外无理"。为阐明心学的这一根本观点，王阳明举例说明："意之所用，必有其物，物即事也。如意用于事亲，即事亲为一物；意用于治民，即治民为一物；意用于读书，即读书为一物；意用于听讼，即听讼为一物。"③所以"心外无物"，物之所在全取决于吾心发一的意念。这就是说，孝心总是指向一定对象的，那个孝心的对象便是意指的对象。当然，意指对象可以是人，是物、情感，或是任何观念或虚构的东西，即"凡意之所用，无有无物者，有是意即有是物，无是意即无是物矣"④。这正是"视而不见，听而不闻"之语的哲学解释。从这种意义上说，既然任何事物都依人的意指而被认识，任何理都依人的意指而建构，故陆九渊有"宇宙即我心，我心即宇宙"之命题。尤其要提醒的是上述心学命题与唯物主义所定义的客观事物的定义并不矛盾，前者是从认识论意义上表述的意识在认识事物过程中的建构作用，所谓"意之所在便是物"其实就是指被纳入意向性的认识对象，而后者是从本体论意义上所定义的与人意识无关的客观事物。

5. 心与情绪的关系

情绪问题几乎占据了心理现象中的半壁江山。王阳明说："盖天下古今之人，其情一而已矣。先王制礼，皆因人情而为之节文，是以行之万世而皆准。"⑤ "圣人之行，初不远于人情。"⑥何为情？情与心的关系如何？宋明理学家对子思在《中庸》中提出的"喜怒哀乐之未发，谓之中；发而皆中节，谓之和"的命题曾进行热烈的讨论。在心与性情观上，朱熹和阳明大同小异。朱熹认为："性者，心之理也；情者，性之动也；心者，性情之主也。"① "性是未动，情是已动，心包得未动已动。盖心之未动则

---

① ③ ④ ⑤ ⑥　王守仁. 王阳明全集（上）［M］. 吴光，钱明，董平，等编校. 上海：上海古籍出版社，2015：41，22，42，171，167.

① ②　余书麟. 中国儒家心理思想史（下）［M］. 台北：心理出版社有限公司，1994：720，730.

为性，已动则为情。所谓心统性情也。"②王阳明则基于他的意动观结合"体用"范畴来阐释子思提出的命题，说："喜怒哀乐之未发，则是指其本体而言性也。"③ 认为"性即未发之情，情即已发之性"。"喜怒哀乐之与思与知觉，皆心之所发。心统性情，性，心体也；情，心用也。"④朱熹和王阳明对情绪产生意向性的解释，与整个中国古代将情绪纳入"五志"之下的心理活动的认知传统是一致的。如《素问·阴阳应象大论篇》中说："在志为怒，……在志为喜，……在志为思，……在志为忧，……在志为恐。"中医学将"志"作为一个将"喜、怒、忧、思、恐"归类在一起的上位概念或属概念，这是西方心理学所没有的特点。《说文解字》解释："志，意也，从心之声。"又说："意，志也，从心察言而知意也，从心从音。"王阳明认为，虽然体用一源，体用并非两物两事，但"心体"之意微隐难知，而心之日用则显而易见。事实上，从早到晚，性情哪有寂然不动之时，因此，王阳明主张应该从"用"以求其本体的方法来了解人的情绪。也就是说，只有从情绪的发动之意和调控中才能知晓情绪从心之所发的本质。

通过以上比较，儒道释和现象学都承认意识具有的功能是与生俱来的属性，从孔孟到阳明心学所阐述的"心"与康德哲学和现象学所说的"先验意识"具有基本相同的含义，它是指先于一切认识活动之前就已经具备的认识基础，包括意识发出的意向性和在认识过程中的意识构造性。尤其值得指出的是，这里所说的"先于"是对于一个个体的认识活动而言的，而所谓的"先验意识"则是指在人类漫长的进化历史中逐渐形成建构起来的，明确这些话语的前提将有助于解决某些无谓的争论。

三、明确修心修道求学的方向

王阳明多次劝弟子要用心钻研《孟子》中的"道性善"和"求放心"两章⑤（即《滕文公》与《告子》上下篇），因为从这里可以明白修道求学的方向。孟子说："仁义礼智，非由外铄我也，我固有之也，弗思耳矣。"（《孟子·告子上》）这已经阐明了人伦道德具有先天属性的观点，王阳明继承发扬了孟子的这一观点，但他没有停留在孟子思想的原处，在他看来，仁义礼智只是"性一而已"的"表德"，他对人性有多种多样命名的现象进行了串讲，认为："自其形体也谓之天，主宰也谓之帝，流行也谓

---

③④⑤　王守仁. 王阳明全集（上）［M］. 吴光，钱明，董平，等编校. 上海：上海古籍出版社，2015：127，127，115.

之命，赋于人也谓之性，主于身也谓之心。"① 王阳明与禅学和现象学一样，将意向性看成自性或意识之心的根本属性，无论何种人伦道德，归根结底是由意向性所决定的，他说："心之发也，遇父便谓之孝，遇君便谓之忠，自此以往，名至于无穷，只一性而已。"② 能看透和破除名称术语多样化造成的认识障碍亦是禅学、心学和现象学皆有的智慧。

从这一基本假设出发，王阳明进一步明确指出修心修道求学的方向，即"道无方体，不可执着。却拘滞于文义上求道，远矣"。"若解向里寻求，见得自己心体，即无时无处不是此道。亘古亘今，无终无始，更有甚同异？心即道，道即天，知心则知道、知天。"他又进一步强调："诸君要实见此道，须从自己心上体认，不假外求始得。"③ 显然，王阳明回答了心与知道和知天的关系，换而言之，即回答了意识指向与认识一切存在的关系。没有意识构造的参与，人就无法认识或建构所谓的"道"或"理"。从心理咨询和心理治疗的角度来看，心学提倡的修身养性的方向亦即心理疗愈的方向。

坚持人性的平等性是儒家的一贯道统，孟子说："圣人与我同类。"（《孟子·告子上》）"人皆可以为尧舜。"（《孟子·告子下》）但是，各人对自己心性的觉察和体认能力和取向有所不同，有人向外寻觅，有人甚至拒绝自我反思，因此，终究还是导致圣人与凡人的区别，如果以镜喻心的话，那么，"圣人心如明镜，常人心如昏镜"④。在这种意义上，所谓"明镜"就是除去了私心的心之本体，所以它自然能照见天理。王阳明认为当时流行的格物之说好比以镜照物，只是在照上用功；相反，正确的做法应该是在磨上用功。只有当镜子本身明亮了，方可照见"道"与"天"。王阳明以镜喻心的思想与慧能"大圆镜智性清净"（《坛经·机缘品第七》）的承接关系十分明显。

圣人与凡人的区别不是心本体的区别，而只是"克己功夫"的差异。慧能说："自性起一念恶，灭万劫善因；自性起一念善，得恒沙恶尽。"（《坛经·忏悔品第六》）因此，王阳明说："善念发而知之，而充之；恶念发而知之，而遏之。知与充与遏者，志也，天聪明也。圣人只有此，学者当存此。"⑤ 可见，心性修养的功夫就在于能自我察觉和把握自己的意念所发之初。当弟子请教"道心常为一身之主，而人心每听命"这个问题时，王阳明一针见血地指出："心一也，未杂于人谓之道心，人心之得其正者即道心，道心之失其正者即人心，初非有二心也。"⑥ 王阳明这一说法与慧能的说法类似："佛知见者，只汝自心，更无别佛。"（《坛经·机缘品第七》）"无二之性，即是佛性。"（《坛经·行由品第一》）人之心的区别，只是意指取向和意指对象的区别。王

①②③④⑤⑥ 王守仁. 王阳明全集（上）［M］. 吴光，钱明，董平，等编校. 上海：上海古籍出版社，2015：14，14，19，18，20，6.

阳明热衷于普及教育，他认为人"其心本无昧也，而欲为之蔽，习为之害。故去蔽与害而明复，匪自外得也"①。因此，心学教育的本质就是"以复其性而已"②，或者说君子之学的目的就是"明其心"。王阳明领悟到："理，一而已矣；心，一而已矣。故圣人无二教，而学者无二学。"③这就是说，由于心学采用了向自己内心求理的认识取向，因此，在王阳明看来，修心修道的方向就是"求尽吾心之天理"而已。

四、至诚、尽心、求天理的关系

王阳明尤为重视古本《大学》，并专为其刊印作序，他开篇就说："《大学》之要，诚意而已矣。"看来，王阳明与朱熹对该书的评价很不一样。哲学史研究者们普遍认为，这种不一样，正好是王阳明独具慧眼的地方。《大学》一文本收集在西汉礼学家戴圣所编的一部典章制度选集之中，该书共 20 卷 49 篇，相传为孔子的七十二弟子及其学生们所作，其中《大学》为曾子的作品，主要论述人生哲理，地位原并不显眼，但到朱熹时，他将《大学》与《中庸》《论语》《孟子》合在一起称为"四书"，认为这是儒家思想的精髓，尤其是《大学》阐述了儒家的三个纲领，即"大学之道，在明明德，在亲民，在止于至善"和八个条目，即格物、致知、诚意、正心、修身、齐家、治国、平天下。认为《大学》在四书中具有提纲挈领的作用，故置于四书之首。如何阐释《大学》的三纲八目，王阳明对朱熹关于"亲民"和"格物致知"等解读很不满意，并作出了自己的解释。例如朱熹说格物致知之"物"是指人能看见和可以摸得到的具体物体，而王阳明则认为"意之所着即为物"。这就是说：人所认识的所有物都是有主体意向性和意识参与构造之物。又如朱熹认为理在天，人必须通过格物致知才能知晓天理，直至到达至善的境界，而王阳明认为，至善也就是天理，天理不在天，而在人的心里，即"心即理"。于是，基于这一认识，王阳明认为追求天理的选择权就在于主体的诚意了。王阳明极力推荐以未经朱熹点评的古本《大学》为准，并认为读懂《大学》的关键在于领会"诚意"二字，甚至认为"圣人之学，只是一诚而已"④。为何王阳明将诚意看得如此重要呢？笔者认为可以从如下几个方面来加以理解：

其一，诚是天理，就是一心一意。《中庸》第 26 章以天道喻人道："天地之道，可一言而尽也，其为物不贰，则其生物不测。"朱熹注解："不贰，所以诚也。"天地之道就是诚一不贰。子思说"至诚如神"，将至诚视为神思亨通、人如至圣的条件。

---

①②③④　王守仁. 王阳明全集（上）［M］. 吴光，钱明，董平，等编校. 上海：上海古籍出版社，2015：197，196 - 197，224，85.

所以，王阳明读《中庸》，认为子思说的就是"不诚无物"这个道理。①诚是格物、至善、致知的前提，曰："诚意之功，格物而已矣。诚意之极，止至善而已矣。止至善之则，致知而已矣。正心，复其体也；修身，著其用也。"②

其二，王阳明对诚给予特别强调，这是因为他认为明诚相生，诚则明。诚，意味着真心，慧能说："若能自有真，离假即心真。自心不离假，无真何处真？"（《坛经·付嘱品第十》）王阳明则说："是故不欺则良知无所伪而诚，诚则明矣；自信则良知无所惑而明，明则诚矣。明诚相生，是故良知常觉常照。常觉常照，则如明镜之悬，而物之来者自不能遁其妍媸矣。"③"真心"与"直心"和"净心"近义，如非真心诚意，意动善恶则将不分。阳明说，实际上，"凡意念之发，吾心之良知无有不自知者"④。无论或善或恶，自己的良知都是知道的，而并不需要请教他人。这就是说，意动决定善恶，而良知知道意动取向的对错，因此，"所谓诚其意者，毋自欺也"。只有诚意才能保障良知的真正实现。在王阳明看来，诚意是格物致良知的前提，并以诚为树根，视格物致知为培土灌溉之功来比喻两者的关系，他说："譬之植焉，诚，其根也；格致，其培壅而灌溉之者也。"⑤

其三，"诚是实理，只是一个良知"⑥。诚也被看成"求尽吾心之天理"的前提。子思在《中庸》第22章说："唯天下至诚，为能尽其性；能尽其性，则能尽人之性；能尽人之性，则能尽物之性；能尽物之性，则可以赞天地之化育；可以赞天地之化育，则可以与天地参矣。"这就是说唯有"至诚"才可能尽人之性和尽物之性。"天命之谓性，率性之谓道，修道之谓教。"据《尔雅》解释，"率"与"遵""由""自也""循"同义，所以说，遵循上天赋予的本性行事就是守道，而至诚就是修道、守道教化的方法。所谓尽心即"求尽吾心之天理"而已！所谓"至诚"是指极其诚恳的态度，没有掺杂任何私心杂念的纯朴之心态。王阳明认为，诚源自道心，"道心者，率性之谓，而未杂于人。无声无臭，至微而显，诚之源也"⑦。王阳明举例解释道："此心若无人欲，纯是天理，是个诚于孝亲的心，冬时自然思量父母的寒，便自要去求个温的道理；夏时自然思量父母的热，便自要去求个清的道理。这都是那诚孝的心发出的条件。却是须有这诚孝的心，然后有这条件发出来。"⑧他还以树木为例，将诚孝之心喻为树根，许多条件喻为树叶，显然，须先有树根方有树叶。所谓"尽性"是用尽天赋的本性，即天性。因为天性里包含的就是自然和命运的天理，所以"穷理尽性，以

①②③⑤⑥⑦⑧　王守仁. 王阳明全集（上）［M］. 吴光，钱明，董平等，编校. 上海：上海古籍出版社，2015：5，204，65，229，96，216，3.

④　王守仁. 王阳明全集（中）［M］. 吴光，钱明，董平，等编校. 上海：上海古籍出版社，2015：802.

至于命"。(《易经·说卦》)而只有至诚之人,才能充分发挥或竭力实现人和物的本性,顺应自然之理,使之不失其所。诚就是无私心的纯粹之心的状况,而只有在这种状况下才可见到天理,故子思称之为"尽心",如王阳明之解释:"去得人欲,便识天理。"所以,儒家不仅将"君子诚之为贵"作为追求的理想,而且将至诚作为认识天理的唯一道路或条件,即有"诚者,天下之道也;诚之者,人之道也"。(《中庸》第20章)

其四,如何做到至诚。子思认为"诚身有道",首先,要明白本性之善,择善而坚持不渝。其次,诚要自愿、自觉和自成,不需要勉强就可以做到,不用苦思冥想就可以从容符合中庸之道。诚不仅是一种直面自己的心态,还是明辨事理的结果。如子思说:"诚则明矣,明则诚矣。"诚恳的人常"反诸身不诚",所以最不会自欺欺人,尤其在独处之时和在别人不知道的地方,"所谓诚其意者,毋自欺也。如恶恶臭,如好好色,此之谓自谦,故君子必慎其独也"(《礼记·大学》),"至诚无息,不息则久"(《中庸》第26章)。诚不仅是一种持久的发自内心的情感,而且是一种贯彻于全部生活细节的品性和行为,所谓"君子之所不可及者,其唯人之所不见乎!"(《中庸》第33章)还有诚者有知耻而后默、诚者敏于行、诚者不言而信等具体的行为表现。

五、何谓良知,又如何致良知

何谓良知?孟子给出的定义是:"人之所不学而能者,其良能也;所不虑而知者,其良知也。"(《孟子·尽心上》)如果说孟子的界定重在良知的先天属性,那么,王阳明则进一步完善了良知之说的内涵,良知之说的要点如下:(1)良知是心灵先天就具有的本性,王阳明认为佛家所说的"本来面目"即吾门所谓"良知"①,所谓"天理之昭明灵觉,所谓良知也"②,"吾心之良知,即所谓天理也。致吾心良知之天理于事事物物,则事事物物皆得其理矣"③。良知就是道,就是天理。所以,"道心者,良知之谓也"④。王阳明将他提倡的"良知"学说与天理之说相贯通,并明确给出了"良知即是天理"的命题,以及如下的推理:"良知之外,更无知;致知之外,更无学。外良知以求知者,邪妄之知矣;外致知以为学者,异端之学矣。"⑤(2)王阳明将理学"礼即理"的命题换成了"良知即是天理"的命题,突破了自然之天理和人道之伦

---

①③⑤ 王守仁. 王阳明全集(上)[M]. 吴光,钱明,董平,等编校. 上海:上海古籍出版社,2015:58,39,45,184.

② 王守仁. 王阳明全集(下)[M]. 吴光,钱明,董平,等编校. 上海:上海古籍出版社,2015:972.

理的界限，坚持心即理的心学原理的一以贯之。他提出是非之心与良知之间的等值命题，说："是非之心，不虑而知，不学而能，所谓良知也。"① 在《大学问》一文中，他又解释道："良知者，孟子所谓'是非之心，人皆有之'者也。是非之心，不待虑而知，不待学而能，是故谓之良知。是乃天命之性，吾心之本体，自然灵昭明觉者也。凡意念之发，吾心之良知无有不自知者。其善欤，惟吾心之良知自知之；其不善欤，亦惟吾心之良知自知之；是皆无所与于他人者也。"如果将"是非之心"看成正确和谬误、对与错、好与坏之代称的话，那么，良知也可以解释为一种与生俱来的道德感和对是非对错的察觉和判断能力。（3）良知虽然只有一个，它却随时随事而发见流行处，当下具足，无所来，亦无所去，不增不减，不须假借。在人的日常生活中，良知无时无处不在，良知之妙用，无方体，无穷尽。说它大，天下莫不能载；说它小，天下莫能破。② （4）"良知之在人心，则万古如一日。"③原本良知在人心，在圣贤与平民之间，天下古今之间本无区别，但众人却常常自昧不知，尤其痴迷在仕途贪财之中的人。王阳明认为关于致良知的学说最能代表自己的思想，说："吾良知二字，自龙场之后，便已不出此意，只是点此二字不出。"④ （5）王阳明认为"致知二字，是千古圣学之秘"⑤，或"孔门正法眼藏"。个体能察觉到自己的良知，并能依良知而言行的"致良知"的功夫才是最重要的。所谓"致"即"达到"和"实现"，"致—良知"就是达到和实现良知行为的途径与方法。但致良知的前提是知道和能察觉什么是良知，为何人人皆可致良知。王阳明说："意与良知当分别明白，凡应物起念处，皆谓之意。意则有是有非，能知得意之是与非者，则谓之良知。"⑥可见，致良知的关键在于人的意向性，即个体愿意选择意指善或恶的对象。由此看来，致良知本来不难，仅在转念之间，所以慧能常说："前念烦恼，后念菩提。"然而，王阳明强调，许多人将"致"字看得太容易，或者为文义所牵滞，或没有在得力处下功夫，而致良知实际上是一个不容易做到的功夫。

致良知的途径与方法有多种取向，王阳明认为致良知的第一种途径与方法是依靠个体在日常生活的时时处处勿忘勿助的实践。孟子最先提出了实现良知的原则，即"必有事焉而勿正，心勿忘，勿助长也"。（《孟子·公孙丑上》）王阳明特别强调"必有事"这个致良知前提的阐释，他认为孟子所说的"必有事"就是指致良知的功夫不能脱离日常生活中的具体事务，即致良知的本质是在生活中时时注意道行修养的积累，

　　①②③⑤⑥　王守仁. 王阳明全集（上）[M]. 吴光，钱明，董平，等编校. 上海：上海古籍出版社，2015：69，74-75，171，169，183.

　　④　王守仁. 王阳明全集（下）[M]. 吴光，钱明，董平，等编校. 上海：上海古籍出版社，2015：963.

即"集义"。所谓勿忘勿助，不过是指致良知中的一种提醒，致良知应该是一种渗透全部生活细节的自然而然的行为，既不要故意做作，欲速求效，也时刻不要忘记了致良知这件事。他说："其工夫全在'必有事焉'上用，'勿忘勿助'只就其间提撕警觉而已。"① 从现象学的观点来看，"必有事"正好强调了意指活动必有意指对象这一原理，同理，致良知必须既有意动，也有意指对象。否则，致良知就是一句空话。王阳明批评了那种悬空守着勿忘勿助，沉空守寂，不从实处下手的人只是为学术误导的痴呆。致良知并非一定要去干一番大事业，而只要从身边小事做起即可，所谓"凡谋其力之所不及，而强其知之所不能者，皆不得为致良知。"②致良知与追求荣华富贵和经商也不矛盾，所谓"能致得良知精精明明，毫发无蔽，则声、色、货、利之交，无非天则流行矣。"③只要以良知为准则，光明磊落地去赚钱，内心也是坦荡的。

致良知的第二种途径与方法就是反省自己和克己之功。如曾子所说："吾日三省吾身：为人谋而不忠乎？与朋友交而不信乎？传不习乎？"（《论语·学而》）王阳明认为，自我对良知的察觉类似于"知耻"的感觉。《中庸》所说的"知耻近乎勇"这句话，知耻是指耻其不能致得自己良知，而不是像有些人以为的那样以言语不能屈服别人为耻，意气不能陵轧别人为耻，愤怒嗜欲不能直意任情为耻。殊不知上面这几种情况都是蔽塞良知的毛病，不耻该耻的事，反而耻其没有必要以为耻的东西，这正是许多人不能自我实现良知的原因。因此，"见贤思齐焉，见不贤而内自省也"。（《论语·里仁》）与他人进行正确的比较也是致良知的一种好方法。王阳明就曾将自己提倡的直接拷问良知的方法与好友湛若水提倡的"随处体认天理"的方法进行了比较，认为这两种方法"本亦无大相远，但微有直截迂曲之差"。他还用种树来打比方，认为致良知的直接方法是从培其树之根本而达之枝叶的方法，而随处体认天理的方法则是从茂盛的枝叶而返求根本。④如果用现象学的话语来解释，王阳明的方法可以认为是从先天之心的意向性出发去解释与人有关的一切存在现象，而湛若水的方法则是从面向现象入手而返本求意向性的构造，两者殊途同归。致良知必然会受到私欲的阻抗，因此，王阳明说："君子之学，为己之学也。为己故必克己，克己则无己，无己者，无我也。"⑤克己无我的关键是在率性和中道之间取得一种合理的平衡，而不是禁性。王阳明认为，"心所安处，才是良知"，所以致良知其实是一种让人幸福安心的人生大道。尤其是想一想现实中那些贪官污吏的前世今生，可以体会到阳明之教诲的先见之明。

致良知的第三种方法是王阳明倡导的学友之间相互提醒和切磋的方法。王阳明基

---

①②③④⑤ 王守仁. 王阳明全集（上）[M]. 吴光，钱明，董平，等编校. 上海：上海古籍出版社，2015：72，64，107，184－185，229.

于亲身体验，认为"凡有志之士，必求助于师友。无师友之助者，志之弗立弗求者也"①。王阳明自述有许多优秀的君子是自己的道友和可以学习的人杰。他说："学之不明几百年矣。近幸同志如甘泉、如吾兄者，相与切磋讲求，颇有端绪。"②可见他将湛若水视为"吾之同道友"③，两人一见定交，共倡圣学为事，"意之所在，不言而会；论之所及，不约而同"，正因为他交结了湛若水，"而后吾志益坚，毅然不可遏"④。对于致良知的修养而言，他觉得需要"非得良友时时警发砥砺"，即"二君必须预先相约定，彼此但见微有动气处，即须提起致知话头，互相规切"。他认为，良知只要一经提醒，就"如白日一出，而魍魉自消"⑤。因为良知是一种与生俱来的能力，所以良知感应神速，无须等待，只要自己明心见性，不自欺欺人，良知是可以召之即来的。

六、知行合一，勇以成之

何谓"知"？何谓"行"？王阳明给出的定义是："行之明觉精察处，便是知，知之真切笃实处，便是行。"⑥王阳明提出的"知行合一"观点亦受慧能之说的影响。慧能说："定慧一体，不是二。定是慧体，慧是定用……名虽有二，体本同一。"（《坛经·定慧品第四》）王阳明也认为："凡古人说知行，皆是就一个工夫上补偏救弊说，不似今人截然分作两件事做。某今说知行合一，虽亦是就今时补偏救弊说，然知行体段亦本来如是。"⑦"知行原是两个字说一个工夫，这一个工夫须著此两个字，方说得完全无弊病。"⑧王阳明认为知行并进，本不可离，但后世之学或分作两截，或分知行为先后，都是犯了支离之病，反而却了知行本体⑨，所以阳明说："我今说个'知行合一'，正要人晓得一念发动处，便即是行了。"⑩基于王阳明与禅学的相通性，当时的一些学人甚至将阳明之说称之为"阳明禅"。王阳明在《游白鹿洞歌》中写道："空山空山即我屋，一卷《黄庭》石上读。"⑪可见他也是经常钻研道家经典的。在自己身心上体验，在日常生活中践行，知行合一，勇于成就是阳明心学的归属。笔者常在心理咨询时对来访者说：凡需要手术和药物治疗的躯体疾病疗效主要取决于医生的技术水平，但治疗心理障碍必须依靠当事人的勇敢努力，因为克服心理障碍对于当事人来说总是一件不愉快的事，甚至是痛苦的。正如王阳明所说的："圣人之学，以无我为本，而勇

---

①②③④⑤⑥⑦⑧⑨⑩　王守仁. 王阳明全集（上）[M]. 吴光，钱明，董平，等编校. 上海：上海古籍出版社，2015：191，157－158，192，195，185，176，178，177，234，84.

⑪　王守仁. 王阳明全集（下）[M]. 吴光，钱明，董平，等编校. 上海：上海古籍出版社，2015：997.

以成之。"①因为践行圣学也是一个需要勇气去私欲的过程。王阳明强调："为学之要，只在着实操存，密切体认，自己身心上理会。""学问根本在日用间，持敬集义工夫，直是要得念念省察。"②他认为知行的关系是一体的，当你没有做过一件事时意味着并没有真正了解这件事，只有当你在做一件事时才能对它有所了解。所以他把知行看作一个过程，曰："欲行之心即是意，即是行之始矣。""知之真切笃实处，即是行；行之明觉精察处，即是知；知行工夫本不可离。"③"是故知不行之不可以为学，则知不行之不可以为穷理矣；知不行之不可以为穷理，则知知行之合一并进而不可分为两节事矣。"④王阳明认为后人将知行分为先后两截，是圣学日益残晦的重要原因之一。

虽然王阳明与释家同样讲养心，但两者的目的和归宿却有区别。王阳明认为儒家讲养心不离世间事物，只顺其天则自然，而释氏却将世间事物看作幻相，渐入虚寂去，不可以治天下⑤。王阳明用这种"颠倒纵横，皆为我之用"的气魄和致良知之说梳理和打通了儒学中几个元概念之间的关系："区区专说致良知，随时就事上致其良知，便是'格物'，着实去致良知，便是'诚意'；着实致其良知而无一毫意必固我，便是'正心'。着实致良知，则自无忘之病；无一毫意必固我，则自无助之病；故说格、致、诚、正则不必更说个忘助。"⑥他在《大学问》一文中说："盖身、心、意、知、物者，是其工夫所用之条理，虽亦各有其所，而其实只是一物。格、致、诚、正、修者，是其条理所用之工夫，虽亦皆有其名，而其实只是一事。"由此可见，以往被一些大儒说得"四分五裂"的观点，在王阳明这里被统一起来，回归到"致良知"的初心之上，所以我们说王阳明是当之无愧的儒家心学的集大成者。

王阳明历经修习禅学道家之曲径数年，后折返儒家圣学，独具慧眼地阐发了从孔孟到陆学的心学思想脉络。他既汲取了禅学自性观的合理思想，又坚持儒家以天下为国家的内圣外王的入世态度，以心性、天理和良知、意动与知行合一的观点统摄了所有的仁义道德行为的取向，从而完成了明代心学思想体系的建构，实现了新儒学历史性的一次转型。

王阳明56岁时，对自己所传承领会的心学观点进行了最后一次的精彩概括，曰："无善无恶心之体，有善有恶意之动，知善知恶是良知，为善去恶是格物。"⑦笔者认为这一总结与现象学认识具有内在的一致性，意动是意识之心的本质，而意向性决定了善恶的选择，"善恶只是一物"②，而良知具有判断善恶的先验之理，为善去恶是需要

①②③④⑤⑥⑦　王守仁. 王阳明全集（上）[M]. 吴光，钱明，董平，等编校. 上海：上海古籍出版社，2015：196，117－118，36－37，40，93，73，102.

②　王守仁. 王阳明全集（上）[M]. 吴光，钱明，董平，等编校. 上海：上海古籍出版社，2015：85.

努力修养和践行的功能功夫。阳明之心学一举解决了既往人性善恶之争，而将决定权交回到人的自性，是人自己成就了自己。

笔者认为王阳明与古代其他大儒相比，有几个特别之处：其一，他贯通儒道释，参透人之心性，振千年之绝学，兴致良知之说；其二，他做到了立德、立功、立言"三不朽"，敢想敢说，殉身以道，立下赫赫军功；其三，以天下为公，忠诚志坚，知行合一，不唯上，不唯书本，实现了古代君子"为天地立心，为生民立命，为往圣继绝学，为万世开太平"的完人理想。王阳明有诗曰："乾坤由我在，安用他求为？千圣皆过影，良知乃吾师。"① 这也许是王阳明对自己一生悟道经验的最好总结。

---

① 王守仁. 王阳明全集（中）[M]. 吴光，钱明，董平，等编校. 上海：上海古籍出版社，2015：657.

第二十章　《黄帝内经》的存在主义心理学思想

在《黄帝内经》中可以找到世界上最早的生理心理学、情绪心理学、体质人格心理学、认知心理学、音乐心理学、心理治疗学等多种心理学的思想要素，中医心理学是世界上最早建立综合运用心理学知识和技术治疗人类心身疾病的临床服务模式。中医认为，人是心身统一互动的整体，不仅心动则五脏六腑皆摇，七情变化也直接影响生理气机，如"怒则气上，喜则气缓，悲则气消，恐则气下，惊则气乱，劳则气耗，思则气结"，而且脏腑功能异常也会反过来影响情志，即"血有余则怒，不足则恐"，"心气虚则悲，实则笑不休"，"肝气虚则恐，实则怒"。中医很早就懂得运用认知疗法，如"人之情，莫不恶死而乐生，告之以其败，语之以其善，导之以其所便，开之以其所苦"。中医也是最早使用冲击疗法、暗示疗法、情志疗法、内观方法的传统医学。

> 恬淡虚无，真气从之，
> 精神内守，病安从来？
> ——《素问·上古天真论》

中医药学本是一个包含内、外、儿、妇、皮肤、精神、药学等多学科的知识体系。中医心理学是中医学体系的有机组成部分。中医心理学不仅历史悠久，文化底蕴深厚，而且其强调的心身合一、形神兼治的理念先进，体质人格类型理论、脏腑与情绪相关理论、四诊合参的多维心理诊断等理论独树一帜，顺志从欲、精神内守、情志相胜、音乐疗法等心理治疗技术丰富多彩，经验方药十分丰富。与西方医学心理学和现代心理学诸多流派相比，传统中医心理学的理论与技术既具有独特的文化特质，又与西方存在主义心理有许多相通之处，从后现代的观点来看，这种差异可能意味着存在着另一种可能的科学范式。临床心理学是服务于人的事业，它的效果如何在很大程度上依赖于心理学理论和方法与咨询对象的文化背景的契合程度，而目前我国临床心理咨询和治疗基本上处于照搬和模仿西方心理学理论与方法的状况。在这种背景下，整理与挖掘传统中医心理学的思想与技术不仅对于发展中国人的临床心理学，而且对于丰富世界临床心理学也具有极其重要的学术价值和现实意义。

本章仅以中医经典《黄帝内经》为例，通过中西方跨文化比较的方法，梳理中医的存在主义心理学思想及其临床技术。从言语风格上看，《黄帝内经》就是一部不断追问和解答困惑的对话录，即黄帝是发问者，而岐伯等医臣则是解答问题的智者。不过黄帝和岐伯等医臣都应被视为一种泛指的人称代词，黄帝的发问就是此在向自己的发问，而岐伯等医臣的回答则代表华夏民族对此在生存的领会和解释的智慧。海德格尔认为，任何发问都是一种对存在者和存在的探寻，每一次发问中都有"问之所问"

（对……发问），"问之何所问"（发问的原因与意图），还有"问题之所问"和"被问及的存在"等结构。哲学探寻的是存在与意识的关系，而"存在"问题的解答离不开人的存在。人是这个世界上唯一能为其他存在命名和言说，解释其存在的存在者，基于人的这种特殊的优先地位，海德格尔将这种能够对存在发问的存在者称之为"此在"（Dasein）①。

既往中医理论的研究多基于"以经注经"的文本解读，而且严重忽视了这种追问与对话对于存在问题探究的重要性，因此大多难以走出不能与现代和国际医学界沟通的窘境。同时，由于传统赋予传承下来的东西似乎有一种不言而喻的性质，后人逐渐养成了只是背诵而惰于深究原创思想源头的习惯，虽然手捧经典却看不见通达此在生存结构源头的道路，甚至对遍布经典中的许多追问已经变得麻木不仁。

一、天地合气，命之曰人，中医医道的出发点

"人在……之中存在"，海德格尔之所以用这样一个中间需要填空的句子来追问人的存在的条件，是想提醒众人要去思考这些需要满足的充分必要条件究竟是什么。例如，人偶然诞生在地球上，并幸运地与太阳和月亮之间保持着不远不近的空间距离，地球上有充足的水和足够厚的大气层；人从树上走到地面，并成为直立的动物，人发明了语言，学会了制造工具，开始了集体劳动；等等。想一想，对于人的生存来说，这些条件一件都不能少，不能变，否则，人的命运就不是今天这般模样。可是，这样看上去像常识的知识，人类却总是将它抛之脑后，不仅忘乎所以地违背自然天理，而且肆意地破坏生态环境。人在……之中存在，不仅决定了生存健康、疾病流行，而且决定了意识和心理的发展，因此，中医学的杰出之处就在于始终将"人在……之中存在"作为理解和领会人的健康、疾病和把握诊疗的基本纲领，或曰中医学的发展之道。所谓医道就是指医学思考与行动的根本方向。《素问·著至教论》中就有一段黄帝与医臣雷公关于什么是医道的对话，其结论是："上知天文，下知地理，中知人事，可以长久，以教众庶，亦不疑殆。医道论篇，可传后世，可以为宝。"由此可见，中医从天文、地理和人事三个维度来把握对于生命、健康和疾病诊治的方向，其视野与存在主义的观点是完全一致的。中医学将人在天地之间的存在看成观察、理解、领会和把握一切健康和疾病现象的最根本、最重要的出发点。传承和弘扬中医学文化，就意味着同意、赞赏和选择一种中医学倡导的世界观和生存方式。

---

① 海德格尔. 存在与时间 [M]. 陈嘉映，王庆节，译. 北京：生活·读书·新知三联书店，2012：9.

存在主义哲学的奠基者海德格尔认为，如果要追问人存在的本质是什么，就必须先知道人在哪里存在。法国存在主义哲学家萨特说过的一句话成为存在主义精神表现最典型的口号，即"存在先于本质"。意思就是说，人必须先生存，而生存的环境、生存的方式、人与环境的互动等诸多因素才能造就所谓人的本质，即一种区别于其他动物的特点。人类自己造就自己，存在决定本质，人自己定义自己的本质，这是存在主义最基本的观点。所谓人的本质，或者叫"人性"，其实只是人给自己定义的一种可以将自己与其他动物相区别的具有普遍性的概念或命题。无神论的存在主义者宣称"上帝并不存在"，那么，人的本质只能由人的存在所决定，而这种存在就是人与他被"抛"进去的世界的一种"偶遇"。从人的主体性意义上，存在主义认为："人除了自己认为的那样以外，什么都不是。"①

人是在天地之间的一种存在，但这种存在是有生死起止点的存在，因此，对自己寿命长短的焦虑和恐惧是人类挥之不去的最大的和最深藏的心理阴影，人如何才能尽终其天年，度百岁乃去，这便成了中医学追求的终极目标。在《素问·上古天真论》的开篇，黄帝就向岐伯提出了人类期望寿命为何在不同历史时期发生重大变化的问题："余闻上古之人，春秋皆度百岁，而动作不衰；今时之人，年半百而动作皆衰者，时世异耶？人将失之耶？"造成人期望寿命不同的主要原因究竟是环境变化，还是人丢失了什么？对此，岐伯的回答十分明确肯定：健康和疾病是人的一种存在状况，长寿的根本原因在于"食饮有节，起居有常，不妄作劳"，"恬淡虚无"，"精神内守"，"志闲而少欲，心安而不惧，形劳而不倦，气从以顺，各从其欲，皆得所愿"，"美其食，任其服，乐其俗，高下不相慕"。而短寿的原因在于"以酒为浆，以妄为常，醉以入房，以欲竭其精，以耗散其真，不知持满，不时御神，务快其心，逆于生乐，起居无节"。通过考古也不难证明，古人并不比后来的人长寿，可见，这里发问的真正意蕴是：人的期望寿命、病患与人的存在方式具有根本性的关系！面对君王众庶"莫知其情，留淫日深"的现状，黄帝在《素问·宝命全形论》中继续追问："余念其痛，心为之乱惑，反甚其病，不可更代，百姓闻之，以为残贼，为之奈何？"岐伯是从"人是什么"这个"此在"出发来回答这一难题的，他说："夫人生于地，悬命于天，天地合气，命之曰人。人能应四时者，天地为之父母；知万物者，谓之天子。"海德格尔认为，"此在"最突出的特征是"此在"是世界上唯一能领会着自己此在本身的存在。人是天之子，天地为之父母，人的生存必须建构于这种领会之上，这是中医对人的存在最核心问题追问的结果。

---

① 萨特. 萨特说人的自由 [M]. 李凤，编译. 武汉：华中科技大学出版社，2018：135.

问题在于世俗之人大多沉沦在"不知持满，不时御神"的状况之中，大多数人，甚至政治家、资本家、那些唯利是图和好战的人，早就将"人在……之中存在"这种形而上的追问抛到九霄云外了。即使天降时疫警告人类之时，有人竟然还想如何发国难财，这种利欲熏心的人和资本集团自然会使得所有防疫措施的效果大打折扣。

检索《黄帝内经》，"寿"字的词频为42次，"命"的词频为106次，可见人的寿命是中医学关注的重要问题，也是抑郁、焦虑、恐惧等心理问题最深刻的始基。唯当此在在，才有人所创造的世界；也唯有此在知道自己的寿命有限，人才可以称得上是一种向死而生的存在。因此，"乐生而恶死"，"远死而近生"（《素问·移精变气论》）是人最底层的心理愿景。目前科学家们根据哺乳动物的平均寿命和生长周期，或者根据人体的细胞生长周期等方法来推算人类的期望寿命的极限值，但无论如何目前人类的平均寿命还远没有达到预测的寿命极限。于是，人总是抱有一种想更长寿的愿望。

现代社会越来越高发的"文明病"提示我们，中医从"人在……之中存在"这一个立义的前提出发的医道思考具有极强的现实意义和科学价值，人类应该从沉迷快乐的享受中清醒过来，建立和谐的自我、和谐的社会，以及与自然的和谐关系，能动地选择诸种可能的健康的存在方式。存在主义取向的中医学，与行为主义仅仅从环境的角度来看待环境对人的个性与行为影响的观点并不相同。在存在主义看来，人一方面是被偶然"抛进"世界的，另一方面也是能动建构世界和与世界积极互动的"此在"，人并不是环境的牺牲品。

二、中医之"心"一词两义[①]

中医理论中的"心"概念是一个容易造成歧义和引发争论的问题。在中医理论中，"心"究竟是指何物？仔细阅读《黄帝内经》就不难发现，中医所说的"心"在不同语境下有两种不同的含义：第一种语义是指大脑精神之居所，可以称之为意识之心，如"劳心""烦心""疾心""心和""洞心"等词组都是指意识之心的状况。考察"心"与"神"两个概念的关系将有助于理解中医意识之心的功能与定位。中医认为神居住在意识之心，神明源自于意识之心的功能。《素问·本病论》中说："心为君主之官，神明出焉，神失守位，即神游上丹田（即两眉之间），……神既失守，神光不聚。"《灵枢·本神》中说："故生之来谓之精，两精相抟谓之神，随神往来者谓之魂，并精而出入者谓之魄，所以任物者谓之心，心有所忆谓之意，意之所存谓之志，

---

① 邱鸿钟，梁瑞琼，陈玉霏. 中医之神与中医之心的现象学还原分析 [J]. 中华中医药杂志，2017，32（8）：3404－3406.

因志而存变谓之思，因思而远慕谓之虑，因虑而处物谓之智。"在此语境中，中医之心是指能将认识对象纳入意识之内的意向性结构，而且心有记忆、意志、思维、智谋等心理功能。有意识即为有神气，这是人活着的最显著的标志，所以中医说："血气已和，营卫已通，五脏已成，神气舍心，魂魄毕具，乃成为人。"（《灵枢·天年》）从心有记忆、意志、思维等机能来看，中医说的"任物之心"，"积神于心，以知往今"（《灵枢·五色》）和"心悲名曰志悲"（《素问·解精微论》）等语句中的"心"当指大脑中承担各种意识功能的大脑神经中枢无疑，"神气舍心"中的"心"是指大脑意识之心，而"神气"则是心的功能，如《孟子·告子上》所说："心之官则思，思则得之，不思则不得也。"朱熹读《孟子》时注释道："心者，人之神明，所以具众理而应万事者也。"（《孟子集注·尽心上》）虽然意识之心居住在大脑，却没有不变的实体之义，即使凭借现代脑科学和心理学的研究，我们亦不能确定意识之心在大脑中的准确定位，或者说，意识之心本质上就是一个没有结构的活态，或者说是一个由语言无法表达的东西，如佛者对心这一概念的顿悟："诸心皆为非心，是名为心。"（《金刚经第十八品》）意识之心犹如原子中的电子，是一团在大脑开觉状况下的活火，正如佛家常说的"观心无常"。

中医也深谙语言表达与存在的这种奇妙关系，认为即使将阴阳视为天地之道、万物之纲纪、变化之父母、生杀之本始、神明之府，但也深知，其实"阴之与阳也，异名同类"，阴阳只是一个"数之可十，推之可百，数之可千，推之可万，万之大不可胜数"（《素问·阴阳离合论》）的心法而已。由此可见，无论在古代或是现代，在中医或是现代脑科学和心理学，意识之心都是一个难以用语言清晰表达的"此在"。

《黄帝内经》中记录了中医对意识之心与人的情绪、痛痒等感知觉、五脏六腑的生理状况关系的认识，如"诸痛痒疮，皆属于心"。（《素问·至真要大论》）"人之哀而泣涕出者，何气使然。岐伯曰：心者，五藏六府之主也。……故悲哀愁忧则心动，心动则五藏六府皆摇，摇则宗脉感，宗脉感则液道开，液道开，故泣涕出焉。液者，所以灌精濡空窍者也。"（《灵枢·口问》）中医也注意到那些为了获得快感的放纵行为，所谓"以酒为浆，以妄为常，醉以入房，以欲竭其精，以耗散其真，不知持满，不时御神，务快其心"。（《素问·上古天真论》）中医既注意到"以志闲而少欲，心安而不惧"的心态平和的健康状况，也记载了神经症所常有的不正常的恐惧和焦虑状况："恶见人，见人心惕惕然。"（《素问·刺疟》）"惊则心无所倚，神无所归，虑无所定，故气乱矣。"（《素问·举痛论》）"令人心中欲无言，惕惕如人将捕之。"（《素问·诊要经终论》）"心为之乱惑。"（《素问·宝命全形论》）等等。

中医之心的第二种语义是指安居在胸腔内由肌肉构成的心脏，即"心主血脉"语句中所指的心脏。《灵枢·经水》中说："若夫八尺之士，皮肉在此，外可度量切循而得之，其死可解剖而视之。"说明在《黄帝内经》时代，中医就已经能通过解剖，直接用肉眼观察到心脏为血液循环的器官，所以如下语境中所指的中医之心是指胸腔内的心脏无疑，如："心者，脉之合也。"（《灵枢·经脉》）"经气归于肺。"（《素问·经脉别论》）"切而验之，其非必动，然后乃可明逆顺之行也。"（《灵枢·逆顺肥瘦》）中医还注意到"心生血"和"心主舌"（《素问·阴阳应象大论》）等心脏供血与其他器官功能表现的关系。

然而，有趣而且最容易令人困惑的问题是，意识之心与胸腔之内的血肉之心脏也是一对关系密切的器官。一方面，大脑中的意识之心的任何意念和隐匿的情绪都可以通过神经和内分泌机制引起胸腔内的心脏跳动的节律和强度等反应，例如心脏神经官能症、惊恐发作（即急性焦虑）都是在临床上常见的心身性疾病。在急性焦虑发作时，个体都可以感受到心脏骤然的紧缩和心悸，常有强烈的濒死感恐惧。由于心脏上的自主神经的作用和β受体的敏感性，心脏成了大脑心理活动最为迅速和敏感的反应器官，例如患有社交恐惧症的患者见到陌生人时大多会引发剧烈的心跳反应。类似地，当性爱冲动油然而生时，剧烈的心跳也是最为外显的生理反应。另一方面，在所有内脏中，心脏的功能状况对大脑运行的影响最为迅速、最为直接，后果也最为严重，如心脏供血功能一旦停止，意识将即刻丧失。当心脏有病时，意识之心也最为敏感，有痛感，如"涩则心痛"（《素问·脉要精微论》），"心病者，胸中痛"（《素问·藏气法时论》），"心痹者，脉不通，烦则心下鼓，暴上气而喘"。（《素问·痹论》）

明代医家李梴在《医学入门》卷一"脏腑篇"中明确区分了中医之心的两种不同语义："心者，一身之主，君主之官。有血肉之心，形如未开莲花，居肺下肝上是也。有神明之心，神者，气血所化，生之本也，万物由之盛长，不着色象，谓有何有？谓无复存，主宰万事万物，虚灵不昧者是也，然形神亦恒相同。""心端正，心端正则和邪难伤。""凡心之病，皆因忧愁思虑，而后邪得以入之。此圣人所以无心病也。"[①] 辨析不同语境下的中医之"心"的语义，以及了解两个"心"之间的内在联系，既符合现代生理学和医学推崇的"双心治疗"理念，也说明中医心理学智慧的现代价值。中医学里的一心两义，按语境分别来说，与现代医学和心理学中所指的脑与心完全相同，而不是"名同而实异"。中西医所面对的客观世界是相同的，不同的只是说法的差异！切记不要将两个世界的概念相混淆。

---

① 李梴. 医学入门 [M]. 金嫣莉，何源，乔占兵，译. 北京：中国中医药出版社，1995：59.

三、"五脏已成，神气舍心，魂魄毕具，乃成为人"

回溯《黄帝内经》中关于"神"的描述，其在大多情况下是作为与"形"相对应的概念来加以阐释的，但中医常将"形神"并称，可见，中医认为"形与神"关系之不可分。相比而言，与西医和大多数现代心理学流派将心理与躯体分开研究的取向不同，中医心理学显示出特别的心理生理学观，即总是将所有的心理现象都与脏腑生理和气血津液变化一起进行论述。

何谓神？比较中医和现象学的先驱意动心理学（act psychology）的观点，似乎文辞虽异，却语义相近，即神是意识开觉状况下的意向活动。《素问·八正神明论》中有一段关于什么是神的追问："何谓神？岐伯曰：请言神。神乎神，耳不闻，目明心开而志先，慧然独悟，口弗能言，俱视独见，适若昏，昭然独明，若风吹云，故曰神。"古代中医从不习惯给事物下定义，而乐于从人的体验来比喻事物。在中医眼中，神是一种在主体觉醒状况下，先于感知，变化不居，言语也难以表达，由大脑主动发出的一种意向活动。意动心理学也如此认为，心理活动的本质是一种没有外化的意识动作，即意动，而意动总是要指向一定的对象或客体的。也就是说，意识总是必有所见，有所闻，有所思的，而所见、所闻和所思之物是意识的内容，见、闻、思是意动，只有意动才是心理学真正的研究对象。意动是经验的，难以用实验方法来进行研究。

现象学以意动心理学为基础，于是，海德格尔有如下关于现象学的定义："现象学就是关于先天的意向性的分析性描述。"[1]"朝向事情本身"，即不事先设定或隐含任何假设的前提或结论、任何论题，不隐含任何属于有关研究之知识的事实内容教条的描述方式就是现象学的研究原则。运用这一原则，我们继续追问：神来自何处？《灵枢·决气》中说："两神相抟，合而成形，常先身生，是谓精。"《灵枢·本神》中说："故生之来谓之精，两精相抟谓之神。"《灵枢·天年》中说："血气已和，营卫已通，五脏已成，神气舍心，魂魄毕具，乃成为人。"可见，神，源于父母两精相合而产生的一种先天的功能，而且是人之为人的主要特征。神居住何处？与心的关系如何？《素问·本病论》中说："心为君主之官，神明出焉。神失守位，即神游上丹田，……神既失守，神志不聚。"可见，中医认为，神居住在心，神明源自于心的功能。换成现象学的术语来说，心就是承载意识的大脑结构，而神就是意向性的表现。"现象学的研究就是着眼于存在者之存在的解释。"[2] 现象学特别强调，"存在"是一个很容易被人误会或混淆的概念，切记不能将"存在"理解为"某种客观的存在物"，其实，存在是指在

①② 海德格尔. 时间概念史导论［M］. 欧东明，译. 北京：商务印书馆，2009：104，428.

人的意向构造中呈现在人意识面前的意指对象。那么，中医继续追问：神如何才能成为公开可见或被观察的一种存在？或者说，神的意象何如？岐伯曰："心者，生之本，神之处也，其华在面，其充在血脉。"（《素问·六节藏象论》）"目者，心使也；心者，神之舍也。"（《灵枢·大惑论》）可见，可以通过观察眼睛的运动和脸面的光彩来观察神的状况。

中医不是不重视形，只是在中医看来，"形归气，气归精，精归化，精食气，形食味，化生精，气生形"。（《素问·阴阳应象大论》）换而言之，精气神才是支撑形的根本基础。用这种形神合一的观点来看，情绪的来源和本质就不能离开身体的生理基础得到阐释，这与西方心理学认为的情绪由情绪中枢决定的观点有很大的区别。《素问·阴阳应象大论》中说："人有五脏化五气，以生喜怒悲忧恐。"《黄帝内经》中有一段关于肠脑关系假说的追问："黄帝问曰：余闻方士，或以脑髓为藏，或以肠胃为藏，或以为府。敢问更相反，皆自谓是，不知其道，愿闻其说。"（《素问·五藏别论》）在经文中还可以找到几个类似的命题："五味入口，藏于肠胃，味有所藏，以养五气，气和而生，津液相成，神乃自生。"（《素问·六节藏象论》）"心为牡藏，小肠为之使。"（《素问·脉要精微论》）"阴气者，静则神藏，躁则消亡，饮食自倍，肠胃乃伤。"（《素问·痹论》）在现代肠脑学说出现之前，中医心理学这些观点曾被人嘲笑是五行学说的臆测，而近年发表在 Nature 杂志上有关"肠—脑轴线"（gut-brain axis）的最新研究发现，连接消化道和中枢神经系统的生物化学信号，以及饮食和肠道菌群活动对人的思想、情绪和记忆等各种大脑功能，及体内代谢平衡、免疫健康和激素水平都发挥着重要的影响。肠道由 1 亿个神经细胞所包围，其所拥有的神经细胞数量仅次于中枢神经，这个神经网络被称为肠神经系统（enteric nervous system，ENS）。肠神经系统监测着从食管到肛门的整个消化道，并且无须从中枢神经系统得到指令而能够作为一个独立的系统运作，但它与大脑会定期沟通。肠脑轴是指连接肠道和大脑的信息交流网络，肠道和大脑通过生理生化上的多种不同的方式进行对话。迷走神经就是肠道和大脑联系的"高速公路"，它可以双向传递信息，即大脑到肠道"自上而下"的信号和肠道到大脑的"自下而上"的信号。肠道和大脑也通过一种叫作神经递质的化合物联系在一起。大脑中的神经递质可以控制我们的感觉和情绪。例如，5 - 羟色胺（血清素）作为愉悦感知的启动因子，对人的情绪调节十分重要，肠道菌群恰恰是产生神经递质或其前体的重要角色。微生物群落中的内源性细菌调节宿主 5 - 羟色胺的合成。研究表明，肠神经系统产生人体 50% 的多巴胺和约 90% 的血清素。长期以来，血清素都被认为与抑郁症相关，因此它一直是很多治疗抑郁症的药物（如百忧解、左洛复）的主要靶标。肠道菌群还可以产生一种叫作 γ - 氨基丁酸（GABA）的神经递质，能够帮助我们控制恐惧和焦虑的感觉。人体内含有超过 1 000 种微生物，这些微生物编码的基因数量超过人体基因组的 100 倍，这意味着人体内大多数遗传物质和代谢物都离不开微生物的作用机制；超过 3/4 的神经递质实际上是在肠道中由肠道菌群产生的。临床观察也表明，焦虑等情绪与胃肠道疾病之间存在强烈的相关性，微生物—肠—脑轴可影响大脑中的星形胶质细胞的代谢，并因此影响神经退行性变，这种影响包括从大脑发育到多发性硬化症（MS）等神经疾病进展的所有事件。

认为五脏皆藏神，是中医形神合一观最重要的内容，所谓"心藏神，肺藏魄，肝藏魂，脾藏意，肾藏志，是谓五藏所藏"。（《素问·宣明五气》）"肝藏血，血舍魂，肝气虚则恐，实则怒。脾藏营，营舍意，脾气虚则四肢不用、五脏不安，实则腹胀、经溲不利。心藏脉，脉舍神，心气虚则悲，实则笑不休。肺藏气，气舍魄，肺气虚则鼻塞不利、少气，实则喘喝、胸盈、仰息。肾藏精，精舍志，肾气虚则厥，实则胀。五脏不安，必审五脏之病形，以知其气之虚实，谨而调之也。"（《灵枢·本神》）在今天看来，把某一种心理活动或情绪状况与某一脏器固定对应起来显得有些简单机械，但认为大脑的心理活动依赖于五脏六腑及其精、气、血、津液生理功能的发挥的观点无疑是有价值的。19 世纪美国心理学家詹姆斯和丹麦生理学家兰格也认为情绪是一种内脏反应，即由于外部刺激引起了内脏反应，内脏的反应信号传递到大脑皮层就产生了情绪体验。情绪不是别的东西，而是个体对身体内部所发生的某些变化的知觉。"如果没有身体的变化追随在知觉之后，那么这种知觉只是纯乎暗淡无光的认识作用，而毫无情绪性的暖流。"詹姆斯－兰格情绪学说激发了后来有关情绪的大量实验研究，促进了 20 世纪对中枢神经系统在情绪产生中的作用的认识。美国心理学家坎农提出了情绪的丘脑学说，认为大脑皮层对丘脑抑制的解除是情绪产生的机制。后来相继又有其他学者提出了情绪的激活学说、边缘系统学说、评定－兴奋学说等。现代研究认为，情绪的生理机制是非常复杂的，既有大脑皮层和皮层下的神经过程的协同，也与整个机体内部器官和效应器官的活动状况，及中枢的和外周的多种神经递质的变化有关。如与情绪密切相关的儿茶酚胺（CA，包含多巴胺、去甲肾上腺素 NA 和肾上腺素 Adr）既是中枢的神经递质，也是外周的神经递质。在不同情绪强度下，无论是中枢的还是外周的 CA 都有明显的变化。循环中 NA 大部分由交感神经末梢作为递质释放，小部分由肾上腺髓质产生。循环中的 Adr 则主要来自肾上腺髓质，小量可由其他器官的嗜铬细胞产生。中枢的 NA 神经系统与外周的交感—肾上腺髓质系统是两个独立的系统，但是血液中激素的浓度升高到一定水平时又能反馈地抑制下丘脑某种促激素的释放。由此可见，关于情绪的中医"外周说"与西医的"中枢说"也许并不矛盾，而是构成了一种相容性选言逻辑。中医五脏藏神的观点促使现代人对情绪机制作多元性的再思考，为通过药物来调节外周神经递质和用激素代谢水平来调节情绪的方法提供了可能，也为防治内脏疾病带来的情绪问题提供了另一种治疗思路。

在西方心理学看来，情绪大多只是被认定为一种认知的反应，而在中医看来，情绪是人的存在方式，也可能成为人类一种独特的重要的病因，而不是认知或生理的副产品。《灵枢·口问》中将人类的病因一分为三，即："百病之始生也，皆生于风雨寒暑、阴阳喜怒、饮食居处、大惊卒恐。"中医认为，七情（指喜、怒、思、忧、悲、恐、惊）本为人之常性，"发而皆中节谓之和"，但或暴乐暴苦、喜怒不节，或郁而不发，即超过了限度和失去节制，就会耗伤精气，如《素问·举痛论》中说："怒则气上，喜则气缓，悲则气消，恐则气下，……惊则气乱，劳则气耗，思则气结。"中医认为，过度的情绪变化可能产生致命的后果："大怒则形气绝，而血菀于上，使人薄厥。"（《素问·生气通天论》）"隔塞闭绝，上下不通，则暴忧之病也。"（《素问·通评虚实论》）"恐惧而不解则伤精，精伤则骨酸痿厥，精时自下。"（《灵枢·本神》）可见，中医对心身性疾病的观察尤为仔细。中医认为，脏腑气血病变亦可以导致情志异常，这是西方心理学所没有的观点，如《素问·调经论》中说："血有余则怒，不足则恐。""血并于上，气并于下，心烦惋善怒。血并于下，气并于上，乱而喜忘。""精气并于心则喜，并于肺则悲，并于肝则忧，并于脾则思，并于肾则恐。"（《素问·宣明五气》）"多阳者多喜，多阴者多怒。"（《灵枢·行针》）

四、"此在"总是具有独特个性和体质

存在主义认为："世界本质上是随着此在的存在展开的。"[①] 中医学非常重视个人在体质和性格上的差异，并且将这种差异的评估当成辨证施治因人而异的基础。

阴阳五行是中医观察和分析万事万物的原型，同样也适合用于人类的体质和个性行为的分类分析。如《灵枢·通天》中说："有太阴之人、少阴之人、太阳之人、少阳之人、阴阳和平之人，凡五人者，其态不同，其筋骨气血各不等。"具体而言，五态人格的外观行为特点分别是："太阴之人，其状黮黮然黑色，念然下意，临临然长大，腘然未偻，此太阴之人也。少阴之人，其状清然窃然，固以阴贼，立而躁崄，行而似伏，此少阴之人也。太阳之人，其状轩轩储储，反身折腘，此太阳之人也。少阳之人，其状立则好仰，行则好摇，其两臂两肘，则常出于背，此少阳之人也。阴阳和平之人，其状委委然，随随然，颙颙然，愉愉然，暶暶然，豆豆然，众人皆曰君子，此阴阳和

---

① 海德格尔. 存在与时间［M］. 陈嘉映，王庆节，合译. 北京：生活·读书·新知三联书店，2012：233.

平之人也。"再说五态人格的品性特点："太阴之人，贪而不仁，下齐湛湛，好内而恶出，心和而不发，不务于时，动而后之，此太阴之人也。少阴之人，小贪而贼心，见人有亡，常若有得，好伤好害，见人有荣，乃反愠怒，心疾而无恩，此少阴之人也。太阳之人，居处于于，好言大事，无能而虚说，志发于四野。举措不顾是非，为事如常自用，事虽败，而常无悔，此太阳之人也。少阳之人，諟諦好自贵，有小小官，则高自宜，好为外交，而不内附，此少阳之人也。阴阳和平之人，居处安静，无为惧惧，无为欣欣，婉然从物，或与不争，与时变化，尊则谦谦，谭而不治，是谓至治。"相比西方的人格分类系统而言，中医关于体质和人格差异的分类是可以被肉眼直观地观察到的，其辨证分析模型往往又与相应的治疗对策相匹配，让医者有则可循。基于五态体质和人格的不同，治疗原则是："盛者泻之，虚者补之。"具体而言，"太阴之人，多阴而无阳，其阴血浊，其卫气涩，阴阳不和，缓筋而厚皮，不之疾泻，不能移之。少阴之人，多阴少阳，小胃而大肠，六府不调，其阳明脉小，而太阳脉大，必审调之，其血易脱，其气易败也。太阳之人，多阳而少阴，必谨调之，无脱其阴，而泻其阳，阳重脱者，易狂，阴阳皆脱者，暴死不知人也。少阳之人，多阳少阴，经小而络大，血在中而气在外，实阴而虚阳，独泻其络脉，则强气脱而疾，中气不足，病不起也。阴阳和平之人，其阴阳之气和，血脉调，谨诊其阴阳，视其邪正，安容仪，审有余不足，盛则泻之，虚则补之，不盛不虚，以经取之。此所以调阴阳，别五态之人者也。"（《灵枢·通天》）除五态体质和人格分类体系之外，中医还有依据个体之间的勇怯不同和体形肥瘦等多维度的分类。

中医还注意到人的体质和心理韧性的差异，以及这种差异给健康和病患带来的影响。《灵枢·五变》中将心理韧性类比于不同树木的材质的描述十分形象贴切。"黄帝曰：一时遇风，同时得病，其病各异，愿闻其故。少俞曰：善乎哉问，请论以比匠人。匠人磨斧斤，砺刀削，斫材木，木之阴阳，尚有坚脆，坚者不入，脆者皮弛，至其交节，而缺斤斧焉。夫一木之中，坚脆不同，坚者则刚，脆者易伤，况其材木之不同，皮之厚薄，汁之多少，而各异耶。……凡此五者，各有所伤，况于人乎？……人之有常病也，亦因其骨节皮肤腠理之不坚固者，邪之所舍也，故常为病也。"中医以不同材质的树木来作为阐述人的体质和心理韧性的原型。所谓原型是指可以作为一类事物意义的典型模型。中医不仅阐述了体质和心理韧性不同的个体对病邪的免疫力有差异，而且十分贴切地用"坚脆"一词表述了心理韧性的两极性（即韧与脆），为韧性测评的可能提供了一个理论框架。根据散见于《黄帝内经》各章中的观点，中医体质心理韧性的构成要素包括：（1）正气、卫气等生理因素。如《素问·刺法论》中说："正气存内，邪不可干。"《灵枢·本脏》中说："卫气者，所以温分肉、充皮肤、肥腠理、司开阖者也。""卫气和则分肉解利，皮肤调柔，腠理致密矣。"正气和卫气是机体御邪、调控、修复过程中不可或缺的生理因素，正气和卫气越充足，体质心理韧性则越强。（2）体质人格类型因素。《灵枢·寿夭刚柔》中说："人之生也，有刚有柔，有弱有强，有短有长，有阴有阳。"例如根据人体之气的阴阳偏颇、形体肥瘦、行为举止、情绪情感特点和疾病的易感性而建构的木、火、土、水、金五种体质人格分类系统中，其各自的心理韧性水平和防御方式就各有特点，如"火形之人"就具有"疾心"（为憎恶、妒忌、痛心）、"多虑"和"急心"（坐立不安）等焦虑的特点。（3）意志与认知因素。《灵枢·本脏》中说："志意和则精神专直，魂魄不散，悔怒不起，五脏不受邪矣。"《素问·生气通天论》中也说："志意治，顺之则阳气固，虽有贼邪，弗能害也。"可见，意志是心理韧性中的内在保护性因子，意志越强大的个体，在遭遇压力或逆境时会表现出较强的心理韧性。（4）情志因素。中医学将"喜、怒、忧、思、恐"归属于"志"的概念之下，这是区别于西方情绪心理学的不同之处，也就是说，中医认为，"志"决定了情绪产生于何处和情绪指向何种对象，这意味着情绪的激活与主体的认知选择和意志指向有关。① 例如《素问·疏五过论》中说："离绝菀结，忧恐喜怒，五脏空虚，血气离守。"《素问·生气通天论》所说："大怒则形气绝，而血菀于上，使人薄厥。"不难理解，极度的愤怒可以使人昏厥，但愤怒一定有愤怒的意指对象和赋予的让人愤怒的相应意义。（5）家庭与社会支持因素。如《素问·疏五过论》中说："凡未诊病者，必问尝贵后贱，虽不中邪，病从内生，名曰脱营。尝富后贫，名曰失精，五气留连，病有所并。"说的就是家庭和个人经济状况的变化给心理带来的影响。

基于"此在"具有"在……之中存在"的特点，中医还注意到不同地域的生存环境和生活习惯将给个体的体质和人格特质带来的影响，并且探索了最适合不同地域的治疗方法。具体而言，"东方之域，……鱼盐之地，海滨傍水，其民食鱼而嗜咸，皆安其处，美其食，鱼者使人热中，盐者胜血，故其民皆黑色疏理，其病皆为痈疡，其治宜砭石。……西方者，金玉之域，沙石之处，天地之所收引也，其民陵居而多风，水土刚强，其民不衣而褐荐，华食而脂肥，故邪不能伤其形体，其病生于内，其治宜毒药。……北方者，天地所闭藏之域也，其地高陵居，风寒冰冽，其民乐野处而乳食，藏寒生满病，其治宜灸焫。……南方者，天地之所长养，阳之所盛处也，其地下，水土弱，雾露之所聚也，其民嗜酸而食胕，故其民皆致理而赤色，其病挛痹，其治宜微

① 陈玉霏，邱鸿钟，梁瑞琼. 中医情志概念的现象学研究［J］. 医学与哲学（A），2017，38（5）：12 – 13，77.

针。……中央者，其地平以湿，天地所以生万物也众，其民食杂而不劳，故其病多痿厥寒热，其治宜导引按跷。"（《素问·异法方宜论》）中医有关个体体质和人格差异的发现及其辨证施治的思想与现代精准医学、地理医学的思想是内在一致的，仍具有很强的临床意义。

五、对"此在"心理状况的评估方式直观且便捷

"此在"是一种生活样态，而不是一种语言描述的状况，因此，无论如何，用自陈语言文本问卷为测量工具来评估测量个人的心理状况的路径与方法都与人的实际状况相差甚远。相比而言，中医对个体心理状况的观察和评估方法更为生活化和直观。具体来说，有如下几种途径与方法：

其一，根据脏腑气血变化与情志状况相关的理论，通过四诊方法来观察个体的外部特征进而推断其心理状况。如《灵枢·五变》中介绍了如何通过观察皮肤和目光来测知人的个性："此人薄皮肤而目坚固以深者，长冲直扬，其心刚，刚则多怒，怒则气上逆，……此言其人暴刚而肌肉弱者也。"又如《素问·脉要精微论》中说："头倾视深，精神将夺矣。"《灵枢·五乱》也有这样的描述："气乱于心，则烦心密嘿，俯首静伏。"《素问·解精微论》中认为："志与心精，共凑于目。"望眼神是中医观察心理最重要的方法，如《灵枢·大惑论》中说："目者，心使也，心者，神之舍也。"中医已经认识到：眼动是心神的使者，为心神所支配，如精神乱则眼睛不转不动；目光的指向即反映心神的意向。这竟然与现代认知心理学通过眼动仪记录注视点和轨迹的变化来判断认知和情绪意向性的方法在本质上是完全一致的。

其二，根据人言语、哭笑、行为来推知其心理状况。如对于精神分裂症，《素问·脉要精微论》就有如下记载："衣被不敛，言语善恶不避亲疏者，此神明之乱也"；《灵枢·癫狂》中则有"狂始生，先自悲也，喜忘、苦怒、善恐者，得之忧饥"，"狂始发，少卧不饥，自高贤也，自辩智也，自尊贵也，善骂詈，日夜不休"，这是指丧失了自知力的患者；"狂，目妄见，耳妄闻，善呼者，少气之所生也"，这是指妄视、妄听的患者。又如《灵枢·本神》中有"心气虚则悲，实则笑不休"，"肝气虚则恐，实则怒"；《素问·脉要精微论》"言而微，终日乃复言者，此夺气"等记载。

其三，通过问其人事来推知其心理变化。如《素问·疏五过论》中说："诊有三常，必问贵贱，封君败伤，及欲侯王。故贵脱势，虽不中邪，精神内伤，身必败亡。始富后贫，虽不伤邪，皮焦筋屈，痿躄为挛。"为了很好地与患者沟通，了解其人事，医生应该"入国问俗，入家问讳，上堂问礼，临病人问所便"。（《灵枢·师传》）《素问·移精变气论》则进一步要求，必要时还应"闭户塞牖，系之病者，数问其情，以

从其意"。中医诊疗时的这些守密规则和问诊内容与现代心理咨询的要求完全一致。

经验告诉我们，西方心理学界依靠自陈式问卷或量表来测评个体的人格和心理状况存在着许多的不足，例如被试者故意隐瞒、文字理解上的个人差异、问句所涉及情境的文化局限性等。事实上，尤其是那些有自杀意念的人几乎很难事先在危机事件发生之前自觉报告的。相比而言，中医司外揣内的观测方法有简、便、廉的特点与优势，而无须依靠被试者口头报告，也无须复杂昂贵的仪器设备，而是依据对被试者在生活情境下的生理变化或日常行为特征的观察，而这类观测更客观可靠、稳定和合理。

其四，中医对"此在""烦"的辨证具有生活的独特性。[①] 检索《黄帝内经》可以发现"烦"字共出现 71 次，经内容分析可以确认"烦"是一个长期被忽略的中医心理学的基本概念。烦与焦虑相近，但内涵与外延并不相同，烦是可以被世人广泛意识到的一种主观体验。按《黄帝内经》中出现的词频高低，与"烦"相关的组词有：(1)"烦心"，指一种说不清、难出口的苦恼与心悸，如"民病身热烦心躁悸"（《素问·气交变大论》）、"烦心胸满"（《灵枢·经脉》）。(2)"烦冤"，指愤而不能言的痛苦，如《素问·示从容论》中有"肝虚、肾虚、脾虚，皆令人体重烦冤"。(3)"烦满"，如"烦满喘而呕"。（《素问·痹论》）隋代巢元方在《诸病源候论》39卷还单列出"烦满候"，可见这一症候在当时之多见，他还给"烦满"首次下了一个定义："烦满者，心烦，胸间气满急也。"(4)"烦悗"，指心思矛盾纠结，不知所措，如"舌纵涎下，烦悗"。（《灵枢·寒热病》）(5)"烦躁"或"燥烦"，如"心热烦躁"（《素问·至真要大论》），指人的言行举止急而不宁；但烦与躁有别，明代医家陶华在《伤寒六书》中对两者作了辨析："烦为扰乱，而躁为愤怒，躁为先烦而渐至躁也。"(6)"烦闷"，指讨厌忧郁，心情不畅，如"烦闷善呕"。（《素问·刺热》）(7)"烦热"，如"民病胸中烦热"（《素问·至真要大论》），多指内心如焚，伴两手两足心发热，心胸闷热，血热或里热的五心烦热之证。(8)"烦劳"，指身心劳累，如"阳气者，烦劳则张，精绝"。（《素问·生气通天论》）由上可见，烦，大多伴有一些躯体化症状，因此，烦也可以认为是一种生理心理现象。烦有时也可以成为一种病因，如《左传·昭公元年》中说："至于烦乃止也已，无以生疾。"烦可带来多种多样的躯体形式障碍，如"烦心头痛"（《灵枢·厥病》）、"烦心心痛"（《素问·至真要大论》）等。

检索中医古文献，不难发现，除《黄帝内经》之外，战国时的《难经》、东汉张

---

① 梁倩蓉，梁瑞琼，邱鸿钟. 中医之烦的现象学研究 [J]. 中华中医药杂志，2020，35 (7)：3323－3325.

仲景《伤寒论》和《金匮要略》、唐代孙思邈的《千金方》、金代刘完素的《河间六书》、元代李杲的《东垣十书》、明代戴元礼的《证治要诀》、清代喻昌的《医门法律》等中医大家的著作中，"烦"这个术语一直被持续使用。可见，烦一直是被中医医家认可并实际应用的一个概念。不仅如此，烦甚至还被隋代巢元方和清代陈梦雷等医家列为一种单独的症候门类"烦躁门"。

其五，中医已经发现了作为精神障碍病因的潜意识的存在。神经症、精神分裂等严重的精神障碍自古以来就客观存在，而这类疾病的病因不仅患者不能自知，而且医者也不易知晓明白。但令人惊奇的是，在《灵枢·贼风》中已经有了对这一问题的追问和解答。"黄帝曰：夫子言贼风邪气之伤人也，令人病焉。今有其不离屏蔽，不出室穴之中，卒然病者，非不离贼风邪气，其故何也？岐伯曰：此皆尝有所伤于湿气，藏于血脉之中，分肉之间，久留而不去，若有所堕坠，恶血在内而不去。卒然喜怒不节，饮食不适，寒温不时，腠理闭而不通，其开而遇风寒，则血气凝结，与故邪相袭，则为寒痹。其有热则汗出，汗出则受风，虽不遇贼风邪气，必有因加而发焉。"黄帝继续追问："今夫子之所言者，皆病人之所自知也，其毋所遇邪气，又毋怵惕之所志，卒然而病者，其故何也，唯有因鬼神之事乎？岐伯曰：此亦有故，邪留而未发，因而志有所恶，及有所慕，血气内乱，两气相抟，其所从来者微，视之不见，听而不闻，故似鬼神。"由此可见，中医已经发现了精神障碍这类疾病病因的特殊性：如患者对自己的病患没有自知力，没有遭遇明显的外邪侵害，起病急，病因微妙，视之不见，听而不闻，好像由鬼神之事所致；其病机可能与之前压抑的邪留而未发，或因志有所恶，及有所慕，导致血气内乱，两气相抟，神志出现混乱。针对这类疾病，中医发明了多种应对的治疗方法，例如类似精神分析的祝由、类似分析心理学的梦的分析以及带有心理暗示疗愈功能的针灸，曰："必知天忌，乃言针意，法于往古，验于来今，观于窈冥，通于无穷，精之所不见，良工之所贵，莫知其形，若神仿佛。"（《灵枢·官能》）

其六，中医对梦的解析有自己的规则。"梦"一词在《黄帝内经》中出现53次，属于中等词频的概念。梦属于一种正常的生理心理现象，但如何解释梦却有不同的理论。在先秦以前的许多古籍中，梦的解析充满了占卜文化的味道，而《黄帝内经》中对梦的解析主要属于生理心理性质的。中医以阴盛阳衰的变化节律来解释从打哈欠开始到睡眠和觉醒的发展过程："人之欠者，何气使然。岐伯答曰：卫气昼日行于阳，夜半则行于阴，阴者主夜，夜者卧。阳者主上，阴者主下，故阴气积于下，阳气未尽，阳引而上，阴引而下，阴阳相引，故数欠。阳气尽，阴气盛则目瞑（通"眠"，指打瞌睡），阴气尽而阳气盛，则寤（指睡醒）矣。"（《灵枢·口问》）基于以上睡眠阴阳变化的理论，中医对于梦的解析在《灵枢·淫邪发梦》中最为系统："正邪从外袭内，而未有定舍，反淫于藏，不得定处，与营卫俱行，而与魂魄飞扬，使人卧不得安而喜梦。"从这篇经文的标题可知，中医认为梦是一些没有安定下来的"淫邪"干扰脏腑活动的现象。所谓"淫邪"是指那些过多、过度、浸渍、迷惑于男女两性交媾的情绪情感和行为。"气淫于府，则有余于外，不足于内；气淫于藏，则有余于内，不足于外。"可见中医对梦机理的看法与精神分析理论不约而同。"黄帝曰：有余、不足，有形乎？岐伯曰：阴气盛，则梦涉大水而恐惧。阳气盛，则梦大火而燔炳。阴阳俱盛，则梦相杀。上盛则梦飞，下盛则梦堕，甚饥则梦取，甚饱则梦予。肝气盛，则梦怒。肺气盛，则梦恐惧、哭泣、飞扬。心气盛，则梦善笑、恐畏。脾气盛，则梦歌乐，身体重不举。肾气盛，则梦腰脊两解不属。"（《灵枢·淫邪发梦》）这里是对梦之意象的象征意义的解析。"厥气客于心，则梦见邱山烟火。客于肺，则梦飞扬，见金铁之奇物。客于肝，则梦山林树木。客于脾，则梦见丘陵大泽，坏屋风雨。客于肾，则梦临渊，没居水中。客于膀胱，则梦游行。客于胃，则梦饮食。客于大肠，则梦田野。客于小肠，则梦聚邑冲衢。客于胆，则梦讼自刭。客于阴器，则梦接内。客于项，则梦斩首。客于胫，则梦行走而不能前，及居深地窌苑中。客于股肱，则梦礼节拜起。客于胞植，则梦溲便。凡此十五不足者，至而补之，立已也。"（《灵枢·淫邪发梦》）将梦境分析与脏腑辨证施治相结合，这是中医梦的解析与治疗理论与方法的一个特点。

六、辨证施治的心理方法全面系统

中医心理治疗不仅与西方心理治疗有许多相通相同的思路与方法，还有独特的心理治疗理论与方法。概述如下：

其一，中医提出"治未病"的思想与现代精神卫生工作提出的实行预防为主的方针是内在一致的。《素问·四气调神大论》中说："圣人不治已病治未病，不治已乱治未乱，此之谓也。"《灵枢·玉版》中说："圣人自治于未有形也，愚者遭其已成也。"后经过历代医家不断充实和完善，"治未病"逐渐演变成"未病先防""既病防变"和"瘥后防复"的预防医学的理念。如果说"未病"即未病之先，那么又治什么呢？其实，人病与动物病患的最大区别在于人有思维和情志活动，相对于生理稳态而言，认知和情志不仅变化在先，而且最易随生活事件影响而起伏。故《灵枢·口问》中说："夫百病之始生也，皆生于风雨寒暑、阴阳喜怒、饮食居住、大惊卒恐。"就大脑中枢和内脏、心理活动和生理功能的关系而言，许多人类疾病，尤其是心身疾病，几乎都是从心的变化开始的。《灵枢·本神》中对此看得十分明白："是故怵惕思虑者则伤神，神伤则恐惧流淫而不止。因悲哀动中者，竭绝而失生。喜乐者，神惮散而不藏。愁忧者，气闭塞不行。盛怒者，迷惑而不治。恐惧者，神荡惮而不收。"《素问·举痛论》中也说："怒则气上，喜则气缓，悲则气消，恐则气下，……惊则气乱，劳则气耗，思则气结。"

其二，将调神作为人类疾病治疗的首要原则。中医认为"得神者昌，失神者亡"。（《素问·移精变气论》）得神或有神才是人之存在的主要标志。神具有统摄人的情绪和生活方式等行为的功能，在健康维护中占有核心的地位，如《灵枢·口问》中说："心者，五藏六府之主也；……心动则五藏六腑皆摇。"《素问·上古天真论》中说："恬淡虚无，真气从之，精神内守，病安从来？"《灵枢·本脏》也说："志意者，所以御精神，收魂魄，适寒暑，和喜怒者也。"认知和意志是人所以为人的高贵之处，是人能更好地适应环境和改造环境的进化机制。所以，调神应该成为治疗"人病"的基本原则。正是基于神是一种可以自控的意动，因此，中医才可以实现"恬淡虚无""精神内守""独立守神"和"四气调神"等延年益寿、修身养性的技术。对于人类的疾病而言，调神和守神永远处于中医序贯治疗的首位。《素问·宝命全形论》中说："一曰治神，二曰知养身，三曰知毒药为真，四曰制砭石小大，五曰知府藏血气之诊。五法俱立，各有所先。"抓住了人之神，才算是把握了此在在诸多可能性中选择的能动性和自觉性。《灵枢·本神》中说："凡刺之法，先必本于神。"《灵枢·根结》中又说："用针之要，在于知调阴与阳，调阴与阳，精气乃光，合形与气，使神内藏。"只要做到调神在先，就能实现《灵枢·本脏》所说的如下临床效果："志意和则精神专直，魂魄不散，悔怒不起，五脏不受邪矣。"实际上，有神就是有抵御疾病的正气，如《灵枢·小针解》中说："神客者，正邪共会也。神者，正气也。客者，邪气也。在门者，邪循正气之所出入也。"中医认为，患病的过程就是正邪相争的过程，而神即人正气的核心要素。《素问·刺法论》说："正气存内，邪不可干。"若神不守舍，则正气自伤，邪气自入。中医也认为，精神不进，志意不治，是人病不可愈的根本原因。《素问·汤液醪醴论》中说："精神不进，志意不治，故病不可愈。今精坏神去，荣卫不可复收。何者？嗜欲无穷，而忧患不止，精气弛坏，荣泣卫除，故神去之而病不愈也。"治未病必须从心开始，而调神即在于精神内守，使神内藏。

心身性疾病是人类病患的一大特点。《素问·痿论》对心身疾病从精神压抑到不良行为，再到患病的过程观察尤其仔细："思想无穷，所愿不得，意淫于外，入房太甚，宗筋弛纵，发为筋痿，及为白淫。"我们可以将这种由心理因素为主所导致的躯体疾病称为"一次性心身疾病"；而将躯体病变在先，情志变化随后的病患称为"二次性心身疾病"。对于人类的疾病来说，脏腑生理机能与大脑的心理活动几乎总是相互影响的，因此，形神兼治成为中医整体治疗思想的基本内涵。现代医学关于精神—神经—内分泌轴的研究和心身医学关于心身疾病的流行病学调查都已为中医关于未病从心开始的观点提供了坚实的证明。

其三，"病为本，工为标"，明确了医患双方在疾病治疗中的各自定位。中医心理学明确了患者在心理治疗中的责任主体地位。这一观点与心学所说的反躬自问和现代医学所说的"自己是健康的第一责任人"观点的内在精神是完全一致的。中医认为，人应该对自己的情志失担负起某种责任，《灵枢·本神》中追问道："血、脉、营、气、精、神，此五藏之所藏也，至其淫泆离藏则精失，魂魄飞扬，志意恍乱，智虑去身者，何因而然乎？天之罪欤？人之过乎？"在《素问》"汤液醪醴论"和"移精变气论"两篇经文的几段对话中，中医表述了要将人的自主性当作有效治疗的首要因素。黄帝在比较了上古、中古和当时医疗的情况后，有一问题百思不得其解，于是找来名医岐伯请教。黄帝问：为何上古时的良医们制作了许多药汤却备而不用，甚至古时治病时，只需要移精变气，祝由即可治愈？到中古之时，社会道德状况有些衰落，当疾病流行时，服用些汤药还可以应付。但为何现在的患者虽然服用了汤液醪醴，用毒药攻其邪，用砭石针灸治其外，也不见显著的疗效？岐伯回答：那是因为"神不使也"。黄帝又继续追问：那何谓"神不使呢？"岐伯又解释道：针石原本只是一种技术手段而已，如果患者精神不振，意志涣散，病患当然是很难治愈的。上古之时，世道恬淡，古人懂得避寒避暑，内心也没有各种眷慕之累，外不谋利，所以不容易罹患疾病，当然就不劳用毒药和针石了，即使人有些小恙，也只需移精变气，祝说病由即可。那时高明的医生都十分重视早期预防疾病，所谓"圣人不治已病治未病"。而当今和过去相比，道德风气衰败，嗜欲无穷，忧患不止，形体过劳，又不遵循四时自然规律养生，甚至逆寒暑之宜而行，故"精坏神去，荣卫不可复收"。换而言之，放纵自己的各种欲望和不良行为而导致神不守舍，乃至"小病必甚，大病必死"。中医也认识到患者的努力才是疗愈疾病的主体。黄帝继续追问医臣道：即使是当今高明的医生都懂得遵循医道行事，像亲戚兄弟一样亲近关心患者，可是病还是难以痊愈，这又是为什么呢？岐伯回答：这是因为"病为本，工为标，标本不得，邪气不服"。（《素问·汤液醪醴论》）可现实中的患者总是将治疗的决策权和治愈的希望不自觉地交给了医生，其实医生只是助人自助的帮手而已。如果患者不能自觉改变不良的生活习惯，例如暴饮暴食、酗酒抽烟、贪欲无穷、争强好胜、玩物丧志、沉迷酒色等，或信鬼神不信医，或讳医忌药，或者不愿意承认自己的症状与心理问题的关系，拒绝接受必要的心理治疗，而只是依赖药物，遇到这些情况时，医生当然也只能无功而返。

其四，中医的治疗原则几乎都适合对心理问题和心理障碍的治疗，这些治则包括：（1）"高者抑之，下者举之，有余折之，不足补之，佐以所利，和以所宜，必安其主客。"又如"盛者泻之，虚者补之"。（《素问·至真要大论》）依据以上治则，我们可以将躁狂、焦虑障碍、强迫症、恐惧症列为"高"或"盛"一类加以"抑之",而将抑郁、退缩、自卑、胆小列为"低"或"虚"一类加以"举之"。用行为主义的术语来说,前者属于行为过度,需要加以消除;而后者属于行为不足,需要塑造强化。(2)"阳病治阴,阴病治阳。"(《素问·阴阳应象大论》)"病在上者,下取之。病在下者,高取之。……病在上者,阳也。病在下者,阴也。"(《灵枢·终始》)清初名医傅青主在其男科的案例中也记载了自己诊治的经验:"病在下而求诸上:凡治下焦病用本药不愈者,须从上治之。"不难发现,中医的这一治则与精神分析治疗神经症、精神障碍的思路大同小异,对于性心理问题的咨询和治疗具有很强的临床指导意义。(3)"必知天忌,乃言针意,法于往古,验于来今,观于窈冥,通于无穷。粗之所不见,良工之所贵,莫知其形,若神仿佛。"(《灵枢·官能》)

其四,传统中医早已经发明和实践了与现代临床心理学相似的一系列的心理治疗方法。如认知疗法,曰:"王公大人,血食之君,骄恣从欲轻人,而无能禁之,禁之则逆其志,顺之则加其病,便之奈何?治之何先?岐伯曰:人之情,莫不恶死而乐生,告之以其败,语之以其善,导之以其所便,开之以其所苦,虽有无道之人,恶有不听者乎?"(《灵枢·师传》)在这一简练的表述中,包括如何基于人恶死而乐生的本性,从好处与坏处的对比来阐述改变其认知与行为的重要性,和如何践行的方便之途径与方法。中医还发明了适合于恐惧症治疗的"惊则平之"(《素问·至真要大论》)的脱敏治疗原则与方法。甚至还发明了多种暗示疗法。[①]

其五,中医还发明了西方心理学没有的独特的心理治疗方法。例如,(1)移精变气的祝由法,《素问·移精变气论》中说:"古之治病,惟其移精变气,可祝由而已。"对此王冰注释道:"夫志捐思想,则内无眷慕之累,心亡愿欲,故外无伸宦之形,静保天真,自无邪胜,是以移精变气,无假毒药,祝说病由,不劳针石而已。"这是通过分析病因,消解内心矛盾,降低欲望,正其心意,放下执着的一种内观方法。(2)"情志相胜法",中医认为,不同的情志之间具有相互制衡的作用,对某种超过异常限度的情绪,可以另一种相胜的情绪来加以矫治平衡,规则即"悲胜怒""恐胜喜""怒胜思""喜胜忧"和"思胜恐"。金代张子和在《儒门事亲》一书中将本方法发展为一种具有可操作性的话术,即:"故悲可以治怒,以怆恻苦楚之言感之;喜可以治悲,以谑浪亵狎之言娱之;恐可以治喜,以迫遽死亡之言怖之;怒可以治思,以污辱欺罔之言触之;思可以治恐,以虑彼志此之言夺之。凡此五者,必诡诈谲怪,无所不至,然后可以动人耳目,易人视听。"(3)使用中药和针灸也是心理和精神疾患的独特方法,

---

① 邱鸿钟,梁瑞琼. 传统中医心理案例新解 [M]. 广州:暨南大学出版社,2018.

在《灵枢·癫狂》中就有针灸治疗癫痫的取穴经验："癫疾始生……（针刺）取手太阳、阳明、太阴，血变而止。"在《素问·病能论》已有治疗狂症的药方："有病怒狂者……使之服以生铁落为饮。"或用饥饿疗法，如《素问·病能论》中所说："有病狂者……夺其食即已"，这与现代胰岛素疗法的原理相似。（4）五音疗法，中医认为，人的内脏生理功能与耳朵的听觉相关，所谓"人心意应八风，人气应天，人发齿耳目五声应五音六律"（《灵枢·针解》），"肾气通于耳，肾和则耳能闻五音矣"。（《灵枢·脉度》）根据五脏与五音对应的五行模型，中医发明了"五音疗疾"，并且认识到音乐对生理、精神和修心作用的三个维度，所谓"故音乐者所以动荡血脉，通流精神而和正心也"。（《史记·乐书》）

　　总而言之，中医临床心理学的理论与方法为现代临床心理学增添了丰富的资源，为世界临床心理学提供了一个有助于跨文化比较的鲜活样本。

第二十一章　道家内丹术的象征主义心理学思想

　　无论在中国本土心理学中，还是在世界心理学史上，道家都以其解决神形关系或身心关系的思想与方法独具特色。如果我们基于道家典籍《老子河上公章句》《周易参同契》《太平经》《黄庭经》《悟真篇》《慧命经》的现代阐释，结合禅学的正念之术和荣格分析心理学的跨文化比较，就能透过内丹术的象征主义心理学话语理解其本质，领会其方法在修身养性训练中的应用价值。

今天，一如既往，精神的绿洲已被淹没，
只剩下几个孤零零的山尖像小岛一般从
无边无际的洪水中显露出头来，亦如以往，
形形色色的歧路岔道诱惑着人们的理智，
各类假先知沉渣泛起。

——荣格《纪念卫礼贤》

　　中国哲学家、史学家和文化界一般认为，儒道释共同构成了中国传统文化的主流，其中，道家以解决神形关系（或身心关系）的思想与方法最具有特色，亦具有重要的应用心理学意义和价值，值得研究。本章基于道家典籍《老子河上公章句》《周易参同契》《太平经》《黄庭经》《悟真篇》和《慧命经》的解读，结合佛家的坐禅术与荣格心理学的跨文化比较，着重就内丹术的心理学本质，及其现代应用的价值进行梳理。

一、内丹术的源流与发展

　　道教产生于两汉之际，但其思想源流复杂而多元。史家一般认为，先秦至汉代的典籍《道德经》《庄子》《周易》和《太平经》为道教提供了思想基础，而秦末汉初追求长生不死的神仙方术和黄老思想的活跃为道教的形成提供了社会温床。史籍载，道教创始人张道陵（34—156），原名张陵，东汉丰县（今江苏徐州丰县）人，因其最初以符水咒说为民治病传布教义，招收信徒，而愈者以五斗米酬谢，故又号称"五斗米师"。张道陵提倡"千精万灵，一切神氏，皆所废弃，临奉老君三师，谓之正教"。（陆修静《道门科略》）故亦被称之为"正一派"和"天师道"。张道陵之后，其子、其孙继续传播道教，创设了"静室"，用于"病人处其中思过"，并建立了道教的教规教义。东汉时期养生家融合先秦老、庄与儒家思想，托名"河上公"对《老子》进行注释，写成《老子河上公章句》，提出了精神与形体不可分的"五脏藏神"之说。又传敦煌莫高窟出土古本张道陵所注的《老子道经想尔注》残卷，以汉末房中术解《老子》，提出了"积善成功，积精成神，神成仙寿"的核心思想。

东汉时期的黄老道家魏伯阳（151—221），本名魏翱，字伯阳，道号云牙子，会稽上虞（今浙江省绍兴市上虞区）人。曾率弟子去上虞凤鸣山凤鸣洞炼丹服食，著有《周易参同契》三卷，这本书假借爻象，阐述修大丹、服大丹之理，故后世奉其为"万古丹经之王"，魏伯阳也因此被称为道教丹鼎派的奠基人。经文化传播，这本书也在美英德俄等多国有译本，英国学者李约瑟在《中国科学技术史》中称其为"世界上第一部炼丹著作"。

东晋时出现了大规模的编造道经现象。据东晋道教理论家、炼丹家和中医药学家葛洪（283—363）在《抱朴子内篇·金丹》中的描述，当时为数众多的"流俗道士""杂俗道士"和"虚名道士"虽然有数十卷一知半解的经书，还可能知道一点行气和断谷服诸草木药法，但对于丹鼎派的"神丹金液"之事真正明白的人极少，这些人多是一些虚张声势、胡说自己已有数百岁的江湖骗子。葛洪基于当时所见到的200余篇道教经典，进一步完善了道教外修内养的理论与成仙的方法。如何才能成仙？当时流行的方法主要有两种：一是服用神药"金丹"，假求外物以自坚固，使人长生不老；二是通过导引行气和房中术还精补脑，使人内保精气。到葛洪时，内外丹都讲，主张内修外养，但他更偏好外丹之术；同时，他还将道教得道成仙的观念与儒家提倡的忠孝、和顺、仁信等伦理纲常，以及佛家的因果报应观结合起来，他认为，"仲尼未可专信，而老氏也未可孤用"，主张"援儒入道"和"外儒内道"，儒道兼而修之，但以道为主。他对诸子百家的主流有如下的评价："儒者，博而寡要，劳而少功；墨者，俭而难遵，不可遍循；法者，严而少恩，伤破仁义；唯道家之教，使人精神专一，动合无形，包儒墨之善，总名法之要，与时迁移，应物变化，指约而易明，事少而功多，务在全大宗之朴，守真正之源者也。"（《抱朴子·内篇·明本卷第十》）

在魏晋之时已有《黄庭经》（包括《黄庭内景玉经》《黄庭外景经》和《黄庭中景玉经》）密藏本流传。何谓"黄庭"，"黄"指五行里的中央之色，而"庭"一词，外指天地人四方之中，内指脑、心和脾中。《黄庭内景玉经》承《老子河上公章句》和《太平经》中关于五脏藏神之说，并将其演化为"上中下三部八景二十四真"之体系，重点阐述了人身各部所驻之诸神，以畅达修炼之微义。认为人精在脑，五脏有神，心为五脏六腑之主，所谓"六腑五脏神体精，皆在心内运天经"（《心典章》）。提倡"结精成神"和"积精累气"之说，进一步完善了道教内丹派重呼吸调节、固精炼气的方法，于是，长生不老之道术逐渐转化为调理五脏、恒养五神的途径与方法。这时的道教对修身养性的认识开始从服用外丹到炼内丹方法的转向，而且将外丹的术语平行借用到内丹术，但其意指的对象和概念的内涵都发生了质的变化，这种类比关系是：以身体为丹炉，以精、气、神为丹砂，经过意念引导的修炼，使其在体内结丹（或曰出圣胎）而致长生。在内丹修炼的过程中，意向性的调控及其意指对象集中于三个被赋予特别意义的身体部位，并以此为气机运行的枢纽，即上黄庭（又名上丹田、脑、泥丸、灵台、天心等）或中黄庭（又名中丹田、心、降宫等）、下黄庭（又名下丹田、脾中、气海、精门等）。《黄庭经·仙人章》指出："仙人道士非有神，积精累气以为真。"《黄庭经》简要地道出了道家通过积精累气实现结内丹的真谛，思想内涵丰富，技术概述精要，被后人赞为"黄庭学"。

南朝前期道教的一代宗师陆静修（406—477）为奉持三洞经典为特征的新道教的代表，他援佛入道，仿效僧律，委绝妻子，始断婚事，广制道教斋醮仪式，提出了道教典籍的分类方法，即将道书分为三洞（洞真、洞玄、洞神）、四辅（太玄、太平、太清、正一）七大部类，并且也包含着区分道经品级高低和排列道士阶级次序的作用，如修太清法仅能成仙，修灵宝者可以成真，修上清者可以成圣。陆静修认为，炼内丹是学仙成仙的唯一途径，曰："学仙须是学天仙，惟有金丹最的端。"陆静修在道教制度、道教知识体系和技术多个层面规范了道家的发展。

东晋后，有《阴符经》流行于世，提出了"心生于物，死于物，机在目"之说，指出了修道之法的玄机在闭眼内观。西晋末的《太上洞渊神咒经》援佛般若学的"本无"论入道，认为"大道出虚无，虚无无常号，唯存志心形"。至南朝齐、梁时的道教学者、炼丹家和中医药学家陶弘景（456—536）时，承老庄哲理和葛洪仙学思想，将太极之说引入道教理论，他基于自己的炼丹实验，将丹鼎派的炼丹术纳入天师道，主张符箓派与丹鼎派融合，以及道、儒、释三教合流，留下《真诰》《导引养生图》和《养性延命录》等大量有关养性延命的著作。魏晋南北朝时期，道教派别丛生，而这些派别主要以其崇尚的某本道经来命名，如"楼观派""灵宝派"和"上清派"等。至隋唐时，由于帝王尊道为首，以《道德经》为群经之首，在各地修建玄元帝庙，道教得以兴盛，唐玄宗命道士编纂了中国第一部《开元道藏》，共计3 744卷，分三洞十二部。

五代宋初时的道教学者陈抟（871—989）创新发展了汉代以来的象数文化，将黄老清静无为的思想、道教修炼方术、儒家心性修养和佛教禅定方法融合在一起，创新了用"河图""洛书"来阐发《周易》中的意、言、象、数四者之间的关系，用九宫图表示阴阳五行的生成与空间位置，以太极图表述阴阳二气对立统一、相互转化的辩证关系，以易象构成系统的宇宙生成图式等。陈抟的易学思想，以及《指玄篇》等内丹著作承前启后，对道教和中国宋明理学都有深远的影响。北宋道教南宗紫阳派鼻祖张伯端（984—1082），号紫阳，别称悟真先生，留有《悟真篇》《金丹四百字》和《张紫阳八脉经》等著作。他出儒入道，将儒家的"穷理尽性"、禅宗的"明心见性"和道家内丹思想熔为一炉，创出以"性命双修"为主体的道家南宗内丹功法。在他看来，儒、道、释"教虽分三，道乃归一"。《悟真篇》从天人合一的信念出发，将人的躯体比喻为修炼的鼎炉，以精气为药物，用神为运用的火候，依照想象的经络路径和一系列的步骤，使精、气、神在体内凝聚而结成所谓的内丹。这一过程包括收心敛性、养气守神、无欲无念三个阶段，这一过程是"道生一，一生二，二生三，三生万物"的逆行，即由三而二，由二而一，守一而归无，最后归于万物之初的"道"。他将收心敛性、养气守神的修炼称为命功，而将无欲无念称为"性功"。他认为，内丹术的关键在于通过意念调节，使后天返还先天，如借助易学的卦象来比喻就是将后天八卦演变为先天八卦的过程。修炼内丹术近可祛病强身，中可延年益寿，远可得道成仙。他说："故心者，道之体也。道者，心之用也。人能察心观性，则圆明之体自现，无为之用自成，不假施功，顿超彼岸。"（《悟真篇》卷八）由此可见，他基于儒、道、释三教共性融通的认识而参透了内丹术的真谛。

在宋元明清各个朝代，还涌现了不少弘扬道家思想与内丹术的大家，宋代王重阳（1112—1170）通过创立全真道而著称，他认为三教平等而且归一，曰："儒门释户道相通，三教从来一祖风。道心本是道，道即是心，心外无道，道外无心。"（《重阳全真集》）他以儒家《孝经》、佛家《般若心经》和道家《道德经》教授门徒。

宋代还有赵宜真（？—1382）的心学强调"教虽三分，道乃归一"的思想，曰："圣贤佛分门户，毕业到家同一路。身心了外更无玄，早合真参求实悟。"认为炼丹即在于复归虚无。明末有伍守阳，著《仙佛合宗语录》等书，主张将儒、释、道三家内丹功法为一炉，认为炼丹的核心就是"三关"修炼，炼丹的途径就是"还虚"，而且是三教融合之枢纽，因为一念不起，则六根大定。

元代道士陈致虚撰写的《金丹大要》中说："长生之功由于丹，丹之成由于神。故将合丹，必止身心。""圣人言修炼金丹者，炼精与神气而已。"[①] 该书对内丹术的目的、操作要领已经阐述得简明扼要，并绘制了相应的白描画图解，正确指出内丹术的心理学本质。本书十分难得地指出了"意向性"在金丹修炼中的作用："凡百作为，皆主于意也。色声香味触，皆关于意。意为即为，意止即止。故求丹取铅，以意迎之。

---

① 陈致虚. 金丹大要 [M]. 上海：上海古籍出版社，1989：33.

收火入鼎，以意送之。烹炼沐浴，以意守之。温养脱化，以意成之。"①

明清时有些通俗易懂和图文并茂的内丹书流行民间，甚至远播海外。如清代内丹学家柳华阳（1736—?）所著的《慧命经》和由蒋元庭辑、闵一得订正的《太乙金华宗旨》等，这些篇幅不大的小书以仙佛合宗来阐释内丹的要诀，书中说："佛以无住而生心，为一大藏教旨。吾道以'致虚'二字，完性命全功。总之三教不过一句，为出死入生之神丹。'神丹'为何？曰，一切处无心而已。吾道最秘者沐浴，如此一部全功，不过'心空'二字，足以了之。今一言指破，省却数十年参访矣。"（《太乙金华宗旨·逍遥诀》）至此可见，道家的内丹术经过漫长的演化过程，已经变得愈加明了方便，与佛家识心见性、儒家修身齐家治国平天下的功夫殊途同归。

回顾道家从两汉发源到明清两千多年的历程，大致可以看出内丹术思想和方法演变的主要特点有：其一，身心关系或形神关系一直是道家最核心关注、思考的问题，而内丹术则是帮助个体解决由这一关系带来的心理困惑的特色技术。其二，老庄之说为道教和内丹术的发展提供了思想基础，而佛教的性空论和坐禅冥想的方法为内丹术的完善发展提供了启示。其三，儒家修身齐家治国平天下的理想为道教徒和内丹术与现实社会的连接提供了桥梁；虽然儒、道、释三教话术有异，路径不同，但三者殊途同归，即都是通过反求诸己，认识本心自性，而实现至善、致良知、顺应大道的最终目的。

二、禅宗对内丹术发展的影响

内丹术的发展与佛教的中国化及其坐禅的方法密切相关。道家的内丹术初期更偏重于修身、养精、追求长寿，后来逐渐转向纯粹的"思维修"，而这种改变与禅宗的影响分不开。禅，本是古印度教徒通过打坐使自己心念安定下来的一种静功，自释迦牟尼开始，坐禅是远离苦乐两边，以达中道涅槃的途径。"禅"一词源于天竺之语，汉语翻译为"思维修"或"静虑"，通称为"定慧"。所谓"定"即端身正坐，静坐敛心，停止一切思虑和烦恼；而"慧"即悟之名，即"观"照自心，证悟心之本性。因此，禅是禅定和智慧相融合的修行方法。

依据修禅的境界与风格，《楞伽经》中将达摩（?—536）之前流行的禅法分为几种不同的等级，即凡夫所行禅、观察义禅、念真如禅、诸佛如来禅。汉末传入中国的禅经多为小乘佛教的如来禅，其修炼方法主要有："安般禅"，即以数息修禅为特点，有《安般守意》传世；"五门禅"，也称五停心观，专门针对多贪、多嗔、多疑、散

---

① 陈致虚. 金丹大要［M］. 上海：上海古籍出版社，1989：9.

乱、多慢问题进行的修炼；"念佛禅"，不坐不卧，以长行念佛来止住各种杂念为特点；"实相佛"，即依《般若》和《法华》重修空观。因为这些禅法皆依如来佛典而修习，故也称之"如来禅"。与如来禅不同的是由达摩所创立的"以心传心，不立文字"的祖师禅。达摩为波斯人，南北朝禅僧，梁武帝时来华云游，以四卷本的《楞伽经》为传宗经典，以"安心无为，形随运转"壁观为修持法门。达摩一脉后传慧可、僧璨、道信、弘忍，至慧能完成，逐渐形成强调顿悟、直入般若的禅修法，成就了中国化的佛教特色。达摩一生随处诲人禅法，认为只要以"诸佛心为宗"，入道途径可以因人而异。他认为，一切众生自性本来具足，自性清净，即是"理人"，但常为贪嗔痴等客尘烦恼垢染而不净。二祖慧可（487—593）继承了达摩心法，其教旨更突出了达摩"如来心地法门"，"体认万法一如，众生与佛不二"的观点。文献研究显示，四卷本的《楞伽经》中将"如来藏"（佛性）和"识藏"（人心）合称为"如来藏识藏"，即认为只有一心而已，但在十卷本的《楞伽经》中则有净与染二心之说。这种表述的微妙差别反映了禅学对自性认识的一些进步，即心的本体只有一个，但因意动、意指不同而呈现出心的不同状况。到东山法门时，这种表述和认识已经呈现出合流的趋势。慧可承达摩"理人"之旨，悟此身与佛并无差别，认为身即佛。梁武帝时有禅家傅翁（497—569）提出了上善、中善和下善之说，认为其上善，以虚怀为本，不着为宗，亡相为因，涅槃为果；其中善，略以治身为本，治国为宗，天上人间果报安乐；其下善，略以护养众生，胜残去杀，普令百姓，俱禀六斋。他认为"心即是佛，除此心王，更无别佛"，"般若法藏，并在身心"，著述《心王铭》，提出了"端正自观心"，"识心见佛"，还源去的修行之法门①，反映了那时儒、道、释融合的倾向。慧可法门传三祖僧璨（约495—606），他认为"至道无难，惟嫌拣择。但莫憎爱，洞然明白"。其作《信心铭》曰："不用求真，惟须息见。"四祖道信（580—651）承师僧璨，倡导"安心方便"的度人法门，认为举动施为，一切不离方寸之心，"念佛心就是佛"，将原属于念法门的"一行三昧"② 引入"楞伽禅"，这便成为双峰法门——入道安心要方便门的显著特色。道信再传弘忍（601—675），后者将《楞伽经》与《般若经》融通起来，开"东山法门"，强调"一切万法不出自心"，并且与儒、道修身养性论相互涵化，用佛徒自食其力的生活方式取代了以前孤游乞食的修行方式，具有重要的意义。这时，行、住、坐、卧"四仪"都被看作修行的道场，而身、口、意"三业"都被当作佛家之事。这种将劳作与参禅、出世和入世之法、顿悟与渐悟圆融起来

---

① 吴立民. 禅宗宗派源流［M］. 北京：中国社会科学出版社，1998：43-45.

② "一行三昧"中的"一行"是指行、住、坐、卧都要保持实相和智慧的心，而"三昧"是指有智慧的正定。

的大乘禅法增加了禅学的社会适应性，在禅学发展史上从禅理、禅风、教团组织上都带来革命性的变化。经道信点拨开悟的法融（594—657）发展了"以本无事为悟，忘情为修"的禅法，用"初伏心灭妄，次信任情性，后休心不起"概括了修行的必经阶段，认为"若身心本无，佛道亦本无，一切法亦本无，本无亦本无。若知本无亦假名，假名佛道"。他作《绝观论》，主张"以虚空为道本"，以般若空观照见一切，说："菩提本有，不须用守。烦恼本无，不须用除。灵知自照，万法归如。无归无受，绝观忘守。"①

唐玄宗时期传入中国的密宗佛教（又名金刚乘，是藏传大乘佛教的一个分支）与中国道教在许多方面有相似之处。密宗佛教的主要思想是中观哲学，这种教派继承了佛陀关于通过直接体验获得知识，并赋予生命以价值的思想，认为只有通过实际修行才能达到精神成长、转化与彻悟的目的。密宗修行的基本方法或要素是：口诵真言（咒语，即口密）、手结印契（即身密）、心观佛尊（即意密），这与佛陀在其彻悟过程中使用禅定（meditation）的方法有关。阴阳两性的两极化原则是密宗修炼的一个基本概念，信徒通过对立面结合的想象，体验到包容所有差异的再统一、圆满和极乐。在藏传佛教中，这种阴阳两极化的原则是用父母双神拥抱在一起的双修图画来象征的，但这只是激发并形象地表现禅定体验的一种隐喻。坐禅者在心观时，脑海中可能会浮现出各种各样的神祇意象，引导或催化着练习者唤醒处于蛰伏状况的潜意识力量，荣格认为，这些形形色色的神祇，只是积极与消极、善与恶的力量在人的内心中进行搏斗的象征。② 禅定也是人类最古老、最普遍的一种思维形式，即原始意象（primordial images）或原型（archetype），原型就是集体无意识的内容，它们既是情感，又是思想的一些倾向，就像深埋在潜意识中的种子，一旦被触发，就会以特殊的形式和意义表现出来。它们在修炼过程中的显现正表现了个体精神投射的创造过程，各种原型的化身代表了自性的不同属性，而自性是能够包容所有其他原型的原型。因此，通过这种显现，内心的体验可以转化为可见的形式，而只有意识到原型象征，自性、无意识不再等同为自我时，才能完成精神转化的任务。

五祖弘忍的衣钵传给了慧能（638—713），经 30 多年的弘法，慧能开创了岭南曹溪一脉。慧能的心性修养之说为禅修奠定了全新的理论基础，其要点有：其一，人人皆有佛性说。佛性亦称为自性、本性、法性、真如等。慧能认为：佛性人人禀有，在成佛的可能性上众生平等，这是打通迷凡悟圣通道的逻辑起点。其二，性本自净说。

---

① 吴立民. 禅宗宗派源流 [M]. 北京：中国社会科学出版社，1998：55.

② 卫礼贤，荣格. 金华养生秘旨与分析心理学 [M]. 通山，译. 北京：东方出版社，1993：80.

他认为，自性本净，但常为妄念说遮蔽。其实烦恼与菩提只是心的两种不同的状况，而心只有一。因此，只要自识本心，即可见性成佛。这一观点为修身养性指明了方向和归宿。其三，心性本觉论。慧能认为："自性觉，即是佛。"（《坛经·疑问品第三》）人自身之中，自有本觉性。佛在心头坐，只有自我察觉和觉悟才能体认到佛性，突出强调了主动性和自觉性在识心见性中的重要性。其四，定慧等学论。慧能认为旧的禅法将定慧各别，偏重身心的"定"，而忽略内心觉悟的"慧"，本末倒置，将手段当成了目的等弊端，指出："道由心悟，岂在坐也。"（《坛经·护法品第九》）"住心观静，是病非禅；长坐拘身，于理何益！"（《坛经·顿渐品第八》）提出"定是慧体，慧是定用。即慧之时定在慧，即定之时慧在定。若识此义，即是定慧等学"。（《坛经·定慧品第四》）慧能关于"禅"的定义扩大了禅修的形式，他说："何名坐禅？此法门中，无障无碍，外于一切善恶境界，心念不起，名为'坐'，内见自性不动，名为'禅'。何名禅定？外离相为禅，内不乱为定。"（《坛经·坐禅品第五》）依据慧能的看法，禅法全在于觉与不觉，悟与不悟，非关坐卧，求道不拘形式，心悟即可成佛。其五，顿悟见性。慧能认为，自修自行，自性自悟，自成佛道。如果从祛除十恶八邪的难度来说，到达净土极乐世界的距离相当遥远，而对于有般若大智的人来说，通过顿悟发现这个净土极乐世界其实就在自己心中，即认识自己的自性本体。慧能说："自心皈依自性，是皈依真佛。自皈依者，除却自性中不善心、嫉妒心、谄曲心、吾我心、诳妄心、轻人心、慢他心、邪见心、贡高心及一切时中不善之行。常自见己过，不说他人好恶，是自皈依。常须下心，普行恭敬，即是见性通达，更无滞碍，是自皈依。"（《坛经·忏悔品第六》）由此看来，禅学见性与儒家致良知的追求是相同的。其六，无相戒法说。慧能认为，修行必须"自性自度""自度自戒"和"无相忏悔"。他对一切修行之法都冠以"无相"的限定词，认为"戒本源自性清净"，戒是外在的，是手段；禅是内在的，是目的。所以，他提出戒禅合一的法门，改革了以往佛教中那些强制性的外部戒律对人自性的束缚，认为善恶的起源与外界环境无关，而全在于人的一念之间。其七，无念为宗说。"念"就是意念，慧能自问自答："何名无念？无念法者，见一切法，不着一切法；偏一切处，不着一切处，常净自性，使六贼（指眼耳鼻舌身意六识）从六门走出，于六尘（指色声香味触法）中不离不染，来去自由，即是般若三昧，自在解脱，名无念行。"慧能说："我此法门，从上已来，顿渐皆立无念为宗，无相为体，无住为本。"（《坛经·般若品第二》）由此可见，如何做到让自己的意识活动不被某些邪念所阻滞，所执着，所隔离，不被诸境所迷惑。禅不是要人苦行灭智，而是要在日常生活中安时处顺，无所执着即可。无念是慧能法门的理想境界和修身养性的总原则。认为只要悟得无念之境界，即成就所谓的金刚不坏身。其八，无修之修说。

慧能认为，道不远人，佛也不远。任何时候，行、住、坐、卧，吃饭吃茶处，语言对话处，所作所为处都是可以悟道的道场。若欲修行，在家亦得，不必在寺。坐禅颂经并非修行成佛的主要途径，而应该是在世俗日常生活之事上磨炼和体验才能得到真知。如果另寻修行之道，不魔即错，皆是死路。其九，佛法是不二之法说。慧能认为善与不善、常与无常这些二元划分的思想习惯只是一种"名"的语言学问题，而不是自性的本性，事实上，只有"无二之性，即是佛性"。他说甚至自性这个词也是出于无奈才命名的，曰："无名可名，名于自性。无二之性，是名实性。"（《坛经·顿渐品第八》）可以说，慧能看破了语言逻辑思维给人带来的局限性。为了克服这种由语言范畴给人认知带来的弊端，慧能教弟子说一切法时要"出语尽双，皆取对法，来去相因"。（《坛经·付嘱品第十》）简而言之，慧能对禅法的传承创新的阐释不仅对中国和东南亚佛学界影响深远，而且为道家内丹术所借鉴。

三、内丹术对荣格分析心理学的启发

16 世纪以前，强大的华夏帝国的经济与文化影响全球，除了英国汉学家李约瑟提到过的造纸术、指南针、火药、活字印刷之外，还有丝绸之路的贸易经济、丰富的中医中药、神奇的周易阴阳二进位制和实现自我身心调控的内丹术等，这里只是梳理一下内丹术对荣格分析心理学的影响。这个故事大约发生在 1917 年，一个叫姚济苍的道士在北京琉璃厂古旧书市场发现了一本道教内丹小书《太乙金华宗旨》①，于是他将此书进行了编印。1921 年，道真子又将另一本用禅语阐述内丹术的《慧命经》② 与《太乙金华宗旨》合并在一起刊行，说它是一本"小书"，是相对之前晦涩难懂的长篇道典，这本合定本图文并茂，文字通俗易懂，口诀好记，篇幅短小精悍，便于普通信众的领会和习炼。来华传教的德国基督教同善会牧师和汉学家理查德·威廉（Richard Wilhelm，1873—1930），中文名卫礼贤，曾翻译过《易经》《论语》《道德经》《庄子》《孟子》等大量的中国文献，《太乙金华宗旨》只是他翻译的中国书籍中的一本。1918 年，荣格从诺斯替教派作家的作品和炼金术中得到灵感，开始以一个全新角度来研究意识心理学。1924—1925 年，荣格到新墨西哥旅行访问当地印第安人，后又去肯尼亚、乌干达和埃及等访问调查非洲土著。1928 年，当卫礼贤将他翻译的《太乙金华宗旨》寄给荣格时，荣格的研究工作正处于一种困惑的状况，因为他所研究的集体无意

---

① 考证发现《太乙金华宗旨》有四个版本，其中在清代道士蒋元庭辑，闵一得于 1831 年订证并付印的版本的序文中提到，此书出于 1688 年，久传失真。

② 《慧命经》为道士柳华经所撰。

识过程可能与一种广义的现象学有关，而远远超出了"学院"心理学所熟悉的一切，也跨越了医学的或纯人格主义的心理学界限。他一直缺乏来自基督世界以外的详尽的历史文本，没有任何人类的经验领域可以支持他的研究结果或作为他研究的佐证，而卫礼贤寄给他的书帮他摆脱了这种困境。荣格在卫礼贤去世后给这本书所写的第二版序言中写道："正是《太乙金华宗旨》这部著作帮我第一次走上了正确的道路，因为在中古时代的炼丹术中，我们终于找到了灵知与当代人集体无意识过程之间的联系。"① 1930 年在慕尼黑举办的卫礼贤纪念会上所作的演讲中，荣格再一次表示他通过卫礼贤的译著而了解中国古老的内丹术是他一生中最有意义的事件之一。荣格承认，卫礼贤极大地丰富了他，从卫礼贤那里得到的东西似乎比从任何人那里得到的都多。他认为，中国的《易经》和内丹术等著作就像腾跃而起的火花点亮了一盏灯，也像一个有可能动摇西方心态基础的阿基米德点。他甚至认为，东方文明可能在一定程度上治愈西方人的精神匮乏。他高度赞扬了卫礼贤的工作在东西方之间架起了一座桥梁，把一种濒临失传的宝贵文化遗产传播到西方，或者说"他把中国精神的鲜活胚胎接种在我们身上，使我们的世界观发生了本质改变"②。

其实早在 1929 年《太乙金华宗旨》发行第一版时，卫礼贤就邀请荣格为之撰写一篇心理学评述。在这篇述评中，荣格以内丹术为例，首先指出了"欧洲人为何难以理解东方文化"的问题。他指出，一方面，当西方科学主义单向度的傲慢的态度将自己的理解方式看成唯一正确的时候，就会阻挡自己的视线。事实上，他认为，源于中国文化生活的中国思想精英的实修洞见，西方人没有任何理由表示轻蔑。另一方面，有些西方人则抛弃科学而转向东方的迷狂，原样照搬一些瑜伽功法，成为可怜的模仿者，而迷失在语词和概念的迷雾之中。③

荣格认为，西方的理智主义（Intellectualism）常"把理智和精神混为一谈并且把理智的过失归咎于精神。当理智试图把精神的遗产据为己有时，它便有害于灵魂了"④。相比较而言，中国文化没有像西方世界那样把理智与精神混为一谈，从未迷失于对单一心理机能的片面夸大或过高评价。中国人对于生命体内与生俱来的自我矛盾和两极性一直有着清醒的认识。事实上，精神是高于理智的东西，它不仅包括理智，而且还包括情感。

他认为中国内丹术中描述的许多精神现象与他在患者心理发展过程中所看到的事情有着惊人的相似，而这些患者都不是中国人，他不曾想到自己在临床中摸索的一些

①②③④　荣格，卫礼贤. 金花的秘密：中国的生命之花 [M]. 张卜天，译. 北京：商务印书馆，2016：2，6，16－17，18.

对无意识处理的方法，东方贤哲早已捷足先登达几个世纪之久了。他从而推论："正如人体的身体拥有一种超越了所有种族差异的共同解剖结构，人的心灵也拥有一个超越所有文化和意识差异的共同基底（substrate），我称之为集体无意识（kollektive unbe-wusste）。"① 这种为全人类所共有的无意识心灵不仅包含那些能够变成意识的内容，而且也包括让人做出相同反应的潜在倾向。因此，集体无意识就是对超越了所有种族差异的相同大脑结构的心灵表达，这样便解释了为什么世界上有那么多相似甚至完全相同的神话主题和象征，也解释了人类为什么能够相互理解。由此可见，无论是全人类之间，还是人与动物之间，其心灵结构与功能的相似性都源于同一路线的进化之道。从这种意义上说，内丹术的发明具有世界性意义，它不仅促成了荣格心理学思想中最关键概念的形成，而且也证明了内丹术是一种具有超越种族差异的心理调控技术，荣格称它为人类文化史上的珍品。

荣格认为，内丹术笼罩着东方精神的神秘气息，西方人对它的误解非常普遍，甚至只是将其看作一堆神秘难解的符号，而现代心理学研究为西方人如何理解内丹术提供了一种可能。他认为如果将内丹术等一切玄学味道的东西坦露在现代心理学的阳光之下，就能正确地理解它们，而且还能从中获得益处。笔者以为，作为中国传统文化热爱者的荣格对内丹术研究所作的最大贡献就是通过跨文化比较的方法，用分析心理学解析内丹术术语的心理学含义，以及在方法论上，认识到内丹术对心灵状况的描述都是以象征方式来表达的，而看透这一点，对于正确理解内丹术的心理学意义是非常重要的。

对集体无意识，以及意识和无意识关系的领会是荣格从中国内丹术中受益最多的东西。荣格认为，意识和以集体的方式存在的无意识是人类精神的基本结构，人类一切有意识的想象和行为反应模式都是在无意识原型的基础上发展起来的，并且一直与之联系。心灵的各种功能更多地依赖于本能而不是有意识的意志，更受情感而不是理性思维的控制。

一方面，由于我们长期缺乏对无意识的了解，并把意识和理性的迷信推崇到排斥一切的程度，而过度的、过高的道德要求就会压制、干扰和破坏这种原始心灵的健康；强大的意识受偏执的激励而远离了原型，结果这种没有无意识之根的意识可能导致个体自以为是的傲慢和狂妄，往往使其在成功的高峰忽然跌落至意义迷惘的人生低谷等心理危机。另一方面，哪里的神灵（即无意识）得不到承认，哪里的众鬼神摇身一变就成为接踵而来的病魔，或者听任无意识泛滥，精神完全被某种无意识攫住，或被一

---

① 荣格，卫礼贤. 金花的秘密：中国的生命之花［M］. 张卜天，译. 北京：商务印书馆，2016：20.

个像鬼神般的无意识死死地纠缠，或成为一种着魔的状况，结果个体又可能走向另一个极端，即由健康无疾变得身心交病，从适应环境变成不适应，由神志清醒变得神志不明，由理性变成精神错乱，由完整的精神变得人格分裂。所以从这种意义上说，人格的壮大、提高和丰富的道路危机重重，人格的发展是生命中代价最昂贵的事情之一。

为了预防和治愈这类因为意识和无意识不可调和的冲突而带来的心理危机和病患，中国古人发明了内丹术这种可以帮助个人从意识和无意识对立面的冲突中解脱出来的方法。简而言之，内丹术的直接目的就是要解除或放松意识思维的钳制作用，即意识钳（cramp of consciousness）对自性的束缚，从而建立起一种新的心态，这种心态能够对非理性的以及无法解释的东西表示宽容并予以接受，而不是像以前那样被理性排斥或完全放弃。荣格说："我终于认识到，从根本上说，最大、最重要的人生问题都是解决不了的，因为它们表达了内在于一切自我调节系统中那种必然的两极性。它们不可能解决，而只能超越。"①

但遗憾的是，人类的理性和意识长期压抑和否定着无意识的存在，欠下了压抑无意识表达的无数"债务"。从这种意义上说，内丹术正是一种以百折不挠的决心，把欠给无意识生命的债务一分一厘地偿还干净，从而使个体的精神从它的控制中解脱出来的过程。荣格认为，按照内丹术描述的"功德圆满"的心灵状况，可以认为"意识从现世中的隐退，以至超越。这时，意识既是空，又是非空，它不再对种种物的影象忧心忡忡，而只是映射着它们。迄今为止一直压在意识头上的大千世界并没有因此而失去丰富绚丽，只是它不再能主宰意识了"。"如果一个修练者达到了这种心灵状况，那么意识就不再为原来那些种种难以抑制的冲动殚思竭虑，全部人格的中心就将从意识之中心的自我（ego）移出，取而代之的是一个位于意识和无意识之间的假想点，即自性（self）。"荣格认为，self 不同于 ego，前者包括调和了无意识和意识在内的现实人格部分，而后者只是意识的主体部分。当人格发展了，或者说高级人格诞生时，就是内丹术所说的"圣胎"或"金刚体"形成之际。内丹术启发了荣格分析心理学的形成，而荣格则是第一个用现代心理学合理阐释内丹术本质、心理机制和效果的西方学者。

四 、内丹术本质的心理学解释

自性化（individuation）或自性化过程，是荣格分析心理学中的核心概念。荣格认为："无意识只有通过象征才能企及和得到表达，因此，自性化离开了象征是不可能实

---

① 荣格, 卫礼贤. 金花的秘密: 中国的生命之花 [M]. 张卜天, 译. 北京: 商务印书馆, 2016: 24.

现的。象征一方面是无意识的原始表达，另一方面则是与意识产生的最高预感相对应的观念。"①

荣格认为，中国的内丹术与他提倡的积极想象法异曲同工，即先诱导出一种宁静的心灵状况，朝内观察无意识的内容和幻想片段的展开，再以绘画等象征性的方法记录自己的体验；让意识积极地去理解无意识产物的意义，最后实现与无意识的和解。

荣格用现代语言阐释了内丹术的心理学实质，即炼丹就是精神转化的修炼过程，不过这是一种借助于象征性语言表达方式（如太阳和月亮、天与地、冷与热等一切对立统一的东西）完成的意识与无意识、外部世界与内部世界、世俗生活与它的象征（梦、幻想和幻象）之间的一种持续不断的对话。②"从本质上说，任何道路都相当于意识的根本转化。即存在模式从肉体到精神的一种象征性的死亡与再生，用荣格心理学的话来说，即是自我为恢复自性的干净而作出的牺牲。"③"我们的任务是赎回自性、精神的完整性、发掘天青石，发掘被自我窒息了的、化身成佛陀、金刚瑜伽女和睡美人，发掘隐藏在无意识的洞穴中的珍贵财富。"④

依据荣格关于无意识象征表达的方法论来分析内丹术的经典文本将有益于领会其心理学的本质。这里选择内丹术几个基本概念的象征解释如下。

1. 道的象征

"道"既是道家，也是内丹术的元概念。从逻辑学来看，任何思想体系必须建立在最先给出的初始元概念之上。在老子《道德经》中，"道"字共出现 78 次，何谓道？老子先说初始定义"道"这一概念的困难，曰："道常无名，朴虽小，天下莫能臣也。"（《道德经》第 32 章）老子只得勉强地说："吾不知其名，字之曰道。"（《道德经》第 25 章）老子认为，"道"是一种"先天地生"，"独立不改，周行而不殆，可以为天下母"的存在，而且"道"的作用无所不在，即"道常无为而无不为"（《道德经》第 37 章）。但在人与自然的关系中，"道"乃是人领会的存在，不然，"道"就失去了与人关联的意义。于是，老子说："道大，天大，地大，王亦大。域中有四大，而王居其一焉。人法地，地法天，天法道，道法自然。"（《道德经》第 25 章）既然如此，道家就必须让人感知到"道"的具体的实际存在，于是，通俗易懂的类比或比喻的解说方法就是必需的。如老子用容器、车轮和深渊的"有"来阐述"道"本体的"无"，用其"实"来形容道的"虚"，但道的运用却有形迹可循，老子说："道冲而

---

① 荣格，卫礼贤. 金花的秘密：中国的生命之花［M］. 张卜天，译. 北京：商务印书馆，2016：38.

②③④ 拉·莫阿卡宁. 荣格心理学与西藏佛教：东西方精神的对话［M］. 江亦丽，罗照辉，译. 商务印书馆，1996：52，78，100.

用之或不盈，渊兮似万物之宗。"（《道德经》第 4 章）"三十辐共一毂，当其无，有车之用。"（《道德经》第 11 章）从"道"的存在与人的关联性来看，"道"是一种可以为人感知的存在。如老子说："道之为物，惟恍惟惚。惚兮恍兮，其中有象；恍兮惚兮，其中有物。窈兮冥兮，其中有精；其精甚真，其中有信。"（《道德经》第 21 章）

基于《道德经》的书名可知，《道德经》当然是为了阐述人之道，不过其说理的方法是从"天之道，利而不害"来类比推理"人之道，为而不争"这个道理的。为了进一步阐述老子关于"道"的思想，老子的弟子、战国时的哲学家、道教祖师之一文子著《文子》一书，因为唐玄宗诏封文子为"通玄真人"，故其书被尊为《通玄真经》，道教奉其为"四子"（庄子、文子、庚桑子、列子）真经之一。在该书中，文子用了五个比喻来形容道的特点："故道者，虚无、平易、清静、柔弱、纯粹素朴，此五者，道之形象也。"所谓虚无者，为道之舍，常用容器和车轮之虚来比喻道；平易者，说道之朴素，常用卑微平常之物来隐喻道的无处不在；清静者，为衡量道的标准，常用莲花来比喻；柔弱者，讲道表现的形状与功用，柔弱是韧性、灵活、谦虚的美德，常用水来隐喻；纯粹，说的是道的无心作为的素朴。讲天之道的特点，其目的是阐述修身养性的要求，即"守虚，守无"，要求人心中无嗜欲负载，无执念驻留；"守平，守易"是指道不远人，要求日间随处随行，勿忘勿助；"守清，守静"是指要保持自律廉洁，心不为物杂，不忧不乐，保持心态平和；"守柔，守弱"就是要保持卑谦忍让，戒除骄奢；"守朴，守素"就是要返璞归真，不要虚浮不实，巧诈智谋，不妄作为。可以说，无论是佛家的坐禅正念，还是道家的内丹术，或是儒家的心斋，都是追求对天之道体验的一种安静的修炼技术。

2. 心的象征

修心是内丹术，是坐禅、心斋方法的共同目的，因此，察觉、把握自己的心是关键。

在中国五行理论的语境中，心属火，故心的意动可以称之为"神火"，以及火之光的金色光华，这种容易为人感知的事物便成为心或意识之意向性的象征。从《太乙金华宗旨》的书名可见，"金华"是内丹功法的核心所在，所谓"太乙者，无上之谓"。该书以"天心第一"开篇，开宗明义地表明了"光与天心"这一比喻的重要性。所谓"天心"意指"元神"居住之地，是道家意指的一个天生就有的心灵，并将在两眉之间往颅骨里延伸进去想象一个狭小的空间作为"天心"的所在地，这是一个假设的意指对象，被认为是意识之光发出的原点。如书中所说："性命不可见，寄之天光。天光不可见，寄之两目。"光本来无色，故古人取象于火或太阳之光华，让人可以感知，故曰"金华"。道家认为，人之神可以分为"元神"和"识神"，元神，称为

"性"，得于父母之性，是超越时间和空间的抽象的和妙不可言的东西。《太乙金华宗旨》中说："学人但能守护元神，则超生在阴阳之外，不在三界之中，此惟见性方可，所谓本来面目也。"识神，即称为"命"，居胸腔内的下心之内，见美色则眩，闻惊而跳，易动难静，一切好色动气皆为识神魄所为，并欺元神暗弱，为所欲为，最后导致元神失位，识神当权，昼夜耗竭，直至元神之气耗尽。按照荣格的理解，道家所说的"性"就是集体无意识，是依赖于遗传、超越个人的"客观精神"，而所谓"命"则是指意识。由此可见，所谓的"性命双修"本质就是让意识和无意识之间取得和解的自性化过程。

道家称由元神发出的光为"性光"，何谓"性光"和"识光"？丹经中说："凡人视物，任眼一照去，不及分别，此为性光。如比镜之无心而照也，如水之无心而鉴也。少顷即为识光，以其分别也。"[①] 由此可见，"性光"即放下，就是没有分别之心，也即离一切相的"直心"，而"直心是道场"，"直心是净土"。（《坛经·定慧品》）反之，识心即用心，即挂念一切相者的烦恼之心。由此可知，炼丹之目标就是要将识光返回原本就有的性光，事实上"子辈初则性光，转念则识"。所谓"转念"即意向性及其意识构造的改变。

脑为元神之府，保存元神的手法可以分为几个阶段来实施，一曰闭目返观，内视祖窍为"下手之法"，即"仙人教人抱元守一者，即回光守中"。而"回光之功，全在逆法，注想天心"[②]。所谓"回光"和"逆法"就是关闭朝向外界的眼睛，以确保"非礼莫视"，让意识之光转向对自己意识流的关注，在此语境下将那从心出发的意动比喻为一缕金色的光芒，带着先天之真气，沿着想象的身体路线运行和孔窍出入。光速极快，射程极远，照到哪里哪里亮，当然也易动难定，古人认为，光的这些属性恰好可以类比心的意动和意向性。二曰以神驭气，行周天的"转手之法"。三曰行温养道胎之功，凝神结气，炼就金丹为"了手之法"。四曰出胎还虚，为"撒手之法"[③]。

3. 丹炉、火候和药物的隐喻

内丹术脱胎于炼金术的演变，因此，内丹术的许多术语仍沿用了炼金术中的名称，但含义却有本质的不同，因为历代丹经之书常用各种不同的隐语，所以给初学者带来很多疑惑。因此，了解从外丹到内丹隐喻含义的转变尤其重要。

炼金丹需要冶炼原料的鼎炉，炼内丹也需要类似的鼎炉，而这个鼎炉隐喻的就是修炼者的躯体。与那种只是从认知和伦理的角度来阐述修心之理的语言方法相比，从

---

①②③ 荣格，卫礼贤. 金花的秘密：中国的生命之花 [M]. 张卜天，译. 北京：商务印书馆，2016：114，88，92.

自己躯体的感知出发进行心性修养是道家最具有特色的创造。《规中指南》将"识炉鼎"作为炼内丹必须明白的一个基本要素。具体而言，这个炼内丹的鼎炉究竟意指什么？元代道士陈冲素在《规中指南》中指出："内丹之要有三，曰玄牝、药物、火候。"① 在躯体这个炉鼎中，最为道家看重的是玄牝之门这个意指对象。老子基于母性的生殖现象创造了一个新的丹术概念，曰："谷神不死，是谓玄牝。玄牝之门，是谓天地根。绵绵若存，用之不勤。"（《道德经》第6章）谷神寓意生养之神，万物都从玄牝之门——这个母体的产道绵绵不绝地诞生出来，因此喻为万物的根本。道家不仅善以雌雄交媾行为隐喻阴阳相互依存和相互作用的辩证关系，而且认为"要得谷神不死，须凭玄牝立根基"②。强调惜精如命，返精还脑，企图实现长生不老、得道成仙的目的。说得具体点，强调的就是对性行为的自觉调控。对于性命，强调"真人潜深渊，浮游守规中"。隐喻炼功时要把握好"深潜"和"浮游"两个要领，即深入潜意识和保持内观守中的意向性。

炼金丹需要火，以及对火候的掌握，在内丹术中，这个意指的"火"便是神火，光之回即火候，或曰意动和意向性的专心程度。为了让炼丹者成为自己意念调控的主人翁，就必须先停止那些干扰的邪念，故调神的第一步是"止念"。根据道的特性，首先要减少外界不良刺激的诱惑，因为耳目淫于声色，五脏即动摇而不定，血气滔滔而不休，精神驰骋而不守。只有少嗜欲，五脏和心神才可能安宁。道家将这种排除杂念、集中精神的过程称之"集光"，因为光即意向性的隐喻，而要将那撒向四周的光聚集起来将是一个多么艰难的过程。

集光的前提或关键是对邪念的察觉，故曰"念起即觉，觉之即无，修行妙门，惟在此法"，认为只有"牢擒意马锁心猿，慢着功夫炼汞铅。大道教人先止念，念头不住亦徒然"③。止念并不是停止意念，事实上任何人也不可能让自己的意念停顿下来，而是要用正念替代胡思乱想的杂念。何谓正念？丹家的解释是："无念之念，谓之正念。"只有这种收回眼光返照自己内心的正念，才能使神御气，神凝气结，才能形成汞铅或圣胎。④ 可见，调节火候一语只是对调神功夫的比喻，是内丹术最难领会和最难做到的事情。丹经认为，人能静极，天心自现，自然神明至。意识之光极易受到干扰，因此，非沉静人守不得。故中医认为："静则神藏，躁则消亡。"（《素问·痹论》）

炼外丹时需要汞铅等一些矿物和植物作为原料，而在内丹术中的药则是指先天元炁气和后天之炁。在内丹术语中，以"铅"意指阳精，先天元炁为母炁；"汞"指后

---

① 陈冲素. 规中指南［M］. 上海：上海古籍出版社，1989：8.
②③④ 陈冲素. 规中指南［M］. 上海：上海古籍出版社，1989：1-2.

天之炁，后天之炁为子炁。母炁与子炁相互依存。"元炁"是中国古代的自然观概念，指产生和构成天地万物的原始物质。《说文解字》解释：元，通"原"，始也。"炁"虽与"气"同义，但"炁"为上下结构，更直观地表达了它由肉眼不可见的精微物质构成，是维持生命活动的基本能量和生理机能的含义。如以阴阳性命之学而论，"汞"喻性和真阴，"铅"喻命和真阳。丹家以性炁为内药，以命炁为外药。认为性命必须双修，如鸟之双翼，缺一不可。丹经云："专心在铅汞。"因此，可以说，一部丹道，讲述的无非就是收拾身心，俭藏神炁，采身中之铅汞之药妙用。丹经云：入药起火，铅龙升，汞虎降，"铅汞交，神丹就"。可见，与精神分析说的旨趣类似，内丹对心——肾关系或者说心理与性的关系的阐释尤为关注。

4. 腹式深呼吸及其引导的定所象征

在内丹术操作中，炁是不可见的和形而上的抽象概念，于是就只得以呼吸动作及其呼吸之气的感知来隐喻，这是内丹术在方法论上的一种创新。在历史上，丹诀虽然有数十家，深浅有别，但其诀窍不外乎讲述如何以神驭气的方法。其实凡人皆食谷与五味，修仙学道之人也并非有什么特别神秘的手段，而仅仅只是懂得一种有特殊要求的呼吸方法而已。这种呼吸不仅具有细而长、缓而深的节律特点，而且呼吸往来有其精神意指的定所。为此，儒道释各家在修身养性的方法中，都确定了"黄庭"或"丹田"等几处身体的标志，作为以神驭气观照的部位。当然，即使是对同一个意指之处，在诸子百家的文献里可能会有不同的命名，例如道家所说的"祖土""黄庭""玄关""先天窍"，在释家那里被称之为"灵台"，儒家曰"虚中"等。丹家认为，胎儿在母体怀孕期间，全靠脐带连接母亲代行呼吸之功用，但出生后，鼻窍呼吸功能开启，脐带之门关闭。但这一腹部脐内空处可以作为炼内丹时一个以神驭气意指的定所，被称之为"黄庭"或"生门"，针灸家曰"神阙"或"气舍"。显然这实际上只是一个并没有实际生理功能的"虚无的窍"，但形象地被之为"庐间"或"规中"。丹家以"胎息"的比喻提倡那种"不可滞于有相，又不可浮泛无根"的腹式深呼吸，曰："胎息者何？息息归根之谓。"由此可见，所谓"胎息"其实只是以"黄庭"这个意指对象作为呼吸的定所来引导腹式深呼吸的比喻。丹经中所说的"丹田"有三处，其中上丹田在头顶上的百会穴处，中丹田在胸口正中凹陷处，下丹田在脐下三寸处。所谓丹田，意指结丹之所在，好比播种于田中，苗长可结果一样。炼丹中，气之升降离合，悉从心起，有无虚实，亦在念中。

5. 返照内景图的隐喻

所谓"返照"或曰"反照"，佛家说"观心"，道家称"内观"，其实与意动心理学所说的反省（retrospection）方法或后来称之为现象学的方法（phenomenological method）类似，即强调个体直接观察、审视和体验自己的意识活动，也可以说，个体对自己躯体的和意识的内部知觉变得特别重视起来。

为了在炼内丹、坐禅、内观时能将心猿意马的意念训练成无念之念，丹家发明了一种程式化的意动扫描身体或运气的路线图，称之为"内景图"或"内经图"（见图21－1）。所谓"内景"是比喻这是一种由个体内观时知觉的或者借助于经络概念而衍生的一幅意指性图像，而不是真实存在的一种特殊的组织结构。基于中国古代农业社会的特点，内景图以山脉、流水等自然之物和耕田、车水、织布等农村日常生活情境来隐喻炼内丹时那种不可言语的感知觉，如以流水代表人体中精气运化之走向，以城门、桥梁、重楼隐喻精气需要通过的关窍等，图中配以诸如"铁牛耕地种金钱"和"阴阳玄踏车"等简短诗句来隐喻炼内丹时需要特别留意内观的某些躯体部位。与八卦用卦象说理的方法一样，内经图也是一个用画面情境来象征以神驭气的路线及其操作要领的工具，这条路线的主干和目的是打通躯体的任督二脉，使上

图21－1　内经图

关—中关—下关气机贯通，行温养沐浴之功，造无为之境，精满谷神存。内丹术中将这种躯体上下扫描的意动路线称之为"大周天"，释家谓之转法轮，儒家谓之行庭，三教说法不同，理则相同。道家以神驭气的这一过程隐喻躯体上下部位的"乾—坤"或"坎—离"或"心—肾"或"阴—阳"的"交媾"。从现代心理学的角度来看，这种以上下阴阳交媾隐喻的目的只是借此帮助个体领会和掌握腹式深呼吸的一种方式。因为精气神肉眼都看不到，摸不着，但呼吸之气可以被感知到，膈肌和与呼吸相关的胸腹肌肉的运动幅度和频率是唯一可以自主调节的内脏机能。所以在丹经家看来，行周天并非以气为主，而应以心到为妙诀。"神之为气，气之为神。"通俗地解释就是，如果个体能感受到气在哪里运行，那么，当下个体的意向性即在哪里。这只是个体意向性在躯体四肢扫描的一种内部知觉。"意到之处，便见造化。此息起处，便是玄关。"① 很简要和清晰地表述了以神驭气的心理学本质。"意到之处"便是充满意向性的构造，而"此息起处"便是那被神秘化的意动之玄关而已。丹经认为，虽然人体周

① 陈冲素. 规中指南［M］. 上海：上海古籍出版社，1989：13.

身百节皆有神，但泥丸之神为诸神之宗。练功时，运周天火候必须遵循后升前降的走向循环，升到泥丸终，降自泥丸始，行周天的目的都是还精补脑，使脑髓渐充，回复原状，或更觉超胜，这样性有所寄，命有所归。① 可见，炼内丹的最终目的是恢复人的初心状况，这是一种超越一切执念的"真人"或"神仙"的生存状况。

6. 金丹、圣胎的象征

丹经认为，其实圣贤养生并无别法，不过是节欲保精，积精累气，气足则造就乾健之躯而已，而要实现这一目标，三教宗旨都可归纳成一句话，即"为获得出死入生之神丹"。何谓"神丹"或"金丹"？即"一切处无心而已"②。所谓"无心"亦可领会为"心空"。丹经说："不着一物，是名心净，不留一物，是名心空。"③心若不空则神丹不结，心空即药，心净则丹。或者说性光常存，则坎离自交，坎离交则圣胎结，类似的隐喻说的都是既定修身养性目标实现的结果。佛家说"心应无所住"，道家则说"致虚"，两者所说的语义含义相似。道家常将婴儿视为精气充沛、元气纯和的一种象征，曰："含德之厚，比于赤子。"（《道德经》第 55 章）其实，在丹术中这正是隐喻了悟道和新人格成长的象征，所以用结成"圣胎"比喻。何谓"圣胎"？《慧命经》解释得很明白："盖胎者，非有形有象，而别物可以成之，实则我之神炁也。先以神入其炁，后炁来包乎其神，神炁相结，而意则寂然不动，所谓胎矣。"④圣胎亦被称为"佛子"。丹经书里的"道胎图""出胎图""婴儿现形图"皆为隐喻这一新人格诞生的一种艺术象征。满月之相也常被作为内丹修成高峰体验的一种象征，如有诗道："有人问我修行路，遥指天边月一轮。""一片光辉周法界，双忘寂静最灵虚。虚空朗彻天心耀，海水澄清潭月溶。云散碧空山色净，慧归禅定月轮孤。"⑤可见，圣胎也好，"金丹"也罢，与释家所说的"圆觉"、儒家说的"太极"，皆指一种向超越烦恼的认知境界或积极人格的转变。

五、内丹术的误读与可能出现的偏差

在历史上和当下现实中，内丹术屡被人误读，最大的原因可能与内丹术"以象立意"的隐喻特点有关。例如，内丹术中以"金华"即火光的颜色来隐喻先天意识具有的意向性，这一类比思想具有悠久和广泛的历史，因为人认识事物，或者说从混沌的世界中"看见"一个事物，就必须首先要有光！有光才让世界变得可见！因此，人们

---

① 陈冲素. 规中指南［M］. 上海：上海古籍出版社，1989：6－7.
②③④⑤ 荣格，卫礼贤. 金花的秘密：中国的生命之花［M］. 张卜天，译. 北京：商务印书馆，2016：109，115，123，125.

常用"见识""见解""洞察""观点"和"看法"等有关视觉的名词来比喻人的认识状况，这好比从黑暗的洞穴走进了光明之处。因此，可以说，人的意向性就好比一束光，它照到哪里，我们才能看见哪里。正是从这种意义上，"光"被认为是一种极为普遍和原始的心理原型，是精神的一个原始隐喻性符号。① 正是通过这光对意识功能的隐喻，我们可以间接体验到看不见的意识活动，领会意识对存在的召唤、指称和对世界的构造，体验自己心灵启蒙和觉醒的过程，使那缄默的内心世界变成一种可知觉和可述说的状况。继而，"回光守中"就是"精神内守"或反躬自问的隐喻，"天心"和"灵台"就是假设的意识存在之所，精水、神火、意土便是炼丹过程中本能、理性和直觉等心理活动和相互作用的类比，"金丹"和"圣胎"则是意识格式塔转化或新人格诞生的象征，如此等等。荣格基于长期临床观察的经验，认为在内丹术中所描述的那些心灵状况都是以象征的形式表达出来的，而意象性语言和符号象征正是无意识独特的风格和语言，所以他感叹地称中国贤哲为"象征主义的心理学家"。所谓内丹术就是一种以隐喻的象征性的言说方式来引导意识和无意识对话或和解，达到消除内心冲突，实现人格转换或自我精神治疗的方法。内丹术隐喻的象征性言说方式常被那些坚信"科学主义"的人所误解，即把心灵的东西当作物理的东西，将内在的心理体验当作可以向外发射的特异功能。例如将"天心"这个假设的意指对象解释为一个具有穿透和遥视功能的"天目"实体，将意指丹田的呼吸训练当做一个被安装在腹部的，具有吸收能量，放出能量的"法轮"神圈等都是误读内丹术的表现。事实上，中国有一个不叫宗教的宗教，这就是信仰"名"和崇拜"名"的"名教"。有这种信仰的人常常把语言文字符号等同于它所意指的事物或现象，尤其是把被命名的心理体验当成物理的东西，把精神世界的概念当成客观世界中的东西，把心理暗示、机体放松、意向性改变所带来的身心效应和体验当成某些功法的魔力，正是不少信徒误入迷途、上当受骗的认识论原因。荣格说："通过言词获得力量的神秘目标与我们的极度无知正相呼应。"② 不少邪教的出现再一次证明了荣格的先见之明，如果我们早一点把内丹术的研究袒露在心理学的阳光之下，剥去其神秘的外衣，也许就不会出现当下那些令人困惑的局面了。

基于跨东西方传统文化和现代心理学的研究，荣格认为，每个人的灵魂深处都隐藏着一切未来发展的种子，而心理疗法的主要任务就是要帮助这颗种子发展、成熟，发掘它最大的潜能，可以说，内丹术就是这样一种发掘个人潜能的、人人有平等机会

① 耿占春. 隐喻 [M]. 北京：东方出版社，1993：294.
② 卫礼贤，荣格. 金华养生秘旨与分析心理学 [M]. 通山，译. 北京：东方出版社，1993：120.

践行和自我实现的方法。炼内丹之法至简至易，从行为上看似乎安安静静，无须四肢有大的运动，却不是一件容易真正实现的内功。因为这是关于调控自己意识流的训练。前人的经验表明，大致需要一年左右的坚持训练，方可掌握驾驭气息和意念指向的基本功夫。正确的静坐状况，练习者是有觉有知的，即可以做到身心两忘，意不外驰，气畅身舒，心体开明，洗心涤虑，如沐浴般温暖。

道家说，"静极见天心"，荣格十分称赞中国古人发现了帮助意识与无意识对话的一种艺术，这就是"顺其自然"！他认为，在日常生活的状况之下，意识总是起着干预、改正和否定无意识的作用，从不让心理过程平静地发展。事实上，只要我们让心灵平静下来，让该发生的事情发生，容许自己的无意识在寂静中与他们交谈，耐心倾听无意识的声音，那么，无意识就会丰富意识，而意识又会照亮无意识，两者不再对立与冲突，而取得和解。由于这是一个无人知晓的非理性的生命过程，所以，最好的方法莫过于"勿忘勿助""顺其自然"。

炼内丹如果方法不当，常易出现两种偏差的情况，一种是昏昏欲睡、神志不清的昏沉状况，另一种是万念纷纭、神驰不定的精神散乱。如何克服这两种偏差，道家发明了两种方便的方法，一是"两目谛观鼻端"，二是"寄心于息"。具体操作方法是：静坐时让眼睑轻轻下垂，眼睛微微睁开，以只看到鼻端作为眼睛辟阖的衡量标准，然后，用心感受自己的一呼一吸，默识数息，使呼吸气息愈放愈微，愈微则心愈静，或者说，心愈细则息亦细。简而言之，人身之气原本贯通，无须强行刻意，太过着力，只需要通过感受自己当下的呼吸之气息，烦躁的心便会安静下来，妄念渐消，勿忘勿助，无心而守，无意而行，有意无意，心息相依将逐渐纯熟，昏沉散乱的毛病自然就会消失。内丹术是一把双刃剑，它既可以使人"性净"，也可能使人疯狂。这种异常的危险状况就是"堕入顽空"或"堕入魔境"，前者是用意太过，执着诸事万缘；后者是杂念丛生，欲罢不能，随之反觉顺适，主为奴，或有光华彩色、鬼神等怪异幻觉、妄想出现。

《慧命经》中说："所有分离的意念都赋予自己以外形，有颜色有体相，可以看到，整个精神的能量显示出种种轨迹。"该书中还附有一幅图，上面画着一个正在练功的人，他的头部被一个火环围绕着，在那火舌中分裂出 5 个人形，而这 5 个人形又进一步分裂成 25 个小的人形，这幅图被称为"化身五五图"（见图 21-2）。在佛教中，每一化佛是指佛应众生心念所讲一法所化所呈现而定形象。众生有多少种心念，便有多少个化佛。

先贤告诫修炼者，千万莫将练功时出现的幻觉和妄想当成什么特异功能。相对于真身（肉身）、法身（思想）而言，化身是指炼丹中可能出现的一些神通变化。在内

图 21－2　化身五五图

丹术中出现的化身则可能投射了修炼者的某些心愿或在强烈愿望的驱使下出现的幻觉，如"天眼通""天耳通""他心通""宿命通""如意通"等，这些所谓"神通"只是入定后的副产品，切莫舍本求末。如果这些幻觉的假象和妄想被固定下来，就会成为心理障碍，摧毁人格的完整性，即完整的意识被无意识肢解成许多自主的破碎系统，这便是幻觉和妄想、精神分裂的发生。如果出现以上异常现象，应该停止打坐，立即起身散步，待神志清醒后方可再坐。历代道家指出，有许多对内丹的误解尤其要加以澄清，如张伯端在《悟真篇》指出："劳形按引皆非道，服气餐霞总是狂。修炼三黄（雌黄、雄黄、硫黄）及四神（朱砂、水银、铅、硝），若寻众草更非真。"

　　荣格十分赞同那些中国古代大师们的训诫，认为练习者都应该看破这种以象征的方式表现出来的心灵幻念（fantasy），不要误以为那些幻形就是真如，因为这种幻念对意识的分裂是一种巨大的威胁。不过荣格进一步认为，意识分裂的倾向根植于人类的心灵深处，否则永远不会有因为炼内丹而意识顷刻分崩离析的事情发生。

　　综上所述，内丹术是以意向性驾驭下的呼吸调节为手段，以格式塔的顿悟为契机，以重建认知模式或人格为目标的心理疗愈技术。这一技术的取向是"不求于外，不假于人，反己而得矣"，这与精神分析、人本主义和理性情绪疗法并无不同。炼内丹，出圣胎，或者金刚不坏之身，都是帮助个体从烦恼的痛苦中解脱出来，从而建立一种不着相的新的认知模式或不为外境所迷的新的人格，《通玄真经·符言》中说："原天命，治心术，理好憎，适情性，即治道通矣。"可见，内丹术并不神秘，简而言之，任何心理问题都得靠反观自己，以自我察觉、自我归因、自我分析、自我解脱、自我正念、自我转变的途径与方法才能解决，提倡的是一种返本归源的朴素的常人生活方式。